AF402044

MANUEL ÉLÉMENTAIRE
D'ÉCONOMIE POLITIQUE

A L'USAGE

DES ÉTUDIANTS EN DROIT DE PREMIÈRE ANNÉE

SUIVI

D'un résumé en tableaux synoptiques
et d'un Recueil méthodique des principales questions d'examen

PAR

RENÉ FOIGNET

Docteur en droit.

DEUXIÈME ÉDITION

*Revue, considérablement augmentée et mise au courant
des théories les plus récentes.*

PARIS

LIBRAIRIE NOUVELLE DE DROIT ET DE JURISPRUDENCE

ARTHUR ROUSSEAU, ÉDITEUR

14, RUE SOUFFLOT ET RUE TOULLIER, 13

1903

MANUEL ÉLÉMENTAIRE

D'ÉCONOMIE POLITIQUE

MANUEL ÉLÉMENTAIRE
D'ÉCONOMIE POLITIQUE

A L'USAGE

DES ÉTUDIANTS EN DROIT DE PREMIÈRE ANNÉE

SUIVI

D'un résumé en tableaux synoptiques
et d'un Recueil méthodique des principales questions d'examen

PAR

RENÉ FOIGNET

Docteur en droit.

DEUXIÈME ÉDITION
*Revue, considérablement augmentée et mise au courant
des théories les plus récentes.*

PARIS

LIBRAIRIE NOUVELLE DE DROIT ET DE JURISPRUDENCE
ARTHUR ROUSSEAU, ÉDITEUR
14, RUE SOUFFLOT ET RUE TOULLIER, 13
1903

MANUEL ÉLÉMENTAIRE
D'ÉCONOMIE POLITIQUE

INTRODUCTION

Définition et objet de l'économie politique. — Son but. — Ses rapports avec les autres sciences et notamment avec le droit. Histoire de l'économie politique. — La méthode. — Plan de l'ouvrage.

Définition et objet de l'Économie politique. — L'Économie politique est la science des phénomènes sociaux relatifs aux richesses, c'est-à-dire aux biens qui sont susceptibles de satisfaire les besoins de l'homme (1).

Etudier les éléments qui concourent à la production de ces

(1) On a proposé d'autres définitions, ou plus simples ou plus complexes. Des définitions plus simples, en disant que l'Economie politique est la science des richesses, ou la science des phénomènes relatifs à la poursuite de l'utile. Des définitions plus complexes, par exemple celle-ci : L'Economie politique est la science des phénomènes relatifs à la production, à la circulation, à la consommation, à la répartition des biens qui ont une valeur pour l'homme en tant qu'ils sont susceptibles de satisfaire ses besoins (M. Bourguin à son cours).

1

biens : la nature, le travail et le capital, en faisant connaître le rôle joué par chacun d'eux ; déterminer la rémunération qui doit être attribuée à ces divers facteurs : le fermage pour le propriétaire du sol, l'intérêt pour le capitaliste, le profit pour l'entrepreneur, le salaire pour l'ouvrier ; faire la théorie de la valeur et montrer comment s'opère l'échange des produits, en étudiant la monnaie, le crédit dans ses manifestations multiples ; les effets de commerce, les banques, etc., le commerce intérieur et extérieur ; enfin, analyser le phénomène de la consommation de la richesse, en traitant de l'épargne, de la prodigalité et du luxe, tel est le vaste domaine propre à l'économie politique.

L'économie politique est-elle réellement une science ? — On a contesté que l'économie politique fût réellement une science, et pour cela, on a invoqué le libre arbitre de l'homme. L'homme étant libre de ses actes, il est impossible de formuler des lois qui s'imposent à lui, comme des règles de conduite inévitables et nécessaires.

Cette objection n'est pas bien sérieuse ; parce que, si elle était exacte, il faudrait admettre que la science s'arrête aux phénomènes de l'ordre purement matériel, les seuls sur lesquels l'action de l'homme ne puisse s'exercer d'une façon efficace ; et l'on devrait refuser le caractère de science au droit et à la morale, ce que personne n'a osé encore soutenir.

Pour qu'une science existe, il suffit que de l'ensemble des faits qu'on étudie, il soit possible de dégager des règles générales. Or, c'est bien ce qui se manifeste pour l'économie politique. Elle observe les phénomènes qui se produisent dans l'existence matérielle des individus, au sein de la société, et elle s'efforce d'en tirer de véritables lois, analogues aux lois de la physique, de la chimie, qu'on appelle lois économiques. Telles sont : la loi de l'offre et de la demande, la loi du salaire minimum, la loi de Gresham, etc.

L'homme peut bien violer ces préceptes, comme il lui est loisible d'enfreindre les règles du droit et de la morale, mais il en est le premier puni, par le dommage matériel que cette violation lui cause. Et, de même que la peur du gendarme l'amène à ne pas contrevenir aux lois, de même le souci de ses intérêts et de son bien-être le conduit à se conformer strictement aux enseignements de la science économique.

But de l'Economie politique. — Le but de l'économie politique est double :

1° Ainsi que nous venons de le dire, elle tend à rechercher les rapports constants qui existent entre les phénomènes économiques ; à ce premier point de vue (1), nous l'avons montré, elle apparaît comme une *science* ;

2° Elle tend à fournir aux individus, comme aux gouvernements, de précieuses indications devant assurer l'ordre et la prospérité au sein de la famille, ou dans l'intérieur de l'Etat, par le meilleur emploi des forces productives, par l'utile usage des produits, et par la répartition la plus rationnelle des richesses. A ce point de vue, l'application des règles établies par l'Économie politique peut former la matière d'un *art* proprement dit.

Rapports de l'Economie politique avec les autres sciences et notamment avec le droit.— 1° **Rapports de l'Economie politique avec les autres sciences.** — Comparée aux autres sciences, l'Economie politique doit être rangée dans le groupe des sciences morales et politiques, à côté de la philosophie, de la morale et du droit. Comme elles, l'économie politique étudie l'homme en tant qu'être intelligent et libre, vivant en société.

2° **Rapports de l'Economie politique avec le droit.**— Mais c'est surtout avec le droit que l'économie politique a les rapports les plus étroits.

Elle en diffère sur un point essentiel : le droit est la science du *juste* ; l'économie politique, la science de l'*utile*.

(1) Les lois sociales sont de deux sortes : les lois dynamiques et les lois statiques. Les *lois dynamiques* sont les lois du développement historique de chaque institution aux diverses époques de l'existence des sociétés. Les *lois statiques* sont celles qui régissent une société déterminée, considérée à l'état de repos. Les lois citées au texte sont des exemples de lois statiques.

Elle s'en rapproche aux divers points de vue suivants :

a) Le droit et l'économie politique ont pour but de faire connaître à l'homme les règles de conduite qu'il doit suivre dans ses rapports avec ses semblables.

b) Ce sont à peu près les mêmes matières que le droit et l'économie politique étudient, l'un, au point de vue du juste, l'autre au point de vue de l'utile : la propriété, l'hérédité, le louage de services, le salaire, l'échange, le crédit, les impôts, etc. Il n'y a guère que les relations de famille qui restent en dehors de l'économie politique.

c) Il est vrai que l'objet des deux sciences est différent : le droit trace les règles du juste, et l'économie politique les règles de l'utile. Mais les deux notions de la justice et de l'utilité, loin de se contrarier et de se trouver en opposition, se complètent l'une par l'autre et exercent respectivement, l'une sur l'autre, une influence considérable. Le législateur, pour la confection des lois, et le juge, pour leur interprétation, doivent en tenir un compte égal ; ils ne doivent pas se préoccuper seulement de ce qui est juste, ils doivent rechercher également ce qui est utile, et essayer de concilier l'un avec l'autre.

Ce double élément se rencontre dans toutes lois à un degré plus ou moins grand (1).

Il y a des lois où la justice l'emporte sur l'utilité : ce sont les lois sur l'organisation de la famille et celles qui concernent l'ordre social.

Il y en a d'autres où l'utilité est l'élément dominant : ce sont belles qui sont relatives au système monétaire, au régime des canques, aux canaux, aux chemins de fer, etc.

D'autres, enfin, présentent à un égal degré le caractère d'utilité et de justice : telles sont celles qui réglementent la liberté individuelle, la propriété et l'impôt ;

d) Les phénomènes économiques subissent le contre-coup direct de l'état de la législation. Dans un pays où le respect des conventions est garanti par les lois, où l'ordre social est assuré,

____

(1) Paul Cauvès, *Cours d'économie politique*, t. I, n° 24.

la production est active, les produits circulent, la situation économique est prospère ; là, au contraire, où le débiteur peut impunément manquer à sa parole, sans avoir à redouter les rigueurs du Code, là où l'émeute existe à l'état permanent, la production se ralentit, le crédit se resserre, des crises éclatent.

A l'inverse, le droit se développe et se modifie sous l'influence des phénomènes économiques. Pour n'en citer qu'un exemple, on peut observer le changement considérable qui s'est opéré, dans le cours de ce siècle, au point de vue de la valeur respective des meubles et des immeubles. Les meubles, qui étaient considérés comme choses de peu d'importance au moment de la rédaction du Code civil, forment aujourd'hui le principal élément de la fortune privée, en raison de l'extension donnée aux sociétés commerciales par actions. Il en est résulté que les règles établies par les rédacteurs du Code, pour la propriété mobilière, ont paru insuffisantes. Le législateur et les tribunaux ont comblé ces lacunes : le législateur, en édictant des règles tutélaires pour assurer la protection des valeurs mobilières des mineurs, contre les entreprises malhonnêtes du tuteur (loi du 27 février 1880) ; les tribunaux, en édifiant de toutes pièces, la théorie de l'inaliénabilité de la dot mobilière, pour sauvegarder plus efficacement les intérêts de la femme mariée sous le régime dotal.

Histoire de la science économique. — On peut diviser l'histoire de la science économique en trois périodes :

1re période : les origines primitives.

2e période : les fondateurs de la science.

3e période : les doctrines contemporaines.

Première période. — *Les origines primitives.*

Antiquité grecque et romaine. — *État économique.* — L'état économique dans les cités antiques est caractérisé par les traits suivants :

1° L'institution de l'esclavage fait que l'on rencontre peu de travailleurs libres et que le régime du salariat est peu usité.

2° Les travaux manuels sont peu en honneur, on les confie aux esclaves. Il en résulte que l'industrie est peu développée. Les Grecs, les Phéniciens et les Carthaginois s'adonnent principalement au commerce maritime ; les romains s'occupent surtout d'agriculture.

3° L'omnipotence de l'Etat est absolue ; il absorbe la personnalité de l'individu et lui enlève toute liberté et toute initiative personnelle. Ce régime politique arrive à son apogée sous l'empereur Dioclétien (284). L'action administrative ne se borne plus au maintien de l'ordre et de la sécurité ; l'administration se préoccupe d'assurer partout l'existence et la prospérité matérielles des habitants de l'empire. En même temps, se constitue un système de castes ; chaque homme est affecté à une fonction déterminée qu'il ne peut quitter et qu'il transmet à sa mort à ses héritiers (1).

Doctrines économiques. — La science économique ne peut en aucune façon se réclamer de l'antiquité grecque et romaine. Les phénomènes économiques avaient peu arrêté les pensées des écrivains et n'avaient donné naissance à aucun système ayant un caractère vraiment scientifique.

Pour la Grèce, nous citerons : l'ouvrage de Xénophon, « *Les Économiques* », contenant des règles intéressantes d'économie domestique ; la *République* de Platon, où se trouve exposé le plan d'un régime communiste ; enfin, la politique d'Aristote, qui consacre des développements assez justes sur la valeur, qu'il distingue en valeur d'usage et en valeur d'échange, et sur la monnaie, mais qui donne des notions contestables sur l'esclavage et sur le prêt à intérêt.

A Rome, les écrits relatifs aux questions économiques sont plus rares encore et ils sont consacrés à l'économie rurale. Tels sont : le *De re rustica* de Caton, celui de Columelle, et les écrits de Pline l'Ancien.

La première doctrine économique. Le mercantilisme. — *État économique aux xve et xvie siècles.* — Il faut arriver jus-

____

(1) Voir sur ce point notre *Manuel élémentaire d'histoire du droit.*

qu'au xvɪᵉ siècle pour voir apparaître la première doctrine économique. A cette époque, des phénomènes de la plus grande importance se produisent ; ils vont exercer une influence décisive sur la marche de l'humanité. L'invention de la boussole, l'invention de l'imprimerie et la découverte de l'Amérique donnent une impulsion considérable au commerce et à la navigation dans le monde. Mais le fait qui domine tous les autres, c'est le commerce et l'exploitation de l'or. Le commerce de l'or se faisait dans les Républiques de l'Italie méridionale, qui offraient l'aspect de banques puissantes aidant de leurs deniers les Etats de l'Europe ; l'exploitation des mines d'or d'Amérique était pour l'Espagne et pour le Portugal une source d'enrichissement inconnu jusque-là.

Les esprits furent frappés de ce fait, et s'en tenant à une observation superficielle des phénomènes dont ils étaient les témoins, ils aboutirent à une théorie connue sous le nom de théorie de la balance du commerce ou système mercantile.

Le système mercantile. — Le fond de cette théorie consiste à considérer la monnaie comme la source de toute richesse. La politique économique des Etats doit donc tendre à ce résultat principal d'accumuler sur leur territoire la plus grande quantité de numéraire. En conséquence, il faut développer le mouvement d'exportation des marchandises, pour faire affluer l'or des pays étrangers ; en même temps, il faut élever des barrières à l'entrée des marchandises étrangères, à l'aide des tarifs des douanes, pour empêcher que le stock du numéraire ne soit diminué au profit de l'étranger.

Cette théorie a dominé toute la politique des gouvernements européens, et en particulier de la France, aux xvɪᵉ et xvɪɪᵉ siècles.

Le principal représentant français de cette école est Antoine de Mont-Chrétien, qui publia, en 1615, un traité sur l' « OEconomie politique ».

L'École des physiocrates au XVIIIᵉ siècle. — L'école des physiocrates procède d'un mouvement de réaction contre le système mercantile. Elle eut pour chef François Quesnay (né le

4 juin 1694, mort le 16 décembre 1774), et pour principaux adeptes, Mirabeau le père, Condillac et Turgot.

L'Ecole mercantile avait considéré les métaux précieux comme étant la richesse suprême, et le commerce de banque comme la source de tous les produits. Par une exagération en sens contraire, les physiocrates portèrent toute leur attention sur les produits de la terre et assignèrent à l'agriculture la première place. Pour les partisans de cette école, la terre seule (φυσις) donnerait un *produit net* (1) ; tandis, en effet, que l'industriel ne fait que travailler des matières premières que lui livre la nature, et le commerçant échanger les produits façonnés par les autres industries, sans augmenter en aucune façon la masse des richesses existantes, l'agriculteur seul met au jour de nouveaux biens que la terre lui donne au delà de ce qu'il a dépensé pour les produire. En conséquence, ils divisaient la société en trois classes : la *classe des propriétaires*, la *classe productive*, comprenant les cultivateurs ; et la *classe stérile* ou *stipendiée*, composée des industriels et des commerçants.

Il y avait là une exagération non moins grande que celle qu'avait commise, en sens contraire, l'école mercantile. Cependant, il faut reconnaître que l'école physiocrate a eu le mérite de poser, même au point de vue du commerce et de l'industrie, des règles du plus pur libéralisme, qui ont exercé une influence salutaire sur la politique économique de la France.

Ces règles ont été résumées dans la formule célèbre : « Laissez faire, laissez passer. » Toute entrave à l'exercice du commerce et de l'industrie doit être levée ; la liberté du travail est la condition du développement économique d'un peuple. C'est en conformité avec ces préceptes, et pour les mettre en application, que Turgot fit rendre par Louis XVI le fameux édit supprimant les corporations, et c'est sous l'influence de cette doctrine que les principales réformes de l'Assemblée Constituante ont été adoptées : suppression des maîtrises et des jurandes,

____

(1) C'est sous l'empire de cette théorie que l'Assemblée Constituante fit de l'impôt sur les revenus de la terre la base de son système fiscal.

abolition du régime corporatif et réglementaire, suppression des douanes intérieures, etc. Au point de vue international, cette école aboutissait à la théorie du libre-échange.

Deuxième période. — Les fondateurs de la science.

Adam Smith et l'Ecole anglaise. — C'est à Adam Smith — né en Ecosse le 5 juin 1725, mort en 1790 — que l'on fait remonter l'honneur d'avoir fondé la science économique ; et c'est pour cela qu'on l'a appelé le *père de l'Economie politique.* L'ouvrage qui contient l'exposé complet de ses théories porte le titre suivant : « *Recherches sur la nature et les causes de la richesse des nations* ». Son principal mérite a été de dégager la notion économique du travail, et de montrer que c'est l'activité humaine qui est la source principale de la richesse. Il rendit ainsi à l'industrie et au commerce, que les physiocrates considéraient comme stériles, la place qui leur revient dans l'ensemble de la production. Ses études sur la division du travail, sur la coopération sociale, et sur l'échange qui en est la conséquence naturelle, sont demeurées classiques.

Il est cependant un point sur lequel Adam Smith est tout à fait d'accord avec les physiocrates ; c'est sur le principe de la liberté, qu'il considère comme la condition indispensable du développement économique des sociétés. A cet égard on peut dire que la doctrine des physiocrates et les idées libérales exposées par Adam Smith ont préparé les réformes réalisées par la Révolution française.

Les successeurs d'Adam Smith. — Autour d'Adam Smith, il faut grouper les noms d'économistes qui peuvent être, dans une certaine mesure, considérés comme ses disciples, plus ou moins immédiats : Malthus, Ricardo et Stuart Mill. Ils ont concouru à jeter un vif éclat au xviiie et au xixe siècle sur l'école économique anglaise, appelée depuis école de Manchester.

Malthus, né le 14 février 1766, et mort le 29 décembre 1834, est surtout célèbre par sa théorie de la population qu'il exposa tout d'abord « dans un essai sur le principe de la population »

1.

publié en 1798 à Londres, et qu'il développa ensuite dans un ouvrage plus complet paru en 1803. D'après Malthus, la population aurait une tendance à se développer d'une façon plus rapide que les subsistances, en sorte que l'homme peut être menacé dans son existence même par la superpopulation, s'il n'y prend pas garde.

Ricardo, né à Londres, le 12 avril 1772 et mort le 11 avril 1823, a attaché son nom à deux théories fameuses, que nous étudierons plus loin : la théorie du salaire naturel ou normal et la théorie de la rente du sol.

La première qui a été appelée « loi d'airain » par un socialiste allemand, Lassalle, tend à établir que le salaire de l'ouvrier ne pourrait jamais s'élever au delà de ce qui lui est strictement nécessaire pour vivre.

La théorie de la rente du sol considère que le revenu des propriétaires fonciers tend à s'accroître avec le développement de la population, aux dépens de l'intérêt du capitaliste et du salaire des ouvriers manuels.

L'ouvrage capital de Ricardo a pour titre : Les principes de l'économie politique et de l'impôt (1817). On a adressé deux reproches à Ricardo : le premier c'est une grande obscurité dans l'exposé de ses théories ; le second c'est de pousser trop loin ses généralisations, sans contrôler ses déductions par les données de l'expérience.

Stuart Mill, né à Londres, le 20 mai 1806, mort le 7 mai 1873, n'est pas moins célèbre que Ricardo, dont il se proclamait l'ami et le disciple. Son grand ouvrage, *Principes d'économie politique* (1848), jouit dans la science d'une autorité considérable. Sur plus d'une question, il se sépare de l'école anglaise, notamment sur la petite propriété qu'il préconise et sur le droit d'aînesse qu'il condamne. A certains égards, il se rapproche des socialistes, en admettant comme légitime et nécessaire l'intervention de l'Etat, dans le domaine économique, et en préférant au salariat, qu'il considère comme une dernière forme de servitude, l'association coopérative des travailleurs.

Deux théories originales doivent être attribuées à Stuart Mill :

la théorie du fonds des salaires et la théorie de la valeur.

J.-B. Say et l'Ecole française. — J.-B. Say, né à Lyon, le 5 janvier 1767, mort à Paris, le 15 novembre 1832, doit être rangé au nombre des fondateurs de l'Economie politique à côté des maîtres de l'Ecole anglaise. Son *Traité d'économie politique* est un monument considérable qui a servi d'assises à la science ; traduit dans toutes les langues de l'Europe, il a eu un plus grand retentissement et a exercé une influence plus décisive que les écrits des auteurs anglais dont la lecture est plus difficile et plus laborieuse.

C'est à J.-B. Say que l'on doit la distinction fondamentale des matières économiques en quatre parties : Production, répartition, circulation et consommation. Cette division est restée très longtemps classique. Un certain nombre d'auteurs modernes la critiquent aujourd'hui en disant qu'elle est purement artificielle. On ne peut cependant lui refuser cet avantage d'offrir un plan commode pour l'exposé méthodique des questions économiques. Nous devons enfin rappeler que J.-B. Say est le premier qui ait formulé la *loi des débouchés*, que nous étudierons dans le corps de cet ouvrage. Il y attachait une grande importance.

J.-B. Say peut être considéré comme le chef de l'Ecole française. Autour de son nom, il faut ranger deux économistes qui ont occupé une place distinguée dans la science :

Dunoyer (1786-1862), rendu surtout célèbre par son ouvrage sur la *liberté du travail*.

Frédéric Bastiat (1801-1850), le populaire auteur des *Harmonies économiques*, surtout connu par ses luttes en faveur du libre échange.

Il chercha à réagir contre les tendances pessimistes de l'école anglaise, et il s'efforça de démontrer que, dans tous les phénomènes économiques, il y a toujours harmonie entre l'intérêt particulier, l'intérêt général et la justice.

Troisième période. — Les doctrines contemporaines.

Transformations économiques au XIXe siècle. — Le monde économique a subi, dans la seconde moitié du XIXe siècle, de grandes transformations, qui ont exercé une influence profonde dans le domaine des idées.

a) Par suite de la découverte de la vapeur, de l'emploi de l'électricité et de l'exploitation des mines, peu à peu, la grande industrie a éliminé la petite industrie, l'atelier de famille a été remplacé par l'usine ou par la manufacture.

b) L'ouvrier, jusque-là isolé, s'est trouvé groupé, enrégimenté dans de véritables armées de travailleurs salariés. Sous un régime de suffrage universel et avec le développement de la démocratie, il a senti toute l'étendue de sa force, et il a fait valoir ses revendications sous des formes plus ou moins violentes.

c) L'extension considérable donnée aux voies de communication et l'abaissement du prix des transports ont amené la concurrence des produits dans le monde entier. Il en est résulté des crises très graves qui ont eu leur répercussion sur les salaires.

Ces trois phénomènes ont concouru à faire naître la *question sociale* qui est résolue différemment suivant les écoles.

Des principales écoles d'après leur tendance. — Les économistes contemporains peuvent être groupés, d'après leur tendance, en trois écoles principales (1) :

1° L'école classique ou non interventionniste ;

2° L'école socialiste ;

3° Les écoles interventionnistes.

1° École classique ou non interventionniste. — L'école classique, qu'on appelle aussi école libérale, orthodoxe ou non interventionniste, compte encore beaucoup d'adhérents en France, mais elle n'a plus guère de partisans à l'étranger ; elle

____

(1) Consulter à cet égard P. Pic, *Traité élémentaire de législation industrielle*, p. 15 et suiv.

se rattache aux origines mêmes de la science économique et s'appuie en grande partie sur les principes posés par les fondateurs de l'économie politique. Ses principaux représentants en France sont actuellement MM. Paul Leroy-Beaulieu et Paul Beauregard. On peut résumer les enseignements de cette école dans les trois propositions suivantes :

1° Il existe un ordre social basé sur des lois naturelles immuables que l'homme ne peut changer et que, d'ailleurs, il n'a aucun intérêt à modifier ;

2° La propriété individuelle, la liberté du travail et la liberté des conventions forment les assises fondamentales de cet ordre social ;

3° L'Etat doit s'abstenir de toute intervention dans le domaine industriel ; son action ne peut qu'être malfaisante, en ce qu'elle est de nature à étouffer dans sa libre expansion l'initiative individuelle. Sa politique doit être de « laisser faire ».

2° Ecole socialiste. — L'Ecole socialiste prend le contre-pied absolu de l'école classique. Ainsi que nous l'expliquerons plus loin en détail, elle se caractérise par deux traits principaux :

1° En premier lieu, la négation du droit de propriété, négation complète pour les communistes, négation partielle, en ce qui concerne les capitaux seulement, pour les collectivistes.

2° La suppression progressive de l'autonomie patronale et la socialisation de tous les moyens de production par la nationalisation des mines, des voies ferrées, etc. (1).

A l'école socialiste, on peut rattacher l'anarchisme ou amor-

---

(1) Le socialisme contemporain consiste dans la doctrine collectiviste d'origine allemande. Les principaux adeptes de cette école ont été Rodbertus Jazetzow, Lassalle, Engels et Karl Marx, dans son ouvrage *Das Kapital*. Cette école se rattache étroitement à l'école historique réaliste en ce que, comme elle, elle est nettement matérialiste et déterministe. Elle considère que les institutions économiques d'un peuple ne sont que des catégories historiques et passagères destinées à disparaître ; elle estime que, de même que le régime capitaliste actuel a fait disparaître le régime antérieur de la petite industrie et de la petite production, il est appelé à faire place à son tour au régime de la propriété collective des moyens de production.

phisme, exposé par les écrivains russes Tchermpchewsky et Bakounine. Cette doctrine se rapproche, en effet, du socialisme en ce qu'elle a pour principal fondement la négation du droit de propriété. Mais elle s'en sépare en un point essentiel. C'est qu'elle est individualiste au suprême degré, puisqu'elle va jusqu'à la négation de l'Etat et tend à la suppression de toute organisation sociale de nature à entraver l'action libre des facultés individuelles.

3° **Les principales écoles interventionnistes. — Caractère commun.**— Le caractère commun de toutes les écoles interventionnistes consiste à faire intervenir l'Etat dans la solution des problèmes économiques, afin de défendre le faible contre le fort, de maintenir un juste équilibre entre les différents facteurs de la production et d'assurer une meilleure répartition des richesses. A cet égard, les écoles interventionnistes paraissent se confondre avec l'école socialiste. Mais elles s'en séparent nettement, cependant, par le but qu'elles poursuivent. L'école socialiste réclame des réformes législatives, afin de parvenir étape par étape à l'expropriation des classes possédantes et à la suppression du patronat. Sa tendance est nettement révolutionnaire. Les écoles interventionnistes veulent, au contraire, faire l'économie d'une révolution ; et elles espèrent arriver à ce résultat en faisant régner plus de justice et d'égalité dans les rapports entre le travail et le capital, tout en respectant, dans la mesure du possible l'autonomie patronale.

Principales écoles interventionnistes.— Les principales écoles interventionnistes (1) sont :

L'école historique ou socialisme de la chaire ;

L'école catholique ;

L'école coopérative ;

Et l'école solidariste.

---

(1) On peut également ranger parmi les interventionnistes : l'école de l'*Economie politique nationale*, qui tend à ce que chaque pays se développe librement et indépendamment de ses voisins et qui aboutit au régime protectionniste ; M.Cauwès est, en France, l'un des partisans les plus autorisés de cette école.

a) *Ecole historique ou socialisme de la chaire.* — Cette école a pris naissance en Allemagne ; elle a pour chefs actuels MM. Schmoller, Wagner et Brentano, les deux premiers professeurs à Berlin, et le troisième, professeur à Leipzig. Mais son véritable fondateur est Guillaume Roscher. A raison de son origine, on l'appelle aussi l'*Ecole allemande* (1).

On peut ramener les tendances de cette école à deux traits principaux :

1° Elle refuse d'admettre l'existence de lois naturelles, immuables et universelles. Rien n'est absolu, ni invariable, dans le domaine économique ; tout est, au contraire, essentiellement relatif et sujet à variation, suivant les mœurs, le droit, la religion, la constitution politique de chaque pays. Ainsi, la propriété individuelle et le salariat ne doivent pas être considérés comme des institutions définitives, dues à des causes nécessaires, mais des « catégories historiques » qui n'ont pas toujours existé et qui sont susceptibles d'être modifiées et même de disparaître.

2° Elle considère l'Etat comme un agent naturel de progrès et elle admet son intervention dans la solution des questions économiques, comme légitime et salutaire. Cette intervention est surtout désirable pour organiser dans l'avenir, par des mesures législatives, une répartition des richesses basée sur des idées de justice et d'humanité : « législation facilitant aux classes inférieures la vie de famille (lois de fabrique, d'habitation, de police sanitaire des logements insalubres), reconnaissant les unions de métiers ; législation fiscale imposant le fardeau le plus lourd, non au travail, mais à la propriété, et limitant par des impôts progressifs sur le revenu et les successions l'accumulation excessive des fortunes, sans toutefois décourager l'esprit d'acquisition, etc. »

(1) Nous ne pouvons mieux faire que de renvoyer nos lecteurs à l'intéressante brochure de notre maître regretté, M. Henri Saint-Marc, décédé professeur à la Faculté de droit de Bordeaux, *Etude sur l'enseignement de l'Economie politique dans les universités d'Allemagne et d'Autriche*, 1892. Ils y trouveront des détails curieux sur la méthode et la tendance de l'Ecole allemande.

C'est à raison de cette tendance qu'on a qualifié cette école de *Socialisme de la Chaire* ou de *Socialisme d'Etat*, bien qu'elle n'admette aucune des conceptions du communisme ni du collectivisme. C'est sous son influence que l'Allemagne a été dotée d'une législation ouvrière complète : loi d'assurance contre la maladie (15 juin 1883), loi d'assurance contre les accidents (6 juillet 1884), et loi d'assurance contre la vieillesse (22 juin 1889), etc.

b) *Ecole catholique*. — Cette école est ainsi appelée à raison de ses attaches avec l'Eglise et de sa tendance à faire intervenir les influences religieuses dans la solution des questions économiques (1).

Cette école se rapproche de l'Ecole classique, en ce qu'elle admet comme elle l'existence de lois générales naturelles ou *providentielles*. Mais elle s'en sépare en ce qu'elle condamne le principe du laissez faire auquel aboutit la première Ecole. Elle estime que le jeu normal des lois providentielles a été faussé par l'abus de la liberté laissée à l'homme ; et elle attend le remède au mal social actuel de l'avènement au pouvoir des classes dirigeantes et de la restauration, entre leurs mains, du principe d'autorité. A cet effet, elle appelle de tous ses vœux l'intervention du législateur dans la solution des questions ouvrières, et, en attendant, elle recommande, et favorise même, par toutes les ressources dont elle dispose, la formation et le fonctionnement des associations professionnelles des patrons et des ouvriers sous l'égide de l'Eglise.

M. Leplay se rapproche de l'Ecole catholique par sa tendance morale et religieuse et son essai de reconstitution de l'autorité au sein de la famille (2) et dans l'atelier au profit du père et du

____

(1) Le représentant le plus autorisé de cette école en France est M. de Mun. Léon XIII dans son encyclique *opificum* y a donné son adhésion.

(2) D'après M. Leplay, la réorganisation de la famille doit consister dans l'établissement d'une *famille souche*, qui, au lieu de se briser à la mort du père, se perpétuerait après lui, en se groupant autour de l'aîné des enfants. Pour obtenir ce résultat, il demandait l'abolition du partage forcé à la mort du père et la liberté absolue de tester.

patron. Mais il s'en sépare en ce qu'il n'est pas partisan de l'intervention de l'Etat dans le domaine économique,

c) *Ecole coopérative*. — L'école coopérative, de création récente, a pour principal chef en France M. Charles Gide, dans ses conférences de propagande. D'après le savant professeur, l'antagonisme existant actuellement entre le capital et le travail viendrait principalement de ce que le travail, qui a la plus grande part dans la production, ne profite nullement des bénéfices de l'entreprise. Il trouve un remède à l'organisation actuelle dans le développement indéfini des associations coopératives de production ; par ce moyen, les instruments de production pourraient être transportés, sans révolution et d'une façon pacifique, de leurs détenteurs actuels à la masse des travailleurs.

d) *Ecole solidariste*. — L'école solidariste repose sur une idée, qui a été mise en relief par M. Léon Bourgeois dans son opuscule « Sur la solidarité ». « Je crois, dit-il, qu'il y a au-dessus de nous, nous enserrant de toute manière, une solidarité naturelle, dont nous ne pouvons nous dégager. Nous naissons tous débiteurs les uns des autres. »

En conséquence, les partisans de cette école demandent qu'à la lutte des classes et à la concurrence impitoyable dont nous souffrons actuellement on substitue l'union pour la vie entre tous les habitants d'un même pays. Pour eux comme pour les adeptes de l'école coopérative, l'association libre des travailleurs paraît être le moyen le plus propre à améliorer la condition de la classe ouvrière, sans contrainte ni révolution. Enfin, ils estiment que l'Etat doit intervenir, soit pour réglementer le travail, soit pour inculquer aux masses les principes de la solidarité, en favorisant ou en créant de toutes pièces des institutions d'assurance et de prévoyance.

Méthode de la Science économique. — *Diverses écoles*. — Au point de vue de la méthode à employer, les économistes sont aussi divisés entre eux que sur le fond même de leurs doctrines. On distingue à ce point de vue l'école classique, l'école historique ou allemande, l'école psychologique ou autrichienne, l'école mathématique et l'école naturaliste ou biologique. Nous dirons un mot de chacune d'elles.

Ecole classique. — L'école classique emploie la méthode de déduction qui procède du général au particulier. Elle part de certaines idées qu'elle considère comme des axiomes, telles que la règle du rendement moins que proportionnel ou la règle du moindre effort, pour en tirer des conséquences logiques.

Ecole historique ou réaliste. — Bien différente de la précédente, elle rejette les raisonnements *a priori* et les procédés de la méthode déductive. Elle applique résolument à l'Economie politique la méthode historique employée déjà par Savigny pour l'étude du Droit. Elle cherche donc son appui dans les documents que lui fournissent l'histoire pour le passé et la statistique pour le présent (1). « Elle prend dans le passé les différentes institutions, les analyse soigneusement, décrit le milieu dans lequel elles se sont développées, les causes qui les ont déterminées. Elle essaie, autant que possible, de répéter cette étude pour plusieurs sociétés distinctes, afin d'obtenir des points de comparaison. Elle répète pour le présent, et principalement par la statistique, ces observations comparées, profite de quelques expériences tentées par certains Etats, et s'enrichit patiemment d'un trésor inestimable de monographies et de documents. »

Au point de vue de la méthode, l'Ecole de M. Leplay ressemble beaucoup à l'Ecole historique ; il emploie comme elle la méthode d'observation. Dans ses écrits, il procède par *monographies* ; et par là il entend la description de l'état économique d'une famille ouvrière prise comme type moyen des familles pareilles. C'est ainsi que son grand ouvrage, *Des ouvriers européens* résultat de vingt-quatre ans de voyages d'études dans chaque partie de l'Europe, fut composé de quatre-vingts monographies. L'œuvre de M. Play n'est pas morte avec lui ; il a laissé des disciples qui continuent la publication des monographies ouvrières dans une revue bimensuelle, la *Revue sociale.*

(1) H. Saint-Marc, *op. cit.*, p. 12.

Ecole autrichienne ou psychologique. — L'école autrichienne est le résultat d'une réaction contre les exagérations de l'école historique qui tendait à ne faire de l'Economie politique qu'une science de description. Son fondateur est M. Carl Menger, professeur à Vienne, et son principal adepte est M. de Bœhm Bawerk.

Au lieu d'étudier les phénomènes extérieurs, comme l'école historique-réaliste, elle étudie les phénomènes internes ; au lieu de s'attacher aux faits matériels, elle étudie les pensées de l'homme ; c'est pour cela qu'elle est dite psychologique. « Elle saisira tout d'abord dans l'âme humaine les traits essentiels, absolument généraux, et d'une étude attentive de ces éléments déduira les principes fondamentaux ou lois de toute économie sociale. Puis, traitant de même des éléments particuliers, peut-être descendra-t-elle jusqu'aux espèces et aux variétés sociales » (1).

Cette école se rapproche de l'Ecole classique en ce que, comme elle, elle s'efforce de saisir du premier coup les lois des sociétés comme des corollaires des lois générales de l'esprit humain. Mais tandis que l'école classique se sert de la méthode purement déductive, l'école autrichienne emploie la méthode analytique. « Le mobile de l'intérêt qu'elle trouve…. dans l'homme…,elle ne le prend pas comme un axiome à développer par déduction, mais comme un sujet d'étude à creuser par l'observation et l'analyse » (2).

On doit principalement à l'école autrichiennne une étude originale de la théorie de la valeur et de la loi de l'offre et de la demande.

Ecole mathématique. — Comme son nom l'indique, cette école tend à transporter dans l'Economie politique les procédés de méthode des sciences mathématiques. Les relations entre les hommes apparaissent aux partisans de cette école comme des relations d'équilibre susceptibles d'être formulées en équations algébriques.

(1 et 2) Henri Saint-Marc, *op. cit.*, p. 18.

Cette méthode, inaugurée en France par Cournot, en 1838, a été reprise en Angleterre par Stanley Jevons, par Walras en Suisse et Gossen en Allemagne.

Ecole naturaliste ou biologique (1). — Elle assimile plus ou moins complètement les sociétés humaines à des organismes vivants, et le corps social au corps humain ; et elle déduit les lois sociales des lois physiologiques.

Divisions de l'Economie politique. Plan de l'ouvrage. — De la définition que nous avons donnée plus haut de l'Economie politique, il résulte que son étude comporte quatre grandes divisions : — la production, la répartition, la circulation et la consommation des richesses, — auxquelles on peut rattacher une étude sur le rôle de l'Etat en matière économique.

Notre ouvrage sera ainsi divisé en cinq parties :

I. Production de la richesse ;

II. Répartition ;

III. Circulation ;

IV. Consommation ;

V. Du rôle de l'Etat en matière économique.

(1) Comme partisans de cette école, on peut citer notamment Herbert Spencer, *Introduction à la science sociale et principes de sociologie* ; Schœffe, *Bau und Leben des socialen Körpers* ; Greef, *Transformisme social* ; Izoulet, *la Cité moderne*, etc. Cette école se rattache à l'école historique en ce que, comme elle, elle admet que les sociétés sont soumises aux lois générales de l'évolution qui gouvernent tous les êtres de la nature. Mais l'école biologique se sépare de l'école historique au point de vue suivant : D'après l'école historique, l'évolution serait propre à chaque peuple et elle s'effectuerait pour chacun d'eux d'après les conditions particulières du milieu. Au contraire, l'école biologique admet l'existence de lois universelles qui président à l'évolution de tous les peuples quels qu'ils soient et qui assurent une certaine unité dans le mouvement d'évolution (M. Bourguin, à son cours).

PREMIÈRE PARTIE

PRODUCTION DE LA RICHESSE

Notions préliminaires.

Quatre termes à définir et à analyser. — Avant d'entrer dans l'étude de la production, il est nécessaire de définir et d'analyser les quatre termes suivants :

Les besoins, l'utilité, la richesse et la valeur.

I. Les besoins. — *Définition.* — Les besoins sont des sensations d'ordre physique ou intellectuel qui poussent l'homme à se procurer les choses qu'il considère comme indispensables, soit à son existence même, soit à sa santé, soit à son bien-être.

Importance économique des besoins. — Les besoins constituent le principal moteur de l'activité humaine. En effet, l'homme est naturellement porté à la paresse, et d'un autre côté, il éprouve des besoins qu'il ne peut satisfaire que par le travail. De là une lutte constante entre la tendance vers l'inertie et la tendance à satisfaire ses besoins. Cette dernière l'emportera sur l'autre en raison de ce que le besoin sera plus vivement ressenti. On peut donc dire que les besoins de l'homme sont un élément essentiel du progrès, et qu'on peut mesurer l'activité économique de chaque peuple à l'étendue et à l'intensité de ses besoins.

Classification des besoins. — Il serait à peu près impossible de présenter une classification rigoureuse des besoins de l'homme parvenu à un certain état de civilisation ; parce que les besoins sont variables à l'infini suivant les races, suivant les milieux et suivant les individus. Il est cependant un fonds de besoins communs à tous les hommes parce qu'ils tiennent à sa nature même. Ces besoins communs peuvent être ramenés à quatre groupes principaux :

1° Besoin d'alimentation ;

2° Besoin de se loger ;

3° Besoin de se vêtir ;

4° Besoin de se parer.

Ce dernier besoin est un de ceux qui différencient le plus l'homme des animaux. Il se fait sentir de très bonne heure chez l'homme ; on le rencontre chez les sauvages ; et c'est par là surtout que les échanges avec eux sont rendus possibles et que la colonisation est facilitée.

Extensibilité indéfinie des besoins. — Au delà de ce fonds commun de besoins inhérents à la nature physiologique de l'homme, on constate la variété et la profusion la plus grande. Car les besoins sont extensibles à l'infini ; plus l'homme se civilise, plus ses besoins augmentent ; un besoin en fait naître un autre ; et l'homme, à la poursuite constante de son bien être, cherche dans la satisfaction de besoins nouveaux le secret de son bonheur sans jamais être satisfait de son sort.

Circonstances qui influent sur les besoins. — De nombreuses circonstances influent sur les besoins de l'homme, soit pour les faire naître, soit pour les répandre, soit pour les perpétuer.

1° Le désir de se distinguer est souvent de la part des personnes des classes élevées la cause de la création des besoins nouveaux, des besoins de luxe.

2° Ces besoins une fois créés se répandent facilement et gagnent bien vite les couches sociales inférieures, soit sous l'influence de l'esprit d'imitation, qui n'est pas moins impérieux chez l'homme que le désir de se distinguer, soit par l'effet de la préoccupation constante que tout homme éprouve d'améliorer sa vie en se procurant le plus de jouissances possible.

3° Enfin, les besoins se fixent définitivement et se perpétuent par l'habitude et par l'hérédité. C'est par l'effet de ces deux causes, que des choses qui étaient considérées à leur apparition comme des objets de luxe, tels que les mouchoirs, les chemises, etc., ou des actes qui paraissaient indifférents au début, comme l'action de fumer, sont devenus avec le temps, des besoins tout à fait impérieux.

Concurrence des besoins entre eux. — Il est peu de personnes dans le monde qui puissent se procurer la satisfaction de tous les désirs qu'ils éprouvent. Il s'établit donc entre les besoins une concurrence pour savoir ceux qui seront satisfaits et ceux qui seront sacrifiés. Dans cette lutte, le besoin dont l'intensité est la plus grande l'emporte sur les autres ; mais ce besoin une fois satisfait, son intensité décroît progressivement et disparaît, pendant qu'augmente l'intensité du besoin non encore assouvi. Il en résulte un phénomène constant de substitution des besoins entre eux.

II. L'utilité. — *Définition.* — L'utilité est l'aptitude de certaines choses à satisfaire un besoin de l'homme.

Par cette définition on aperçoit clairement que la notion d'utilité est intimement liée à la notion de besoin. Si le besoin à la satisfaction duquel correspond la possession d'un objet cessait de se faire sentir, cet objet cesserait d'être utile.

Différence entre la notion usuelle et la notion économique de l'utilité. — Il faut d'ailleurs observer que l'utilité s'entend, dans la science économique, d'une façon beaucoup plus large que dans le langage usuel.

Dans le langage courant, une chose est utile lorsque son emploi est profitable, soit à l'individu, soit à la société.

C'est ainsi qu'on dira qu'un vêtement, ou une machine sont des objets utiles, tandis qu'un diamant est une chose inutile.

Il en est autrement en économie politique. Une chose est utile dès l'instant qu'elle correspond à la satisfaction d'un besoin, sans qu'il y ait à rechercher si son emploi est profitable ou nuisible, et sans qu'il y ait davantage à se préoccuper si le besoin qu'elle permet de satisfaire est légitime ou moral. C'est ainsi que l'alcool et le tabac, dont l'usage est condamné par les règles d'une bonne hygiène, doivent cependant être considérés comme choses utiles au point de vue économique, parce qu'ils servent à assouvir un besoin.

C'est ce qui a fait dire de l'économie politique qu'elle était une science, sinon immorale, du moins amorale.

III. La richesse. — *Notion particulière de la richesse en économie politique.* — La distinction que nous venons de faire à l'égard de l'utilité doit être reproduite en ce qui concerne la richesse. Ce mot n'a pas en économie politique le même sens que dans le langage vulgaire.

Dans le langage vulgaire, on entend par richesse un certain état, celui de l'homme qui possède, en grande quantité, les choses indispensables ; ce mot est synonyme d'abondance, d'opulence, et il éveille dans l'esprit l'idée d'inégalité sociale (1).

En économie politique, au contraire, le mot « richesse » désigne les objets qui réunissent certains caractères déterminés.

Eléments constitutifs de la richesse. — Pour qu'un objet soit considéré comme une richesse, il faut qu'il réunisse trois caractères :

1° Il faut que ce soit un objet *matériel ;*

2° Il faut que ce soit un objet *utile ;*

3° Il faut que ce soit un objet *approprié.*

1° *L'objet doit être matériel ;* en sorte que les choses incorporelles, immatérielles, telles que les droits de créance, le talent d'un avocat, la clientèle d'une maison de commerce ne sauraient être regardées par l'économiste comme des richesses. Ce sont plutôt des moyens de s'en procurer (2).

2° *L'objet doit être utile.* — Nous avons défini plus haut en quoi consistait l'utilité pour l'économiste ; il n'y a pas lieu d'y revenir. Il importe seulement de faire remarquer encore le lien étroit qui unit entre elles ces trois notions fondamentales de la science économique : le besoin, l'utilité et la richesse. Une chose n'est une richesse que lorsqu'elle est propre à satisfaire un besoin de l'homme. En sorte que, si un besoin cessait d'être ressenti par l'homme, les objets qui correspondent à la satis-

____

(1) Gide, *Principes d'économie politique,* p. 33 et 41.

(2) Gide, *op. cit.,* p. 44 ; Beauregard, *Précis d'économie politique,* p. 19 ; Cauwès, *Précis du cours d'économie politique,* nᵒˢ 150 et 151.

faction de ce besoin cesseraient d'être utiles, et, par voie de conséquence, ne constitueraient plus des richesses.

3° *L'objet doit être approprié.* — Un objet est approprié lorsqu'il est possédé par une personne qui en dispose d'une façon exclusive pour la satisfaction de ses besoins.

Tant qu'un acte d'appropriation n'a pas été exécuté par l'homme, l'objet pour si utile qu'il soit, ne saurait être considéré comme une richesse : il en est ainsi, par exemple, à l'égard du fruit tant qu'il pend à l'arbre avant la cueillette, et des minerais enfouis dans la terre, tant qu'ils n'ont pas été extraits.

Il suit de là que l'expression de « *richesses naturelles* » est défectueuse, si l'on désigne ainsi les choses que la nature offre spontanément à l'homme, tels que les fruits, les minerais dont nous parlions tout à l'heure. Jusqu'à ce que l'homme ait approprié ces choses par son travail, on ne saurait les regarder comme des richesses.

De même, les objets qui ne sont pas susceptibles d'appropriation, comme l'air, les rayons du soleil, la force du vent, ne peuvent être rangés au nombre des richesses. Ce sont des éléments de la production, mais ce ne sont pas des richesses (1).

Remarque : Richesses et services. — Les richesses, telles que nous venons de les définir, ne sont pas les seules choses dont l'homme ait besoin ; l'objet de ses besoins peut être une chose immatérielle, telle que le service d'un ou de plusieurs de ses semblables, service d'un médecin, d'un avocat, d'un domestique, etc.

Les richesses et les services méritent donc au même degré d'être étudiés en Économie politique. Nous nous bornons pour le moment sur ce point à cette simple observation ; nous y insisterons davantage plus loin dans le chapitre consacré au travail.

IV. La valeur. — *Distinction fondamentale.* — Pour comprendre la notion de la valeur, il faut observer que la valeur

____

(1) Cauwès, *op. cit.*, n° 155.

est susceptible d'être envisagée à deux points de vue différents:
comme valeur d'usage et comme valeur d'échange. Cette distinction n'est pas nouvelle ; elle était faite dès la plus haute
antiquité, par Aristote, ainsi que nous l'avons constaté plus
haut (1).

De la valeur d'usage. — *Définition.* — La valeur d'usage est
l'importance que nous attachons à la possession ou à la jouissance d'un bien déterminé ; c'est le rang que nous lui assignons
dans l'échelle de nos désirs (2); on l'appelle aussi *valeur subjective*, parce que sa détermination tient à des considérations personnelles et varie suivant les individus. Il est certain, par exemple, qu'une bibliothèque n'a pas la même valeur d'usage pour
un illettré que pour un savant; il n'est pas moins évident qu'un
mètre cube de bois de hêtre n'a pas la même valeur d'usage
pour de pauvres gens, dont il forme toute la provision, pendant
un hiver rigoureux, que pour une personne très riche.

Éléments constitutifs. — La valeur d'usage suppose deux éléments essentiels :

1o D'abord l'utilité. Il n'est pas douteux qu'une chose n'a de
valeur pour nous que si elle correspond à la satisfaction d'un
besoin ; et plus le besoin qu'elle peut satisfaire est intense, plus
sa valeur sera grande.

2o La difficulté qu'on a à se procurer l'objet. Cette difficulté
provient de ce que la quantité des objets de même genre est
limitée par rapport à nos besoins ; en d'autres termes de ce que
ces objets sont rares.

Utilité et rareté sont donc les éléments constitutifs de la valeur.

Comparaison des notions de valeur et de richesse. — Il ne faut
pas confondre la notion de valeur et celle de richesse. Sans
doute, la richesse et la valeur ont ce point commun que l'une

---

(1) V. *suprà*, p. 6.
(2) M. Bourguin, à son cours. D'après M. Cauwès, ce serait « le jugement
que chacun de nous porte sur le degré d'utilité des choses ou l'utilité com-
parative de deux ou plusieurs choses ». *Traité d'économie politique*, t. I.

et l'autre impliquent comme élément nécessaire l'utilité. Un objet n'est une richesse et n'a de valeur que s'il est utile.

Mais, entre ces deux notions, il existe deux différences essentielles :

1° La valeur n'existe que si à l'utilité se joint un autre élément : la rareté. Cet élément n'entre pas dans la constitution de la richesse. Il en résulte que les biens, qui sont pour l'homme les plus utiles à son existence, tels que l'eau, le pain, etc., ont peu de valeur, parce qu'ils existent en abondance. Mais ce sont des richesses, lorsque la condition d'appropriation est d'ailleurs remplie.

2° Lorsqu'on dit qu'un objet est une richesse, on le considère en lui-même, isolément, au point de vue des besoins qu'il est susceptible de satisfaire. Au contraire, lorsqu'on dit qu'un objet a de la valeur, on le compare à d'autres objets, et on lui assigne un rang de préférence par rapport à eux.

Détermination de la valeur d'après l'utilité limite ou finale. — Au sujet de la mesure de la valeur, l'école autrichienne — représentée, nous le savons, par MM. Carl Menger et de Boehm Bawerk — a émis une théorie célèbre connue sous le nom de théorie de l'utilité limite ou de l'utilité finale (1).

Pour comprendre cette théorie, il faut supposer qu'une personne possède une provision donnée de choses divisibles dont elle ne peut augmenter la quantité, par exemple cinq hectolitres de blé. Si on veut déterminer la valeur d'une unité quelconque de cette provision, c'est-à-dire d'un hectolitre de blé, il faut rechercher à quel usage son propriétaire destine idéalement les différentes unités de la dite provision ; et la valeur de chaque unité se mesure à l'utilité du dernier emploi auquel sont desti-

---

(1) Voici la formule précise de cette théorie donnée par M. de Boehm Bawerk lui-même dans un article sur la valeur paru dans la *Revue d'économie politique*, année 1894, et traduit de l'allemand par M. P. Gruson : « Quand on veut estimer un exemplaire ou une portion déterminée provenant d'une quantité de biens plus considérable, la valeur subjective de l'unité se détermine par l'utilité que l'on peut tirer de la dernière portion qu'on a à sa disposition, en un mot par l'utilité limite du bien. »

nées les dernières quantités. C'est cette utilité qu'on appelle l'utilité finale ou limite.

Exemple : soit une provision de cinq hectolitres de blé. Le propriétaire destine un hectolitre à la satisfaction de ses besoins les plus pressants d'alimentation ; un hectolitre à renforcer son alimentation ; un hectolitre à nourrir des animaux utiles ; un hectolitre à fabriquer de l'eau-de-vie de grain ; enfin le dernier hectolitre à élever des animaux de luxe.

Si nous donnons à chaque hectolitre un coefficient d'utilité suivant l'importance du besoin auquel il correspond, nous figurerons l'hectolitre d'alimentation indispensable par 10, l'hectolitre d'alimentation complémentaire par 8, l'hectolitre pour les animaux utiles par 6, l'hectolitre pour l'eau-de-vie par 4, l'hectolitre pour les animaux de luxe par 1.

Cela étant, si on veut connaître la valeur d'un hectolitre quelconque de cette provision on doit dire qu'elle est égale à 1.

En effet, si on avait un hectolitre de blé en moins, on s'abstiendrait de l'emploi qui est le moins important ; on cesserait de nourrir des animaux de luxe. C'est donc bien à l'importance de ce besoin que doit se mesurer la valeur d'un hectolitre.

On voit par là l'influence considérable exercée par la quantité sur la valeur de chaque objet. Plus la provision diminue, plus l'utilité limite sera importante, et plus l'hectolitre de blé aura de valeur.

En sens inverse, si la provision, qui est à notre disposition, augmente à tel point que nous puissions satisfaire des besoins de moins en moins importants, l'utilité limite s'abaisse, et avec elle la valeur de chaque unité. « C'est là, dit M. de Boehm Bawerk, l'explication de ce fait connu que l'augmentation de la quantité d'un bien agit sur lui pour le déprécier ; c'est aussi l'explication de ce phénomène souvent observé avec étonnement, que les espèces de biens les plus utiles, comme l'air, l'eau, le pain, ont une si petite valeur, ou même n'en ont pas. Lorsque les biens se trouvent en telle abondance qu'il ne reste plus aucun besoin à satisfaire, la dernière utilité, et avec elle la valeur, s'abaissent jusqu'à zéro » (1).

(1) De Boehm Bawerk, *op. cit.*

Cette théorie est très subtile et très exacte ; mais elle revient en somme à dire que la valeur d'un bien est déterminée par son utilité et sa rareté.

De la valeur d'échange. — *Définition*. — La valeur d'échange est la propriété qu'a un objet de pouvoir être échangé contre un autre objet ; c'est sa valeur marchande. Quand cette valeur est exprimée en monnaie, on l'appelle prix.

Différence entre la valeur d'usage et la valeur d'échange. — Entre la valeur d'usage et la valeur d'échange il existe un rapport étroit de dépendance. On peut dire que la valeur d'usage sert de base à la valeur d'échange. Il est certain, en effet, que suivant l'importance que nous attacherons à la possession de tel objet dépendront les conditions de l'échange que nous consentirons de cet objet contre un autre objet.

Il faudrait bien cependant se garder de confondre la valeur d'usage et la valeur d'échange. Il existe entre elles des différences importantes.

1° La valeur d'usage est purement subjective (1) ; elle résulte du jugement que nous portons sur l'importance que présente pour notre bien-être la possession d'un objet. La valeur d'échange est objective ; c'est le pouvoir d'acquisition que possède un objet, indépendamment de toute appréciation personnelle à l'individu.

2° La notion de la valeur d'usage se conçoit dans tout état économique, même le plus rudimentaire, où l'homme produisant par lui-même tout ce dont il a besoin, n'a pas à recourir ses semblables pour se procurer par l'échange les choses qui lui font défaut. C'est ainsi que Robinson dans son île pouvait en avoir une idée très nette. Au contraire, il ignorait la notion de la valeur d'échange qui suppose un état économique plus développé où la production se fait principalement en vue de l'échange.

(1) Cependant, dans l'article précité, M. de Boehm Bawerk sépare nettement la distinction de la valeur en subjective et objective de la distinction de la valeur en valeur d'usage et valeur d'échange.

3° Certains biens n'ont aucune valeur d'échange, soit parce qu'ils ne sont pas destinés à être échangés, tels que les travaux publics exécutés par l'Etat ou par les communes, soit parce qu'ils sont inaliénables, tels que les immeubles dotaux. Ils ont cependant une valeur d'usage très appréciable.

En quoi consiste la production des richesses ? — Produire n'est pas créer. Créer, c'est tirer quelque chose du néant ; l'homme n'en a pas le pouvoir.

Mais l'homme peut produire.

La production consiste : soit à s'approprier une chose utile, (extraction de minerais), soit à transformer une matière première en une chose utile à l'homme (coton ou soie en étoffes), soit à augmenter l'utilité d'une chose (par le commerce ou les transports).

Des facteurs de la production. — Trois facteurs concourent à la production des richesses :

1° Les agents naturels, ou la nature ;

2° Le travail ;

3° Le capital.

Division de la première partie. — Nous diviserons la première partie en trois sections :

Section Iʳᵉ. — Les facteurs de la production.

Section II. — De l'industrie en général et de ses différentes branches.

Section III. — De l'organisation économique de la production.

Iʳᵉ SECTION. — DES FACTEURS DE LA PRODUCTION.

Division de la section. — Nous avons vu plus haut que trois facteurs concourent à la production ; nous consacrerons à chacun d'eux un chapitre de cette section qui se trouvera ainsi divisée :

Chapitre I. — Des agents naturels.
Chapitre II. — Le travail.
Chapitre III. — Le capital.

CHAPITRE Ier. — LES AGENTS NATURELS.

Ce que la nature fournit à l'homme. — La nature fournit à l'homme :

1° L'emplacement ;
2° Le milieu physique ;
3° Les matières premières ;
4° Les agents naturels.

1° L'emplacement. — La nature fournit tout d'abord à l'homme l'emplacement, c'est-à-dire l'espace nécessaire pour se tenir et marcher, pour établir sa demeure, faire vivre ses animaux, installer ses usines et tirer de la terre sa subsistance.

La surface totale des terres habitables du globe terrestre est évaluée à 13 miliards d'hectares, inégalement distribués entre les cinq parties du monde. Dans chacune de ces parties, le territoire est possédé par des Etats régulièrement organisés, comme en Europe, ou habité par des peuplades sauvages, comme dans l'intérieur de l'Afrique; ou enfin complètement inoccupé.

Il est peu à redouter qu'il arrive un moment où la surface du globe soit insuffisante pour contenir tous ses habitants. Il n'est pas non plus à craindre que ses produits ne soient pas assez considérables pour les nourrir, malgré les appréhensions de certains économistes, dont nous aurons à exposer et à combattre la théorie plus loin (1).

Mais ce qu'il faut constater, c'est que sur certains points particuliers du globe, sur le territoire de certains Etats, la population augmente d'une façon considérable et n'est plus en rapport avec l'espace occupé. A l'intérieur de chaque Etat, un

____

(1) Voir *infrà*, la théorie de Malthus sur le principe de la population.

phénomène analogue se produit dans la capitale et dans les principales villes ; il s'opère dans ces grands centres une agglomération qui n'est pas en rapport avec l'étendue du territoire.

Dans ces cas particuliers, la question de l'emplacement prend un caractère d'une gravité particulière, qui se traduit par la misère des populations agricoles, comme en Belgique, ou par la cherté excessive du terrain, comme à Paris.

2° Le milieu physique. — En second lieu, la nature procure à l'homme le milieu physique, c'est-à-dire les climats, la situation géographique, la constitution du sol (1), dont l'action est si puissante sur les forces productives de l'homme.

Les climats. — La nature du climat influe d'une façon considérable sur la production et sur le développement économique des peuples.

Au premier abord, le climat des tropiques paraît le plus favorable à la production. En effet, sous l'action bienfaisante du soleil, la terre produit en abondance tout ce qui est nécessaire à l'homme pour vivre, presque sans culture, et d'une façon à peu près spontanée.

Il n'en est rien cependant. Précisément parce qu'il obtient sans effort tout ce dont il a besoin pour vivre, l'homme n'est pas incité à travailler ; son énergie est engourdie par cette générosité de la nature. D'autre part, la trop grande chaleur du climat énerve et paralyse ses forces physiques.

Dans les pays froids, l'activité musculaire est certainement plus grande que partout ailleurs, mais en revanche, la nature y est plus rebelle et ne répond pas aux efforts tentés par l'homme.

C'est donc le pays dont le climat est tempéré qui est le plus propice au développement économique et aux progrès de l'humanité.

Là, en effet, la nature, sans être avare de ses produits, comme dans les pays froids, ne les donne pas sans compter, comme

____

(1) Gide, *op. cit.*, p. 104 et 105.

dans les régions tropicales. Il faut que l'homme exerce sur elle une action intelligente et continue pour qu'elle lui livre ses secrets et lui ouvre ses trésors : l'homme se trouve ainsi contraint au travail, et son énergie physique n'est nullement annihilée ou amoindrie par l'effet de la température (1).

La situation géographique. — L'influence exercée sur la production par la situation géographique d'un Etat n'est pas moins grande que celle qui résulte des conditions climatériques.

Un Etat qui, comme l'Angleterre, est composé de plusieurs îles portera nécessairement tous ses efforts vers le commerce et donnera tous ses soins au développement de sa marine. A ce point de vue, la France est privilégiée à l'égard des Etats du centre de l'Europe, en raison de son établissement aux bords de deux mers largement ouvertes aux navires.

L'existence d'un réseau de fleuves navigables mettant les côtes en communication avec l'intérieur des terres n'est pas moins importante. C'est à la distribution merveilleuse de leurs rivières que l'on peut attribuer les progrès si rapides que les deux Amériques ont réalisés au point de vue commercial et industriel, tandis que l'Afrique, avec ses cataractes infranchissables et ses lacs sans issue vers la mer, est encore plongée dans la barbarie des premiers âges.

La constitution du sol. — La constitution du sol, suivant qu'il est fertile ou stérile, ainsi que la richesse plus ou moins grande du sous-sol, joue un rôle également important dans l'œuvre de la production.

Si l'Angleterre occupe la première place dans le monde, au point de vue industriel, elle le doit en grande partie à la constitution de son sous-sol si riche en minerais de fer et en gisements houillers, et l'on comprend aisément les craintes inspirées aux hommes d'Etat et aux économistes anglais par l'épuisement continu de ces mines. Car le jour où l'on mettra en complète exploitation les houillères de l'Amérique, celles de l'Australie et de la Chine (2), la prépondérance de l'Angleterre sera bien près de disparaître.

(1) Beauregard, *op. cit.*, p. 22 et 23 ; Cauwès, *op. cit.*, n° 129.
(2) Les houillères d'Amérique ont une superficie égale à la France, celles

3° Les matières premières. — Nous avons dit que l'homme ne pouvait pas créer, mais seulement produire, c'est-à-dire transformer. C'est encore la nature qui met à sa disposition les matières sur lesquelles s'exerce son activité : les graines qu'il confie à la terre pour en faire sortir le blé, l'orge, l'avoine ; les métaux précieux, la houille, le fer, qu'il extrait des profondeurs du sol ; la laine et la peau des animaux, le coton et la soie qu'il tisse pour en faire de riches étoffes, etc.

4° Les agents naturels. — Enfin l'homme serait condamné à une impuissance presque complète, sans le secours des agents naturels, c'est-à-dire des moyens d'action que la nature offre à l'homme, les réactions chimiques et les forces motrices.

C'est grâce aux propriétés naturelles des corps que la semence, confiée à la terre, germe et produit les récoltes nécessaires à la nourriture de l'homme et à celle des animaux domestiques. C'est grâce aux mêmes propriétés que l'homme a pu faire jaillir la première étincelle du feu en frottant une pierre contre une autre pierre, qu'il a pu produire la chaleur par la combustion de la houille, tirer du charbon le gaz qui nous éclaire, et faire naître l'électricité dont la lumière est aussi brillante que celle du jour.

Quant aux forces naturelles, l'homme a tout d'abord mis en œuvre sa force musculaire ; puis celle des animaux qu'il est parvenu à dompter. Plus tard il a utilisé la force du vent et celle de l'eau, notamment par l'établissement des moulins ; enfin, il s'est rendu compte du profit qu'il pouvait tirer de l'expansion des gaz, et la machine à vapeur a été inventée.

Tout d'abord l'électricité et la vapeur n'ont été produites que par la combustion de la houille. Or, c'est une matière première dont l'emploi est coûteux, et qui ne se renouvelle pas indéfiniment ; il est à craindre que l'homme n'en soit complètement privé un jour. Aussi dans ces dernières années la science a trouvé le moyen de s'en passer en utilisant la force motrice (1)

d'Australie, une étendue aussi grande que les gisements houillers de toute l'Europe (62.000 kil. carrés).

(1) On appelle « *houille blanche* » la force motrice de ces chutes d'eau,

des chutes d'eau et des torrents descendant des glaciers qu'elle a transformée en énergie électrique, qui sert à l'éclairage des villes, à la traction des tramways, ou qui est distribuée à domicile, dans les mêmes conditions que l'eau ou le gaz, pour actionner des machines. Un jour viendra peut-être où on pourra aussi tirer parti de la force des marées et des rayons solaires. Une semblable découverte assurerait une supériorité considérable aux Etats dont le territoire est situé aux bords de la mer et soumis à l'action bienfaisante du soleil.

Influence réciproque de la nature sur l'homme, de l'homme sur la nature. — De tout ce qui précède il résulte que la nature exerce une influence puissante sur l'homme, sur son être physique, sur son développement social et économique. Mais, de son côté, l'homme n'est pas sans action sur la nature :

1º Il améliore et rend le sol plus productif par l'emploi de procédés scientifiques, engrais naturels ou artificiels.

2º Les rades exposées à la force des courants sont dangereuses pour les navires ; l'homme y remédie en creusant des ports ; il augmente le réseau des voies fluviales en établissant des canaux de navigation pour obvier à l'innavigabilité de certaines portions de ses fleuves, ou pour faire communiquer deux mers, comme à Suez, à Corinthe, et bientôt peut-être, à Panama ; il fait disparaître les obstacles naturels que les chaînes de montagnes mettent aux communications entre les peuples, par le percement des tunnels, comme au Mont-Cenis et au St-Gothard.

3º Il rend des climats plus salubres, par le reboisement des forêts, le dessèchement des marais, l'assainissement des terres humides.

4º En ce qui concerne les matières premières, l'action de l'homme semble plus limitée, en ce qu'il ne peut créer un atome de matière ; mais à l'aide de combinaisons savantes, il a la faculté de produire avec des matières premières, que la nature

cette expression employée par l'ingénieur Bergès en 1889 a fait fortune et a été rapidement vulgarisée. (Congrès de la houille blanche en 1902) lui donne en grande quantité, d'autres matières dont elle s'est montrée moins prodigue : c'est ainsi que des recherches scientifiques récentes permettent d'espérer qu'on pourra, un jour, obtenir artificiellement le diamant.

D'autre part, il arrive assez souvent, qu'à la place d'une matière première qui fait défaut ou que l'homme possède en petite quantité, l'homme trouve à employer une matière première similaire présentant des propriétés analogues. C'est ainsi que l'ivoire animal, devenant rare, on a imaginé de le remplacer par l'ivoire végétal.

CHAPITRE II. — LE TRAVAIL.

Division du chapitre. — Nous consacrerons trois paragraphes à l'étude du travail.

§ 1. — Notion économique du travail.

§ 2. — Conditions de la productivité du travail.

§ 3. — Du phénomène de la division du travail.

§ 1. — Notion économique du travail.

Définition. — Le travail est tout effort volontaire de l'homme en vue de se procurer les moyens de satisfaire ses besoins.

Conditions requises pour qu'il y ait travail. — De cette définition il résulte que deux conditions doivent se trouver réunies pour qu'il y ait travail :

1º Il faut un *effort volontaire,* c'est-à-dire un effort raisonné et conscient. L'homme seul travaille : le castor qui construit sa hutte, l'oiseau qui fait son nid, mus par un instinct irréfléchi, ne travaillent pas.

2º Il faut que l'effort de l'homme ait un but déterminé : *se procurer les moyens de satisfaire ses besoins.* L'homme ne travaille pas lorsqu'il fait un effort, même des plus pénibles, en vue de se procurer un plaisir.

Exemple. — Le touriste qui opère l'ascension d'une montagne

sous la conduite d'un guide, dépense une activité musculaire aussi grande, sinon plus grande, que le guide qui l'accompagne ; cependant, comme il n'agit que pour la jouissance physique ou intellectuelle que lui procure son excursion, il ne travaille pas, tandis que le guide qui dirige les pas de l'excursionniste pour gagner sa vie, se livre à un travail réel.

Caractère pénible du travail. — L'homme est naturellement porté à l'inaction ; tout effort, tout travail lui semble pénible, et cependant il est obligé de travailler pour se procurer les choses indispensables à la satisfaction de ses besoins. C'est une loi de sa nature.

Assurément il y a là une contradiction.

Mais cette contradiction est la source la plus féconde du progrès dans l'industrie. C'est parce que l'homme craint l'effort et redoute la fatigue qu'il est arrivé à inventer des machines qui suppléent si puissamment à ses forces musculaires.

Travail intellectuel, invention et travail manuel ou musculaire. — On a quelquefois proposé de diviser le travail en travail intellectuel et en travail manuel ou musculaire. Mais cette distinction est loin d'être absolue. Aucun travail ne peut être considéré comme exclusivement intellectuel, ou comme exclusivement matériel ; tout travail implique le concours des muscles et de l'intelligence.

Pour ne prendre qu'un exemple, le paysan qui cultive son champ doit évidemment déployer une activité physique assez grande pour tourner et retourner sa terre, l'ensemencer et faire enfin la récolte. Mais c'est sa volonté qui commande à ses muscles ; c'est son intelligence de la culture des champs qui dirige sa main et lui fait connaître l'époque à laquelle les travaux de labour, les semailles et la récolte doivent être faits, les plants qui conviennent à chaque terre, suivant le climat et suivant le degré de fertilité du sol, l'ordre à suivre dans les cultures, etc.

On peut ajouter que tout travail, qui, au premier abord, paraît être purement matériel, suppose nécessairement un travail préalable, purement *intellectuel* ou *d'invention*. Ce mot doit être pris ici dans le sens le plus large. Il faut entendre par là l'acte par lequel un individu quelconque, aussi bien un savant qu'un artisan de l'ordre le plus inférieur, découvre les moyens d'atteindre un résultat déterminé.

Ainsi le manœuvre dont l'emploi consiste uniquement à transporter des matériaux d'un point à un autre, développe sans doute une force musculaire très grande, mais il doit, auparavant, rechercher à l'aide de quel procédé, et par quelle disposition de son corps, il pourra obtenir le maximum de résultat, avec le minimum de fatigue et d'effort.

Tout ce qu'on peut dire, c'est que certains travaux, comme ceux du laboureur, du manœuvre, etc., demandent surtout l'emploi de la force physique, tandis que d'autres, comme ceux du savant, du professeur, etc., exigent surtout l'usage des facultés intellectuelles.

C'est à ce point de vue seulement qu'il est exact de parler de travaux manuels ou musculaires et de travaux industriels.

Tous les travaux concourent-ils à la production ? — C'est là une question très débattue de savoir si tous les travaux de l'homme concourent à la production des richesses.

Une distinction fondamentale s'impose tout d'abord :

1° Il y a des travaux qui tendent directement et immédiatement à la production des richesses : c'est-à-dire de choses matérielles, utiles et appropriées.

Tel est le travail de l'ouvrier mineur, et, d'une façon générale, de tout ouvrier employé dans l'industrie.

Les travaux de cette première catégorie sont appelés travaux *industriels*.

2° Il y a des travaux qui ne tendent pas à produire des richesses, et dont les résultats ne s'incorporent pas en des choses matérielles et tangibles ; ils se traduisent par des *services* rendus soit à une personne déterminée, soit au corps social tout entier.

Ainsi, les magistrats, les militaires, les médecins, les avocats, les savants, les professeurs, etc., rendent des services ; leur fonction est éminemment utile, puisqu'elle tend à satisfaire des besoins naturels de sécurité, de santé, de défense et d'instruction ; mais leur œuvre ne donnant pas naissance à une chose matérielle, on ne peut admettre qu'ils produisent des richesses (1).

Est ce à dire pour cela que les travaux de cette seconde catégorie sont indifférents au point de vue de la production de la richesse ? En aucune façon. S'ils ne tendent pas à la production immédiate d'une richesse, ils exercent une influence considérable, quoique indirecte, sur le phénomène social de la production, en augmentant les forces productives de l'homme. C'est pour cette raison qu'on a pu les appeler travaux *indirectement productifs* (2).

Les navigateurs et les explorateurs qui découvrent des contrées nouvelles, de même que les savants qui recherchent les lois de la matière, agissent puissamment pour perfectionner le premier élément qui concourt à la production, la nature et les agents naturels.

Le médecin qui soigne et guérit un ouvrier ; l'inventeur qui trouve un procédé nouveau ; le législateur qui établit des règles pour assurer l'hygiène et la sécurité des travailleurs, le magistrat qui veille à l'observation des engagements particuliers, et le gendarme qui est préposé au maintien de l'ordre et à la poursuite des criminels, tendent tous également, quoique d'une façon différente, à augmenter la puissance productive du travail.

En ce qui concerne le capital, nous verrons que cet agent si

(1) Cette distinction importante entre les richesses et les services est mise en relief par M. Cauwès, *op. cit.*, n° 6. Le savant auteur divise les services en deux catégories : les services publics, organisés par l'Etat (magistrats, armée) et les services privés (médecins, avocats, savants, etc.). Il subdivise les services privés en trois classes : ceux qui ont pour objet le corps (médecins, dentistes, domestiques, etc.) ; ceux qui ont pour objet les facultés intellectuelles ou morales (savants, ingénieurs, avocats, professeurs de sciences ou belles-lettres, etc.) ; ceux qui sont les auxiliaires d'un travail de production (caissiers, commis-voyageurs, etc.), *op. cit.*, n°s 150 à 152.

(2) Par opposition aux travaux précédents qu'on appelle *travaux directement productifs*, Beauregard, *op. cit.*, p. 33 ; Gide, *op. cit.*, p. 122 à 128.

important de la production est créé et s'accroît dans une certaine mesure par l'épargne. Or, d'une part, l'esprit de prévoyance ne se développe que dans un pays où la législation, par une bonne réglementation du commerce de banque, assure au capitaliste qui épargne les moyens de conserver intact le produit du capital épargné ; d'autre part, seul, un gouvernement vigilant et fort, en faisant régner l'ordre à l'intérieur, inspire confiance aux capitalistes, et fait naître ou augmente chez eux l'esprit d'entreprise.

Importance respective des deux catégories de travaux. — On a même pu affirmer avec raison que les travaux qui consistent dans des services rendus, ou les travaux indirectement productifs, donnaient des résultats plus considérables que les travaux directement productifs :

1° Les travaux directement productifs, agissant sur les matières existantes, ont un champ nécessairement limité. Au contraire, on ne peut assigner de bornes aux autres : car nul ne peut dire où s'arrêtera l'esprit d'initiative et de découverte de l'homme.

2° Les travaux directement productifs donnent naissance à des objets dont ne profitent qu'un petit nombre d'individus et dont la durée est limitée.

Ainsi, un entrepreneur construit une maison : voilà une richesse qui sera utilisée par un nombre plus ou moins considérable, mais nécessairement restreint de personnes, et qui est destinée à disparaître par l'action du temps. La remarque serait plus saisissante encore, si nous parlions du vêtement, ou des aliments préparés par la main de l'homme.

Il en est bien autrement du résultat des travaux indirectement productifs. On peut dire qu'ils profitent à l'humanité tout entière dans le présent et dans l'avenir.

Dans le présent, parce que, dès qu'une invention utile voit le jour, elle ne tarde pas à se répandre dans le monde entier, et à être appliquée sur toute la surface du globe pour la production des richesses.

Dans l'avenir, en ce que cette idée nouvelle fait désormais

partie du patrimoine de l'humanité et se transmettra, en se perfectionnant, de génération en génération à l'infini (1).

§ 2. — Conditions de la productivité du travail.

Idée générale. — Pour être productif, le travail doit être énergique, habile et soutenu.

Circonstances qui influent sur cette productivité. — De nombreuses circonstances influent sur l'énergie, l'habileté et la constance du travailleur :

1° Tout d'abord, le développement des forces physiques, dont l'influence tend cependant à diminuer sans cesse avec les progrès de l'industrie et avec l'emploi des machines.

2° La durée du travail. Au début, le travail est difficile et peu productif ; c'est la période de la mise en train. Passé cette première période, le travail atteint bientôt son maximum de rendement. Mais, si le travail se prolonge au delà d'une certaine durée, la production décroît et devient nulle. Il ne faut donc pas que le travail dure trop peu ni trop longtemps.

3° Le développement des facultés intellectuelles.

4° Certaines causes d'ordre purement moral ou social, telles que : l'*esprit de prévoyance*, le *sentiment de la sécurité* et la *liberté du travailleur*.

L'esprit de prévoyance fait que nous travaillons, non pas en vue des besoins actuels, mais en vue de l'avenir, pour le temps où la maladie ou bien la vieillesse nous condamnera au repos ; c'est le même esprit de prévoyance qui nous fait songer à la femme et aux enfants que nous pourrions laisser après nous, en cas de mort prématurée.

Un autre moteur de notre activité est le *sentiment de la sécurité* que l'ordre social et les lois existantes inspirent au travailleur, désireux de conserver l'épargne qu'il peut réaliser sur le produit de son travail.

Enfin, et surtout, la *liberté du travailleur* à laquelle nous allons consacrer les développements qui vont suivre.

(1) Beauregard, *op. cit.*, p. 35.

Liberté du travailleur : en quoi elle influe sur la production. — La liberté du travailleur influe d'une façon considérable sur la production.

L'homme, avons-nous dit, est partagé entre deux sentiments opposés : l'amour du repos et la répugnance de tout effort d'une part, le besoin de travailler pour subvenir aux nécessités de l'existence d'autre part.

Pour vaincre cette répugnance de l'effort, il faut que l'homme soit actionné par un puissant mobile. Or, il n'en est pas de plus grand que l'intérêt personnel.

Le travailleur libre travaille plus et travaille mieux que l'esclave, parce que c'est pour lui et pour les siens qu'il produit. Il sait que plus il se donnera de peine, plus il produira, plus il se procurera les objets nécessaires à son existence quotidienne, plus il augmentera ses jouissances et son bien-être. Au contraire, l'esclave travaille pour son maître ; tout ce qu'il acquiert appartient en propre à celui-ci ; il n'a pas de famille dont le sort puisse le préoccuper ; qu'il travaille beaucoup ou qu'il produise peu, sa condition reste la même, ni meilleure, ni pire. Dès lors, il n'est nullement incité à bien faire ; la peur des châtiments corporels est le seul mobile de ses actes, et son unique préoccupation est de les éviter, en fournissant à cet effet, le moindre effort possible.

On peut ajouter que l'esclave est traité par son maître comme une machine de peu de valeur, dont il ne cherche pas à économiser la force musculaire, en inventant des agents mécaniques plus puissants ; d'où il suit que la production est peu abondante et que l'art industriel reste stationnaire (1).

L'économie politique se trouve donc d'accord avec la science du droit, pour condamner l'esclavage au nom de l'utile, de même qu'il est réprouvé, au nom de la morale et du droit, comme une institution contraire à la nature.

De l'esclavage dans l'antiquité grecque et romaine. — Malgré cela, l'esclavage apparaît comme la condition normale du travailleur dans les sociétés primitives, en Grèce et à Rome.

(1) Cauwès, *op. cit.*, t. I, n° 55.

La source principale de l'esclavage était la captivité. Au lieu de mettre à mort les vaincus qu'on avait fait prisonniers pendant la guerre, on leur laissait la vie sauve, mais on leur enlevait la liberté. L'esclave était une chose pour son maître, au même rang que ses bêtes de somme ; il n'avait aucune personnalité juridique, et ne pouvait avoir ni patrimoine, ni famille. Le maître avait sur son esclave le droit absolu d'un propriétaire ; il pouvait le faire travailler, louer ses services, le vendre, le donner en gage, et même primitivement, le mettre à mort.

Mais il arrivait en fait que la situation de l'esclave était améliorée par l'institution du *pécule*. On entendait par là un ensemble de biens dont le maître confiait l'administration et abandonnait la jouissance à son esclave. Le maître restait propriétaire de ces biens, et il pouvait les enlever à son esclave quand bon lui semblait ; mais il était d'usage que ces biens restaient à l'esclave quand il était affranchi.

Vers la fin de la législation romaine, sous le bas-empire, apparaît une forme nouvelle de servitude, le *colonat*. Le colon n'est pas attaché à la personne du maître, comme l'esclave, il est attaché à une terre déterminée à laquelle ni lui, ni son maître ne peuvent l'enlever.

Sa situation est meilleure que celle de l'esclave ; le colon a une famille et il a un patrimoine.

Du servage au moyen âge et dans notre ancien droit. — L'esclavage n'existe plus au moyen âge et dans notre ancien droit ; il est remplacé par le *servage*. La condition du serf ressemble beaucoup à celle du colon romain du bas-empire. Comme lui, il est attaché à la glèbe ; comme lui, il a un patrimoine et une famille. Mais les corvées qu'il est obligé d'exécuter pour le compte de son seigneur, les redevances qu'il doit lui payer, le droit de mainmorte qui permet au seigneur de s'emparer de sa succession, sont autant de causes qui diminuent, chez le serf, le ressort puissant de l'intérêt individuel, et l'empêchent de produire avec énergie.

Esclaves dans les colonies. — Nous savons que la Révolution française a aboli le servage comme conséquence du principe de la liberté individuelle. Mais elle n'osa pas, dans les colonies, toucher à l'esclavage qui paraissait se justifier par des raisons particulières : la supériorité de la race blanche sur la race noire, et la nécessité de concentrer un nombre considérable de bras pour les grandes cultures sucrières des colonies agricoles.

La condition de l'esclave y était plus misérable qu'à Rome et le traitement qu'on lui infligeait des plus rigoureux.

Cette institution ne disparut que sous la République de 1848, en vertu de la loi d'émancipation du 27 avril 1848. Loin de souffrir de cette réforme, les colonies ont vu commencer pour elles une ère de prospérité sous le régime de la liberté du travail ; les émigrants libres remplacèrent avec avantage les anciens esclaves.

§ 3. — Du phénomène de la division du travail.

De la coopération sociale : ses différentes formes. — Au sein de la société, l'homme ne travaille pas d'une façon isolée à produire tout ce qui est indispensable à la satisfaction de ses besoins : logement, vêtement, nourriture.

Il s'établit entre les travailleurs une coopération, soit simple, soit complexe.

Coopération simple. — Il y a coopération simple lorsque plusieurs individus unissent leurs forces pour produire un même résultat. On peut citer, comme exemple, le fait de plusieurs matelots qui tirent sur une corde pour amener un bateau sur la plage, ou le fait des ouvriers qui, ensemble, élèvent, à l'aide d'amarres et de poulies, un fardeau jusqu'à une certaine hauteur.

L'effort dépensé par chacun est le même, ainsi que le résultat poursuivi. Le rôle de la coopération simple est considérable, car elle permet d'accomplir ce que l'action d'un seul, même répétée à l'infini, serait impuissante à produire. C'est grâce à cette combinaison que les fameux monuments d'Égypte ont pu être exécutés.

Mais son importance tend à diminuer avec les progrès de l'industrie, au fur et à mesure que les forces musculaires de l'homme sont remplacées par l'emploi des machines.

Coopération complexe ou division du travail. — La coopération complexe ou division du travail se présente sous deux formes différentes : la division ou spécialisation des professions, et la division des tâches.

Division ou spécialisation des professions. — Dans toute société, même la plus rudimentaire, la séparation des professions apparaît comme un phénomène économique nécessaire : chaque individu se livre, suivant ses aptitudes et ses goûts naturels, à un métier déterminé. Celui-ci s'adonne à la culture des champs, celui-là construit des maisons, un autre est boulanger ; quelques-uns exercent des professions libérales et se font avocats, magistrats, médecins, professeurs, etc.

Plus la civilisation se développe, plus le nombre des professions tend à augmenter, et dans chaque profession, des classifications nouvelles s'établissent, donnant naissance à autant d'emplois différents.

C'est ainsi que le corps médical offre à l'heure actuelle la plus grande variété de professions distinctes. La médecine proprement dite s'est séparée de la chirurgie, et dans chacune de ces deux branches, on peut dire que le nombre des spécialités correspond, à peu de chose près, au nombre des organes essentiels : oculistes, auristes, orthopédistes, etc.

Cette spécialisation ne se produit pas seulement dans l'intérieur de chaque État, elle se manifeste également dans les rapports respectifs des peuples entre eux, en ce que chacun d'eux se livre plus particulièrement à une branche déterminée de la production. Suivant le *climat*, la *nature du sol*, ou les qualités de la race, l'un sera surtout agriculteur, l'autre surtout industriel ; celui-ci se livrera particulièrement à l'extraction des richesses contenues dans son sous-sol ; celui-là s'appliquera uniquement à la transformation des matières premières apportées de l'étranger.

Il en résulte que les hommes dans la société, ainsi que les

peuples dans le monde, comptent respectivement les uns sur les autres, pour se procurer par l'échange, les richesses qu'ils ne produisent pas. C'est là une des expressions les plus saisissantes de la solidarité humaine (1).

Division des tâches. — La division des tâches est une forme de coopération non moins importante que la spécialisation des professions. Elle se produit, à l'intérieur de l'atelier, et consiste dans la décomposition du travail à exécuter en un nombre plus ou moins grand de tâches qu'est chargé d'accomplir chaque ouvrier séparément.

La division des tâches ressemble à la coopération simple ou travail combiné, en ce que, dans les deux cas, il y a union de plusieurs forces en vue du même résultat à produire ; c'est un bateau à tirer sur la grève, par exemple, dans le premier cas ; une épingle à fabriquer, dans le second cas.

Mais il existe entre ces deux procédés une différence essentielle, c'est que dans le travail combiné, l'action produite par tous les travailleurs est la même : c'est un mouvement identique, plus ou moins puissant, suivant l'énergie propre à chacun d'eux. Il n'en est pas ainsi dans la division des tâches ; chaque ouvrier travaille à un objet particulier et distinct de son voisin, demandant plus ou moins d'habileté et d'expérience, et la plupart du temps à l'aide d'instruments différents.

Exemple pratique. — Pour bien faire comprendre ce qui précède, nous allons donner un exemple emprunté à la filature du coton teint en bourre.

Filature du coton teint en bourre. — La filature du coton teint en bourre présente une division très complète du travail. La production est le résultat de 12 opérations successives, et à chacune d'elles correspond une catégorie distincte d'ouvriers et de machines.

1re catégorie. — Le coton comprimé en balles, provenant des champs d'exploitation, est reçu à la filature et placé dans des magasins ;

____

(1) Jourdan, *Cours analytique d'économie politique*, p. 97.

2ᵉ catégorie. — Il sort des magasins pour passer au *battage*, première opération ayant pour but d'enlever les plus grosses impuretés ou les corps étrangers qu'il peut contenir ;

3ᵉ catégorie. — Après avoir été battu et ouvert, le coton est envoyé à la teinture où il subit l'opération du *décreusage*, destinée à le rendre apte à recevoir les mordants ;

4ᵉ catégorie. — Le coton est lavé, puis essoré ;

5ᵉ catégorie. — Il est ensuite *mordancé*, et placé dans des bains de teinture ; après quoi, il subit encore un lavage et un essorage ;

6ᵉ catégorie. — Il entre alors au *séchoir* ;

7ᵉ catégorie. — Du séchoir il repasse sur un *batteur* destiné à le mettre en rouleau, afin de pouvoir être cardé ;

8ᵉ catégorie. — Le coton est *cardé* une ou deux fois suivant sa qualité, de façon à paralléliser les fibres et à enlever tous les boutons ;

9ᵉ catégorie. — Après le cardage, il subit trois passages d'*étirage*, qui ont pour but de produire une nappe d'un poids régulier ;

10ᵉ catégorie. — De l'étirage, le coton passe par trois séries de *barres à broches*, où il reçoit une première torsion ; il en sort à l'état de boudins gros comme le petit doigt de la main ;

11ᵉ catégorie. — Sous l'action du *métier à filer*, il devient un fil ténu, léger, régulier ;

12ᵉ catégorie. — Enfin, il entre au *métier à tisser* et en sort sous forme de tissus de toutes sortes.

Avantages de la spécialisation des professions. — La spécialisation des professions présente un double avantage :

1° Elle permet à chacun de se livrer au travail qui convient le mieux à ses goûts, et à ses aptitudes particulières.

2° Elle facilite le développement de l'habileté professionnelle ; à force de faire constamment la même besogne, on finit par y acquérir une sûreté et une dextérité parfaites.

Avantages de la division des tâches. — Les deux avantages que nous venons d'indiquer résultent également de la division des tâches. Elle en produit d'autres qui ne sont pas moins importants à noter :

1° La division des tâches augmente la productivité du travail dans d'énormes proportions.

Ainsi, Adam Smith constatait que dans une fabrique d'épingles comprenant 10 ouvriers ayant chacun une tâche distincte, ils produisaient ensemble 48.000 épingles, soit 4.800 par ouvrier ; tandis que s'ils avaient travaillé séparément, faisant chacun les diverses opérations nécessaires à la fabrication complète de l'épingle, ils n'en auraient peut-être pas produit vingt en un jour.

Cette productivité provient de diverses causes :

a) La division du travail réduit la besogne de chaque ouvrier à un acte simple et uniforme, qu'il accomplit très rapidement, au bout d'un certain temps, par l'effet de l'habitude.

b) On évite la perte du temps résultant du changement d'outils, et de la « mise en train » lorsqu'on passe d'une occupation à une autre.

c) Elle rend possible l'emploi des machines qui ne peuvent être utilisées qu'à accomplir automatiquement des tâches simples.

2° La division du travail permet un emploi simultané des diverses parties de l'outillage. Des outils spéciaux étant attribués à chaque tâche parcellaire, tout le matériel est utilisé d'une façon continue, tandis que lorsqu'un ouvrier travaille seul, l'emploi des outils ou des machines est nécessairement intermittent, car l'ouvrier étant obligé de passer successivement de l'un à l'autre de ces outils à tour de rôle, les uns sont utilisés et les autres, momentanément, laissés de côté.

3° La division du travail, en astreignant chaque ouvrier à faire constamment les mêmes actes, développe chez chacun d'eux des qualités de précision et de sûreté de main vraiment remarquables. Chaque ouvrier acquiert ainsi une connaissance approfondie des procédés du travail qui le met à même de découvrir des inventions merveilleuses.

4° Enfin, la division du travail permet de tirer parti de toutes les aptitudes par la variété des tâches entre lesquelles l'œuvre à faire se trouve décomposée et de procurer de l'ouvrage aux femmes et aux enfants, pour les occupations qui exigent plutôt de la dextérité et de la patience que de la force.

Inconvénients de la division des tâches. — On a adressé un double reproche à la division des tâches :

1° On lui a reproché d'entraîner une dépression morale et physique du travailleur en condamnant l'ouvrier à une besogne informe, machinale et monotone.

Ce reproche est en partie fondé. Aussi le législateur a-t-il cherché à l'atténuer en réglementant les heures de travail dans les ateliers pour ménager les forces physiques et intellectuelles de l'ouvrier.

2° On a dit qu'avec ce système de spécialisation, chaque ouvrier ne sait faire qu'une besogne déterminée ; lorsqu'il est renvoyé de l'atelier où il travaille, il trouve difficilement à se replacer chez un autre patron. Pour éviter cet inconvénient, il serait à désirer, qu'avant de se spécialiser, l'ouvrier eût fait un apprentissage général de toutes les opérations qui concourent à la production de tel ou tel objet.

Causes qui influent sur la division du travail. — Quatre causes principales influent sur la division du travail : la nature de l'industrie ; l'importance des débouchés ; la concentration des entreprises ; la concentration des capitaux.

1° *Nature de l'industrie.* — Toutes les industries ne se prêtent pas également à la division du travail. Elle est particulièrement limitée pour l'industrie agricole : on ne peut labourer, faucher, moissonner toute l'année ; en sorte que, sous peine de rester inoccupé une partie du temps, le paysan est obligé d'avoir une autre occupation et de se faire tisserand, cordonnier ou horloger, pendant le chômage forcé que l'hiver lui impose, surtout dans les contrées du nord.

2° *Densité de la population et importance des débouchés.* — La densité de la population exerce une influence directe sur la spécialisation des professions. Ce n'est que dans les grandes villes où le nombre des habitants est assez élevé que l'on voit se produire la spécialisation à l'infini dans chaque catégorie de métier : à la campagne, le même individu fait fonction de médecin et de pharmacien, tandis qu'à la ville, non seulement le médecin est distinct du pharmacien, mais pour chaque espèce de maladie on peut rencontrer un médecin spécialiste.

L'importance des débouchés n'a pas moins d'action sur la division des tâches. Il est certain, en effet, que si le fabricant d'épingles n'a de débouchés sur le marché que pour 10.000 épingles, il aura besoin d'opérer une moins grande division des tâches dans l'atelier, que s'il avait à fournir un chiffre double ; autrement les ouvriers seraient inoccupés pendant une partie de la journée.

3° *Concentration des entreprises.* — La concentration des entreprises agit sur la division du travail d'une façon analogue à l'importance des débouchés.

Supposons qu'il existe quatre manufactures d'épingles et que les besoins du marché s'élèvent à 40.000 épingles : chacune d'elles n'aura à produire que pour 10.000 épingles ; si, au contraire, ces manufactures viennent à se fondre en une seule, celle-ci aurait à produire, à elle seule, 40.000 épingles, soit quatre fois plus qu'auparavant. La division du travail sera favorisée par cette augmentation de production.

4° *Concentration du capital.* — La concentration du capital n'est pas moins nécessaire : car la division du travail nécessite l'emploi d'un matériel compliqué et coûteux, de nombreux ouvriers et des matières premières en grande quantité.

CHAPITRE III. — LE CAPITAL.

Division. — Le capital est le troisième élément qui concourt à la production des richesses.

Nous nous proposons de lui consacrer les quatre paragraphes suivants :

§ 1. — De la notion du capital.

§ 2. — Différentes espèces de capitaux.

§ 3. — Comment l'épargne forme, accroît et conserve le capital.

§ 4. — De la loi du rendement non proportionnel.

§ 1. — De la notion du capital.

Deux points de vue à considérer. — Le capital doit être considéré à deux points de vue bien distincts, si on veut en avoir
une notion très nette :

a) Au point de vue social, c'est-à-dire au point de vue de
l'économie politique ;

b) Au point de vue individuel, c'est-à-dire au point de vue
de l'économie domestique.

a) *Notion du capital au point de vue social ou de l'économie politique.*

Définition. — Au point de vue social ou de l'économie politique, le capital est une richesse servant de matière ou d'instrument à la production (1).

Deux conditions requises. — Il suit de cette définition que
deux conditions sont requises pour qu'une chose puisse être
considérée comme un capital :

1° Il faut que ce soit une richesse ;

2° Il faut que cette richesse serve directement à l'œuvre de
la production.

1re *Condition.* — Il faut, tout d'abord, que ce soit une richesse.
Tout capital est donc une richesse.

Il en résulte que, comme toute richesse, le capital ne peut s'entendre que des choses matérielles. Les idées, les perfectionne-

---

(1) On appelle quelquefois le capital ainsi entendu capital en nature ou
capital productif. — Pour les collectivistes, et notamment pour Karl Marx,
le capital s'entend seulement des moyens de production qui sont mis en
œuvre par des travailleurs salariés et qui rapportent un revenu à celui qui
les possède indépendamment de tout travail de leur part. Cette conception du capital correspond à l'idée du capital au point de vue individuel
mais non au point de vue social.

ments, l'habileté professionnelle réalisés par chaque génération, et transmis à la génération suivante, ne doivent pas
être considérés comme des capitaux. Ils forment ce qu'on a
appelé le *fonds intellectuel*, par opposition au *fonds matériel*,
dans lequel sont compris les capitaux.

2e *Condition*. — Il faut, en second lieu, que la richesse serve
de matière ou d'instrument à la production. En sorte que, si
tout capital est une richesse, la réciproque n'est pas exacte :
toute richesse ne constitue pas un capital.

A ce point de vue, on peut dire que les richesses se divisent
en deux catégories :

Les unes sont destinées à donner satisfaction aux besoins
personnels de l'homme, logement, nourriture, vêtement, etc. ;
elles forment le fonds de *consommation* ou de *jouissance*.

Les autres servent de matière ou d'instrument pour faciliter
ou augmenter la production des objets utiles à l'homme. Elles
constituent le fonds de *production* ou de *capitaux*.

Richesses et capitaux. — Il y a des richesses qui ne sont jamais des capitaux, d'autres qui sont par elles-mêmes des capitaux, en raison de leur nature propre ; d'autres enfin, qui, suivant l'usage auquel elles sont affectées, sont ou ne sont pas
des capitaux.

1° Sont toujours, par eux-mêmes, des capitaux, en raison de
leur nature propre :

Les outils, les machines, les matières premières, les voies de
communication, les chemins de fer, les canaux de navigation,
la monnaie.

2° Ne sont jamais des capitaux : les vêtements, les denrées alimentaires, tout ce qui ne peut servir qu'à satisfaire un besoin
de l'homme.

3° Enfin, certains objets, tantôt peuvent être considérés comme
des capitaux, tantôt n'ont pas ce caractère.

Ainsi, le charbon est un capital lorsqu'il est employé à chauffer une machine ; il n'est pas un capital quand il brûle dans
une cheminée pour chauffer un appartement.

Un immeuble est un capital lorsqu'il est aménagé en atelier.

Ce n'est pas un capital lorsqu'il sert de maison d'habitation.

Classification des capitaux. — On a proposé différentes classifications des capitaux. La plus rationnelle et la plus simple consiste à les grouper en quatre catégories de la façon suivante (1) :

1° Les matières premières d'industrie et objets à demi fabriqués, tels que minerai, cuirs, coton, fils, etc.

2° Les matières auxiliaires d'industrie, tels que charbon, huile, gaz, etc.

3° Les instruments de la production, tels que les machines, les outils, navires et la monnaie.

4° Les installations et incorporations, tels que les bâtiments d'exploitations, les docks, les voies de communications, etc. (2).

Du rôle du capital dans l'œuvre de la production. — Le rôle du capital est un rôle passif, comme celui de la nature. L'homme seul, par son énergie, son habileté, son expérience, agit sur la matière et la transforme.

C'est pour ce motif, nous le verrons, que les socialistes refusent de reconnaître au capitaliste un droit sur le produit.

Mais, s'il est vrai que le capital est par lui-même inerte et improductif, il est un facteur indispensable sans lequel la production serait impossible.

C'est grâce aux armes que son ingéniosité a pu forger, que l'homme primitif a pu se défendre contre les dangers extérieurs ; grâce aux engins de chasse ou de pêche qu'il a réussi

---

(1) Classification empruntée au cours de M. Bourguin. Une autre classification est faite par M. Cauwès dans son ouvrage d'*Économie politique*. Il range les capitaux en cinq groupes : 1° les produits imparfaits (matières premières, minerai, cuirs, etc.) ; 2° les produits achevés (outils, machines) ; 3° la terre ; 4° les voies de communication, installation des ports, etc. ; 5° la monnaie. La classification indiquée au texte nous paraît plus claire.

(2) La terre est-elle un capital ? Non, si on entend par là les agents naturels, c'est un facteur de la production ; mais ce n'est ni un capital, ni une richesse. Au contraire, si par terre on désigne une portion de territoire déterminée, appropriée par l'homme en vue de la production, c'est certainement un capital.

à façonner, qu'il a pu se procurer plus aisément sa nourriture. Ce sont les premiers capitaux de l'humanité.

Sans le capital, l'homme civilisé ne peut rien produire ; il n'a d'autre ressource, pour ne pas mourir de faim, que de se mettre en qualité de salarié, au service d'un capitaliste (1).

C'est avec le capital-monnaie que l'entrepreneur se procure les matières premières, les outils, les machines, et le combustible, qu'il paie le salaire des ouvriers et le loyer de l'atelier ou de l'usine. C'est le capital dont il dispose qui lui permet de produire d'avance, sans interruption, et sans avoir besoin d'attendre le profit réalisé sur la vente des produits fabriqués.

b) *Notion du capital au point de vue individuel ou de l'économie domestique.*

Définition. — Au point de vue individuel, le capital est cette portion du patrimoine, que le particulier ne dépense pas pour satisfaire à ses besoins d'existence ou de luxe, mais qu'il tient prudemment en réserve et qu'il entend faire rapporter (2).

Le capital est tout ce qui produit un intérêt, des revenus ou des fruits.

C'est dans ce sens que l'on dit que le prodigue est l'individu qui entame son capital (3).

Richesses qui sont des capitaux, au point de vue général, comme au point de vue individuel. — Certaines richesses ont le caractère de capitaux, au point de vue général, comme au point de vue individuel.

Tels sont : les machines, les terres cultivées, les bâtiments servant à l'industrie, etc.

---

(1) Il ne pourrait même pas, comme l'a fait justement observer M. Gide (*op. cit.*, p. 110), exercer ni la profession de braconnier, parce qu'il lui faudrait un fusil ou des collets, ni celle de chiffonnier, parce qu'il lui faudrait un crochet et une hotte.

(2) On appelle quelquefois le capital ainsi envisagé capital en valeur ou capital lucratif.

(3) Voir notre *Manuel élémentaire de droit civil*, I, p. 268.

Richesses qui sont des capitaux, au point de vue individuel, mais ne sont pas des capitaux au point de vue général. — Au contraire, certaines richesses qui, pour l'individu, sont considérées comme des capitaux, ne présentent pas ce caractère au point de vue social.

Ainsi, pour le particulier, une maison d'habitation est un capital ; ce n'est pas un capital pour l'économiste au point de vue social.

Le pain que le boulanger a dans sa boutique constitue un capital pour le boulanger. Ce n'est pas un capital en économie politique.

Pour le particulier, une somme d'argent prêtée à un prodigue moyennant intérêt sera un capital ; cette même somme d'argent n'est pas un capital pour l'économiste, parce que, le prodigue la dépensant en consommations inutiles, elle ne concourt en rien à l'œuvre de la production (1).

§ 2. — Différentes espèces de capitaux.

Capital fixe et capital circulant. — On distingue deux espèces de capitaux :

1º Les capitaux fixes ;

2º Les capitaux circulants.

Pour bien saisir cette distinction, il faut encore envisager successivement le point de vue social ou de l'économie politique, et le point de vue individuel ou de l'économie domestique.

(1) On peut ainsi classer les diverses formes d'investissement du capital-valeur :

1º Les sommes d'argent ; 2º les capitaux productifs (matières premières, machines, etc.) ; 3º les valeurs mobilières (actions, obligations, rentes sur l'Etat, etc.) ; 4º les maisons d'habitation et autres bâtiments ; 5º les fonds de terre et les mines ; 6º certains droits lucratifs : propriété littéraire et artistique, brevets, marques de fabrique, fonds de commerce, etc. (M. Bourguin, à son cours).

a) *Au point de vue social ou de l'économie politique.*

Définitions. — Au point de vue social, on entend par *capital circulant* celui qui ne sert qu'une fois à la production, soit parce qu'il s'incorpore à l'objet fabriqué comme les matières premières, soit parce qu'il cesse d'exister, après avoir fait son œuvre, comme le combustible, les salaires des ouvriers, etc.

On entend par *capital fixe* celui qui sert plusieurs fois, et souvent même, pendant un temps indéfini, à des actes successifs de production, sans perdre son identité et sans disparaître. Ce sont les outils, les machines, etc.

Le premier est dit circulant, parce qu'il est voué par sa nature même à une mobilité constante. Le fabricant achète des matières premières, il paie ses ouvriers, puis, le produit achevé, il le vend, pour acheter de nouveau des matières premières et payer ses ouvriers ; en sorte qu'il s'opère un phénomène non interrompu d'entrée et de sortie.

Au contraire, le capital fixe ne bouge pas. Il demeure le même, et il continue à produire, jusqu'au jour où, à force de fonctionner, il se trouve hors d'usage, ou bien jusqu'au jour où on le remplace par un engin nouveau, plus perfectionné.

Intérêts pratiques de la distinction. — La distinction du capital fixe et du capital circulant est intéressante à deux points de vue :

1° Le capital circulant devant disparaître pour produire, il faut le renouveler sans cesse. D'une façon continue, le fabricant doit s'approvisionner de matières premières, acquitter les salaires aux mains des ouvriers, alimenter les chaudières de combustible.

Au contraire, le capital fixe n'est pas détruit dans le travail de la production, mais il s'use et se détériore à la longue, et à un moment donné, il faut qu'il soit remplacé. C'est pourquoi l'industriel doit l'*amortir*.

Amortir un capital fixe, c'est chaque année mettre en réserve sur la somme qu'a rapportée la vente du produit une certaine part qui représente l'usure causée par la production. Cette somme doit être calculée de façon à ce que le montant total des réserves faites soit suffisant à acheter une autre machine lorsque celle qui fonctionne ne pourra plus rendre de services.

2° Le capital circulant et le capital fixe n'entrent pas d'une façon égale dans la détermination du prix de vente du produit fabriqué.

Le capital circulant doit y être compris pour sa valeur entière, puisqu'il entre tout entier dans le produit.

Le capital fixe ne doit, au contraire, être compté que pour ce qui est nécessaire à son amortissement.

Avantages et inconvénients réciproques du capital fixe et du capital circulant. — De tout ce qui précède, il résulte bien clairement que le capital fixe présente un avantage considérable sur le capital circulant.

Le capital fixe coûte, sans doute, très cher à établir ; ce sont des frais de premier établissement considérables : achat de terrains, construction de bâtiments, installations intérieures, acquisitions de machines, etc. Mais ce sont là des frais faits une fois pour toutes, ou au moins pour longtemps. Chaque année, grâce à un léger prélèvement sur les résultats des opérations réalisées, ce capital se reconstituera insensiblement ; et il peut arriver un moment où son usage sera complètement gratuit ; parce que le capital initial aura été entièrement reconstitué, et que, malgré cela, l'installation primitive continuera à fonctionner et à produire pendant un certain temps encore.

Il n'en est jamais ainsi du capital circulant, qu'il faut toujours renouveler et dont l'emploi est toujours coûteux pour l'industriel. Cela est vrai.

Mais à un autre point de vue, la situation est bien différente :

Les capitaux fixes sont inférieurs aux capitaux circulants au point de vue de leur manque de souplesse, et de leur peu de convertibilité.

Les capitaux circulants sont plus souples, en ce que, suivant les besoins de la consommation, on peut les augmenter ou les diminuer. En temps de crise industrielle, lorsque la demande d'un produit s'arrête, l'industriel pourra renvoyer une partie de ses ouvriers, il limitera ses achats de matières premières ou de combustible. Il ne peut agir de même pour ses capitaux fixes. Il ne peut réduire momentanément son outillage, et diminuer proportionnellement la force productive de ses machines.

Les capitaux circulants sont plus convertibles, c'est-à-dire qu'on peut plus aisément les échanger, les convertir en sommes d'argent que les capitaux fixes. Lorsqu'un industriel veut réaliser son matériel, ses machines, son outillage, pour cesser l'exercice de sa profession, ou pour adopter de nouveaux engins perfectionnés, il ne peut le faire qu'en subissant de grosses pertes.

Equilibre à maintenir. — En raison de ces avantages et de ces inconvénients respectifs, il est indispensable, dans l'intérêt général, que l'équilibre soit maintenu entre les capitaux fixes et les capitaux circulants. Il y aurait de graves inconvénients à ce qu'une catégorie de capitaux reçût des développements exagérés au détriment de l'autre.

Si le capital fixe s'accroît trop rapidement, l'industrie se trouve dotée de moyens d'action puissants, voies ferrées, machines, outillage, etc., mais elle ne peut les mettre en œuvre, parce qu'elle n'a plus les ressources suffisantes pour s'approvisionner en matières premières, ou pour le paiement des ouvriers.

A l'inverse, si le développement et le perfectionnement de l'outillage était négligé, la production resterait stationnaire.

b) *Au point de vue individuel, ou de l'économie domestique.*

Définitions. — Pour l'individu, le capital fixe est celui dont on peut tirer un bénéfice sans avoir besoin de l'aliéner.

Le capital circulant est celui dont on ne peut tirer profit qu'en l'aliénant et par voie d'échange.

Il y a certains objets qui ont le même caractère au point de vue individuel et au point de vue social.

Ainsi, à ces deux points de vue, on considère comme capitaux fixes : les immeubles.

D'autres objets ont, au contraire, un caractère différent suivant le point de vue auquel on se place.

Ainsi, une machine, un outil constituent toujours un capital fixe au point de vue social. Au point de vue individuel, cela dépend : ils constituent un capital fixe pour l'industriel qui les place dans son usine et s'en sert comme instrument de travail. Mais pour celui qui les fabrique, ce sont des capitaux circulants puisqu'il n'en tire parti que par l'échange.

De même, la monnaie est pour le particulier un capital essentiellement circulant. C'est, au contraire, au point de vue social, un capital fixe, puisqu'il sert à un nombre indéfini d'actes de production (1).

Exemple pratique. — Pour mieux faire comprendre encore toutes les explications que nous avons données au sujet du capital fixe et du capital circulant, nous allons prendre l'exemple d'une filature de coton écru de 15.000 broches, filant n° 28 chaîne. Nous déterminerons :

1° Les frais de premier établissement ;

2° Les frais d'exploitation annuels ;

3° Les bases à l'aide desquelles est fixé le prix du produit fabriqué.

I. *Frais de premier établissement.*

Capital fixe.	1° Terrain			100.000 fr.
	2° Construction			250.000 »
	3° Matériel industriel.	Battage et mélange	20.000	450.000 »
		Cardage	20.000	
		Étirage	30.000	
		Bancs à broches	100.000	
		Métiers à filer	150.000	
		Accessoires	130.000	
	4° Moteurs.	Générateurs	40.000	100.000 »
		Machines à vapeur	50.000	
		Accessoires	10.000	
	5° Éclairage électrique : 1 fr. par broche			15.000 »
	6° Chauffage			5.000 »
	7° Transmissions			50.000 »
	8° Divers			80.000 »
			Total	1.000.000 »

(1) Sur tous ces points, consulter Cauwès, t. I, n° 239 ; Beauregard, p. 92 et 93.

II. *Frais d'exploitation, chaque année.*

Capital circulant.		
1° Matières premières	300.000 fr.
2° Appointements et salaires	80.000 »
3° Houille.	30.000 »
4° Graissage	4.000 »
5° Assurances	3.000 »
6° Impositions	3.000 »
7° Frais généraux et divers.	10.000 »
8° Intérêts 5 0/0.	15.000 »
Total	445.000 »

Part du capital fixe.		
Amortissement du capital fixe. { 5 0/0 sur le matériel.	32.500 »
2 0/0 sur les constructions . .	5.000 »
Intérêts d'argent 5 0/0 sur 1.000.000.	50.000 »
Total général. . . .	532.500 »

Il faut partir de cette donnée que notre filature produit, par jour, 1.100 kilogrammes de coton filé.

Soit, en comptant 300 jours de travail = 330.000 kilogrammes par an.

Voyons quels sont les éléments qui serviront à établir le prix de revient par kilogramme.

III. *Bases pour la détermination du coût de production du produit fabriqué, par kilogramme.*

		fr.
Part du capital circulant.	1° Matières premières. Coût par kg.	0 85
	2° Déchets.	0 04
	3° Façons et frais généraux	0 39
	4° Intérêt du fonds de roulement.	0 04
Part du capital fixe.	5° Amortissement	0 11
	6° Intérêt	0 15
	7° { 2 0/0 d'escompte	{ 0 08
	1 0/0 de commission sur le prix de vente . .	
	Total.	1 66

Le kilogramme de coton filé revient donc à 1 fr. 66.

Si l'entrepreneur le vend à ce prix, il ne perdra pas, mais il ne gagnera rien. S'il ne trouve à le vendre que 1 fr. 60 ou 1 fr. 65, ou moins encore, il est en perte.

Pour qu'il réalise un bénéfice, il faut qu'il trouve à le vendre au-dessus de 1 fr. 66 (1).

§ 3. — Comment se forme, s'accroît et se conserve le capital.

Formation du capital. — Le capital, nous l'avons vu, est une richesse. Comme toute richesse, il est formé par le concours de la nature et du travail, à l'aide des capitaux préexistants. C'est un facteur dérivé, tandis que le travail et la nature sont des facteurs originaires de la production. C'est ce qu'on exprime quelquefois en disant que le capital est du travail aggloméré, ou du travail « cristallisé » suivant le terme énergique de Karl Marx.

Rôle de l'épargne dans la formation, dans l'accroissement et la conservation du capital. — *Notion économique de l'épargne.* — L'épargne est l'acte par lequel une personne, au lieu de consommer tout le produit de son travail, en tient une partie en réserve, en vue de l'avenir.

Ainsi, on dit que l'ouvrier épargne, lorsque, gagnant 10 fr. par jour, il ne dépense que 5 francs et met 5 francs de côté, pour les jours de maladie et de chômage.

De l'épargne au point de vue individuel. — Au point de vue individuel, il est facile de comprendre que l'épargne accroît et conserve le capital.

Le travailleur qui consomme, au fur et à mesure, le produit qu'il retire de son travail, ne peut jamais voir sa situation s'améliorer ; et lorsque le chômage, la maladie, ou la vieillesse l'empêche de travailler, il est voué à la misère et aux privations les plus pénibles.

Au contraire, celui-là qui sait limiter ses jouissances, et qui, sagement, sur ce qu'il gagne réserve une certaine somme qu'il place en vue d'en retirer un intérêt, celui-là se met à l'abri du

---

(1) D'après certains auteurs, il faudrait faire entrer dans le coût de production le salaire de l'entrepreneur calculé d'après le prix courant qu'il peut avoir sur le marché. (V. *infra*, ce que nous disons en note du profit de l'entrepreneur.)

besoin, en cas de chômage ou de maladie. Il se forme ainsi un capital qui chaque jour s'augmente des nouvelles économies réalisées. Quand il mourra, il laissera à ses enfants une aisance suffisante qui leur permettra de s'établir ou, tout au moins, de se faire une situation plus lucrative que celle de leurs parents. A leur tour, s'ils sont économes, ils augmenteront le capital qu'ils ont reçu et, ayant accru ce capital de leurs épargnes personnelles, ils le transmettront à leurs propres héritiers. C'est ainsi que, grâce à l'épargne, les fortunes privées se fondent, et la situation sociale des particuliers s'améliore de génération en génération.

De l'épargne au point de vue social. — Au point de vue social, il est plus difficile de se rendre compte du rôle joué par l'épargne dans la formation du capital.

En effet, l'épargne est un fait purement négatif, c'est une pure abstention, une abstinence dans la consommation. Et, il est difficile de concevoir qu'un homme puisse produire la moindre richesse seulement en s'abstenant.

On peut ajouter que l'épargne ne peut porter que sur le fonds de consommation, mais non sur le fonds de capitaux ; on peut bien épargner des aliments, un vêtement, mais on n'épargne pas un outil ou une machine (1).

Pour toutes ces raisons, il serait inexact de dire que le capital se forme par l'épargne.

Cependant, il y aurait une réelle exagération à prétendre que l'épargne est sans influence sur la formation du capital, son accroissement et sa conservation. Son rôle est au contraire considérable :

1° C'est l'épargne qui a permis à l'homme primitif d'avoir des loisirs pour se construire les premiers outils et les premières machines.

2° C'est grâce à l'épargne, qui lui permet de vivre sans avoir besoin de produire les choses nécessaires à l'existence de chaque jour, que l'inventeur peut se livrer sans relâche à ses tra-

(1) Beauregard, p. 95.

vaux de recherches, et doter sans cesse l'humanité de procédés nouveaux de fabrication, et d'engins perfectionnés.

3° Enfin, c'est le produit de l'épargne de chaque individu, confié à de grandes entreprises industrielles, sous forme d'actions et d'obligations, qui permet de construire des machines, d'établir des lignes de chemin de fer, de percer des canaux, etc.

Voilà dans quelle mesure seulement l'épargne forme, accroît et conserve le capital.

§ 4. — Loi du rendement non proportionnel.

Enoncé de la loi. — C'est une règle d'après laquelle, à partir d'une certaine limite, les quantités supplémentaires de capital et de travail que l'on consacre à la production donnent un produit supplémentaire constamment décroissant.

Sphère d'application. — Cette règle trouve son application rigoureuse dans l'industrie agricole. Il est certain qu'il est un moment à partir duquel le supplément d'engrais ou de soins que le cultivateur donnerait à sa terre ne lui rapporterait pas un produit en rapport avec le supplément de travail et de capital qu'il dépenserait.

Le même phénomène peut être observé à l'égard des industries extractives ; plus l'exploitation d'une mine se poursuit et plus son rendement tend à diminuer malgré l'augmentation de frais que le percement de nouvelles galeries impose aux compagnies ; quant aux industries de la chasse et de la pêche, elles donnent un produit de moins en moins rémunérateur, malgré les lois de protection du gibier et du poisson.

Seule l'industrie manufacturière échappe dans une certaine mesure à la règle du rendement constamment décroissant. On constate, au contraire, que, pour cette industrie, le rendement est plus que proportionnel au fur et à mesure qu'on double le capital et le travail. Cela tient à deux raisons : d'abord à ce que la division du travail et l'emploi des machines pourront recevoir une plus large application ; en second lieu, il y aura économie réalisée sur les frais généraux. Dans une fabrique où l'on fait

1.000 chapeaux, on pourra facilement en faire le double sans avoir besoin d'augmenter les frais généraux dans la même proportion.

Correctifs. — Même dans l'industrie agricole, la règle du rendement non proportionnel comporte deux correctifs :

D'abord, ce n'est qu'à partir d'une certaine limite que cette règle s'applique ; tant que cette limite n'est pas atteinte, c'est le phénomène inverse qui se produit : le rendement est plus que proportionnel.

D'autre part, cette limite n'a rien d'absolu. Les progrès de la science appliquée à l'agriculture peuvent la reculer, et par là restreindre la portée d'application de la règle (1).

IIe SECTION. — DE L'INDUSTRIE EN GÉNÉRAL ET DE SES DIFFÉRENTES BRANCHES.

Division de la IIe section. — Nous diviserons cette section en trois chapitres :

Chapitre I. — Classification des industries.
Chapitre II. — De l'industrie du commerce et des transports.
Chapitre III. — Du rôle des machines dans l'industrie.

CHAPITRE Ier. — CLASSIFICATION DES INDUSTRIES.

Définition. — Le mot industrie est pris dans deux sens différents :

Au sens étroit, l'industrie est opposée à l'agriculture ; elle désigne uniquement l'industrie manufacturière, qui a pour but de transformer les matières premières en leur donnant de la valeur.

(1) M. Bourguin, à son cours.

Dans un sens large, au contraire, le mot industrie s'entend de tous les travaux qui ont pour objet la production des richesses.

C'est dans ce second sens que nous employons cette expression, au cours des explications qui vont suivre.

Des cinq classes d'industries. — On est d'accord pour ranger les industries en cinq classes :

1º Les *industries-extractives*, qui se bornent à la préhension d'objets utiles à l'homme, sans leur faire subir aucune modification ni transformation.

Telles sont les industries de la pêche, de la chasse, des mines et des carrières.

2º L'*industrie agricole*, qui a pour objet de faire produire au sol les choses indispensables à la nourriture de l'homme, et des animaux qui lui fournissent la viande, le cuir, la laine, etc., et certaines matières premières, telles que les plantes textiles : le coton, le lin, le chanvre, etc. (1).

3º L'*industrie manufacturière*, qui consiste à transformer les matières premières.

Elle se subdivise elle-même en un certain nombre de branches se ramifiant à l'infini (2) :

a) Industries alimentaires (sucres, boissons, etc.) ;

b) Industries du vêtement (soie, coton, laine, etc.) ;

c) Industries du bâtiment, auxquelles on peut rattacher l'ameublement ;

d) Industries relatives à des besoins d'ordre intellectuel (fabrication du papier, de l'encre, imprimerie, lithographie, etc.).

4º L'*industrie des transports*, qui a pour but d'assurer le déplacement et la transmission des matières premières ou des produits achevés d'un lieu dans un autre.

Elle comprend tous les modes de transports usités : transports par terre, par voie ferrée, par mer, ou par les fleuves, les rivières ou les canaux de navigation ;

(1) D'autres industries très importantes dérivent de l'agriculture : la meunerie, la distillerie, la brasserie et la raffinerie.

(2) Voir Cauwès, *op. cit.*, nᵒˢ 352 à 363.

5° *L'industrie commerciale*, qui tend à mettre les produits à la disposition des consommateurs (1).

Dépendance étroite qui existe entre les diverses industries. — Entre les diverses industries il existe un lien de dépendance étroit, qui fait qu'elles comptent respectivement les unes sur les autres pour vivre et se développer.

Il est évident, par exemple, que l'industrie manufacturière ne pourrait pas fonctionner si l'industrie extractive et l'industrie agricole ne lui fournissaient pas les matières premières sur lesquelles elle travaille et qu'elle transforme ; et réciproquement, l'industrie extractive et l'industrie agricole produiraient inutilement des matières premières et tendraient à disparaître, si ces matières premières n'étaient pas employées et rendues utiles à l'homme par la transformation. Quant aux industries du transport ou du commerce, elles seraient sans objet, si les autres industries ne leur donnaient pas de produits à transporter ou à échanger.

Importance respective des diverses industries. — Cependant, toutes les industries n'ont pas la même importance, et ne sont pas, à un égal degré, indispensables.

Dans l'ordre d'importance et d'utilité, on doit ranger en première ligne l'industrie agricole qui fournit à l'homme la nourriture et le vêtement ; puis, les industries extractives ; en troisième lieu, l'industrie manufacturière qui ne fait que mettre en œuvre, en les façonnant, les éléments que lui procurent les deux premières ; puis les transports, et en dernier lieu le commerce.

---

(1) Au point de vue juridique l'industrie manufacturière, l'industrie des transports et l'industrie commerciale proprement dite rentrent toutes dans le commerce entendu dans son sens le plus large et sont réglés par le droit commercial ; sont seules réglés par le droit civil, et tenues en dehors de la sphère des opérations commerciales, l'industrie extractive et l'industrie extractive (Voir les *Notions du droit commercial*, par Boitel et Foignet, p. 14. Delagrave, éditeur).

CHAPITRE II. — DE L'INDUSTRIE DES TRANSPORTS ET DU COMMERCE.

Industrie des transports. — Sa productivité. — On a prétendu que l'industrie des transports n'était pas productive, et pour cela, on a dit qu'elle ne faisait subir aux produits aucune transformation. La Compagnie de chemin de fer remet la marchandise au destinataire dans le même état qu'elle l'avait reçue de l'expéditeur.

C'est là une erreur. Sans doute l'industrie des transports a une importance moindre que l'industrie agricole ou manufacturière, mais il faut se garder de méconnaître le rôle considérable qu'elle joue dans la production :

1° En enlevant un produit d'un lieu où il est très abondant pour le placer dans un lieu où il fait complètement défaut, ou bien où il est rare, l'industrie du transport lui donne une utilité qu'il n'avait pas, ou augmente cette utilité ; elle produit donc réellement.

2° L'industrie du transport augmente la productivité des autres industries en étendant à l'infini le cercle des débouchés. Les agriculteurs et les manufacturiers n'ont pas à craindre de produire au delà des besoins de la consommation locale ; ce qui ne sera pas consommé sur place sera transporté au loin dans d'autres centres de consommation.

3° C'est grâce aux transports que chaque pays peut se dispenser de tirer de son sol les produits alimentaires que ce sol pourrait difficilement lui donner pour la nourriture de ses habitants ; l'insuffisance de la production nationale est comblée largement par l'arrivage des produits que l'étranger jette en grande quantité sur son marché ; il en est de même pour les matières premières.

La France reçoit d'Amérique le blé que son sol ne peut lui fournir en quantité suffisante et le coton qu'il ne pourrait produire dans des conditions avantageuses, et l'Angleterre lui fournit le fer qui sort ouvragé de nos usines métallurgiques.

4º Grâce aux transports, chaque industrie peut choisir l'emplacement qui lui est le plus favorable, soit au point de vue de la situation, soit au point de vue des dispositions naturelles des habitants, sans se préoccuper de la distance des lieux de consommation ou des centres de production des matières premières.

5º Enfin, pour se faire une idée exacte de l'influence qu'exerce l'industrie des transports dans le bien-être général, il suffit de se représenter la perturbation qui résulterait d'une grève venant à se produire tout d'un coup dans cette industrie ; qu'on juge des effets qui en seraient la conséquence dans une ville comme Paris, qui tire de l'extérieur tous ses moyens d'approvisionnement et de production. Non seulement, le commerce en serait profondément atteint, mais l'existence matérielle des habitants deviendrait difficile. Après quelques jours de gêne, si la grève se prolongeait, les subsistances atteindraient des prix tels que beaucoup seraient condamnés à la faim ou réduits à la mendicité. Aussi la grève des employés de chemins de fer est une de celles que les pouvoirs publics redoutent le plus de voir se produire.

Dangers de la trop grande extension des transports. — Malgré l'utilité que présentent les moyens de transport, il y aurait un très grand inconvénient à leur donner un développement trop considérable. Ils doivent suivre les progrès des autres industries, et ne s'étendre que dans la mesure où les besoins de la production ou de la consommation l'exigent exactement.

Il est mauvais, au point de vue économique, que des lignes de chemins de fer soient établies là où il n'y a aucun produit à transporter. Le capital et le travail qui ont été employés à les construire et qui servent à son exploitation restent improductifs, alors qu'ils auraient pu être utilement employés dans une autre branche de la production des richesses.

Du commerce. — Son rôle et sa productivité. — L'industrie du commerce, pas plus que l'industrie des transports, n'agit sur la matière pour la transformer : elle se borne à accumuler dans des magasins les produits que lui livrent les autres industries, à les conserver, à les subdiviser, à les disposer, et à les offrir aux consommateurs.

On a prétendu également que l'industrie du commerce était improductive, parce qu'elle n'opérait aucune transformation de la matière; mais c'est encore là une opinion erronée. Le commerce exerce sur la production une influence considérable :

1° Sans l'industrie du commerce, le consommateur serait obligé de s'adresser directement au producteur, et d'acheter à l'avance et en grandes quantités.

2° De son côté, le producteur serait obligé d'assurer lui-même l'écoulement de sa marchandise, et d'avoir, à cet effet, des comptoirs, des employés, une comptabilité minutieuse ; il en résulterait pour lui un surcroît de travail qui nuirait à sa production, et il serait obligé de distraire de sa fabrique ou de son atelier des capitaux qui y trouveraient un emploi naturel et plus avantageux.

3° L'industrie du commerce est intimement liée à l'industrie des transports ; car, si les compagnies de chemins de fer sont appelées à amener des produits en grand nombre des lieux de production sur les centres de consommation, c'est à l'instigation des commerçants ;

4° Le commerce donne d'utiles enseignements aux producteurs, en leur fournissant de précieuses indications sur le goût du public, sur la variété à donner aux produits, sur les caprices de la mode, et surtout sur le ralentissement ou l'activité à imprimer à la production en raison de l'augmentation ou de la baisse des demandes.

Dangers de la trop grande extension du commerce. — Pour toutes les raisons qui précèdent, il n'est pas exact de prétendre, comme l'ont fait les socialistes, que les commerçants sont des intermédiaires parasites. Mais il faut éviter le trop grand développement de ces intermédiaires ; parce que chacun d'eux réclamant une rémunération, l'augmentation du nombre des commerçants tend à rendre le produit plus coûteux.

CHAPITRE III. — DU RÔLE DES MACHINES DANS L'INDUSTRIE.

Ce que c'est qu'une machine. Différence avec l'outil. — Pour travailler, l'homme se sert des outils ou des machines. Une machine est un instrument mû par des forces naturelles et opérant mécaniquement.

L'outil est un instrument tenu à la main, qui n'opère pas de lui-même, mais par l'action intelligente de l'ouvrier qui le manie.

Exemples : Un moulin à vent, un moulin à eau sont des machines.

Une aiguille, un marteau, une scie, la meule du rémouleur sont des outils.

La machine à coudre et la machine à écrire doivent être rangées dans la catégorie des machines et non dans la catégorie des simples outils.

Il est vrai que ces instruments ne sont pas mus par des forces naturelles, ce sont les mains ou les pieds du travailleur qui les mettent en mouvement ; mais le rôle de l'homme se borne uniquement à donner l'impulsion à l'instrument ou à le diriger convenablement ; sous cette impulsion ou sous cette direction, le travail s'opère automatiquement, en dehors de l'homme, et sans qu'il agisse d'une façon immédiate sur la matière.

Des machines-outils. — L'expression machine-outil est prise dans un double sens. En général, on entend par là des machines actionnées par des forces inorganiques, qui transmettent le mouvement à des organes analogues à des outils : tours, fuseaux, navettes, etc. Quelquefois aussi, on donne ce nom aux machines à travailler ou à façonner les métaux (planeuses, perceuses, raboteuses, poinçonneuses, mortaiseuses, etc.).

Emploi respectif des machines dans les différentes industries. — L'emploi que l'on fait des machines n'est pas le même dans les différentes industries ; elles sont utilisées principalement dans l'industrie des transports et dans l'industrie manufacturière ; l'industrie agricole en fait, au contraire, un usage très restreint, sous forme de semoirs, de sarcleuses, de charrues à vapeur, de moissonneuses et de batteuses mécaniques.

Ainsi, en 1897, sur les cinq millions et demi de chevaux-vapeur que représentait la force motrice des machines existant en France, cinq millions étaient utilisés par l'industrie des transports ; le surplus était, en grande partie, absorbé par l'industrie manufacturière. L'industrie agricole n'en employait que 43.000.

Cela tient à différentes causes : d'abord à la nature même de l'industrie agricole, dans laquelle l'homme ne peut pas étendre indéfiniment sa force de production ; il est obligé de compter avec la nature, au point de vue de l'espace, au point de vue des saisons et au point de vue de la fertilité du sol ; puis à des raisons contingentes, telles que le morcellement de la propriété et la configuration des terrains mis en culture.

Avantages résultant de l'emploi des machines. — L'emploi des machines présente des avantages considérables :

1° Elles ont une puissance productive merveilleuse : elles produisent avec régularité, précision, rapidité ; et elles exécutent avec beaucoup d'aisance les besognes les plus pénibles que l'effort combiné de plusieurs hommes ne pourrait jamais accomplir.

2° Elles concourent, dans une large mesure, à la vente à bon marché des produits :

D'abord parce que, produisant en grande quantité, l'entrepreneur peut se contenter sur chacun d'eux d'un faible profit.

Ensuite, parce que l'entretien des machines est moins coûteux que le salaire des ouvriers.

3° L'emploi des machines permet la division des tâches à l'infini.

4° Le machinisme dispense l'homme des travaux purement musculaires pour ramener son rôle à un simple rôle de direction intelligente.

5° L'emploi des machines a eu enfin pour résultat de déterminer une hausse continue des salaires. Le salaire que touche aujourd'hui un ouvrier dans la grande industrie est bien supérieur à celui que touchait autrefois l'ouvrier en chambre.

Prétendus inconvénients de l'emploi des machines. — Malgré ces avantages évidents l'emploi des machines a été très critiqué, et de tout temps l'apparition d'un engin semblable a soulevé, de la part des travailleurs, de violentes réclamations, quelquefois même des émeutes très graves.

Il suffit de se rappeler à ce sujet, ce qui se produisit, en Angleterre, pour les machines de Arkwright et de Heargreaves, et en France, pour l'invention du métier Jacquart.

Bien mieux, un économiste distingué, M. de Sismondi (1), s'est laissé toucher par ces réclamations, et a fait le procès en règle des machines.

Voici les principaux griefs qu'on invoque ; nous verrons qu'il est facile de les combattre :

1° La machine exproprie l'ouvrier de son travail et le prive de son salaire, puisque la besogne que l'ouvrier était chargé d'accomplir est faite automatiquement par la machine.

C'est là le reproche le plus sérieux qui ait été formulé (2). Il

(1) *Cours d'économie politique*, I, p. 60.

(2) Dans une circonstance relativement récente, cette objection a été assez puissante pour faire écarter l'adoption d'une machine pour la fabrication des allumettes. C'était en 1896 ; le ministre des finances, M. Doumer, s'était assuré par une convention avec un inventeur américain l'usage exclusif d'une machine qui, disait-on, était un véritable prodige mécanique. Elle était construite de telle façon que si on mettait à l'entrée un bloc de bois d'une dimension déterminée, il en sortait à l'autre extrémité des boîtes d'allumettes phosphorées toutes prêtes à être livrées à la consommation. L'adoption de cette machine présentait des avantages appréciables : les allumettes auraient été meilleures que celles que fabriquait précédemment la Régie, elles auraient coûté moins cher, enfin, les ouvriers auraient été à l'abri de la terrible maladie de la nécrose qui faisait à ce moment des ravages dans la population ouvrière des usines d'allumettes. Malgré tous ces avantages, le ministre dut renoncer à son projet en raison de l'opposition qu'il souleva de la part des députés socialistes. Le fonctionnement de la nouvelle machine devait, en effet, avoir pour conséquence de faire licencier les deux tiers des ouvriers ; sur 2.200, 1.400 environ auraient dû être renvoyés ; au lieu des six ou huit usines qui fonctionnaient à ce moment, il n'y en aurait plus eu que deux.

est possible cependant d'y répondre d'une façon satisfaisante.

On peut faire observer que les souffrances éprouvées par la population ouvrière, il y a cinquante ou soixante ans, à la suite de la transformation subite des procédés de l'industrie ne sont guère à redouter aujourd'hui. L'outillage se perfectionne chaque jour davantage ; mais il ne se renouvelle que d'une façon lente et successive : d'abord, parce que ces améliorations entraînent de grandes dépenses pour l'entrepreneur ; ensuite ce n'est qu'à la longue et après une expérience de quelque temps que la confiance dans le nouveau procédé de fabrication s'affermit et finit par le faire adopter.

Il se produit ainsi un moment pendant lequel l'ouvrier peut se retourner et diriger son activité vers une autre branche de l'industrie, s'il craint de se trouver sans travail le jour où la machine nouvelle aura fait son apparition définitive à l'atelier (1).

Il faut ajouter que l'emploi des machines entraîne comme conséquence immédiate l'abaissement du prix du produit. Il en résulte un accroissement dans la consommation ; la production augmente dans une égale proportion, et la demande du travail humain s'en trouve accrue du même coup. En sorte que, loin d'exproprier l'ouvrier de son travail, l'emploi de la machine lui crée des occupations nouvelles.

Ce phénomène s'est produit lors de la découverte de l'imprimerie, et plus récemment, lors de l'invention des chemins de fer. Il est certain que ces inventions ont fourni aux ouvriers une plus grande somme de travail qu'elles ne leur en ont enlevé.

On peut remarquer, en outre, que l'ouvrier profite, comme consommateur, de l'abaissement de valeur que permet d'obte-

____

(1) L'ouvrier peut d'autant plus facilement changer la nature de ses occupations, qu'il est aujourd'hui plus instruit, qu'il se déplace plus facilement, en raison de l'abaissement du prix des transports et que la direction des machines, exigeant un apprentissage moins long que l'ancien outillage, rend plus aisé le passage d'un emploi à un autre.

nir la production en grande quantité résultant de l'emploi des machines. Son existence matérielle se trouve ainsi améliorée.

Enfin, lorsqu'il s'agit d'une machine peu coûteuse, comme la machine à coudre, l'ouvrier peut lui-même en faire l'acquisition et augmenter par là sa propre force de production.

2° On a dit que l'emploi des machines avait pour conséquence de rabaisser le rôle de l'ouvrier à une besogne mécanique de nature à atrophier sa santé, son intelligence et sa moralité.

Asservi, pendant toute l'existence, à une tâche uniforme, s'il acquiert une très grande dextérité dans la partie du métier qui lui est confiée, c'est au détriment de ses facultés en général.

C'est là une critique qui s'adresse également à la division du travail et à l'emploi des machines.

Il est facile d'y répondre. Loin de réduire l'ouvrier à une tâche abrutissante, les machines ont cet avantage considérable de lui éviter les travaux les plus pénibles, ceux qui demandent une grande force musculaire, pour ne lui laisser que les fonctions de direction et de surveillance. Or, ce sont là des attributions qui exigent des qualités personnelles et des connaissances spéciales qui ne s'acquièrent qu'à la longue.

Il est évident, par exemple, que l'activité et l'intelligence déployées par un mécanicien de chemin de fer pour conduire son train à destination ne sont pas à comparer avec l'habileté professionnelle qui est nécessaire au conducteur d'une diligence pour diriger son équipage (1).

3° Enfin, a-t-on dit, l'emploi des machines est dangereux, parce qu'il entraîne facilement le producteur à fabriquer au-delà des besoins de la consommation ; il en résulte une *surproduction* qui engendre des crises industrielles et commerciales très graves.

---

(1) On a dit encore : l'emploi des machines est la cause d'accidents nombreux. A cela on peut répondre que les métiers où il est fait emploi des machines ne sont pas ceux où le plus d'accidents sont constatés dans la pratique. En fait, ce sont ceux de couvreurs et de garçons brasseurs. D'autre part, cet inconvénient a été pris en considération par la loi qui a mis à la charge du patron les risques professionnels (loi du 9 avril 1898).

On peut répondre à cela que l'abus est à redouter en toute matière ; et que plus l'instrument est puissant, plus il y a à craindre d'en mal user ; et qu'en tout cas ce n'est pas une raison parce qu'il peut se rencontrer des entrepreneurs imprudents pour condamner un engin aussi merveilleux à tant d'égards.

IIIᵉ SECTION. — DE L'ORGANISATION SOCIALE DE LA PRODUCTION.

Division de la section. — Nous diviserons la section en trois chapitres, de la façon suivante :

Chapitre Iᵉʳ. — Réglementation économique de la production.

Chapitre II. — Des différentes formes de la production industrielle.

Chapitre III. — Des conséquences économiques du régime de libre concurrence.

CHAPITRE Iᵉʳ. — DE LA RÉGLEMENTATION ÉCONOMIQUE DE LA PRODUCTION.

Deux modes possibles de réglementation. — On peut concevoir deux modes opposés de réglementation de la production :

Le mode autoritaire ou régime du patriarcat ;

Le mode de la liberté ou de la libre concurrence.

Ils correspondent à deux étapes différentes de l'histoire économique de l'humanité. Le premier système est en vigueur dans les sociétés tout à fait primitives. Il ne tarde pas à disparaître pour faire place au second système, sous l'influence du progrès économique.

Régime autoritaire du patriarcat. — Sous le régime du patriarcat les individus sont groupés par familles. Chaque famille comprend un certain nombre de ménages placés sous l'autorité d'un seul chef qui est l'ancêtre commun, le plus vieux par l'âge. Dans chacun de ces groupes, on pratique l'économie naturelle, c'est-à-dire l'économie sans échange. Sous l'autorité du chef, qui assigne à chacun sa tâche, la production a lieu en vue de la satisfaction immédiate des besoins du groupe. Dès lors, le problème de l'équilibre entre la production et la consommation est facile à résoudre.

D'ailleurs, les membres de chaque groupe se livrent principalement à la culture du sol. Il y a peu d'industrie proprement dite.

Régime de la liberté ou de la libre concurrence. — En opposition avec le régime du patriarcat qui régit les sociétés primitives — en négligeant le régime intermédiaire des corporations dont nous parlerons dans le chapitre suivant — fonctionne dans les sociétés modernes le régime de la liberté ou de la libre concurrence. Il se caractérise par les traits essentiels suivants :

1° L'homme, libre et responsable de ses actes, choisit à son gré le métier auquel il entend consacrer son activité, ne consultant que ses goûts, ses aptitudes et évitant, autant que possible, les carrières encombrées ;

2° La production ne se fait plus en vue de la consommation personnelle, mais en vue de l'échange ; ainsi que nous l'avons dit plus haut, en expliquant le phénomène de la division du travail, chacun produit non pour ses besoins, mais en vue du marché, étant sûr de pouvoir se procurer par l'échange ce qu'il ne produit pas lui-même ;

3° L'équilibre entre la production et les besoins sociaux n'est plus assuré par l'autorité d'un chef de groupe donnant le mot d'ordre et mesurant exactement la production aux nécessités de la consommation. C'est le prix comparé au coût de production qui sert désormais de régulateur. Suivant que les prix des marchandises augmentent ou baissent, le coût de production restant sensiblement le même, les producteurs sont avertis qu'ils doivent accroître ou diminuer leur production, pour augmenter leurs profits ou atténuer leurs pertes. Et ils le font inconsciemment, comme mus par une force invisible.

CHAPITRE II. — DES DIFFÉRENTES FORMES DE LA PRODUCTION INDUSTRIELLE.

Des trois phases de la production industrielle. — La production industrielle est passée par trois phases successives (1):
l'industrie patriarcale ;
le petit métier de l'artisan indépendant ;
et l'industrie capitaliste.

Nous n'avons pas à revenir sur l'industrie patriarcale que nous avons suffisamment étudiée plus haut (2). Nous ne nous occuperons que des deux autres formes de l'industrie.

I. — Le petit métier de l'artisan indépendant. — Cette forme apparaît au moyen âge. Le travailleur n'est plus alors, comme dans la famille patriarcale, un agent de production sans personnalité, entièrement asservi à un chef de groupe. C'est un producteur autonome, propriétaire de ses instruments de travail et de la matière première qu'il emploie, et qui vend non son travail mais le produit qu'il a fabriqué. Mais à peine affranchi du joug du patriarcat, le petit artisan se trouve soumis au régime corporatif.

Du régime corporatif dans notre ancien droit. — *Son origine.* — Le régime corporatif apparaît dès le XIe siècle ; cependant c'est seulement au XIIIe siècle que les corporations s'organisent suivant des règles précises, comme le témoigne le livre des métiers d'Étienne Boileau publié en 1270.

Ses traits caractéristiques. — Les corporations étaient des associations d'artisans exerçant la même profession. Chaque industrie correspondait à une corporation séparée, et souvent

(1) M. Bourguin à son cours.
(2) Voir *supra*, page 70.

une même industrie était répartie entre plusieurs corporations.

Chaque corporation avait le droit exclusif de fabriquer les objets compris dans la branche d'industrie qui lui était attribuée, d'où une foule de procès interminables entre les corporations pour cause d'empiétements respectifs (1).

Il fallait nécessairement faire partie d'une corporation pour exercer un métier, et dans chaque corporation, le travailleur devait commencer par être apprenti, pendant un temps plus ou moins long ; il devenait ensuite ouvrier ou compagnon ; enfin, pour arriver à la dignité de maître, il fallait qu'il exécutât un chef-d'œuvre, et payât des droits très élevés, à la caisse de la corporation et au trésor royal.

Les fils de maîtres étaient favorisés, en ce que ces conditions étaient pour eux notablement adoucies.

Les règlements de fabrique. — Un autre trait caractérise le système corporatif, c'est la *réglementation rigoureuse* des procédés du travail. Le mode de fabrication était déterminé dans tous ses détails, ainsi que les matières premières à employer et la largeur des étoffes.

Primitivement, ces règlements étaient faits par les *jurandes*, dans chaque corps de métier ; mais au xviie siècle, le roi lui-même s'arrogea le droit de les faire en son Conseil. Ce régime fut développé à l'excès par Colbert et l'histoire l'a appelé pour cela le *colbertisme*. On le justifiait par le désir de protéger les consommateurs contre les fraudes des industriels en obligeant ceux-ci à fabriquer d'après un type déterminé.

Les compagnies privilégiées. — La grande industrie échappait au régime des corporations, mais elle n'était pas libre pour cela. Elle était aux mains de compagnies privilégiées auxquelles le roi, par des *lettres patentes*, concédait le monopole de fabrication et d'exploitation sur toute une contrée.

Appréciation des corporations au point de vue économique. —

(1) « Un forgeron ne pouvait pas faire une clef, et un ébéniste une serrure, ni un tailleur la réparation d'un vieil habit, ni un fripier un habit neuf... Les savetiers s'attirèrent de mauvaises affaires parce qu'ils s'étaient permis de faire des souliers neufs pour leurs femmes et leurs enfants. » (J. Simon).

Les corporations ont produit un effet salutaire au point de vue politique en luttant contre le pouvoir féodal et en faisant aboutir le mouvement d'émancipation des communes. Mais on ne peut que critiquer leur influence au point de vue économique :

1° Le nombre des corporations étant limité et chacune d'elles ayant un monopole, la libre concurrence faisait défaut ; et les maîtres n'avaient aucune raison pour améliorer les procédés de fabrication et produire dans de meilleures conditions ; ils s'obstinaient dans la routine ;

2° Bien mieux, le travailleur étant obligé de se conformer strictement aux règlements de la corporation pour la fabrication de ses produits, l'esprit d'invention était arrêté dans son essor. Ceux qui découvraient des procédés ou des produits nouveaux étaient dans la triste nécessité de s'exiler soit en Angleterre, soit en Hollande pour pouvoir tirer librement parti de leurs découvertes.

Réformes de Turgot. — C'est à Turgot que revient l'honneur d'avoir cherché à remédier à cet état de choses. En février 1776, il fit rendre par le roi Louis XVI un édit célèbre dans l'histoire sur les jurandes et les maîtrises.

Cet édit proclamait la liberté du travail ; les corporations étaient dissoutes, ainsi que les jurandes et les maîtrises, et de peur de les voir renaître par la force de l'habitude, défense était faite aux artisans de former des associations.

Désormais, pour pouvoir exercer un métier, il suffisait de faire une simple déclaration à l'autorité, sauf pour certaines professions déterminées.

La grande industrie restait soumise au régime des monopoles, mais avec de grandes améliorations. Cette réforme souleva de vives protestations ; il fallut un lit de justice, le 12 mars 1776, pour faire enregistrer l'édit au parlement (1). Deux mois

---

(1) Il faut lire le beau préambule qui précède cet édit. Turgot répudie cette maxime alors en vigueur « que le droit de travailler était un droit royal, que le prince pouvait vendre et que ses sujets devaient acheter », et il ajoute ces paroles qui aujourd'hui nous paraissent très simples, mais qui alors étaient toute une révolution : « Dieu, en donnant à l'homme des be-

après, Turgot étant tombé du pouvoir, Louis XVI eut la faiblesse de rapporter l'édit de son ministre ; les corporations furent rétablies avec d'importantes réformes cependant ; et il fallut attendre la Révolution pour voir proclamer la liberté du travail par un décret de l'Assemblée Constituante des 2-17 mars 1791.

Le régime de l'artisan indépendant dans les temps modernes. — La disparition des corporations n'a pas entraîné avec elle la disparition de l'artisan indépendant. Il existe encore de nos jours ; on en rencontre un grand nombre à la campagne (charrons, forgerons, cordonniers, etc.). On en trouve aussi dans les villes (tailleurs, blanchisseurs, boulangers, etc.). Mais la place qu'ils occupent dans le monde économique est bien restreinte.

II. — L'industrie capitaliste. — *Ses caractères distinctifs.* — C'est surtout sous cette forme que se pratique de plus en plus la production dans l'industrie manufacturière. Le producteur n'est plus un artisan travaillant seul ou avec l'aide des membres de sa famille. C'est un entrepreneur qui fait valoir des capitaux en employant des ouvriers. Dans ce régime nouveau, le travailleur manuel n'est plus qu'un *salarié* au service de l'entrepreneur ou patron.

Du rôle de l'entrepreneur. — Le rôle de l'entrepreneur dans la production est des plus importants et des plus variés :

1º C'est lui qui détermine, suivant les chances probables de succès, la branche de l'industrie qu'il entend exploiter ;

2º Il réunit les capitaux qui sont nécessaires à la constitution et au fonctionnement de son entreprise, lorsqu'il n'en possède pas suffisamment par lui-même ;

3º Cela fait, il recherche l'emplacement le plus favorable à l'établissement du magasin, de l'usine ou de l'atelier ;

4º Puis, il procède à son installation, après avoir loué ou fait construire à ses frais les locaux reconnus indispensables et

soins, a fait du droit de travailler la propriété de tout homme, et cette propriété est la première, la plus sacrée et la plus imprescriptible de toutes. »

s'être procuré l'outillage professionnel nécessaire : matériel, machines, etc. ;

5° Il achète les matières premières et il loue les ouvriers dont il a besoin ;

6° Il dirige la production, en se tenant constamment au courant des procédés nouveaux de fabrication, de machines perfectionnées et toujours exactement renseigné sur l'état du marché, sur les besoins de la consommation, activant ou ralentissant la production, d'après l'offre des concurrents et la demande des consommateurs ;

7° Le produit une fois fabriqué, c'est encore l'entrepreneur qui est chargé de l'écouler. Pour cela, il faut qu'il se soit assuré au préalable des débouchés suffisants. Il faut surtout qu'il ait réglé sa fabrication avec une précision telle qu'il puisse laisser l'objet au même prix que ses concurrents, non seulement sans perte, mais encore avec un bénéfice pour lui-même ;

8° Enfin, nous le verrons en étudiant la répartition de la richesse, c'est l'entrepreneur qui a les risques de l'opération. Seul, il est responsable des résultats qui peuvent se produire.

Que ses affaires prospèrent ou périclitent, peu importe ; il sera toujours obligé de payer au propriétaire le loyer de son immeuble, au capitaliste les intérêts de l'argent prêté, aux ouvriers le salaire qui leur est dû.

Quant à l'entrepreneur, il en est tout différemment.

Si ses affaires réussissent, il peut s'enrichir.

Si elles tournent mal, au contraire, il peut être ruiné et déclaré en faillite.

Malgré cela, on a nié l'utilité de l'entrepreneur ; on a été jusqu'à soutenir que c'était un être inutile, un parasite de la société, prélevant injustement ses bénéfices sur le gain des ouvriers, et on a essayé de le supprimer en organisant des *associations coopératives de production*. Mais nous verrons plus loin combien il est difficile à ces associations de se former et de fonctionner, parce que, d'une part, les ouvriers peuvent difficilement se procurer les capitaux qui leur seraient nécessaires, et parce que, d'autre part, ils ne possèdent aucune des conditions qui sont indispensables au patron pour réussir.

Les deux formes de l'industrie capitaliste. — L'industrie capitaliste se présente sous deux formes nettement tranchées :

la grande industrie ;

et la petite industrie.

De la grande industrie. — *Ses caractères.* — La grande industrie capitaliste se caractérise par les traits principaux suivants :

1° Le capital engagé est considérable ;

2° Les instruments du travail sont en général des machines puissantes ;

3° Le travail est divisé à l'infini, entre un grand nombre d'ouvriers ;

4° La production a lieu dans d'énormes proportions.

Tendance vers la grande industrie. — On peut faire remonter l'origine de la grande industrie jusqu'au xvie siècle. Un peu plus tard, Colbert contribua à son développement par la constitution des grandes compagnies privilégiées dont nous avons parlé plus haut. Mais c'est principalement dans la seconde moitié du xixe siècle qu'une tendance invincible s'est fait sentir vers cette forme de la production.

Depuis l'emploi de la vapeur comme force motrice, et l'utilisation de la houille pour produire la vapeur, il s'est formé de vastes établissements industriels dans les centres miniers, les uns occupés à extraire le charbon du sol, les autres à utiliser ce charbon dans la manufacture. Des villes entières se sont ainsi créées, où une légion d'ouvriers vit à côté de quelques grands industriels.

Ce mouvement de concentration a gagné facilement l'industrie des transports dès l'invention des chemins de fer. De puissantes Compagnies se sont établies pour construire et exploiter les lignes concédées par l'Etat, en se partageant le territoire du pays, Compagnie du Nord, Compagnie de l'Ouest, Compagnie de l'Est, Compagnie du Midi, etc...

Enfin, depuis une vingtaine d'années, l'industrie commerciale a été, à son tour, gagnée à ce mouvement. De vastes magasins ont été organisés, occupant un espace énorme, ayant un personnel nombreux, et débitant une variété infinie d'articles de tous genres. Il suffit de citer le Bon Marché, le Louvre, le Printemps. etc.

Les capitaux nécessaires à la création et au fonctionnement de ces usines, de ces manufactures ou de ces magasins sont si considérables que la fortune d'un seul ne peut y suffire. Dès lors, l'industrie, tend de plus en plus à affecter la forme de sociétés par actions, soit anonymes, soit en commandite, dans lesquelles le patron disparaît, pour faire place à un être purement fictif, la société ou la compagnie.

En sorte qu'à la concentration des entreprises correspond la concentration des capitaux.

Avantages de la grande industrie. — La grande industrie présente des avantages importants :

1° Au point de vue du capital, par la formation des sociétés par actions, elle permet au capitaliste de limiter ses risques à une portion déterminée de sa fortune ;

2° Au point de vue du travail, elle donne lieu à une véritable hiérarchie des fonctions industrielles : direction, administration, contrôle, et exécution.

Et c'est au plus intelligent et au plus habile que les fonctions de direction sont confiées et non au plus riche.

D'autre part, la situation des ouvriers peut souvent être améliorée dans ces grandes sociétés, parce que le sacrifice à faire par chaque associé sur les bénéfices de l'opération est peu sensible, en raison du grand nombre d'associés ;

3° Enfin, c'est grâce à la grande industrie que le produit peut être vendu dans des conditions exceptionnelles de bon marché.

D'abord, produisant en grande quantité, à l'aide des moyens mécaniques, un léger profit sur chaque produit permet à l'entrepreneur de réaliser des bénéfices suffisants. Ensuite, les *frais généraux* et les *frais spéciaux* sont bien moindres dans la grande industrie, eu égard à la production.

On entend par *frais généraux*, ceux qui sont relatifs à la constitution même de l'entreprise : le loyer de l'usine, de la manufacture ou du magasin, l'acquisition et l'entretien des machines, les matières employées au chauffage, à l'éclairage enfin une partie du travail : le travail de surveillance, de comptabilité, le travail des chauffeurs et des mécaniciens.

On entend par *frais spéciaux* ceux qui consistent dans l'achat des matières premières, entrant dans la confection des produits, et le salaire des ouvriers qui façonnent la matière.

Les frais généraux sont moins élevés dans la grande industrie que dans la petite. Supposons, en effet, vingt petits ateliers, il faudra pour chacun d'eux, un local, un personnel de direction, de comptabilité un outillage complet, c'est-à-dire les mêmes frais généraux répétés vingt fois.

Si ces vingt ateliers se trouvaient réunis en un seul, il n'y aurait besoin que d'un seul local, d'un seul personnel de direction et d'administration et d'un seul outillage. Sans doute, ces dépenses de loyer, de personnel et d'outillage seraient plus considérables pour cet atelier unique que pour chacun des vingt ateliers, mais, comme elles seraient loin d'être vingt fois plus élevées, il y aurait une notable économie réalisée.

Quant aux frais spéciaux, il est certain qu'ils augmentent avec la production. Plus l'atelier ou l'usine produit, plus il est nécessaire d'augmenter l'approvisionnement de combustible et de matières premières. Mais cette dépense est proportionnellement moindre dans la grande industrie :

D'abord, parce qu'en achetant en grande quantité, on paie moins cher les matières premières ;

Puis, parce qu'on peut attendre pour s'approvisionner que les cours soient peu élevés.

Inconvénients de la grande industrie. — Malgré ces avantages incontestables, la grande industrie a eu ses détracteurs et on lui a adressé plusieurs reproches :

1° C'est elle, a-t-on dit, qui, en permettant l'emploi des enfants et des femmes dans les manufactures, a compromis pour l'ouvrier la vie de la famille, et l'a poussé à chercher au cabaret les distractions que son intérieur ne pouvait plus lui procurer ;

2° Elle nécessite l'emploi d'un personnel si considérable que la vigilance de celui qui est placé à la tête de l'entreprise, sollicitée par des préoccupations de toutes sortes, ne peut s'assurer du zèle et de la probité de chacun et empêcher les abus et le *coulage* ;

3° Pour soutenir la concurrence avec les industries rivales, la production doit se faire en grande quantité et au plus bas prix possible.

Il en résulte, d'une part, un excès dans la production, et d'autre part, un avilissement du prix de la main-d'œuvre.

Il y a certainement une part de vérité dans les critiques que nous venons de résumer. Il est certain, notamment, qu'avec la puissance de l'industrie moderne, les crises résultant d'une production exagérée et de la fermeture inopinée des débouchés sont plus à redouter, et que, lorsqu'elles éclatent, les effets en sont plus désastreux. Il ne faudrait pas cependant exagérer la portée de ces griefs. Comme nous l'avons montré, en traitant la question des machines, ce sont là des inconvénients qui tiennent plutôt au mauvais usage ou à l'emploi imprudent qu'on fait de l'instrument, qu'à l'instrument lui-même.

Des deux modes d'exécution du travail dans la grande industrie capitaliste. — Dans la grande industrie capitaliste, le travail peut s'exécuter de deux façons : 1° dans la fabrique ou dans l'usine mécanique où les ouvriers travaillent en commun, soumis à la surveillance de contremaîtres et protégés par les lois ouvrières sur la durée du travail, et sur l'hygiène des ateliers ; 2° ou bien à domicile, dans des ateliers de famille.

Dans tous les développements qui précèdent, nous avons principalement envisagé le premier mode d'exécution du travail. Nous allons dire quelques mots maintenant de l'industrie à domicile salariée.

De l'industrie à domicile salariée. — *Ses caractères.* — Il arrive souvent, dans certaines branches de l'industrie, — notamment pour les vêtements confectionnés, pour les fleurs, pour les plumes, pour la chenille, etc., — que l'entrepreneur ait en ville des ouvriers, ou des ouvrières qui travaillent chez eux. Il leur fournit la matière première, après l'avoir préparée, quelquefois même les outils ; l'ouvrage terminé, l'ouvrier le rapporte à l'atelier de manutention du patron, où souvent il doit recevoir une dernière façon et il touche le prix de son travail, à raison de tant par pièce.

Ses conditions d'existence. — Ce mode d'exécution du travail suppose que la façon est uniforme, étant conçue d'après un type déterminé, en vue de la vente en gros à un marché éloigné. Il suppose également que le travail à faire n'exige pas le concours des machines. Cependant, cette seconde condition perd chaque jour son importance par suite des découvertes nouvelles qui rendent possible la transmission à distance de l'énergie électrique.

Ses avantages pour l'entrepreneur. — Le travail à domicile offre de grands avantages pour l'entrepreneur ; aussi cherche-t-il à le développer de préférence au travail, à la fabrique, et cela pour les raisons suivantes :

1º Il réalise une économie de loyer, d'éclairage, de chauffage et souvent même de machines ; rejetant ces charges sur le salarié ;

2º Il échappe à la réglementation des différentes lois sur la police des ateliers (loi du 2 novembre 1892, du 12 juin 1893 et du 30 mars 1900) ; ces lois ne s'appliquant pas aux ateliers de famille ;

3º Il échappe à la responsabilité du risque professionnel établie par la loi du 9 avril 1898.

Ses inconvénients pour le travailleur, le sweating system. — Le régime du travail salarié à domicile présente un sérieux avantage au point de vue moral en ce qu'il concilie le travail industriel avec la vie de famille. A cet égard il présente une réelle supériorité sur le travail en fabrique, mais à côté de cet avantage certain, que d'inconvénients en échange ! D'abord, toutes les raisons que nous avons exposées plus haut comme étant de nature à faire préférer ce mode d'exécution par l'entrepreneur sont autant d'inconvénients de ce régime en ce qui concerne le travailleur manuel. Mais ce qui le condamne surtout à son point de vue c'est le taux extrêmement bas du salaire et l'insalubrité des ateliers où les ouvriers sont installés. En raison du prix peu élevé du salaire, ils sont obligés de travailler de longues heures, 16 à 17 heures par jour, comme les tailleurs de l'East End, à Londres, pour pouvoir vivre.

C'est le *sweating system* ou régime de la sueur (1). L'avilissement du prix de la main-d'œuvre provient de plusieurs causes : d'abord du fait d'intermédiaires, sous-entrepreneurs ou marchandeurs, qui s'interposent entre l'entrepreneur et gardent pour eux une partie du bénéfice de la production en payant aux ouvriers qu'ils emploient un prix inférieur à celui qu'ils reçoivent eux-mêmes de l'entrepreneur ; du fait de la concurence excessive qui oblige l'entrepreneur à réduire le plus qu'il peut le coût de production afin de pouvoir lutter sur le marché contre les autres producteurs ; enfin, de l'état d'isolement dans lequel vivent les travailleurs employés à domicile, les uns par rapport aux autres, et par voie de conséquence, l'absence de syndicats pour faire valoir leurs revendications d'une façon énergique et avec quelques chances de succès.

Ce n'est guère qu'à la campagne que ce mode d'exécution du travail industriel ne présente pas de graves inconvénients ; parce que cette occupation n'est qu'accessoire aux travaux agri-

(1) Le « sweating system » consiste à faire travailler de longues heures pour un faible salaire et souvent dans les plus mauvaises conditions d'hygiène. « Il a pour principale cause, le marchandage et le travail aux pièces. L'employeur, au lieu de faire les frais d'un grand atelier, se borne à recueillir les produits du travail pour les vendre en gros ou en détail... Il traite à forfait avec un entrepreneur (marchandage), et celui-ci partage le travail moyennant un prix très minime à des malheureux qui le font chez eux. Ce système a pour conséquence de réduire au plus bas prix le salaire des ouvriers puisque les entrepreneurs se disputent les commandes à force de rabais et qu'ils tâchent ensuite de faire un bénéfice en le prélevant sur le prix qu'ils donnent par pièce » (A. Métin, *Le socialisme en Angleterre*, p. 257).

coles et le peu que le paysan gagne à ce travail constitue pour lui un pur bénéfice.

De la petite industrie capitaliste. — *Ses caractères.* — La petite industrie se caractérise par les traits opposés à ceux que nous avons assignés à la grande industrie.

Les capitaux engagés sont peu élevés ; et généralement ils appartiennent à l'entrepreneur. Lorsque la production est faite en société, c'est sous la forme d'une société par intérêt.

Le travail se fait principalement à la main, ou à l'aide de machines très simples, mues par la main de l'ouvrier, telles qu'une machine à coudre.

Le nombre d'ouvriers employés est peu considérable et la division du travail est tout à fait limitée.

Ses avantages propres. — La petite industrie capitaliste présente deux avantages principaux :

1° Le patron, se trouvant en relations constantes avec ses ouvriers, travaillant avec eux, ayant lui-même fait l'apprentissage et été ouvrier, il y a moins à redouter l'antagonisme que crée dans la grande industrie la distance qui sépare l'ouvrier des administrateurs ou des directeurs de l'usine ou de la fabrique ;

2° Dans la petite industrie, l'ouvrier peut espérer s'élever un jour à la situation de patron, parce qu'il n'est pas nécessaire de disposer de beaucoup de capitaux. Tout espoir de ce genre lui est fermé dans la grande industrie ; l'ouvrier est voué toute sa vie à la situation de salarié.

CHAPITRE III. — DES CONSÉQUENCES ÉCONOMIQUES DU RÉGIME
DE LIBRE CONCURRENCE.

Idée générale. — Le régime actuel de libre concurrence qui gouverne les phénomènes de la production comporte des avantages et des inconvénients sur lesquels il est nécessaire d'insister dans ce chapitre.

Avantages du régime de libre concurrence. — Les avantages de la libre concurrence sont considérables, tant au point de vue moral qu'au point de vue économique.

Au point de vue moral, le régime de la liberté a cet avantage de faire porter à l'homme la responsabilité de ses actes. Maître de diriger son activité à sa guise, il ne peut s'en prendre qu'à lui-même ou à la fatalité des résultats qu'il obtient.

Au point de vue économique, le régime de la liberté présente deux avantages principaux :

1° La faculté laissée à chacun de choisir son emploi, suivant ses aptitudes, ses goûts et les besoins présumés des consommateurs permet d'espérer d'atteindre le résultat que chaque homme occupe bien la place qui convient le mieux à ses facultés, suivant l'expression anglaise, « the right man in the right place » ;

2° Sous ce régime, les produits tendent à être meilleurs et à se vendre le moins cher possible. En effet, chaque fabricant doit chercher constamment à améliorer ses procédés de fabrication et à produire à moindres frais que ses concurrents pour attirer à lui la clientèle par la bonne qualité et le bon marché de sa marchandise. C'est une lutte constante entre les producteurs pour conquérir les faveurs du public, un véritable *struggle for life*, dont la masse des consommateurs bénéficie.

Inconvénients. — A côté de ces avantages, la libre concurrence dans la production produit des maux qu'il ne faut pas dissimuler : l'avilissement du prix de la main-d'œuvre, comme nous l'avons vu plus haut, et les crises économiques de surproduction dont nous allons parler maintenant.

Des crises économiques de surproduction. — *Définition.* — Une crise économique est l'état de gêne et de malaise que subit un pays lorsqu'il y a rupture d'équilibre entre les forces économiques, en particulier entre la production et la consommation.

On a dit avec raison qu'elle était pour le corps social ce que la maladie est pour le corps humain, et s'il faut en croire certains auteurs, elle se reproduirait d'une façon périodique tous les dix ans environ.

Diverses espèces de crises économiques. — On distingue trois espèces de crises économiques :

Les crises commerciales ou industrielles, qui résultent d'un excès ou d'un déficit dans la production ;

Les crises financières, qui tiennent à une raréfaction ou à une abondance très grande des capitaux ;

Les crises monétaires, qui se manifestent par l'abondance ou la rareté du numéraire.

Nous ne nous occupons en ce moment que des premières.

Causes générales des crises économiques. — Les crises économiques ont des causes nombreuses et variées :

1º Ce peuvent être des événements exceptionnels et particulièrement graves, tels qu'une guerre, une menace de guerre, une révolution intérieure ou une mauvaise récolte ;

2º Ce peut être aussi un développement exagéré accordé au capital fixe, notamment par la construction trop considérable de lignes de chemins de fer, qui produit une rareté du capital circulant ; ou au contraire, ce peut être une surabondance de capitaux circulants qui s'accumulent sans pouvoir trouver un emploi utile ;

3º Enfin, et principalement, les crises économiques peuvent résulter d'un excès dans la production.

Nous avons vu plus haut que, dans le régime de la concurrence, le seul régulateur de la production est le prix des marchandises. C'est la seule boussole du producteur. Or, il peut se tromper dans ses calculs et produire davantage que ne le comportent les besoins du marché.

Effets généraux des crises. — Les crises économiques produisent presque toujours les mêmes effets généraux : les transactions se ralentissent ; le crédit se resserre ; les banquiers élèvent le taux de leur escompte ; enfin, les prix s'avilissent.

Chose remarquable ! l'avilissement général du prix des marchandises ne se manifeste pas seulement lorsqu'il y a surproduction ; mais aussi, ce qui paraît moins facile à comprendre au premier abord, quand un déficit a lieu dans une branche déterminée de l'industrie.

Cela s'explique cependant. Supposons, en effet, qu'une mauvaise récolte se produise : les denrées alimentaires augmenteront de valeur. Le consommateur sera donc obligé d'affecter une plus grande part de ses ressources à l'acquisition de ces objets dont il a besoin pour vivre. Les autres marchandises seront ainsi délaissées ; pour les écouler, ceux qui les produisent devront les vendre avec perte.

Théories relatives aux crises de surproduction. — Deux théories principales ont été émises relativement aux crises de surproduction : la loi des débouchés et la théorie socialiste de Karl Marx.

I. Loi des débouchés. — *Son exposé.* — On entend par loi des débouchés une théorie célèbre formulée pour la première fois par J.-B. Say, l'un des fondateurs de la science économique. Il en paraissait très fier et il disait qu'en montrant aux hommes et aux nations que leurs intérêts ne sont pas en opposition les uns avec les autres, cette théorie répandrait dans le monde des semences de concorde et de paix.

On peut la formuler ainsi : plus les produits sont abondants et variés, plus facilement ils trouvent des débouchés.

Dès lors, il ne faut pas craindre de produire en trop grande quantité les objets nécessaires à l'existence ou au bien-être de l'homme, pour éviter un engorgement général des marchandises, un *general glut*, comme disent les Anglais : à une condition cependant, c'est que toutes les branches de l'industrie marchent d'un pas égal dans la voie de la production à l'excès. Le seul danger à redouter c'est qu'une industrie déterminée prenne une avance trop grande sur les autres, et produise d'une façon exagérée, tandis que la production de ces dernières demeurerait stationnaire. Il y aurait alors dans l'ensemble de la production une rupture d'équilibre qui serait de nature à amener une crise économique.

Mais si cela avait lieu, le remède serait — d'après la loi des débouchés — dans un accroissement corrélatif de la production de la part des industries demeurées à l'état stationnaire.

Son examen critique. — L'exactitude de cette théorie est facile à vérifier si l'on se place sous le régime des échanges en nature ou du troc. Supposons, en effet, qu'un fabricant de drap ait produit cette marchandise en grande quantité ; il vient l'offrir sur le marché, en échange d'autres produits qu'il ne fabrique pas et dont il a besoin. Il n'a pas intérêt, cela est évident, à ce que les autres fabricants de drap aient comme lui produit à l'excès ; parce que leurs marchandises feraient concurrence aux siennes sur le marché, et il serait obligé de les échanger à perte ou de les remporter sans avoir pu les écouler. Mais ce qui lui importe essentiellement, c'est que les industriels qui exploitent d'autres branches de la production aient fait comme lui et produit en abondance : il a intérêt à ce que le marché soit bien pourvu, en blé, en viande, en objets d'ameublement, etc. De cette façon, il trouvera à échanger aisément les coupons d'étoffes qu'il apporte contre d'autres marchandises, en quantité égale, qui constitueront ainsi autant de *débouchés* pour ses propres produits.

Sous le régime de la monnaie, et avec le système de la vente et de l'achat le même pnenomène se manifeste. Lorsqu'un industriel a produit des marchandises en quantité considérable, il a intérêt à ce que les autres industriels, exploitant une autre branche que lui, aient également beaucoup produit, pour que leurs ressources soient plus grandes et leurs facultés d'acquisition plus considérables.Cependant, si toutes les marchandises en même temps augmentaient, dans une égale proportion, pour que les prix se maintiennent et ne tendent pas vers une baisse inquiétante, il faudrait que le numéraire suive la même marche ascendante.

En supposant possible cette augmentation du numéraire, dans une proportion égale à l'augmentation des produits, l'équilibre étant maintenu, les prix ne fléchiraient pas ; le *general glut* serait évité et aucune crise n'éclaterait.

La loi des débouchés au point de vue pratique. — Par là se trouve vérifiée, en théorie, l'exactitude de la loi des débouchés. Mais dans la réalité des faits, on s'exposerait à de cruels mécomptes en s'inspirant de ses données. Il est rare qu'un accroissement de production se manifeste au même moment, dans chaque branche de l'industrie, d'une façon proportionnelle, et que la surproduction dans une branche soit compensée exactement par une surproduction correspondante dans une autre industrie. En supposant d'ailleurs ce phénomène réalisable, il y aurait toujours à compter avec le numéraire dont l'accroissement ne peut suivre la même marche que les marchandises.

II. Théorie socialiste. — D'après les socialistes, les crises de surproduction auraient pour cause principale l'exploitation des travailleurs par les capitalistes. Avec le salaire qu'il reçoit, l'ouvrier ne peut pas racheter le produit de son travail, de là vient l'encombrement. L'équilibre serait rétabli, si le travailleur recevait la valeur intégrale de son travail ; il aurait désormais une capacité d'acquisition égale à sa puissance de production, et la crise prendrait fin.

C'est la théorie de la *sous-consommation.*

Objections. — On a élevé contre cette théorie des objections décisives :

1° Cette théorie fait reposer les crises sur l'insuffisance des facultés d'achat des ouvriers. Or, les crises de surproduction surviennent à la suite de périodes de prospérité, alors que la situation matérielle des ouvriers s'est améliorée ;

2° Si cette explication était exacte, la crise de surproduction serait à l'état permanent, puisque la condition de la classe ouvrière serait un obstacle constant à l'écoulement normal des produits. Or, il n'en est pas ainsi ; les crises de surproduction sont des accidents passagers (M. Bourguin à son cours).

Remèdes aux crises. — Les crises trouvent leur remède en elles-mêmes ; le mal est guéri par le mal. Lorsque l'imprudence des producteurs a amené un excès dans la production, l'avilissement des prix détermine la faillite de ceux qui ont été les plus audacieux ; il s'écoule un certain temps pendant lequel l'œuvre de la production est arrêtée, on vit sur le stock accumulé ; puis, quand il est à peu près épuisé, l'équilibre entre l'offre et la demande se trouvant rétabli, le travail reprend, la confiance renaît, et la banque ouvre de nouveau ses guichets à l'escompte des billets.

Les ententes entre producteurs. Kartells et trusts. — En vue d'éviter les crises de surproduction et d'empêcher l'avilissement du prix des marchandises, des ententes se sont établies dans les principaux pays. Les formes de ces coalitions sont très variables : Kartells, pools, consortium, ou trusts. Les unes, comme les Kartells, en Allemagne, consistent dans un simple engagement pris par les grands fabricants d'une marchandise déterminée de ne pas étendre leur production au delà d'une certaine quantité et de ne pas vendre au-dessus d'un certain prix ; elles laissent à chaque fabricant son autonomie particulière.

Les autres, comme les trusts (1) américains, aboutissent à la fusion de toutes les entreprises particulières en une vaste association à laquelle les fabricants abandonnent la propriété de leurs entreprises, moyennant un certain nombre d'actions représentatives de leur valeur.

Ces coalitions ne peuvent s'appliquer qu'à des produits simples dont la consommation est universelle, et elles supposent l'existence d'entreprises déjà concentrées et peu nombreuses. Enfin, elles ne sont possibles que grâce à la protection des tarifs douaniers. qui écartent les concurrents du dehors et grâce à la complicité des compagnies de chemins de fer qui, en leur concédant des tarifs différentiels, leur permet de lutter victorieusement contre les concurrents de l'intérieur. Aux Etats-Unis se sont formés successivement des trusts pour le pétrole, pour le charbon, pour le cuivre, pour l'acier. ; récemment des négociations ont été entamées en vue de l'établissement d'un trust de l'Océan, entre les différentes compagnies transatlantiques anglaises, américaines et allemandes.

(1) Dans l'enquête faite aux Etats-Unis sur la question, voici la définition donnée du trust par M. James Lee, président de la *Pure Oil'C°* :

« Un trust est une société ou une combinaison de sociétés ayant pour but de créer et de conserver un monopole dans une industrie quelconque » (t. XIII, p. 668).

Avantages des trusts. — Les trusts présentent les avantages suivants :

1° En régularisant la production, ils évitent les crises, et ils assurent aux ouvriers qu'ils emploient une certaine sécurité en écartant les occasions de chômage ;

2° Produisant en quantités énormes, ils peuvent produire à très bon marché ; et quoique pourvus d'un monopole de fait ils peuvent abaisser le prix des produits qu'ils vendent pour augmenter la consommation.

Inconvénients des trusts. — Les trusts présentent de graves inconvénients qui ont déterminé les Etats-Unis à prendre contre eux des mesures répressives dont la plupart sont d'ailleurs restées sans résultat appréciable.

1° Ces associations disposent de moyens financiers qui peuvent être à un moment donné très redoutables pour le gouvernement du pays sur le territoire duquel ils sont constitués. Ce sont de véritables Etats dans l'Etat ;

2° Ces associations, ayant un véritable monopole de fait, tiennent les consommateurs à leur merci, réglant à leur gré le prix des marchandises. Pour augmenter leur production, ils abaissent le prix des produits qu'ils vendent au dehors, mais ils font payer au consommateur national un prix de monopole.

DEUXIÈME PARTIE

RÉPARTITION DE LA RICHESSE

Section I : La propriété. — Section II : Les conventions. — Section III : Les associations ouvrières et les syndicats ouvriers. — Section IV : Le socialisme. — Section V : La question de la population dans ses rapports avec la répartition de la richesse.

Objet de la deuxième partie. — Une richesse étant produite par le concours de la nature, du capital et du travail, il s'agit de savoir comment seront rémunérés ces différents facteurs. C'est là l'objet de la deuxième partie, consacrée à la répartition de la richesse.

Dans l'état économique actuel, qui est celui de la libre concurrence, ce problème est résolu par le régime de la propriété individuelle et de la liberté des conventions. La liberté du travail, la propriété et la liberté des conventions sont les principes fondamentaux sur lesquels repose le monde économique contemporain.

Mais nous verrons que ce système est vivement critiqué par les socialistes, en raison des inégalités choquantes qu'il entraîne dans la condition des individus au sein de la société ; nous verrons, d'autre part, que des essais ont été tentés, soit pour faire sortir l'ouvrier de sa condition de salarié, soit pour rendre sa situation moins précaire.

Enfin, nous aurons à étudier la question de la population dans ses rapports avec la répartition de la richesse : la pauvreté et le paupérisme.

6

Division de la deuxième partie. — La deuxième partie se trouvera ainsi divisée en cinq sections :

Ire Section. — La propriété.

IIe Section. — Les conventions.

IIIe Section. — Les associations ouvrières et les syndicats ouvriers.

IVe Section. — Le socialisme.

Ve Section. — La question de la population dans ses rapports avec la répartition de la richesse.

Ire SECTION. — LA PROPRIÉTÉ.

Evolution historique de la propriété. — Avant de définir et d'étudier la propriété, telle qu'elle est régie actuellement, il convient d'en donner un aperçu historique. L'histoire de la propriété est liée intimement à l'histoire de l'humanité. Elle a passé par les mêmes phases, subi les mêmes influences, traversé les mêmes crises, et, à la même époque, elle a atteint le terme de son évolution actuelle.

De très bonne heure, la propriété sur les meubles fut admise. Il n'en fut pas de même de la propriété du sol ou propriété foncière. Elle a traversé cinq étapes successives (1) :

1° La communauté agraire avec indivision ;

2° La communauté agraire avec lotissement périodique ;

3° La propriété familiale ;

4° La propriété régalienne ou féodale ;

5° La propriété individuelle.

1re étape. — **Communauté agraire avec indivision.** — Aux temps primitifs, l'homme vit de la chasse et de la pêche ; puis,

____

(1) Ces diverses phases se rencontrent avec de légères variantes, dans l'histoire de toutes les sociétés. M. Cuq a très heureusement démontré que Rome elle-même n'y avait pas échappé. *Institutions juridiques des Romains,* p. 74 et suivantes.

lorsqu'il a pu réunir un troupeau, c'est le lait, la chair, la laine de ses animaux, qui lui procurent ce qui lui est nécessaire pour vivre.

C'est l'époque des peuples pasteurs et nomades.

L'homme ne se fixe pas sur un coin de terre ; il pousse devant lui son troupeau, et il cultive le sol uniquement afin de pourvoir à sa nourriture et à celle de ses animaux. Lorsqu'un terrain est épuisé, il l'abandonne pour en prendre un autre, qu'il laisse à son tour, dès que ce sol lui refuse sa subsistance.

A cette époque, il ne peut être question d'appropriation exclusive. La terre appartient en communauté à la tribu, et chacun de ses membres en a la jouissance indivise.

2ᵉ étape. — Communauté agraire avec lotissement périodique. — La population finit par devenir plus sédentaire ; elle se livre davantage à la culture, pour nourrir ses membres chaque jour plus nombreux. Alors, à l'exploitation indivise des terres se substitue un système nouveau, le lotissement périodique. Le sol continue à appartenir à la tribu ; mais il est divisé en un nombre de parcelles égal au nombre des familles qui composent la tribu ; et à des époques déterminées, ces parcelles sont réparties entre ces familles, soit par voie de tirage au sort, soit par voie d'autorité (1).

C'est à cette seconde étape de la propriété foncière que se trouvent les Germains avant leur établissement en Gaule, au témoignage de Tacite.

3ᵉ étape. — Propriété familiale. — Au fur et à mesure que les procédés de culture se perfectionnent, les répartitions périodiques s'espacent davantage, les mêmes parcelles restant plus longtemps entre les mêmes mains ; les lotissements deviennent ensuite de plus en plus rares. Et il arrive un moment où ils

---

(1) Un exemple moderne de communauté agraire se rencontre dans la *Mir Russe*. Le territoire de la commune se divise en trois parties : a) la première est attribuée à chaque famille pour son habitation ; b) la seconde comprend des terres de culture ; elle est l'objet de lotissements périodiques entre les différentes familles ; c) la troisième partie composée des bois et pâturages est laissée à la jouissance indivise de tous les habitants.

n'ont plus lieu du tout. Chaque famille reste en possession définitive des terres qui lui ont été attribuées.

A ce moment, la propriété familiale est formée et remplace la propriété de la tribu.

C'est à la famille, en copropriété, qu'appartient la terre occupée et cultivée en commun par tous ses membres. Le chef de la famille n'en est que dépositaire et administrateur dans l'intérêt de tous ; il n'en est pas le maître absolu et exclusif. Aussi n'en peut-il pas disposer au détriment de ses enfants, ni entre vifs, par vente, échange ou donation, ni à sa mort par testament. Après lui, le patrimoine dont il a eu la garde doit être transmis intact à ses enfants (1).

Au moment de leur établissement en Gaule, les Germains passent du régime de la propriété collective de la tribu au régime de la copropriété familiale (2).

4e étape. — Propriété régalienne ou féodale. — La propriété régalienne ou féodale sert de transition entre le régime de la copropriété familiale et le régime actuel de la propriété individuelle.

La propriété est octroyée par le seigneur ou par le roi, qui conserve sur la terre un *domaine éminent*, n'accordant au possesseur que le *domaine utile*. L'individu a bien sur la terre qu'il détient un droit exclusif de possession et de jouissance, mais il est tenu envers le seigneur concédant ou le roi, son suzerain, à des charges très lourdes, dont il ne peut d'aucune façon se racheter.

Le régime de la propriété foncière est en tous points identique au régime des personnes : il y a une classification des terres correspondante à la classification des personnes.

De même que les personnes se divisent en nobles, en roturiers et en serfs ; de même, on distingue les tenures nobles ou fiefs, les tenures roturières ou *censives* et les tenures *serviles*.

5e étape. — Propriété individuelle. — Enfin, lorsque l'in-

(1) On trouve encore de nos jours la copropriété familiale dans les principautés danubiennes. La zadruga serbe en est un exemple remarquable.
(2) Voir notre *Manuel élémentaire d'histoire du droit*, p. 45.

dividu a dégagé sa personne des liens qui le retenaient asservi à un maître, seigneur ou roi, et qu'il a conquis la liberté individuelle, à la même époque, la propriété a brisé ses entraves et est devenue libre à son tour.

C'est ainsi que la Révolution française proclama en même temps, la liberté individuelle, la liberté du travail, et la propriété individuelle, comme trois principes indissolubles, formant la base de l'ordre économique et social des temps modernes.

Définition et caractères de la propriété individuelle. — La propriété individuelle peut être définie : le droit pour une personne de tirer directement d'une chose déterminée toute l'utilité juridique que cette chose peut procurer.

Elle présente des caractères essentiels :

1° C'est un droit absolu ;

2° C'est un droit exclusif ;

3° C'est un droit perpétuel ;

1° *C'est un droit absolu* (1) : En ce qu'elle confère à celui qui en est investi le droit de tirer de la chose tout le profit qu'elle peut procurer. Il peut s'en servir, lui faire produire des fruits; il peut aussi la détruire, ou en disposer, par vente, par donation ou autrement.

2° *C'est un droit exclusif* : En ce que le propriétaire d'une chose a seul un droit sur cette chose. Nul autre que lui ne peut s'en servir, en jouir, ou en disposer.

3° *C'est un droit perpétuel* : En ce qu'aucun terme n'est assigné à son existence. Il n'est pas constitué pour un temps déterminé, mais pour toujours. Lorsque le propriétaire meurt, son droit ne s'éteint pas avec lui; il se transmet à ses héritiers par testament, ou par voie de succession *ab intestat*.

Causes de la supériorité économique de la propriété individuelle. — Au point de vue économique, le régime de la pro-

______

(1) Sauf, bien entendu, les restrictions établies par la loi dans un intérêt général, par exemple, l'expropriation pour cause d'utilité publique, les servitudes légales etc. (Voir notre *Manuel élémentaire de droit civil*, p. 303 et suiv.).

priété individuelle est bien supérieur aux divers systèmes de propriété collective.

Le propriétaire étant maître de sa chose, et pouvant librement en disposer, son intérêt personnel lui fera trouver de sa fortune le meilleur emploi qu'il y a lieu d'en espérer.

Son droit étant exclusif et perpétuel, il n'hésitera pas à faire des dépenses d'amélioration de nature à rendre la terre plus productive et plus fertile, parce qu'il sait qu'il sera seul à en profiter, et que c'est pour lui-même qu'il travaille.

La propriété collective est un régime qui se comprend aux époques primitives : la population est clairsemée, les besoins sont limités, une production peu importante suffit, et il y a assez de parcelles de terrain disponibles pour que chacun en ait sa part.

Mais lorsque, dans la suite, la population a augmenté et que les besoins de chaque individu ont été plus nombreux, la propriété individuelle est devenue nécessaire.

Exposé des principaux systèmes qui nient le droit de propriété. — Malgré ces avantages évidents, le droit de propriété a été vivement attaqué, et l'on verra plus loin que sa négation est comme le point de départ de toutes les théories socialistes. Nous nous bornerons, pour le moment, à l'exposé sommaire des trois systèmes les plus fameux qui tendent à l'exclure : le communisme, le collectivisme et le socialisme agraire.

Du communisme. — La doctrine communiste voudrait que l'on en revînt au régime de la communauté agraire des temps primitifs, où chaque individu, en possession d'une parcelle de terre, avait sa place au soleil, et pouvait pourvoir à sa subsistance et à celle de sa famille. Les aspirations de cette école ont été résumées dans la formule suivante : « A chacun suivant ses besoins. »

L'appropriation exclusive d'un objet par un homme, disent les partisans de cette opinion, est un acte de spoliation à l'égard des autres hommes. Car tout ce qui existe dans la nature a été créé pour l'humanité tout entière ; nul n'a le droit de s'emparer, à titre privatif, d'un objet quelconque.

On ajoute que le droit des propriétaires actuels se trouve entaché d'un vice originaire qui lui enlève tout caractère légitime. En effet, le partage des terres qui a eu lieu entre les familles, à la suite de la conquête, n'a pas été opéré d'une façon équitable. Les uns, par ruse ou par violence, ont dû se faire attribuer une part plus grande que celle des autres. Cette origine irrégulière compromettrait encore aujourd'hui le droit des possesseurs actuels.

Enfin, ce qui montre l'iniquité du régime de la propriété individuelle, c'est l'inégalité choquante des conditions sociales qu'il engendre nécessairement. Avec la communauté des biens, le prolétariat n'existe pas, chacun est en possession d'un coin de terre, pour lui et sa famille. Tandis que, sous le régime de la propriété individuelle, les uns ont le superflu, et d'autres manquent du plus strict nécessaire.

Du collectivisme. — Le collectivisme fait une distinction : il admet la propriété sur les produits, mais il rejette la propriété sur le sol, et, d'une façon générale, sur tous les instruments du travail.

On comprend, disent les partisans de cette doctrine, que l'homme qui a labouré, ensemencé la terre, soit propriétaire de la récolte que son travail a produite. Mais il est injuste qu'il puisse s'approprier, à titre privatif, du fond productif lui-même, sol ou mines. Parce que ce sont là des choses qui ne sont pas le résultat de son travail, mais qui sont l'œuvre de la nature, et dont la jouissance doit rester accessible à tous. Ce système a été résumé dans cette formule énergique : « A chacun suivant ses œuvres. »

On appuie ce raisonnement, purement théorique, de considérations historiques. Dans les temps primitifs, a-t-on dit, la terre est la propriété collective de la tribu, parce que l'action combinée ou collective de tous les membres de la tribu est nécessaire, tant pour la mettre en œuvre, que pour se défendre contre l'attaque des tribus rivales. Plus tard, la propriété individuelle se forme, lorsque l'agriculture et l'industrie s'étant développées, l'homme a travaillé isolément et d'une façon individuelle, à l'aide d'instruments rudimentaires.

Mais, aujourd'hui, par suite de la division du travail rendue nécessaire par l'emploi des machines et de la vapeur, le travail a cessé d'être individuel pour redevenir collectif. Ce sont des collectivités ouvrières qui, dans toutes les branches de l'industrie, ont remplacé l'ancien artisan produisant à domicile avec des métiers à bras.

Puisque le travail est redevenu collectif, la propriété doit logiquement, comme aux temps primitifs, redevenir aussi collective, au moins en ce qui concerne les instruments du travail.

Du socialisme agraire. — C'est une forme particulière du socialisme qui s'est développée en Angleterre et aux Etats-Unis, et dont le représentant le plus connu est un économiste américain, Henry George, dans son ouvrage *Progrès et pauvreté* (1). Il ne tend pas, comme les deux doctrines précédentes, à une transformation complète de la société. Il vise seulement la propriété du sol. La propriété mobilière serait légitime, parce qu'elle tient pour la plus grande partie du travail humain, et pour une partie tout à fait insignifiante de la matière. Au contraire, la terre n'est pas le produit du travail ; elle est fournie gratuitement par la nature et doit être le patrimoine commun de tous les hommes au même titre que l'air et la lumière. Il y a surtout injustice à ce que la *rente du sol*, qui résulte de la hausse nécessaire du prix des denrées avec le développement de la population, soit accaparée par le propriétaire. Cette doctrine aboutit au système de la nationalisation du sol.

Nous nous bornons à le mentionner ici ; nous y reviendrons plus loin en étudiant le phénomène de la rente du sol.

Réfutation. — Tels sont les principaux systèmes qui nient le droit de propriété individuelle. Il est facile de répondre aux arguments qu'ils invoquent.

(1) Henry George écrit notamment : « La propriété privée de la terre est la meule inférieure. Le progrès matériel est la meule supérieure. Les classes ouvrières sont broyées entre les deux avec une force de plus en plus grande. »

Tout d'abord, s'il était vrai que nul ne pût prétendre à un droit exclusif sur un objet quelconque, parce que tout ce qui existe est l'œuvre spontanée de la nature, ce n'est pas seulement la notion de propriété individuelle qu'il faudrait rejeter, mais aussi la notion même de patrie. En effet, un peuple ne pourrait pas légitimement invoquer un droit de possession exclusif sur un territoire déterminé, puisque les autres peuples, qui font également partie de l'humanité, pourraient, en cette qualité, réclamer leur part de l'espace occupé par ce peuple.

Quant à contester la légitimité des titres des propriétaires actuels, parce que les premiers occupants ont pu commettre des actes de fraude ou de violence pour s'emparer des terres qu'ils détiennent, ce n'est pas très sérieux. On peut dire, en premier lieu, que la prescription a couvert les vices qui ont pu entacher la prise de possession des premiers occupants. Ensuite, on peut ajouter que les détenteurs actuels ont la plupart du temps acquis à titre onéreux, par vente ou par échange, les parcelles de terrain qu'ils ont dans leur patrimoine, et qu'ainsi on ne peut leur reprocher de s'être enrichis gratuitement, au détriment des autres hommes.

Il est une objection plus exacte, c'est celle qui est tirée des inégalités flagrantes que produit le régime de la propriété individuelle. On ne peut nier qu'elle crée des situations sociales très différentes : d'un côté, l'opulence ou l'aisance, de l'autre, la misère et la faim.

Mais c'est là une nécessité qui tient à la nature même de l'homme. De même qu'il est impossible de faire disparaître les inégalités dans l'ordre des qualités morales et intellectuelles, de même, c'est une pure utopie que d'espérer arriver un jour au nivellement des individus au point de vue de leur situation matérielle dans la société.

Enfin, la distinction que font les collectivistes entre les capitaux et les produits repose sur une véritable confusion. Nous avons vu que le capital était, comme toute richesse, le résultat du travail, agissant de concert avec la nature et les capitaux préexistants. On ne comprend pas dès lors qu'on puisse faire une différence, au point de vue de la propriété, entre le capital et les autres richesses.

Il faut d'ailleurs remarquer ceci : c'est que le jour où l'individu se sentirait menacé d'être exproprié, dans l'intérêt collectif, du capital qu'il aurait formé, conservé ou accru, par son épargne, il cesserait de travailler avec autant d'énergie, l'intérêt personnel n'étant plus là pour le pousser à produire, et la source des richesses se trouverait tarie à jamais.

Légitimité de la propriété. — Mais il ne suffit pas de combattre les arguments invoqués par les socialistes, il faut encore faire, d'une manière directe, la preuve de la légitimité du droit de propriété.

Sur ce point, trois systèmes ont été proposés:

1er *Système.* — *Système du droit naturel.* — D'après un premier système, la propriété serait de droit naturel. L'homme, à l'état primitif, et avant l'établissement de la société, aurait pu s'approprier légitimement ce qui était nécessaire à son existence, pourvu qu'il respectât les appropriations antérieurement réalisées par les autres hommes. C'est un droit inné, comme la liberté individuelle et la liberté du travail.

La propriété a eu pour origine l'occupation ; plus tard, comme causes normales d'acquisition, ont été pratiqués la vente, la donation, le testament, etc.

Objections. — Le système qui fait remonter le droit de propriété à la condition de l'homme dans l'état de nature doit être écarté.

Depuis longtemps, cette conception d'un état de nature ayant précédé l'état social a été démontrée fausse ; l'existence de la société est inhérente à la nature humaine ; l'homme n'apparaît nulle part, et à aucune époque de son histoire, vivant d'une façon isolée.

2e *Système : Système du travail* (1). — D'après une seconde opinion, la propriété aurait pour fondement le travail : travail

---

(1) Cette théorie est développée d'une manière brillante dans l'ouvrage de M. Thiers, *La propriété*. Dans ce sens, Cauwès, *op. cit.*, n° 959.

d'appropriation, de culture, d'aménagement pour la terre, travail de transformation pour les produits manufacturés.

En effet, l'homme primitif qui s'est emparé, après une course effrénée, du gibier qu'il poursuivait pour satisfaire sa faim, doit être reconnu propriétaire de ce gibier, parce que c'est grâce à son énergie et à ses efforts qu'il est parvenu à s'en rendre maître. De même, lorsqu'il aura utilisé les loisirs que cette première capture lui aura laissés et qu'il se sera construit un filet pour la pêche, un carquois et des flèches pour la chasse, à lui seul appartiendront ces engins qu'il aura faits du travail de ses mains et qui constitueront son premier capital. La terre qu'il aura défrichée, qu'il aura aménagée de façon convenable pour y poser sa tente et y élever sa demeure, les récoltes que, sous l'action de la charrue et de ses amendements, la nature lui aura prodiguées, tous ces biens seront sa propriété légitime parce qu'ils sont le résultat de son travail : Travail de préhension et d'occupation du sol, d'abord, puis travail de défrichement, d'aménagement, de labour et d'ensemencement de la terre.

Plus tard, lorsque le cercle de la société se sera étendu, que les besoins de l'individu se seront multipliés, l'homme ne pourra plus produire par lui-même tout ce qui lui est nécessaire ; il se procurera ce qui lui manque en l'acquérant de ses semblables par l'échange de ce qu'il aura lui-même produit au delà de certains de ses besoins. Et, de même qu'il deviendra légitime propriétaire de ces choses, de même, à son tour, il transmettra légitimement à autrui, par échange, vente, donation ou autrement, son droit sur les choses qu'il aura produites par son travail.

Objections. — Le travail peut bien justifier l'appropriation du produit par celui qui a cultivé la terre ; mais il ne peut servir à justifier la propriété du sol lui-même qui est l'œuvre de la nature.

3e *Système.* — La propriété individuelle est un phénomène économique qui s'est imposée comme la plus conforme aux besoins de la société moderne. On doit la considérer comme légitime, parce qu'elle est la condition indispensable des sociétés avancées, tant au point de vue économique qu'au point de vue politique (1).

Au point de vue économique, la propriété individuelle est la condition indispensable du progrès, en ce que seule elle crée entre l'homme et la terre des liens assez puissants pour développer l'énergie de l'homme et le déterminer à appliquer son travail et ses capitaux à la culture et à l'amélioration de la terre. Cette forme de la propriété s'est imposée le jour où l'augmentation de la population et la demande croissante de subsistances ont rendu nécessaires les procédés de la culture intensive. L'homme ne se serait pas décidé à faire les dépenses nécessaires d'engrais, de drainage, d'irrigation, etc., s'il n'avait pas eu la certitude de récupérer tous ces frais par une jouissance et une possession indéfinies de la terre. Même une possession de 99 ans ne produirait pas une sécurité et une confiance suffisantes chez le possesseur. Car, au fur et à mesure qu'on se rapprocherait du terme fatal, le possesseur éviterait de plus en plus de faire des dépenses d'amélioration pour conserver à la terre sa fertilité primitive.

On objecte que cette justification de la propriété foncière peut bien être invoquée lorsque le propriétaire cultive lui-même son sol, mais qu'elle n'a plus de valeur lorsque l'immeuble est loué à un fermier.

On peut répondre à cette objection que, même dans ce cas, le propriétaire représente les intérêts permanents de la terre ; il doit veiller à ce que le fermier n'épuise pas le sol, et il doit toujours faire les grosses réparations ou les grosses dépenses qui sont indispensables.

Au point de vue politique, la propriété individuelle est la plus forte garantie de l'indépendance individuelle et de la liberté politique. Avec la copropriété familiale, l'individu est sous la tutelle de la famille ; avec la propriété féodale et le droit de domaine direct reconnu à l'Etat, il est à la merci du seigneur

____

(1) Dans ce sens, Beauregard, *op. cit.*, p. 119 et suiv. ; Gide, *op. cit.*, p. 519. — M. Bourguin, à son cours.

ou du gouvernement. Seule la propriété individuelle lui assure une indépendance complète tant comme individu que comme citoyen. C'est ce qui explique qu'au moment de la Révolution française, en même temps que la liberté politique a été conquise par l'homme, la propriété privée s'est dégagée de toutes les entraves qui la retenaient.

Fondement du droit de tester et de la succession « ab intestat ».— Le droit de tester est un attribut naturel et logique du droit de propriété. Il s'en déduit d'une façon nécessaire.

En effet, le propriétaire, ayant un droit absolu sur sa chose, peut l'échanger contre un autre objet ; il a aussi la faculté de la céder, sans rien recevoir comme équivalent, à titre de donation entre vifs. Or, s'il peut la donner actuellement et irrévocablement, il n'y a aucune bonne raison pour ne pas lui permettre de la donner seulement au dernier instant de sa vie ; rien ne s'oppose non plus à ce qu'il puisse la donner sous la condition que le donataire lui survivra ; ou sous la réserve d'en conserver la possession et la jouissance jusqu'à sa mort. Dès lors, on ne voit pas pourquoi il lui serait interdit de faire un testament, c'est-à-dire de disposer de sa fortune pour l'époque où il ne sera plus, avec la faculté de révoquer ou de modifier les clauses de cet acte jusqu'à sa mort.

Sans doute, on peut craindre que le défunt choisisse mal son héritier, et qu'il laisse sa fortune à un homme indigne qui gaspillera dans l'oisiveté les biens qui lui seront transmis, au lieu de les conserver et de les accroître par le travail et par l'épargne. Cela est vrai. Mais, en agissant ainsi, le testateur ne viole le droit de personne, il ne commet aucune spoliation. Il pouvait détruire les biens qu'il avait acquis, à plus forte raison peut-il les transmettre à un héritier de son choix.

La succession *ab intestat* est une conséquence aussi nécessaire du droit de propriété que la faculté de tester. La succession *ab intestat* n'est pas, en effet, autre chose que le testament du défunt fait par la loi elle-même, suivant son intention présumée, lorsqu'une mort prématurée l'a empêché de le rédiger lui-même.

La transmission héréditaire est d'ailleurs un principe inhérent à la nature humaine ; elle se retrouve dans l'ordre physique, comme dans l'ordre intellectuel et moral. L'homme, en général, transmet à ses enfants ses aptitudes, son talent, ses qualités d'ordre, d'énergie, de travail, il est logique d'admettre qu'il lui fasse parvenir, en même temps, la fortune qu'il a pu amasser.

On peut d'ailleurs faire observer que si l'hérédité était supprimée, et si, à la mort d'une personne, ses biens revenaient à l'État pour être répartis entre tous les membres de la nation, la force productive du pays se trouverait atteinte dans sa source. L'homme ne travaille pas seulement pour lui ; il travaille surtout en vue de l'avenir, afin de laisser aux siens une aisance suffisante pour vivre, après sa mort. Le jour où ce mobile disparaîtrait, l'homme travaillerait tout juste assez pour subvenir à ses besoins personnels ; il se reposerait quand il aurait amassé une somme suffisante de richesses pour vivre à l'abri des privations jusqu'à la fin de ses jours.

Des limitations à la liberté de tester. — La liberté absolue de tester n'existe pas dans notre législation. Une partie de la succession doit nécessairement revenir aux parents les plus proches, aux descendants et aux ascendants ; c'est ce qu'on appelle la *réserve*. L'école de M. Le Play s'est vivement élevée contre cette restriction à la faculté de disposer du propriétaire. Pour M. Le Play, la réforme sociale doit être le résultat de la réorganisation de la famille souche et sa substitution à la famille instable qui existe actuellement et qui est le produit de nos lois successorales. Pour atteindre ce but, il suffirait que le père pût faire un héritier qu'il choisirait le plus capable ; il prendrait la maison de famille et continuerait l'exploitation agricole des ancêtres Les autres enfants auxquels l'héritier devrait payer une indemnité seraient poussés à émigrer pour coloniser des pays neufs.

Que penser de cette question ? la liberté de tester ne paraît pas avoir l'importance que lui attribue l'école de M. le Play au point de vue de la solution de la question sociale. D'autre part, il faut remarquer que l'idée d'égalité entre les enfants est profondément entrée dans les mœurs françaises ; il y a là un courant qu'il est difficile de remonter. Cela est si vrai qu'à l'heure actuelle, peu de pères de famille usent de la faculté qui leur est reconnue d'avantager un enfant dans la mesure de la quotité disponible. La seule réforme désirable est que le père puisse répartir ses biens entre ses enfants sans être obligé d'attribuer à chacun d'eux une égale quantité de meubles ou d'immeubles, comme le prescrit l'article 832 du Code civil. Il devrait pouvoir laisser à chacun la nature de biens qui convient le mieux à ses aptitudes et à la profession qu'il exerce. On éviterait aussi par là un morcellement trop étendu de la propriété rurale, parfois regrettable (1).

IIe SECTION. — LES CONVENTIONS.

Du principe de la liberté des conventions et de libre concurrence. — *Cas dans lesquels la question de la répartition ne se pose pas.* — Le problème de la répartition ne se pose pas dans le régime de l'industrie patriarcale. Sous ce régime, nous l'avons vu, chaque groupe produit isolément pour la satisfaction des besoins de ses membres. Lorsque la production est terminée, les produits fabriqués sont attribués en nature aux différents membres du groupement par la volonté du chef de groupe. La répartition a donc lieu par voie d'autorité comme la production elle-même.

La question de la répartition ne se pose pas non plus, dans le cas du producteur autonome. Tous les facteurs qui concourent à la production se trouvant alors réunis entre les mêmes mains, il suffit pour résoudre la question, de formuler cette règle que

(1) La complète liberté testamentaire n'existe qu'aux Etats-Unis, en Angleterre et au Canada.

celui qui a donné naissance au produit en est le légitime propriétaire.

Régime capitaliste : — Les quatre classes de co-partageants :
Il en est autrement sous le régime capitaliste qui nous régit actuellement. Sous ce régime, l'œuvre de la production est le résultat d'une association entre plusieurs personnes :

L'un fournit la terre, c'est le propriétaire foncier ;

L'autre, le capital en argent, c'est le capitaliste, le banquier ;

L'autre, son travail, c'est l'ouvrier ;

Enfin, un quatrième, l'entrepreneur, servant comme de trait d'union entre le capital et le travail, a l'initiative de la production, exerce les fonctions de direction et assume tous les risques.

Ce sont les parties elles-mêmes, qui, par des accords formels, déterminent le montant de la rémunération qui doit revenir à chacune d'elles.

Mais, dans cette détermination, elles ne sont pas absolument maîtresses de leur volonté ; elles sont soumises à des lois générales dont elles ne peuvent pas s'écarter, notamment à la loi de la concurrence.

A chaque catégorie de co-partageants correspond une rémunération d'une nature spéciale, ayant ses caractères propres, et soumise à des règles particulières :

Au propriétaire foncier, le fermage ou le loyer et la rente de la terre ;

Au capitaliste, l'intérêt ;

A l'entrepreneur, le profit ;

A l'ouvrier, le salaire.

Nous consacrerons un chapitre à l'étude de chacune de ces questions.

---

(1) Ce sont les co-partageants de première ligne. Il y a, en outre, en deuxième ligne l'Etat et, derrière l'Etat, les rentiers, les fonctionnaires ; enfin les assistés (M. Bourguin, à son cours).

CHAPITRE Ier. — DE LA PART DU PROPRIÉTAIRE FONCIER. LE FERMAGE ET LE LOYER.

Division. — Nous diviserons le chapitre Ier en 4 paragraphes.

§ 1. — Du fermage, du loyer et de la rente du sol ;

§ 2. — Des différents modes d'exploitation de la terre ;

§ 3. — Des différents systèmes de culture, de la grande et de la petite culture ;

§ 4. — Des inconvénients d'un trop grand morcellement ou d'une concentration excessive des terres.

§ 1.— Du fermage, du loyer et de la rente du sol.

Le fermage. — *Définition.*— La part du propriétaire foncier dans la distribution de la richesse s'appelle fermage ou loyer.

Le fermage est ce qu'un entrepreneur agricole ou fermier paie au propriétaire pour avoir le droit de cultiver la terre de celui-ci et d'en recueillir les fruits.

Comment il se détermine. — Le montant du fermage est fixé librement par l'entente du propriétaire et du fermier.

Il est plus ou moins élevé, comme le prix de toute richesse, suivant son utilité et sa rareté.

Son *utilité*, c'est-à-dire le degré de fertilité plus ou moins grand de la terre, le profit plus ou moins considérable que l'entrepreneur agricole espère tirer de la terre.

Sa *rareté*, c'est-à-dire que le fermage sera élevé s'il y a moins de terres offertes en location par les propriétaires que d'entrepreneurs agricoles demandant à les louer ; le fermage sera, au contraire, minime, s'il y a moins d'entrepreneurs agricoles que de terres disponibles. C'est ici une application de la *loi de l'offre et de la demande* dont nous aurons à parler plus loin au sujet de la théorie de la valeur.

Tendance du fermage. — Si on consulte les statistiques agricoles de ce siècle, on constate que le taux des fermages a été en hausse vers 1879 ; mais que depuis cette époque il y a eu baisse de 11.25 0/0. Et ce phénomène n'est pas spécial à la France ; il se manifeste dans tous les pays. En Angleterre, où n'existent pas de droits protecteurs, la baisse a été jusqu'à 15.37 0/0.

La valeur vénale de la propriété non bâtie a subi la même fluctuation ; vers le milieu du siècle dernier, il y a eu une hausse de valeur, mais depuis une vingtaine d'années, il s'est produit un mouvement accentué de baisse.

Du loyer. — *Définition.* — Le loyer est ce qu'un locataire paie au propriétaire d'un immeuble bâti pour avoir le droit de l'habiter.

Comment il se détermine. — Comme le fermage il est fixé librement par l'entente entre le propriétaire et le locataire.

Comme lui également, il se détermine ainsi que la valeur de toute richesse, d'après son utilité et sa rareté.

L'utilité est représentée ici par l'emplacement de l'immeuble, le luxe, le confort ou la simplicité de l'installation, l'étage et le nombre de pièces dont se compose l'appartement.

La rareté est représentée par le nombre de locaux offerts en location par comparaison avec la population de la localité.

Tendance des loyers. — Il y a une tendance générale des loyers à s'élever dans les grandes villes, par suite de l'augmentation de la population. Cependant, dans certaines localités, il y a eu baisse des loyers, soit parce que la ville est en décadence, soit parce qu'on y a construit trop de maisons en trop peu de temps. D'autre part, dans certaines villes comme Paris, il y a des quartiers où les loyers ont augmenté pendant qu'ils diminuaient sur d'autres points de la capitale. Ainsi, de 1890 à 1900, les loyers ont augmenté dans la proportion de 15.25 0/0 dans le quartier du Petit-Montrouge (XIVe arrondissement), alors que dans la même période, ils ont diminué de 9.97 0/0 dans le quartier de Bercy (XIIe) (1).

(1) *Le Livre foncier de Paris* (1re partie), publié par la Commission des Contributions directes, graphique n° 13.

Cette augmentation générale des loyers a entraîné une hausse de la valeur vénale de la propriété bâtie ; la baisse générale du taux de l'intérêt a, en outre, contribué à ce résultat ; le placement en immeubles bâtis paraissant plus avantageux que l'achat d'obligations, d'actions ou de rentes sur l'Etat, les capitaux se sont jetés de ce côté. Cependant, depuis quelques années, un mouvement de recul paraît se dessiner. Les transactions sur les immeubles sont plus lourdes. Cela tient en grande partie aux craintes, que les attaques contre le capital et les taxes récentes établies sur le capital immobilier par les villes de Lyon et de Paris, font peser sur les propriétaires.

La rente du sol. — *Définition.* — On entend par rente du sol la partie du revenu foncier, qui n'est pas la rémunération du travail ou du capital, mais qui tient à la situation privilégiée dont jouit une terre, soit en raison de sa fertilité exceptionnelle, soit en raison de la richesse de son sous-sol, soit en raison de son emplacement particulièrement favorable à la construction et à l'installation (1).

Exemples. — Des derniers termes de cette définition il résulte que la rente peut s'appliquer soit à une terre de culture, soit à une mine (2), soit à des terrains à bâtir ou même à des propriétés bâties.

Ainsi, supposons qu'en Sologne un hectare de terrain produise 5 quintaux de blé, coûtant 20 francs à produire. Prenons

---

(1) On dit qu'il y a *rente absolue* lorsqu'il s'agit d'exploitations pouvant seules donner des produits d'une certaine nature : telles, les mines ou les terres plantées en vignes. A la rente absolue on oppose la *rente différentielle*. On entend par là celle qui résulte des différences des frais de production existant entre des terres qui donnent les mêmes produits (M. Bourguin, à son cours).

(2) Dans le cours du siècle dernier, il y a eu une grande hausse de valeurs minières. Ainsi la mine d'Anzin fondée en 1757 comprenait 288 parts ou deniers égaux. En 1771, le denier rapporte 2.500 livres et vaut 2.500 livres. En 1900, le revenu était de 26.000 fr. et la valeur en capital 62.000 fr. Cette augmentation tient à deux causes : l'augmentation du prix de la houille et le perfectionnement des moyens d'exploitation (M. Bourguin, à son cours).

une autre terre, aux États-Unis, produisant 30 quintaux de blé, coûtant chacun 10 francs de frais essentiels et 10 francs de transport et de douanes pour être amenés sur le marché français. Enfin, voici une terre de Flandre produisant également 30 quintaux à l'hectare et coûtant chacun 10 francs de frais de production. Si le blé se vend sur le marché de Paris à raison de 20 francs le quintal, la terre de Flandre aura un bénéfice de monopole égal à 10 francs ; la rente de sa terre sera de 50 0/0. Les deux autres terres, au contraire, ne rapporteront pas de rente.

La même observation peut être faite à l'égard des terrains à bâtir. A Paris, en 1862, le quartier de la Plaine Monceau, qui a une superficie de 121 hectares 45 ares, ne comprenait que 439 propriétés bâties dont la valeur locative totale était de 1.515.260 francs. En 1900, le nombre des propriétés bâties était de 3.487, représentant une valeur locative totale de 19.350.106 francs. Les terrains qui avaient été achetés à des prix très faibles, à peine 10 francs le mètre carré, sont vendus couramment aujourd'hui, 400, 500 et même davantage. Ces terrains donnent une rente à leur propriétaire (1).

Causes de la rente. — La rente apparaît comme un pur don de fortune, comme une chance heureuse qui assure au propriétaire foncier une situation privilégiée.

Elle a aussi des causes naturelles : la fertilité du sol, la richesse de son sous-sol ou son emplacement.

Elle a des causes sociales : l'augmentation de la population (2), qui oblige les hommes à mettre en culture des terres

(1) Rapport de M. Albert Fontaine, président de la commission des Contributions directes, à M. le Préfet de la Seine au sujet de la suppression des droits d'octroi (1898) p. 38.

(2) Il y a cinquante ans, la Californie n'était qu'un désert. La découverte des mines d'or lui a donné une énorme population : comme le sol était fertile et le climat favorable, cette population est restée dans le pays après l'épuisement des placers... Au début, le terrain ne valait rien, le gouvernement le cédait à qui en voulait... Les spéculateurs qui ont été assez avisés pour se les assurer à temps les revendent à des prix fabuleux ou en tirent, sans y avoir jamais mis un sou, des loyers et des fermages énormes (Métin, *Le Socialisme en Angleterre*, p. 165).

de moins en moins fertiles, ou qui nécessite la construction de nouvelles habitations dans les villes ; l'établissement de voies de communication, de chemins de fer, la création de ports marchands, etc. « Vous pouvez, dit un socialiste anglais, Henry George, si vous possédez quelques acres au milieu de l'emplacement sur lequel une ville nouvelle se bâtit, y dormir, ou planer en ballon au-dessus, sans vous soucier de rien ; le prix de votre morceau n'en augmente pas moins. »

Remarques. — Il convient de faire, cependant, deux observations :

1° Les chances heureuses, qui procurent au propriétaire une rente, sont compensées par des risques en sens inverse.

Telle terre, qui, en raison de sa fertilité, avait donné pendant un certain temps un produit de monopole, peut ne plus rapporter de rente au propriétaire, soit parce qu'elle est épuisée, soit parce qu'une maladie comme le phylloxéra a détruit les plantations, et rendu de nouvelles cultures très coûteuses. De même l'emplacement des terrains à bâtir peut perdre de sa valeur, par suite d'un mouvement de la population d'une ville. C'est ainsi que de 1890 à 1900, dans le quartier de Bercy (XIIe arrondissement), les loyers ont baissé de 9,97 0/0.

2° Il ne faut pas perdre de vue que la rente ne profite réellement qu'à celui qui était propriétaire au moment où les circonstances heureuses que nous avons signalées plus haut se sont réalisées. Ceux qui viennent après n'en retirent aucun avantage personnel, puisqu'ils ont acquis la terre moyennant un prix plus élevé, à raison de la plus-value qu'elle avait obtenue.

Loi de la rente de Ricardo. — *Son origine.* — La fameuse loi de la rente qui a contribué à rendre célèbre le nom de Ricardo, avait été formulée pour la première fois, avant lui, par un économiste écossais, Anderson. Mais c'est Ricardo qui a eu le mérite de lui donner tout son développement.

Son point de départ. — Le point de départ de cette théorie est le suivant : lorsque sur le même marché sont vendus des produits identiques, le prix tend à se rapprocher du coût de production le plus élevé.

Ainsi, sur le même marché, trois propriétaires portent leur blé à vendre ; l'un d'eux ne peut le donner qu'à raison de 20 francs l'hectolitre, pour couvrir ses frais, tandis que le second pourrait le vendre 18 francs et le troisième 16 francs. Le prix de l'hectolitre s'établissant d'après le coût de production le plus élevé, l'hectolitre de blé se vendra 20 francs. Dans ces conditions, le second propriétaire gagnera 2 francs, et le troisième 4 francs par hectolitre de plus que le premier.

Son exposé. — Au début, les hommes ont mis en culture les meilleures terres ; mais à ce moment la terre étant en abondance, ils ne pouvaient retirer de leur exploitation un produit supérieur au coût de production, soit par exemple 10 francs par hectolitre de blé.

Mais la population s'étant accrue, pour satisfaire une demande croissante de produits, il a fallu mettre en culture des terres moins fertiles ou plus éloignées, sur lesquelles le coût de production était plus élevé, soit 15 francs par hectolitre.Comme le prix du produit sur le marché se mesure d'après le coût de production maximum, il résulte que ce prix qui correspondra exactement, pour les terres les moins fertiles, à la rémunération du capital et du travail, laissera un excédent de produit pour les terres de la première classe, soit 5 francs par hectolitre.

La population se développant de plus en plus, on est obligé d'exploiter des terres de moins en moins fertiles ou de plus en plus éloignées, dont le coût de production s'élève constamment, soit 17, 18, 20 francs par hectolitre. Comme le prix se règle toujours d'après le coût de production maximum, on constate le résultat suivant : les terres qui étaient précédemment de la dernière catégorie montent d'une classe, et rapportent une rente, et celles des classes supérieures voient leur rente constamment augmenter. « A chaque accroissement de population qui force un peuple à cultiver des terrains d'une qualité inférieure pour en tirer des subsistances, le loyer des terrains supérieurs haussera » (1).

(1) Ricardo, *Principes de l'Economie politique.*

En sorte qu'en définitive, pour qu'une terre fournisse une rente à son propriétaire, il suffit qu'elle ne soit pas la moins productive de celles qu'on est obligé de cultiver pour nourrir la population.

Conséquences pessimistes de cette théorie. — Le développement constant de la population augmentant la demande de subsistances d'une façon continue, on est dans la nécessité, soit de forcer la production sur les terres déjà exploitées, soit d'étendre l'exploitation à des terres moins productives ou plus éloignées. Il en résulte une élévation des frais, amenant une hausse du prix des denrées agricoles, au détriment du capitaliste et du travailleur.

Réfutation de la théorie de Ricardo. — La théorie de Ricardo a été vivement combattue par un économiste américain, Carey, et par un économiste français, Bastiat.

Il nous suffira de résumer les principales objections qu'on a adressées à cette théorie.

1° La classification que Ricardo imagine d'établir entre les terres d'une même région suivant le degré de fertilité plus ou moins grande, est purement théorique et ne correspond à rien de réel. Dans un rayon déterminé, le sol est à peu près partout doué des mêmes qualités ; et en tout cas, il est possible d'atténuer les inégalités qui peuvent exister et même de les faire disparaître par des amendements ou des procédés de culture.

2° De plus, Ricardo a le tort de supposer immuable ce qui est essentiellement variable et changeant. La fertilité du sol tend, en effet, à se modifier constamment ; telle terre qui autrefois produisait beaucoup, aujourd'hui est épuisée et donne à peine au propriétaire de quoi rémunérer ses frais de culture. Telle autre terre, au contraire, paraissant mauvaise tout d'abord, peut à un moment donné, produire en abondance, par suite d'une invention nouvelle ou de l'essai d'une plantation différente de celle qui avait été tentée jusque-là.

3° L'économiste Carey a démontré combien l'ordre de succession dans les cultures, imaginé par Ricardo, était en opposition avec la vérité historique. Il a observé ce qui s'est passé dans tous les pays, soit en Europe, soit en Amérique pour la colonisation du Far-West, et il a établi que ce sont les terres sèches et légères des plateaux, plus faciles à cultiver, mais moins productives, que les colons ont exploitées en premier lieu. Puis, lorsque les capitaux et les bras sont devenus plus nombreux, ces mêmes colons sont descendus dans les vallées et ont entrepris le défrichement des terres d'alluvion couvertes d'épaisses forêts, qui sont les plus productives, mais aussi les plus malaisées à aménager et à cultiver.

4° Il est également inexact de déterminer le prix d'un produit, comme le fait Ricardo, uniquement d'après le coût de production des terres les moins fertiles. Évidemment c'est là un des éléments qui entre dans la détermination du prix d'une marchandise ; mais nous verrons plus loin, en étudiant la théorie de la valeur, que le producteur n'est pas libre de fixer le prix des choses à sa convenance, en raison de la concurrence des autres producteurs ; c'est sous l'empire de la loi de l'offre et de la demande à laquelle nous avons déjà fait allusion, que le prix se fixe.

Plus les marchandises sont nombreuses, la demande des consommateurs restant stationnaire, moins cher se vend le produit.

C'est ce qui est arrivé. La concurrence faite aux produits d'Europe par les produits agricoles des produits neufs a amené une baisse du prix de ces denrées. Ce qu'on redoute le plus aujourd'hui, ce n'est pas la cherté mais plutôt le bon marché.

5° Il suit de là que la mise en culture des terres les moins fertiles ne peut que diminuer le revenu des terres anciennement cultivées, loin de l'augmenter, comme le prétend Ricardo ; les marchandises augmentant, le prix tend à s'avilir de plus en plus, et c'est à peine si le propriétaire foncier retire à l'heure actuelle 2 à 2 1/2 0/0 du capital qu'il a placé dans le sol.

6° Quant à supposer qu'un jour viendra où toutes les terres seront accaparées, au profit d'un petit nombre de propriétaires, c'est une crainte qui, longtemps encore, peut être considérée comme chimérique. Il y a beaucoup de terres non encore occupées en Amérique, en Australie et dans d'autres parties du monde connu, et il est bien difficile de prévoir le moment où elles seront toutes mises en valeur.

La nationalisation du sol. — *La rente du sol et les socialistes.* — Quoi qu'il en soit, la théorie de Ricardo a eu un grand retentissement, et les socialistes s'en sont emparés pour battre en brèche le droit de propriété. Ils ont déclaré qu'il était injuste de laisser au propriétaire cet *unearned increment*, cette plus-value imméritée ; qu'il était, au contraire, équitable de restituer à la société cette portion de la plus-value de la terre, qui est due à des causes sociales et indépendantes du travail du propriétaire, et ils ont proposé, à cet effet, des mesures qui sont connues sous le nom de système de la *nationalisation du sol.*

Système de Henry George. — Le plus célèbre des procédés imaginés a été préconisé par un socialiste américain, Henry George. Il consiste à frapper la terre d'un impôt progressif, de façon à enlever la rente au propriétaire pour l'attribuer à l'Etat, au fur et à mesure qu'elle apparaît. Cet impôt rapporterait suffisamment pour supprimer toutes les autres contributions et notamment les droits sur les objets de consommation ; ce serait la taxe unique, la *single taxe.*

Autre système proposé. — Un autre système a été proposé, plus radical encore, mais aussi peu réalisable.

Il tendrait à attribuer à l'Etat la propriété de toutes les terres ; l'Etat les concéderait ensuite aux particuliers, sous forme de baux à très longue durée, à 99 ans par exemple, comme il fait actuellement en ce qui concerne les grandes entreprises : exploitation de lignes ferrées, percement d'isthme, etc.

On a fait à cette théorie une objection insurmontable, c'est qu'elle est d'une réalisation impossible. A moins d'exproprier violemment les propriétaires actuels, comment l'Etat pourrait-il les indemniser en échange des terrains qu'il leur enlèverait ? La propriété foncière en France a été évaluée à la somme de 100 milliards. Il faudrait que l'Etat empruntât cette somme énorme. En admettant même qu'il y réussît, il ne pourrait la rembourser à moins d'écraser le contribuable d'impôts exorbitants et d'aboutir à une banqueroute effroyable.

§ 2. — Des différents modes d'exploitation de la terre.

Faire-valoir et amodiation. — On peut concevoir deux modes différents d'exploitation de la terre.

Le faire-valoir,

Et l'amodiation.

Le *faire-valoir* consiste dans l'exploitation du sol par le propriétaire lui-même soit seul, soit avec l'aide d'ouvriers agricoles qu'il dirige.

L'*amodiation* (1) consiste dans la concession faite par le propriétaire à une autre personne qui exploite à sa place, moyennant une redevance déterminée.

Dans le faire-valoir, le propriétaire réunit sur sa tête deux qualités ; il est à la fois propriétaire et entrepreneur ; aussi il a droit à une double rémunération : au fermage, en tant que propriétaire ; au profit, en tant qu'entrepreneur.

Dans le cas d'amodiation, au contraire, le propriétaire n'est pas entrepreneur, il ne peut prétendre qu'au fermage.

Des diverses sortes d'amodiation. — L'amodiation peut affecter trois formes principales :

Le bail à ferme (2) ;

Le métayage ou colonage partiaire ;

L'emphytéose.

Le bail à ferme est le contrat par lequel le propriétaire foncier concède la possession et la jouissance de sa terre moyennant une redevance en argent.

Le colonage partiaire ou métayage existe lorsque le proprié-

---

(1) *Amodier* a pour synonyme affermer ; il vient du bas latin *admodiare*, de *ad*, et de *modus*, mesure.

(2) La plupart des auteurs emploient l'expression *fermage* ; nous préférons dire « bail à ferme », pour bien distinguer le contrat entre le fermier et le propriétaire, de la rémunération dont le fermier est tenu de s'acquitter entre les mains du propriétaire.

taire a droit, non pas à une somme d'argent déterminée, mais à une quote-part des fruits. Il établit une sorte de société entre le propriétaire et le colon ou métayer.

Enfin l'emphytéose est un bail d'une durée très longue, en général, de 99 ans.

Appréciation des divers procédés d'amodiation. — Les diverses sortes d'amodiation présentent des avantages et des inconvénients, suivant les circonstances et les localités.

Emphytéose. — En ce qui concerne l'emphytéose, il suffit de faire observer que c'est là un procédé d'exploitation qui n'est d'une application fréquente que dans les pays neufs. Elle est à leur égard, d'une utilité réelle, en ce qu'elle assure le défrichement et la mise en valeur des terres aux frais du concessionnaire qui n'hésite pas à faire des dépenses, même considérables, parce qu'il est à peu près certain d'en être rémunéré par la possession à longue échéance qui lui a été attribuée.

Bail à ferme et métayage. — Le bail à ferme présente les avantages suivants :

1º Le fermier est un véritable chef d'entreprise, il agit librement et sans entrave, tandis que le métayer est un associé soumis au contrôle et à la surveillance du propriétaire ;

2º Le fermier agit dans son intérêt exclusif ; tous les risques sont à sa charge, tous les bénéfices sont pour lui. Dès lors, il est plus incité à travailler que le métayer, qui partage avec le propriétaire les profits qu'il peut réaliser et les pertes qu'il peut subir ;

3º Avec le bail à ferme, les droits du propriétaire sont mieux assurés. La rémunération qui lui est due est fixée à l'avance, d'une façon invariable ; en sorte qu'il n'a à se préoccuper, comme dans le métayage, ni du partage de la récolte, ni de la vente de la part des fruits qui lui est attribuée.

Cependant, à certains points de vue le métayage peut être préféré au bail à ferme :

1º Dans le bail à ferme, il y a un certain antagonisme entre les intérêts du propriétaire et ceux du fermier : l'intérêt du propriétaire étant que la terre ne soit pas épuisée, et que, par une administration intelligente, il soit rendu à cette terre, sous forme d'engrais, ou par la variété des cultures, les éléments chimiques, que la précédente récolte a pu lui enlever ; l'intérêt du fermier étant de faire produire au sol le plus possible, sans se préoccuper de la rendre stérile pour longtemps.

Dans le métayage, au contraire, il y a association, union intime des deux contractants, leurs intérêts sont identiques, puisqu'ils partagent les risques et les bénéfices de l'exploitation.

2° Le métayage offre un caractère plus stable ; il n'est pas rare que le fils prenne la suite du métayage entrepris par son père, et transmette à son tour à ses propres enfants la terre à cultiver comme métayers ; en sorte qu'il s'établit une continuité qui est très profitable à la culture. Le bail à ferme est, au contraire, établi pour une durée relativement courte, le propriétaire voulant se réserver la faculté d'augmenter le prix du fermage, pour profiter de la plus-value qu'à un moment donné la terre peut acquérir. Il en résulte le grave inconvénient que le fermier peut hésiter à faire une dépense pour augmenter ou conserver la fertilité du sol, de peur de n'avoir pas le temps, jusqu'à la fin du bail, de retirer le bénéfice des capitaux qu'il aura enfouis dans la terre.

De tout ce qui précède que faut-il conclure ? Doit-on donner la préférence au bail à ferme ou au métayage ?

En thèse générale, le bail à ferme est un mode d'exploitation supérieur au métayage, surtout lorsqu'il est conclu pour une durée suffisamment longue.

Mais le métayage est un bien, sinon une nécessité :

1° Lorsque le cultivateur a peu de numéraire ;

2° Lorsque la récolte, exposée à des sinistres fréquents, comme les vignobles, peut varier d'une année à l'autre trop brusquement. Le fermier, dont la redevance est fixe, subirait des risques trop grands.

En France, c'est dans les départements du Centre, du Sud-Ouest et du Sud-Est que le métayage se rencontre le plus.

Appréciation économique de l'amodiation et du faire-valoir.
— Le faire-valoir est de beaucoup préférable à l'amodiation
tant au point de vue économique qu'au point de vue social :

1º Le faire-valoir suppose la petite propriété et la petite culture, et nous verrons, dans les paragraphes suivants, que ce
sont là les deux conditions désirables pour une bonne organisation agricole ;

2º Le faire-valoir empêche l'antagonisme, si préjudiciable à
la terre, qui existe dans le système de l'amodiation, entre l'intérêt du propriétaire foncier et celui du cultivateur. Le propriétaire qui travaille lui-même sa terre, n'hésitera pas à faire
toutes les dépenses d'amélioration, dont il sera seul à profiter,
et il se gardera bien de lui imposer une production trop abondante, de peur de l'épuiser.

C'est le système du faire-valoir qui l'emporte en France.

En Angleterre, au contraire, c'est le système de l'amodiation.

§ 3. — Des différents systèmes de culture ; de la grande et de la petite culture.

Principe fondamental de l'industrie agricole. — Il est une
règle fondamentale, en matière agricole : c'est que l'homme
doit rendre à la terre les éléments minéraux ou organiques que
la culture lui enlève. Sinon, la terre épuisée, privée des principes fécondants dont la nature l'avait dotée, ne pourrait plus
produire. C'est la *loi de la restitution*.

Évolution historique de l'industrie agricole. — On peut dire
que l'industrie agricole est passée à cet égard par trois phases
successives.

1ʳᵉ *phase : la culture extensive.* — La culture extensive consiste à abandonner une terre lorsqu'elle a suffisamment produit et à étendre la culture sur de nouvelles terres qu'on défri-
che et qu'on abandonnera à leur tour à un moment donné.

Ce procédé n'est guère possible que dans les temps primitifs ;
la terre abonde et la population est clairsemée ; on dispose
d'un espace pour ainsi dire illimité.

2e *phase : le système de la rotation*. — Dans les temps modernes, la culture extensive devient impossible, on a recours au système de la rotation, ou de la culture alterne, on pratique de l'assolement triennal. On varie chaque année les plantations de façon à faire succéder à des plantes épuisantes, comme les céréales, les plantes oléagineuses, textiles ou tinctoriales, des plantes améliorantes, se nourrissant par l'atmosphère, comme le trèfle et les plantes fourragères légumineuses.

Ce système est combiné avec celui de la *jachère*, qui consiste à laisser reposer la terre, pour qu'elle puisse se refaire sous l'action des phénomènes atmosphériques. Il fut pratiqué en France jusqu'au XVIIIᵉ siècle ; il est encore usité dans certaines contrées.

3e *phase : La culture intensive*. — De nos jours, le système de culture qui l'emporte est celui de la culture intensive. Elle tend à réaliser une production élevée sur un espace restreint à l'aide des procédés scientifiques fournis par la chimie et l'agronomie. Elle doit être employée avec beaucoup de circonspection parce qu'elle occasionne de grosses dépenses et exige des capitaux importants. Il faut non seulement que le sol s'y prête, mais que les débouchés et les prix de vente soient en rapport avec les sacrifices pécuniaires que comporte ce genre de culture.

Notons encore ceci : pendant très longtemps la production agricole a eu en vue soit la consommation domestique, soit l'approvisionnement d'un marché très rapproché. Il en est autrement aujourd'hui. Le développement des transports et l'abaissement des frais qu'ils comportent permettent à la Russie, à l'Amérique, à l'Australie d'envoyer sur nos marchés principalement des céréales (1) et de concurrencer les produits nationaux. Ce qui est une des causes de la crise dont souffre actuellement l'agriculture.

---

(1) En dehors des céréales, les principales branches de la production agricole sont : la vigne, les pâturages, la culture maraîchère, l'horticulture, les bois, la culture des plantes industrielles.

De la grande et de la petite culture. — De même que pour l'industrie manufacturière, on distingue la grande et la petite industrie, de même, en matière agricole, on distingue la grande, la moyenne et la petite culture.

La *grande culture* est celle qui se fait sur des domaines étendus, ayant une superficie de 40 hectares au moins, et à l'aide d'animaux et de machines que l'homme n'a qu'à diriger.

La *moyenne culture* s'entend des exploitations plus restreintes, variant entre 10 et 40 hectares, où l'homme emploie la charrue, mais travaille sans le secours des animaux.

Enfin, *la petite culture* a lieu sur des parcelles de terrain inférieures à 10 hectares, à l'aide du petit matériel agricole, et par les seules forces de l'homme.

Il faut noter que lorsque l'on compare les différents systèmes de culture, on a l'habitude de confondre la moyenne et la petite culture sous la même dénomination de *petite culture*, pour les opposer à la grande culture. C'est ce que nous ferons dans la suite de nos explications.

Supériorité de la petite culture sur la grande culture. — A plusieurs points de vue, la petite culture est supérieure à la grande culture :

1° La petite culture est presque toujours liée au faire-valoir ; elle profite donc de tous les avantages que présente ce procédé d'exploitation ; tandis que la grande culture entraîne ordinairement l'amodiation, avec tous ses inconvénients.

2° La petite culture est seule possible pour la culture maraîchère qui nécessite des soins minutieux, des frais d'installation assez élevés (cloches, châssis, etc.), et qui se fait à proximité des villes, sur des terrains très chers.

3° Au point de vue de la main-d'œuvre, la petite culture est également préférable à la grande. C'est le propriétaire lui-même, aidé de sa femme et de ses enfants, qui travaille d'une façon constante, avec cette passion que le paysan a pour la terre. Aussi, fait-il produire au sol à peu de frais, tout ce qu'il peut donner.

4° Car la petite culture l'emporte encore sur la grande en ce qu'elle donne un produit plus considérable. Elle peut nourrir la même population urbaine que la grande culture, mais, en outre, elle assure la subsistance à une population rurale plus nombreuse.

Objections contre la petite culture. — Et cependant, la grande culture a eu des partisans convaincus, surtout en Angleterre où elle est très développée, et elle a trouvé un ardent défenseur dans un économiste et agronome anglais, Arthur Young.

1° On a fait observer que la grande culture présentait les avantages propres à la grande industrie : emploi des machines, économie des installations, division du travail, etc.

Mais ces avantages sont bien moindres dans l'agriculture que dans l'industrie manufacturière ; dans l'industrie, en effet, la règle est que le rendement est plus que proportionnel au travail et aux capitaux engagés, dans l'agriculture, au contraire, le rendement est moins que proportionnel.

Ensuite, les petits propriétaires peuvent se procurer une partie des résultats que donne la production en grand, par voie d'association. C'est ainsi que dans le Jura français et en Suisse, des associations existent entre petits propriétaires pour l'exploitation en commun de fromageries. Tous les jours, chaque propriétaire porte au siège social le lait de ses animaux, ce lait est pesé et mesuré, et le propriétaire a droit à une part proportionnelle du produit fabriqué. De pareilles associations donnent d'excellents résultats (1).

2° On a dit encore que la grande culture est seule favorable aux progrès et aux découvertes, tandis que la petite culture,

(1) Les principales associations agricoles sont : 1° les associations syndicales, que peuvent former les propriétaires fonciers d'après la loi du 25 juin 1865 pour l'exécution de travaux d'améliorations agricoles (drainage, desséchement des marais, etc.) ; 2° les syndicats agricoles, établis conformément à la loi du 21 mars 1884 sur les syndicats professionnels, pour l'achat en commun d'engrais de semences, ou de machines agricoles : 3° les sociétés coopératives, pour la vente des produits agricoles (fromageries nombreuses dans le Jura, laiteries dans la Vendée et la Charente) ; 4° les sociétés d'assurance mutuelle contre la grêle, la mortalité des bestiaux ; 5° les sociétés de crédit agricole.

tant par économie que par sa nature même, est asservie à la routine.

Cela est vrai dans une certaine mesure. Il est évident que le grand propriétaire foncier, disposant de capitaux importants, peut seul tenter les perfectionnements nouveaux. Mais il suffit pour cela qu'il y ait quelques grandes exploitations dans chaque région ; le grand propriétaire donnera l'impulsion et le petit propriétaire suivra son exemple, lorsque les procédés expérimentés auront produit de bons résultats.

La grande culture se rencontre en Angleterre, aux Etats-Unis, en Australie.

En France, au contraire, les deux tiers du sol sont soumis au régime de la petite culture.

§ 4. — **Grande et petite propriété.** — Inconvénients d'un trop grand morcellement ou d'une concentration excessive des terres.

Grande et petite propriété. — En général la grande culture est jointe à la grande propriété et la petite culture à la petite propriété.

Il peut cependant en être autrement. On peut, en effet, supposer qu'un agriculteur organise une exploitation importante, en affermant à plusieurs propriétaires fonciers des terres de peu d'étendue. Et à l'inverse, il peut arriver que le propriétaire d'un domaine considérable, le divise en parcelles restreintes, afin de trouver plus facilement à le louer.

En sorte que, si la question de la grande et de la petite propriété tient de près à celle de la grande et de la petite culture, ce sont là deux problèmes différents qu'il ne faudrait pas confondre absolument.

Morcellement de la propriété en France : ses causes. — La France est, par excellence, un pays de petite propriété. Le sol y est morcelé à l'infini entre un nombre de propriétaires qu'on évalue à plus de 15 millions (1).

(1) En dehors de la France, comme pays de petite propriété, il faut citer : a Belgique, la Hollande, le Danemark, l'Allemagne de l'ouest et du sud,

Le morcellement a pour cause principale le régime successo-
ral actuellement en vigueur, qui établit le principe du partage
égal entre les enfants, en le garantissant par l'obligation du
rapport des donations entre vifs et des legs, et par la limitation
du droit de tester.

Il résulte en outre de la pratique fréquente de vendre les
grands domaines en lots, pour en tirer le prix le plus élevé
possible.

Avantages de la petite propriété. — Le régime de la petite
propriété présente une évidente supériorité au point de vue
social (1).

Plus le nombre des individus qui sont propriétaires est grand,
plus on a de garantie pour le maintien de l'ordre dans un Etat,
parce que, d'une part, la masse est intéressée à éviter les se-
cousses politiques, et parce que, d'autre part, la propriété mo-
ralise l'homme et lui inspire un sentiment très fort de respect
pour le droit d'autrui.

L'avantage n'est pas moins grand au point de vue économique : la petite propriété permet l'application de la petite culture
et du faire-valoir. Ensemble ces trois systèmes assurent la
bonne exploitation de la terre et la prospérité agricole d'un
pays.

Inconvénients d'un trop grand morcellement de la propriété.
— Il ne faudrait pas cependant exagérer les bienfaits de la petite propriété au point de la morceler à l'excès.

Le morcellement exagéré peut entraîner l'émiettement du

l'Italie septentrionale. Aux Etats-Unis, à côté des grands propriétaires pos-
sédant des domaines très étendus, on trouve la moyenne propriété très
développée dans les états du centre et de l'ouest.

(1) A la question de la petite propriété se rattache celle du *Homestead*.
C'est une institution, existant aux Etats-Unis, qui consiste dans l'insaisissa-
bilité de la maison que le débiteur habite avec sa famille et de l'enclos qui
l'entoure. Le but de cette institution est d'assurer au petit propriétaire rural
la conservation du petit domaine qu'il a pu se constituer par l'épargne en
même temps que d'assurer la permanence du foyer domestique. Des projets ont été élaborés pour l'introduire en France. Mais elle présente cet
inconvénient grave d'enlever tout crédit au petit cultivateur.

sol, de telle sorte, a-t-on dit, qu'il puisse être réduit en poussière, ou, tout au moins, qu'il soit condamné à la *culture naine.* Et à ce sujet, on a critiqué très vivement la disposition de l'article 826 du Code civil donnant à chaque héritier le droit de réclamer sa part de succession en nature. Il en résulte, en effet, qu'un champ, qui était déjà très restreint pour le propriétaire décédé, se trouvera partagé, encore en parcelles infimes entre ses héritiers.

Ce danger existe certainement, en théorie. Mais, dans la pratique, nous n'avons pas à le redouter beaucoup pour la France. Le morcellement excessif de la terre par suite des transmissions héréditaires trouve son correctif naturel dans la passion du paysan pour le sol ; il épargne sans cesse dans l'unique pensée « d'arrondir sa terre » en achetant les parcelles environnantes.

La grande propriété. — Ses causes. — La Grande-Bretagne est la terre classique de la grande propriété. La concentration du sol y est telle que 5.000 personnes se partagent les deux tiers du territoire (1). On ne compte qu'un propriétaire sur 26 chefs de famille en Angleterre, 1 sur 52 en Irlande, et 1 sur 84 en Ecosse, tandis qu'en France sur 7.650.000 chefs de famille, il y a 5.550.000 propriétaires.

On peut constater encore que la moitié de l'Angleterre et du pays de Galles appartient à 4.500 personnes ; la moitié de l'Irlande à 744 et la moitié de l'Ecosse à 70 personnes.

Les causes de cette situation sont :

1° la prise de possession par les grands propriétaires des terres vagues et l'expropriation graduelle des paysans, à partir du XIX° siècle ;

2° le maintien du régime de la propriété féodale ;

3° la survivance, en plein XIX° siècle, des privilèges d'aînesse, de masculinité, et du système des *substitutions fidéi-commissaires.*

____

(1) Il faut citer, en outre, comme pays de grande propriété : une partie de l'Autriche et de la Hongrie, la Prusse de l'est et l'Italie méridionale.

Inconvénients d'une concentration excessive de la propriété. — La concentration excessive de la propriété entre les mains d'un petit nombre d'individus est une cause de danger pour un Etat.

Au point de vue social, en effet, elle établit une classe de privilégiés, dont la fortune, acquise sans travail, s'augmente chaque jour davantage comme d'elle-même, et au-dessous, séparée par un fossé infranchissable, une classe innombrable de déshérités, de prolétaires, vivant au jour le jour, sans l'espoir de devenir jamais propriétaires de la terre où ils sont nés et qu'ils ont fécondée de leurs sueurs. Il en résulte des haines de classe qui peuvent être un jour la cause de discordes et de conflits redoutables.

Au point de vue économique, elle peut être une cause de ruine pour la population rurale. Le propriétaire foncier étant maître de vastes étendues de terrains peut les enlever à la culture et les transformer en pâturages ou en territoires de chasse, et réduire ainsi à la misère des populations entières. C'est ainsi qu'en Ecosse, d'énormes districts qui étaient considérés comme des prairies d'une fertilité et d'une étendue exceptionnelles sont maintenant perdus pour la culture et consacrés aux plaisirs d'un petit nombre de chasseurs (1).

« On ne cite pas un seul pays que la petite propriété ait conduit à la ruine. L'abus des grandes fortunes immobilières a, au contraire, été funeste à l'Italie ancienne, et de nos jours, il crée en Angleterre un malaise social des plus profonds » (2).

CHAPITRE II. — DE LA PART DU CAPITAL : L'INTÉRÊT.

Définition. — La part du capitaliste dans la répartition s'appelle l'*intérêt*.

L'intérêt est ce qu'une personne paie au capitaliste pour

(1-2) Cauwès, *op. cit.*, n° 1050 ; Métin, *Le socialisme en Angleterre*, p. 128 et suiv.

avoir le droit de se servir d'un capital déterminé, et même d'en disposer, à charge de restitution à une époque fixée à l'avance.

Théoriquement, l'intérêt peut se concevoir aussi bien à l'occasion du prêt d'un capital quelconque, machine, outil, matière première, etc., qu'à l'occasion du prêt d'une somme d'argent. Mais en pratique, lorsqu'on parle du prêt à intérêt, c'est toujours au prêt d'argent que l'on songe. C'est l'hypothèse la plus fréquente, dans laquelle nous allons nous placer.

Exemple : Je vous remets à titre de prêt 100 francs le 1er janvier 1903, jusqu'au 1er janvier 1904, moyennant un intérêt de 5 0/0. Au 1er janvier 1904, vous aurez à me payer, non pas 100 francs que je vous ai comptés, mais 105 francs.

Légitimité du prêt à intérêt : Historique. — La légitimité du prêt à intérêt a été contestée dès la plus haute antiquité. Aristote le trouvait injuste ; parce que, disait-il, un écu n'a jamais enfanté un autre écu, dès lors, l'intérêt sort nécessairement de la bourse de l'emprunteur qu'il appauvrit.

C'est en se fondant sur le même raisonnement que le droit canonique, et après lui, notre ancien droit français prohibèrent le prêt à intérêt sous le nom d'*usure*.

Pour tirer parti de ses capitaux, on était obligé de recourir à des procédés détournés : le contrat de *commande* et le contrat de *rente*.

Le contrat de commande consistait à prêter de l'argent à un commerçant, à un industriel ou à un navigateur, en vue d'une ou de plusieurs opérations déterminées, moyennant une part dans les bénéfices. C'est l'origine de notre société en commandite actuelle (1).

Le contrat de rente consistait dans l'aliénation définitive d'un capital au profit d'une personne qui s'engageait en retour à payer à perpétuité une redevance en argent.

Ainsi on ne pouvait pas prêter 20.000 francs à une personne, à charge par elle de rembourser ladite somme au bout de dix ans avec un intérêt de 1.000 francs par an.

(1) Voir Boitel et Foignet, *Notions de droit commercial.*

8

Mais on pouvait lui dire : je vous abandonne la somme de 10.000 francs, je ne pourrai jamais vous la réclamer ; mais en échange, vous me paierez chaque année, à perpétuité, une somme de 1.000 francs.

Cette combinaison est pratiquée encore aujourdhui. C'est le procédé normal que les Etats emploient pour faire des emprunts aux particuliers.

Législation actuelle. Objéctions des socialistes. Réfutation.

La prohibition du prêt à intérêt a été levée par l'Assemblée Constituante dans la loi du 3-12 octobre 1799, et les rédacteurs du Code civil en ont formellement reconnu la légitimité dans dans l'article 1905 (1).

Cependant les socialistes, reprenant les arguments invoqués par Aristote et par les Pères de l'Eglise, refusent d'admettre le prêt à intérêt.

D'après eux, le capital joue un rôle purement passif, dans l'œuvre de la production : il ne transforme pas, mais il subit des transformations. Seul le travail produit, seul il peut donner à un objet matériel une certaine plus-value. Dès lors, attribuer une partie de cette plus-value au capitaliste, c'est spolier l'ouvrier.

Il est facile de répondre à cette objection et d'établir par des arguments positifs que l'intérêt est aussi légitime que le fermage, que le loyer, ou que le salaire de l'ouvrier.

On dit : le capital ne produit pas, il est inerte. Cela est vrai. Mais sans lui, la production serait-elle possible ? sans la matière première, sans les instruments, machines et outils, sans l'argent nécessaire au paiement du salaire de l'ouvrier, comment l'homme pourrait-il travailler et produire ?

Le capital est donc l'instrument essentiel, indispensable du travail, voilà pourquoi il doit avoir sa part dans le produit fabriqué, comme le travail lui-même.

___

(1) Voir sur ce point les *Eléments de droit public et de droit civil* par Boitel et Foignet, p. 141.

L'intérêt que le capitaliste se fait payer pour le prêt d'une somme d'argent est légitime :

1° Parce qu'il est une juste rémunération du service que le capitaliste rend à l'emprunteur, en lui permettant de disposer de son capital ;

2° Parce qu'il est une juste compensation de la privation de jouissance que ce capitaliste s'impose au profit de l'emprunteur ;

3° Parce qu'en se dessaisissant ainsi entre les mains d'un emprunteur, le prêteur court le risque de n'être pas remboursé, si son obligé devient insolvable. Il est équitable qu'il reçoive une prime d'assurance contre le risque qu'il court.

Du taux de l'intérêt. — On entend par taux de l'intérêt la somme que doit payer l'emprunteur pour 100 francs de capital et pour une année.

Ainsi, le taux de l'intérêt est de 1, de 3, de 5 0/0, suivant que l'emprunteur doit payer 1, 3 ou 5 francs à titre d'intérêt par 100 francs de capital.

Détermination du taux de l'intérêt. — Ce sont les parties elles-mêmes qui déterminent le taux de l'intérêt par leur convention.

Diverses circonstances influent sur cette détermination :

a) D'abord, le profit que l'emprunteur espère tirer de l'emploi de la somme qui lui est prêtée ;

b) Puis, la rémunération que le capitaliste juge indispensable pour être compensé de la privation momentanée de son capital ;

c) Ensuite, le risque plus ou moins grand — variant suivant les individus et les industries — que le capitaliste court de ne pas être remboursé ;

d) Enfin, l'abondance plus ou moins grande de capitaux, d'une part, le nombre plus ou moins grand d'entrepreneurs désirant emprunter, d'autre part.

Plus l'offre des capitaux sera importante, en proportion de la demande des entrepreneurs, plus l'intérêt sera minime ; au contraire, l'intérêt tendra à s'élever si la demande des entrepreneurs augmente, alors que l'offre des capitaux reste la même ;

e) Le temps pour lequel le prêt est consenti. Les placements à long terme rapportent davantage que les placements à court terme parce qu'ils peuvent être employés d'une façon productive.

Limitation du taux de l'intérêt. — Cependant, la loi peut fixer un taux maximum que les parties ne pourront dépasser. C'est ce qu'avait fait la loi du 3 septembre 1807 qui avait établi comme limite extrême de l'intérêt : 5 0/0 en matière civile, 6 0/0 en matière commerciale.

Les colonies avaient été exclues de cette règle, en raison des risques plus grands auxquels les capitaux y sont exposés.

D'autre part, une loi du 9 juin 1857 permit à la Banque de France d'élever librement son escompte, au delà du taux légal.

La loi du 14 janvier 1886 a réalisé une importante réforme : elle a maintenu la restriction du taux de l'intérêt en matière civile, mais elle l'a supprimée en matière commerciale (1).

Quelle est la raison d'être de la limitation du taux de l'intérêt et doit-on approuver son maintien en matière civile ?

Pour justifier la limitation du taux de l'intérêt, on invoque deux arguments : d'abord, le besoin de protéger le débiteur aux abois contre sa propre faiblesse, en le mettant dans l'impossibilité de promettre à son créancier une somme exagérée à titre d'intérêt ; ensuite, le souci d'éviter le retour des désordres auxquels les exactions des usuriers donnèrent lieu à toutes les époques de l'histoire, à Rome, dans notre ancien droit, et dans le cours même de ce siècle.

Ces arguments nous paraissent insuffisants pour justifier une atteinte aussi grave portée au principe fondamental de la liberté des conventions.

La limitation du taux de l'intérêt ne protège en rien le débiteur ; car il lui est facile de tourner la loi, et d'obtenir d'un

---

(1) Il convient de noter que l'intérêt légal, dû par le débiteur, en raison de l'exécution tardive de son obligation, est fixé à 4 0/0 en matière civile et 5 0/0 en matière commerciale (loi du 7 avril 1900).

usurier à un taux exorbitant, la somme qu'il aurait pu se procurer dans de meilleures conditions, sous le régime de la libre concurrence, si la loi lui avait permis d'emprunter ouvertement au delà d'un taux déterminé.

Quant aux troubles provoqués par les exactions des usuriers, nous ferons observer qu'ils se sont produits précisément à une époque où le taux de l'intérêt était limité, comme à Rome et dans notre ancien droit où le prêt à intérêt était complètement prohibé.

Si l'on se rend compte, comme nous le dirons plus loin, que la monnaie n'est autre chose qu'une marchandise ordinaire, la limitation du taux de l'intérêt se conçoit encore moins.

Il n'est pas venu à l'esprit du législateur de fixer le prix maximum des loyers et des fermages, ou le prix de vente des produits. Il serait logique d'appliquer à la monnaie les mêmes principes de liberté.

On ne peut donc qu'approuver la loi de 1886 d'avoir supprimé le taux légal de l'intérêt, pour les affaires commerciales. Mais on doit regretter qu'elle n'ait pas été plus loin et qu'elle ait maintenu le maximum de 5 0/0, en matière civile, notamment pour les prêts faits à l'agriculture.

Tendance du taux de l'intérêt. — Le taux de l'intérêt tend constamment à s'abaisser au cours de la civilisation (1).

D'une part, en effet, les capitaux augmentent, et la concurrence entre les prêteurs d'argent les force à consentir aux emprunteurs de meilleures conditions ;

D'autre part, le profit que les entrepreneurs peuvent retirer de l'argent prêté tendant à diminuer, ils ne peuvent offrir aux capitalistes qu'une rémunération de plus en plus restreinte.

Enfin, le développement du crédit, la facilité des négociations

______

(1) Au temps d'Aristote, le taux de l'intérêt était 12 0/0 ; le même taux se rencontre à la fin de la République Romaine. Au moyen âge, le taux courant était de 10 à 12 0/0. Au xviie et au xviiie siècle, il tend à s'abaisser. D'après A. Smith, il serait de 3 à 6 0/0 dans les pays prospères. Depuis il n'a cessé de descendre. Les derniers emprunts de l'État Français et de la ville de Paris ont été faits au-dessous de 3 0/0.

en bourse, une grande sécurité publique sont autant de causes de la baisse de l'intérêt (1).

CHAPITRE III. — DE LA PART DE L'ENTREPRENEUR : LE PROFIT.

Ce que c'est que le profit. — La part de l'entrepreneur dans la répartition s'appelle le *profit*.

Nous avons vu quel était le rôle de l'entrepreneur dans l'œuvre de la production des richesses. C'est lui qui a l'initiative de l'affaire, c'est lui qui l'organise, qui la dirige et qui en a tous les risques.

C'est à lui qu'appartient le produit exécuté par les ouvriers sous ses ordres ; et lorsque ce produit est vendu, c'est lui qui retire le bénéfice que la vente peut procurer.

On peut définir le profit : la différence entre le prix de vente du produit fabriqué et le montant des dépenses que l'entrepreneur a dû exposer pour l'obtenir.

Exemple : Pour reprendre l'hypothèse indiquée plus haut (2),

---

(1) Est-ce un bien ou un mal ? C'est certainement un bien pour l'humanité.

La baisse du taux de l'intérêt a pour conséquences : 1º d'étendre le champ de la production ; 2º de déterminer les individus à épargner davantage pour ne pas voir leurs revenus diminués ; 3º d'abaisser les prix des produits en abaissant le coût de production ; 4º de grandir les capitaux placés autrefois dans des conditions plus rénumératrices.

(2) D'après une doctrine récente, le profit ne devrait pas être confondu avec la rémunération du travail de direction. D'après quelques économistes, il y aurait profit pur et simple, lorsque la valeur d'échange du produit dépasse le coût de production, dans lequel il faudrait faire entrer la rémunération du travail de direction de l'entrepreneur. Donc, le profit serait un bénéfice extra, un *bénéfice de monopole*, analogue à la rente du sol. Ce monopole résulterait soit d'un brevet d'invention, de droits de douane, ou simplement de la situation de l'exploitation ou des qualités personnelles de l'entrepreneur, de son talent de direction ou de procédés de fabrication plus économiques. Ce qui prouve bien, dit-on, que le profit ne doit pas être confondu avec la rémunération du travail de direction, c'est ce qui passe dans les sociétés anonymes. Le directeur reçoit un traitement, qui paie le travail de direction ; le profit pur et simple est réparti entre les actionnaires sous forme de

supposons qu'un kilogramme de fil de coton écru ait coûté 1 fr. 66 à produire. Si l'entrepreneur le vend 1 fr. 80, son profit sera de toute la différence entre 1 fr. 66 et 1 fr. 80, soit 0 fr. 14 par kilogramme.

Différence essentielle entre le profit d'une part, l'intérêt et le salaire d'autre part. — Il suit de là qu'une différence essentielle sépare le profit de l'intérêt et du salaire.

L'intérêt et le salaire sont dus à tout événement et sont invariables, quel que soit le résultat de l'opération.

Le profit est, au contraire, essentiellement aléatoire et variable : très élevé si l'entreprise prospère, médiocre ou même nul si l'entreprise se soutient à peu près ou ne réussit pas du tout. En sorte que si l'entrepreneur peut espérer arriver à la fortune, il doit aussi redouter la ruine, la faillite et quelquefois le déshonneur.

Légitimité du profit. — Le profit de l'entrepreneur est légitime parce qu'il rémunère, tantôt le capital, tantôt le travail, tantôt le capital et le travail à la fois.

Le profit rémunère le capital seul, lorsque l'entrepreneur est une société anonyme, Compagnie de chemins de fer, Crédit foncier, Société du canal du Suez, etc. Il est distribué aux actionnaires sous forme de dividende.

Le profit rémunère le travail de direction lorsque l'entrepreneur est un homme qui, n'ayant en propre aucun capital, a emprunté ce qui lui était nécessaire pour l'installation et le fonctionnement de son entreprise.

Enfin, le profit rémunère tout à la fois le capital et le travail lorsque l'entrepreneur est en même temps capitaliste, et a exposé tout ou partie de son patrimoine dans une affaire.

Non seulement le profit est légitime en soi, au même titre que l'intérêt et le salaire, mais on conçoit qu'il soit plus élevé que l'intérêt et le salaire, en raison de son caractère aléatoire et du risque énorme encouru par l'entrepreneur.

dividendes. (Dans ce sens, M. Bourguin à son cours; Gide, *op. cit.*, p. 541; en sens contraire, Cauwès, *op. cit.*, III, n° 800.)

Causes qui influent sur la détermination du profit. — De nombreuses causes influent sur la détermination du profit :

1° Le nombre d'entrepreneurs appliqués à la production de la même richesse, et l'importance des besoins des consommateurs.

Plus il y aura d'entreprises exploitant le même genre de produits, plus le profit de chacune d'elles tendra à s'avilir ; plus, au contraire, la demande des consommateurs augmentera, plus le profit ira en grandissant.

2° Plus les risques à courir sont considérables, plus il est juste que le profit soit élevé.

3° Les qualités personnelles de l'entrepreneur : son intelligence, son esprit d'ordre, d'économie, d'initiative, et même d'invention.

Il est certain, par exemple, que si un entrepreneur de filature, par suite d'un procédé nouveau qu'il a découvert, ou par une tenue plus ordonnée et plus sévère de son usine, parvient à produire à meilleur marché que ses concurrents, il réalisera un profit plus fort qu'eux, même en vendant sa marchandise à prix égal.

Comme l'intérêt, le profit subit une tendance à la baisse au cours de la civilisation. Le nombre des entrepreneurs augmente, avec la vulgarisation de l'instruction d'une part, et, d'autre part, avec l'abaissement du taux de l'intérêt qui procure le crédit à bon marché ; les risques diminuent par suite des perfectionnements réalisés par l'industrie et le commerce. Enfin, les profits exceptionnels résultant des inventions, des procédés nouveaux de fabrication deviennent de plus en plus rares.

CHAPITRE IV. — DE LA PART DE L'OUVRIER : LE SALAIRE.

Définition. — La part de l'ouvrier dans la répartition s'appelle le salaire.

Le salaire est ce que l'entrepreneur ou le patron s'oblige à payer à un ouvrier, comme rémunération de ses services pendant un certain temps ou pour prix de la confection d'un ouvrage.

Le salaire tend à rémunérer les travaux industriels directement appliqués à l'œuvre de la production.

Les *appointements* ou *traitements* se réfèrent aux travaux qui n'ont qu'un rapport indirect avec la production, tels que ceux des employés ou des fonctionnaires de l'Etat, du département et des communes. On réserve l'expression d'*honoraires* pour les services des avocats, médecins, professeurs, etc.

Nature du salaire. — Le salaire présente deux caractères essentiels :

1° Il est certain ; il est dû à tout événement quel que soit le résultat, bon ou mauvais, de l'entreprise ;

2° Il est payable à des époques déterminées, sans avoir besoin d'attendre que le produit soit achevé ou vendu.

Sur ces deux points, le salaire ressemble à l'intérêt et diffère du profit.

Ce mode de rémunération est avantageux pour l'ouvrier qui, n'ayant pas de capitaux, ne peut attendre, ni subordonner le résultat de son travail à la réussite de l'entreprise.

Divers modes de salaire. — Il y a deux modes principaux d'établissement du salaire : 1° le salaire au temps ; 2° le salaire à la tâche.

1° Salaire au temps. — *Définition.* — Le salaire au temps est celui qui est payé à l'ouvrier qui s'engage à travailler pendant un temps déterminé sous les ordres d'un patron ; le salaire est fixé à la journée, au mois ou à l'année. Le contrat qui, dans ce cas, lie le patron à l'ouvrier, est un contrat de *louage de services*.

Cette combinaison est la seule possible pour les travaux qui ne peuvent pas être divisés en tâches distinctes et séparées, tels que le travail du mécanicien de chemin de fer, du charretier, etc.

Inconvénients. — Ce mode de rémunération est préférable pour l'ouvrier, parce qu'il a un salaire déterminé à l'avance d'une façon invariable.

Mais il offre un grave inconvénient pour le patron ; l'ouvrier, n'étant pas stimulé par l'intérêt personnel, peut travailler le moins possible ; le patron est obligé, dans ce cas, d'exercer une surveillance minutieuse, et quelque peu vexatoire, pour lutter contre la paresse possible de l'ouvrier et empêcher les pertes de temps.

Correctif : salaire au temps et à prime. — Pour éviter ces inconvénients, le patron peut combiner le salaire au temps avec un système de primes.

Il intéresse l'ouvrier au travail, en distribuant des primes à raison de la quantité d'ouvrage effectuée dans une certaine unité de temps, la journée par exemple, ou à raison de l'économie réalisée sur la matière première, le combustible, ou à raison du fini de l'ouvrage.

2° Salaire à la tâche. — *Définition.* — Le salaire à la tâche est celui qui est évalué à tant par ouvrage achevé.

Le contrat qui existe, dans ce cas, entre le patron et l'ouvrier, est le *louage d'ouvrage.*

Avantages. — C'est le mode de rémunération le plus rationnel, puisqu'il établit une relation directe entre le salaire payé par le patron et le travail fourni par l'ouvrier.

D'ailleurs, cette combinaison offre un égal avantage pour le patron et pour l'ouvrier ; l'ouvrier laborieux peut gagner plus que par le salaire à la journée ; [plus il produit, plus sa part dans la répartition augmente.

De son côté, le patron n'a pas besoin de surveiller de près son ouvrier pour le forcer à travailler. L'intérêt personnel de l'ouvrier est pour lui un sûr garant de son activité et de son énergie.

Inconvénients. — Ces avantages ne vont pas cependant sans certains inconvénients, soit pour le patron, soit pour l'ouvrier ;

Le patron est exposé aux malfaçons de l'ouvrier qui, voulant produire beaucoup pour augmenter son salaire, est tenté de travailler trop vite et très mal.

De son côté, l'ouvrier n'a pas la certitude dont il jouit avec le travail au temps (1). Produit-il en grande quantité ? son salaire est élevé. Produit-il peu ? son salaire peut se restreindre au

____

(1) Les ouvriers font en outre, au salaire aux pièces, le reproche suivant : le patron se sert souvent de ce procédé pour exciter les meilleurs ouvriers

point de n'être plus suffisant pour lui permettre de faire face à ses besoins. Enfin, il court un certain risque ; il est en perte à l'égard de son patron si la tâche qu'il a consenti à accomplir pour un prix déterminé lui demande plus de temps qu'il n'avait prévu (1).

Du marchandage. — Le marchandage est une combinaison particulière qui consiste de la part d'un entrepreneur, chargé d'un travail d'ensemble, à rétrocéder une partie de ce travail à un sous-entrepreneur ou tâcheron qui, pour l'exécuter, embauche à son tour des ouvriers.

Le tâcheron est un véritable entrepreneur ; il court des risques, et, en conséquence, il a droit à un profit.

Ce système est très critiqué par les socialistes qui prétendent que le profit réalisé par le tâcheron est prélevé sur le salaire des ouvriers. C'est, disent-ils, une des causes du « sweating system » ou système de la suée, qui consiste à faire travailler de longues journées pour un faible salaire et dans les plus mauvaises conditions d'hygiène. Il a été prohibé par un décret des 2-21 mars 1848.

Mais cette combinaison est si pratique que malgré cette interdiction, dont la légalité a d'ailleurs été contestée (2), elle est

à produire beaucoup, puis de ce travail exceptionnel il fait la mesure normale du travail ordinaire et fixe là-dessus ses tarifs (M. Bourguin, à son cours).

(1) D'autres combinaisons peuvent encore être indiquées : 1º *Le salaire à la tâche avec prime.* Dans ce système, l'ouvrier, en dehors du paiement à la tâche, reçoit une prime pour toutes les tâches qu'il a accomplies au delà d'une certaine moyenne dans un temps déterminé ; 2º *l'échelle mobile des salaires.* C'est un procédé consistant à déterminer le taux du salaire d'après le résultat de la production. Ce système est usité depuis 1877 dans les houilles du Durham. A la fin de chaque trimestre, une commission, composée des représentants du capital et du travail, fixe le montant des salaires pour le trimestre suivant, d'après le prix de vente de la houille pendant le trimestre écoulé.

(2) D'ailleurs, la jurisprudence exige, pour l'application du décret de 1848, trois éléments : fait matériel, intention de nuire, préjudice causé aux ouvriers ; ils se trouvent bien rarement réunis. (Cass., ch. crim., 4 février 1898 et 16 février 1900 ; ch. réunies, 31 janvier 1901.) Consulter *Questions pratiques de législation ouvrière,* A. Rousseau, éditeur, t. I. — Appleton, *Le marchandage et la jurisprudence,* p. 66 et 399.)

d'un usage très fréquent à Paris, surtout dans l'industrie du bâtiment.

Du « truck system ». — Le « truck system » consiste dans le paiement en nature du salaire. Au lieu de donner de l'argent à l'ouvrier, le patron lui délivre des bons ou jetons qui sont échangeables contre des marchandises prises à l'économat patronal. Ce mode de paiement présente deux sortes d'inconvénients : d'une part, l'ouvrier est exposé à être exploité par le patron, qui peut majorer d'une façon arbitraire la valeur de ses marchandises ; d'autre part, il peut être exploité par des usuriers auxquels il est sollicité de vendre ses jetons au-dessous de leur valeur pour se procurer de l'argent. Ce procédé de paiement du salaire est interdit en Belgique et en Angleterre. En France, la loi du 12 janvier 1895 s'est bornée à limiter la mesure dans laquelle des retenues pourraient être faites pour les fournitures d'objets de consommation. Mais elle n'a rien décidé des retenues pour amendes ; il peut en résulter de ce chef des abus regrettables dans la pratique.

De la participation aux bénéfices. — *Définition.* — La participation aux bénéfices est un système consistant à rémunérer le travail de l'ouvrier, en lui donnant, d'abord un salaire fixe, et, en outre, une part déterminée sur les bénéfices de l'entreprise.

Avantages. — Cette combinaison est très ingénieuse, et présente de grands avantages pour le patron comme pour l'ouvrier :

1° En intéressant l'ouvrier au résultat de son travail, elle augmente son énergie à produire ;

2° Elle tend à retenir l'ouvrier dans le même atelier, et à établir entre l'ouvrier et le patron une communauté d'intérêts qui est de nature à prévenir les conflits entre le travail et le capital, et à écarter les dangers de grève.

Un essai de ce genre a été tenté, pour la première fois, en France, en 1843, par un entrepreneur de peinture, M. Leclaire. La tentative a pleinement réussi.

Observations. — Malgré les avantages incontestables de cet arrangement, il faut bien se garder d'y voir autre chose qu'une forme particulière du contrat de salaire, et, d'autre part, il ne faut pas se dissimuler les difficultés que cette combinaison peut rencontrer dans certaines industries.

La participation aux bénéfices n'est qu'une forme particulière du contrat de salaire. Ce n'est pas une association proprement dite entre le patron et l'ouvrier, car l'ouvrier ne fait aucun apport et n'est pas tenu aux pertes. En outre, le patron entend rester maître de la direction de l'entreprise, et n'autorise nullement les ouvriers à exercer un contrôle quelconque sur sa comptabilité et sur les actes de sa gestion. Ce serait donc une grave erreur de voir dans la participation aux bénéfices, un arrangement destiné à amener la suppression du salariat.

En outre, ce système de rémunération n'est pas applicable à toutes les industries. Il suppose, avant tout, une certaine stabilité du personnel ouvrier, qui est difficilement réalisable dans certaines entreprises, celles du bâtiment notamment. Il faut, de plus, que le nombre des ouvriers ne soit pas trop considérable, car, autrement, la répartition des bénéfices ne procurerait à chacun d'eux qu'une somme insignifiante, et elle serait insuffisante pour stimuler l'énergie au travail du salarié.

Détermination du taux des salaires. — Application de la loi de l'offre et de la demande. — Le salaire est arrêté, à la suite d'une entente entre le patron et l'ouvrier. Mais la volonté de l'un et de l'autre ne se détermine pas d'une façon arbitraire. Elle est soumise à des lois générales qu'il convient de rechercher.

Il y a un minimum au-dessous duquel le salaire ne peut descendre : c'est ce qui est indispensable à l'ouvrier pour vivre et faire vivre sa femme et ses enfants.

Il y a un maximum qu'il ne peut pas dépasser : c'est la valeur du produit. Il est bien évident, en effet, que l'entrepreneur cesserait de produire s'il devait laisser entre les mains des ouvriers, sous forme de salaire, le montant intégral du prix qu'il retire du produit qu'ils ont servi à fabriquer.

Entre ce minimum et ce maximum, le salaire oscille sous l'influence de la loi de l'offre et de la demande.

Lorsque, de la part de l'ouvrier, l'offre de travail sera plus considérable que la demande, du côté de l'entrepreneur, le salaire tendra vers la baisse ; lorsque la demande sera au contraire plus forte que l'offre du travail, le salaire aura une tendance à s'élever.

Causes qui agissent sur l'offre et sur la demande. — L'offre du travail dépend du chiffre de la population ouvrière qui elle-même, est influencée par les naissances, par les décès, et par l'immigration des ouvriers étrangers.

La demande du travail tient à la productivité du capital et au développement de l'industrie.

Autres causes qui influent sur le taux du salaire. — D'autres causes influent sur la détermination du salaire et expliquent qu'il soit établi d'une façon inégale suivant les pays, suivant les industries, et, dans chaque industrie, suivant les personnes.

1° C'est d'abord la productivité du travail. Plus l'œuvre de la production sera féconde, plus grande sera la plus-value réalisée à la suite de la vente du produit, et plus le salaire tendra à s'élever.

C'est ce qui explique que l'ouvrier soit mieux payé aux États-Unis et en Angleterre que partout ailleurs.

2° L'habileté technique résultant de l'apprentissage et de dispositions naturelles de goût et d'élégance entrent également en ligne de compte. Ainsi, les ouvriers d'art reçoivent de hautes payes.

3° Ce sont ensuite les dangers qui peuvent résulter de l'exercice d'une profession déterminée.

Ainsi, les mineurs, dont la vie est chaque jour en péril, reçoivent un salaire plus élevé que celui des autres ouvriers ; il en est de même des ouvriers verriers.

4° Il faut tenir compte également que certains métiers inspirent le dégoût et la répulsion, tandis que d'autres sont entourés d'estime et de considération.

L'attrait d'une haute paye peut seul assurer le recrutement

des premiers. Quant aux professions de la seconde classe, le prestige dont elles jouissent suffit pour y retenir ceux qui les exercent, malgré l'insuffisance de la rémunération qui leur est attribuée (1).

5° Il y a, en outre, les dangers de chômage. Les ouvriers reçoivent un salaire plus élevé dans les professions où le chômage se produit régulièrement. Il en est ainsi pour les ouvriers du bâtiment qui sont exposés à être inoccupés une partie de l'année.

6° Enfin le sexe. Le salaire des femmes est moins élevé que celui des hommes ; les femmes ont des exigences moindres, soit parce que le salaire est pour elles un supplément de ressources, soit parce que leur énergie au travail est moindre au point de vue physique.

Tendance de salaires. — Pour apprécier si les salaires ont une tendance vers la hausse ou vers la baisse, il faut distinguer avec soin le *salaire nominal* du *salaire réel*.

On entend par *salaire nominal* la somme d'argent que reçoit l'ouvrier pour prix de son travail.

On entend par *salaire réel* ce que la somme d'argent payée à l'ouvrier peut lui procurer en objets nécessaires à son existence et à son bien-être : vivres, vêtements, logement, etc.

Cette distinction s'impose parce que la valeur de la monnaie, c'est-à-dire sa puissance d'échange n'est pas invariable ; elle augmente ou elle diminue, comme celle des autres marchandises. Dès lors, on n'aurait pas une idée des changements qui se sont produits dans la condition de l'ouvrier au cours de ce siècle si l'on s'arrêtait à la comparaison du salaire nominal ; il faut donc examiner à la fois le salaire nominal et le salaire réel.

Le salaire nominal s'est élevé d'une façon continue à partir de 1850. L'ouvrier qui, à cette époque gagnait 2 francs par jour

---

(1) C'est ce qui explique que les appointements du bourreau soient si élevés, tandis que les traitements d'un magistrat ou d'un professeur sont insuffisants pour rémunérer les avances considérables de temps, de travail qu'ils ont dû faire pour s'instruire. Cauwès, *op. cit.*, n° 812.

gagne aujourd'hui de 3 fr. 30 à 3 fr. 50 pour le même travail. On évalue la hausse des salaires à 70 0/0 dans l'industrie, à 65 0/0 dans l'agriculture.

Mais il faut tenir compte que, d'un côté, les objets de première nécessité, tels que le vin, le pain, la viande, le logement, ont augmenté de prix, et de l'autre que les objets manufacturés, linge, vêtements, etc., ont diminué de valeur dans une grande proportion.

Dans ces conditions, on a pu dire que le salaire *réel* n'avait augmenté qu'à concurrence de 40 à 45 0/0.

Il n'y a pas de raison pour que ce mouvement ascensionnel ne continue à se produire dans l'avenir, et que le salaire ne s'élève progressivement tandis que l'intérêt du capitaliste et de l'entrepreneur tendent à s'amoindrir.

Exposé et réfutation de trois théories erronées sur le salaire. — Nous en aurons terminé avec le salaire, lorsque nous aurons exposé et réfuté trois théories célèbres en économie politique : la théorie du salaire naturel de Ricardo que le socialiste Lassalle a appelée la *loi d'airain*, la théorie de Stuart Mill sur le *fonds des salaires*, ou du « wage fund » et la théorie de la productivité du travail.

1° Théorie du salaire naturel : la loi d'airain. — *Son énoncé.* — D'après Ricardo (1), le salaire naturel ou *normal* serait égal à la somme qui est nécessaire à l'ouvrier pour vivre et faire vivre une famille restreinte.

Sa démonstration. — En effet, dit-il, si le salaire venait à s'abaisser au-dessous de ce taux, l'ouvrier n'ayant plus suffisamment de quoi vivre serait emporté par la misère et la maladie ; la mortalité décimant les travailleurs, l'offre du travail diminuerait par rapport à la demande des patrons, et le salaire s'élèverait.

Mais alors, l'élévation du salaire se produisant, il arriverait que l'ouvrier, mieux vêtu, mieux logé, mieux nourri, vivant plus largement, se donnerait le luxe d'un plus grand nombre

(1) Avant lui, Turgot avait formulé la même idée.

d'enfants. La population ouvrière ne tarderait pas à s'accroître et à faire baisser le salaire, par suite d'une demande de travail supérieure à l'offre d'emploi.

Il en résulte que l'ouvrier serait maintenu par un joug de fer dans une situation d'infériorité fatale, malgré les progrès constants de l'industrie. C'est pourquoi les socialistes ont appelé cette règle inflexible, la *loi d'airain*.

Sa critique. — Depuis longtemps cette théorie a été démontrée fausse. Ce que Ricardo appelait le salaire naturel et normal, c'est en réalité le salaire minimum. Sans doute, il est indispensable que l'ouvrier reçoive en échange de son travail, de quoi vivre et faire vivre les siens. Mais ce n'est là que le strict nécessaire, au-dessous duquel le salaire ne peut descendre. Ce n'est pas le salaire naturel ou normal.

Ricardo a le tort de ne considérer qu'un côté de la question : l'offre du travail. Il remarque qu'avec l'augmentation de la population ouvrière, cette offre s'accroît, mais il ne recherche pas si la demande du travail ne devient pas en même temps plus considérable. Or, précisément, loin de rester stationnaire, le chiffre des emplois s'élève, au fur et à mesure que l'industrie progresse et que la population se développe ; en sorte que l'équilibre ne se trouve pas nécessairement rompu au détriment de l'ouvrier.

Enfin, il est un élément que Ricardo néglige et qui joue cependant un rôle important dans la détermination du salaire, c'est la productivité du travail. L'ouvrier profite, nous l'avons vu, des perfectionnements que les inventions nouvelles apportent à l'industrie. Plus grande est la plus-value obtenue par la fabrication du produit, plus forte est sa part dans la répartition des richesses.

Nous l'avons d'ailleurs montré plus haut : la situation matérielle de l'ouvrier s'est améliorée d'une façon considérable dans la seconde moitié de ce siècle, et tandis que l'intérêt du capitaliste et le profit de l'entrepreneur vont s'amoindrissant, le salaire de l'ouvrier, au contraire, tend vers la hausse, d'une manière constante.

Autres objections. — D'autres objections ont été adressées à la loi d'airain :

1° Il n'est pas exact de soutenir que la population ouvrière augmente à mesure que les salaires s'élèvent. C'est le contraire qui est vrai ; le taux de la natalité diminue dans la classe ouvrière avec les hauts salaires qui développent les idées de luxe chez l'ouvrier.

2° Le salaire est différent suivant les emplois et suivant les pays. Comment l'expliquer avec la loi d'airain ? Pour répondre à cette objection, on a proposé un correctif à cette loi. Le minimum de vie qui sert de régulateur au salaire n'est pas commun à tous les hommes, d'après les lois physiologiques. Il est déterminé par les habitudes nationales. Mais alors si ce minimum s'élève à mesure que changent les besoins de l'ouvrier, ce n'est plus une loi d'airain.

2° **Théorie du fonds des salaires ou du « wage fund ».** — *Son énoncé.* — D'après Stuart Mill, le salaire de l'ouvrier est déterminé par deux éléments principaux : la demande du travail, représentée par le chiffre de la population ouvrière, et l'offre d'emploi, qui correspond à la portion des capitaux que les entrepreneurs entendent affecter au paiement de la main-d'œuvre.

Démonstration. — Tout entrepreneur distingue dans les capitaux qu'il destine à la marche de ses opérations, une part réservée à l'achat des matières premières, et une part qui doit être distribuée sous forme de salaires aux ouvriers. En additionnant toutes les sommes qui, à un moment donné, sont affectées, par tous les entrepreneurs, à rémunérer le travail des ouvriers, on a un fonds qu'on peut appeler le *fonds des salaires*.

Pour déterminer le salaire moyen de chaque ouvrier, il suffit de diviser la somme qui représente le fonds des salaires par le nombre des ouvriers.

Exemple : Supposons que la somme que tous les entrepreneurs réunis destinent au paiement des salaires s'élève pour une seule journée à 6.000.000 de francs, et qu'il y ait 1.000.000 d'ouvriers. Le salaire moyen sera, pour chaque ouvrier, 6 francs par jour.

Sa critique. — Cette théorie aboutit à des conséquences aussi lamentables que la loi d'airain. Elle tend à présenter la situation de l'ouvrier comme dépendant du bon plaisir de l'entrepreneur et ne devant pas s'améliorer avec les progrès de l'industrie. De plus, elle est de nature à restreindre la force productive individuelle de l'ouvrier. Comme la somme à distribuer pour prix de la main-d'œuvre est limitée, il ne faut pas qu'un ouvrier travaille plus longtemps ou produise plus qu'un autre, parce que le salaire supplémentaire qu'il recevrait, serait prélevé sur le fonds commun au détriment des autres ouvriers (1).

On ne peut adresser à Stuart Mill le reproche que l'on a fait à Ricardo, de ne pas tenir compte de l'offre d'emploi en même temps que de la demande du travail. Il envisage, au contraire, les deux éléments du problème. Mais, comme Ricardo, il a le tort de ne pas admettre que la productivité du travail influe directement (2) sur la détermination du taux du salaire. A son avis, le salaire de l'ouvrier devrait se déterminer d'après le capital dont l'entrepreneur dispose au moment où il commence ses opérations, et non d'après les résultats de la production.

C'est là une conception purement artificielle. Il est évident que l'entrepreneur règle le prix de la main-d'œuvre, comme les dépenses de matériel et de matières premières, d'après ce qu'il présume pouvoir obtenir de la vente du produit.

3° **Théorie de la productivité du travail.** — *Son énoncé.* — Cette théorie repose sur cette idée que le taux général du salaire dans un pays dépend de la productivité du travail. Le salaire du travailleur coïnciderait avec le produit de son travail, déduction faite de la vente, des impôts et de l'intérêt du capital.

---

(1) C'est sous l'influence de cette théorie que les *trades-unions*, en Angleterre, ont prétendu limiter le nombre d'heures de travail pour tous les ouvriers.

(2) Les progrès de la production n'auraient qu'une influence indirecte sur la hausse des salaires ; elle consisterait en ce que les capitaux augmentant par suite des inventions nouvelles, la part affectée aux salaires se trouverait accrue par voie de conséquence.

Cette théorie, qui est de date récente, a été énoncée par un économiste américain, Walker, et elle a été adoptée par Stanley Jevons et Henry George.

Sa critique. — Si elle était vraie, cette théorie serait plus encourageante que les précédentes, puisque d'après elle tout ce qui est de nature à rendre le travail plus productif — inventions, machines, etc., — améliorerait la condition de l'ouvrier. Mais l'est-elle ? en partie seulement. Il est certain que le salaire est en relation directe avec la productivité du travail. Mais ce n'est pas le seul élément qui influe sur la détermination du salaire. Ainsi, aux Etats-Unis, la productivité du travail a beaucoup augmenté et les salaires sont demeurés à peu près stationnaires. Dans les industries où le patron dispose d'un brevet d'invention, le travail de l'ouvrier est plus productif que dans d'autres industries similaires, et cependant, il n'est pas mieux payé pour cela. Cette théorie a donc une part de vérité, mais elle a le tort d'être incomplète et de ne pas tenir compte de la loi de l'offre et de la demande.

IIIᵉ SECTION. — LES ASSOCIATIONS OUVRIÈRES ET LES SYNDICATS OUVRIERS.

Division. — Nous diviserons la section en deux chapitres :
Chapitre I. — Associations ouvrières.
Chapitre II. — Syndicats ouvriers.

CHAPITRE Iᵉʳ. — ASSOCIATIONS OUVRIÈRES.

Définition. — On comprend sous la dénomination générale d'associations ouvrières ou d'associations coopératives, des sociétés que des ouvriers, — et même de petits artisans ou de petits propriétaires, — forment entre eux à l'aide d'une cotisation de peu d'importance, en vue d'un résultat déterminé. On peut les ranger, d'après leur objet, en quatre catégories :

1° Sociétés de consommation personnelle ;

2° Sociétés de consommation industrielle ou de magasinage ;

3° Sociétés de crédit ;

4° Sociétés de production.

Origine historique. — La première idée de l'association coopérative revient à la France. Mais, comme pour beaucoup d'autres institutions, elle ne s'implanta chez nous qu'après avoir été appliquée avec succès en Angleterre. On peut faire remonter l'histoire des sociétés coopératives à l'essai si heureux tenté par les *Equitables pionniers de Rochdale*, près de Manchester.

Dans le courant du mois de novembre 1843, vingt-huit pauvres tisserands en flanelle de la ville de Rochdale se réunirent et jetèrent les bases d'une association qui avait pour but d'acheter en gros les objets de consommation quotidienne, et de les revendre ensuite aux associés au comptant et au prix du commerce ; de cette façon, ils auraient des vivres sains, et ils garderaient pour eux le bénéfice que réalise le détaillant. Chaque associé s'engageait à verser dans la caisse commune une cotisation de 0 fr. 20 par semaine prélevée sur son salaire. Les opérations devaient commencer dès qu'on aurait formé un capital suffisant.

A la fin de l'année suivante, 1844, on avait réuni 700 francs. C'est avec ce capital dérisoire que l'association s'établit. Elle louait un magasin 250 francs ; et avec les 450 francs qui restaient, elle achetait une petite provision de sel, de beurre, etc. On vendit alors aux associés et au public ; et sur les bénéfices réalisés on fit deux parts : l'une qui fut distribuée aux associés, l'autre répartie entre les acheteurs, associés ou non, au prorata de leurs achats. Dès la seconde année, le nombre des associés était porté à 74 et le capital social s'élevait à 4.525 francs. Dès lors, la prospérité de la société suivit une marche ascendante avec l'extension de ses affaires, et actuellement elle possède 8.400 membres et dispose d'un capital de plus de 7 millions.

9.

Depuis longtemps déjà, elle n'est plus seulement une association de consommation, vendant tous les objets nécessaires à l'existence de chaque jour : mercerie, boucherie, cordonnerie, etc. ; elle est en outre une association de production fabriquant elle-même la plupart des objets manufacturés qui sont mis en vente dans ses magasins.

Mouvement d'opinion en faveur des associations ouvrières. — Cet exemple montre combien est grande la puissance de l'association, quand elle est conduite avec prudence, et dirigée avec un grand esprit d'ordre et d'économie. C'est ce résultat merveilleux qui a été le point de départ d'un mouvement considérable d'opinion en faveur des associations ouvrières. Mais on s'exposerait à de graves mécomptes si on y voyait un moyen infaillible de trancher la question sociale, en supprimant le salariat et en faisant de tous les ouvriers des patrons. En étudiant les diverses sortes de sociétés coopératives, il nous sera facile de nous rendre compte que seule la société de production aboutit à ce résultat ; et nous serons obligés de constater que, de toutes les sociétés ouvrières, c'est celle qui a le plus de difficultés à s'établir et à fonctionner.

1° Sociétés de consommation personnelle. — Les sociétés de consommation personnelle ont pour but l'établissement de magasins d'approvisionnements qui vendent aux associés, et même au public, les objets de consommation quotidienne : denrées alimentaires, chaussures, vêtements, etc.

La vente a lieu au comptant et au prix de commerce de détail.

Les bénéfices réalisés sur les opérations sont divisés en trois parts :

L'une alimente le fonds de réserve de la société ;

L'autre est distribuée, comme dividende aux actionnaires ;

Enfin, la troisième est répartie entre les acheteurs au prorata de leurs achats.

C'est là une combinaison très heureuse qui rend de très grands services :

1° Elle permet à l'ouvrier de se procurer des vivres sains ;

2° Elle supprime un intermédiaire, le détaillant, et assure à l'ouvrier le bénéfice qui sert à le rémunérer ;

3° Elle oblige l'ouvrier à acheter comptant, et écarte la pratique mauvaise de la vente à crédit ;

4° Enfin, par la répartition des bénéfices obtenus, au prorata des achats, elle réalise une forme ingénieuse de l'épargne, en la faisant naître à l'occasion des dépenses faites.

Les sociétés de consommation personnelle sont exposées à un danger très grand, la mauvaise gestion administrative et commerciale des sociétaires, qui n'ont pas l'expérience des affaires.

C'est en Angleterre principalement que ce genre de sociétés est très développé. Après l'Angleterre, c'est l'Allemagne qui en compte le plus grand nombre. Il en existe très peu en France (1).

2° **Sociétés de consommation industrielle.** — Ce sont des sociétés formées soit entre ouvriers, soit entre petits propriétaires fonciers, soit entre petits industriels, pour s'aider mutuellement par une coopération étroite, dans l'exercice d'un métier,

---

(1) Pour bien montrer la puissance indiscutable de la coopération, voici, à titre de renseignement précis, des chiffres indiquant la marche ascensionnelle de l'association coopérative de consommation des employés civils de l'État, du département de la Seine et de la ville de Paris.

Cette société fut légalement constituée le 27 février 1887. L'acte constitutif constate la souscription de 2921 actions de 50 francs, représentant un capital nominal de 146.050 francs. Par suite de nouvelles souscriptions, le capital social fut porté, le 20 juin 1890, à 400.000 francs. *Nombre de sociétaires.* En 1888, 3.257, dont 2.817 actionnaires et 440 adhérents ; en janvier 1895, 12.553 sociétaires dont 6.860 actionnaires et 5.693 adhérents.

En 1888, les ventes totales s'élevaient à 1.461.706 francs, en 1894, à 6.837.270 francs.

L'action émise à 50 francs vaut actuellement plus de 100 francs.

Les acheteurs ont bénéficié depuis le 1er juin 1887 d'une économie de :

Répartition semestrielle.	1.121.889 fr.	75
Remise des intermédiaires.	835.343 »	34
Fonds de réserve.	299.903 »	44
Soit un total de.	2.257.136 »	53

Sans y comprendre les 112.184 fr. 75 servis à titre d'intérêt du capital.

dans l'exploitation du sol ou dans la vente de produits manufacturés.

Ces sociétés sont de trois sortes :

a) Les sociétés pour l'achat de matières premières et de l'outillage industriel. — Comme les sociétés de consommation personnelle, elles ont pour but l'achat en gros et la revente en détail aux associés de certains objets, mais au lieu que ce soit des objets d'approvisionnement, ce sont des matières premières, des outils qu'elles achètent et revendent.

Ces sociétés permettent à l'ouvrier tâcheron de se procurer dans de meilleures conditions de prix et de qualité ce qui lui est indispensable pour l'exercice de sa profession.

b) Sociétés coopératives agricoles. — Elles se forment entre petits cultivateurs, soit pour l'acquisition de semences, d'engrais, de bétail, soit pour la manutention ou la vente de certains produits agricoles, beurre, fromage, etc. Ces sociétés permettent de remédier à l'infériorité que peut présenter à certains égards la petite propriété, par l'action combinée de plusieurs propriétaires.

c) Sociétés de magasinage. — Ce sont des sociétés formées entre de petits industriels qui louent à frais communs un local où les produits de tous les associés sont exposés et mis en vente.

Les associés en retirent un grand profit : d'une part, les frais généraux sont moins élevés, et d'autre part, les produits s'écoulent plus facilement dans de vastes bazars où la clientèle est attirée par la variété des produits exposés.

Ce n'est guère qu'en Allemagne que ces sociétés ont prospéré.

3° Sociétés de crédit. — Ce sont des sociétés ayant pour but de prêter de l'argent aux petits artisans, ou aux ouvriers pour les aider dans leurs entreprises, ou leur procurer les premiers fonds afin de s'établir.

Un certain nombre d'artisans forment, à l'aide de cotisations, un capital avec lequel ils organisent une banque. Ils reçoivent des dépôts du public moyennant intérêt, et ils prêtent à leurs membres les sommes dont ils ont besoin.

La règle fondamentale de ces banques populaires, c'est que tous les associés sont responsables indéfiniment et solidairement des obligations contractées envers les dépositaires. C'est le secret de la faveur avec laquelle le public confie son épargne à ces banques. L'ouvrier isolé n'a pas de crédit ; on lui prête difficilement, parce qu'il n'a pour répondre de son engagement que ses qualités professionnelles, et que cette garantie est soumise à des risques trop grands : mort, maladie, incapacité de travail, etc. La garantie est au contraire sérieuse lorsqu'elle consiste dans l'engagement d'une centaine d'ouvriers.

Les sociétés de crédit ont pris en Allemagne un développement considérable, sous l'influence d'un homme dont le nom est resté attaché à cette institution, M. Schultze-Delitzsch. De là, elles ont pénétré en Russie, en Italie, en Belgique. Elles sont peu usitées en Angleterre, où la petite industrie occupe une place insignifiante, elles se sont encore moins propagées en France.

Ce serait une erreur de compter sur de pareilles sociétés pour élever l'ouvrier à la situation de patron. Les banques populaires ne prêtent guère à la masse des salariés, elles sont plutôt des auxiliaires de la petite industrie, et viennent surtout en aide aux petits patrons, aux détaillants du commerce et à quelques ouvriers d'élite seulement.

4° **Sociétés de production.** — Ce sont les seules qui tendent directement à supprimer le patron, en confondant, dans la personne des ouvriers, le travail de direction et le travail d'exécution.

Un nombre plus ou moins grand d'ouvriers, à l'aide de cotisations prélevées sur leur salaire, ou par le moyen d'emprunts, réunissent un certain capital, avec lequel ils se mettent à produire. La production effectuée, c'est à la société qu'appartient le produit fabriqué, et les profits comme les pertes qui peuvent résulter de l'opération sont répartis entre les associés.

Le fonctionnement de ces sortes de sociétés se heurte à des difficultés de plusieurs ordres.

1° C'est tout d'abord ce qu'on a appelé l'absence d'éducation économique chez l'ouvrier.

Il peut être très habile dans l'exécution, connaître à fond son métier ; il lui manque généralement le coup d'œil d'ensemble et l'expérience des affaires, qui sont deux qualités indispensables pour l'entrepreneur. Il lui manque également l'esprit de discipline, qui n'est pas moins nécessaire pour la bonne administration des intérêts d'une société. Tous les ouvriers qui composent la société voudraient être chargés de la gérance et ceux qui sont voués aux travaux d'exécution, supportent avec autant d'impatience l'autorité des gérants qu'ils se sont donnés, que celle d'un patron ordinaire.

2° L'association expose l'ouvrier à des risques, qu'il n'est pas en situation de courir. Tandis qu'avec le contrat de salaire, le produit de son travail est assuré à des époques déterminées à l'avance, il en est bien différemment sous le régime de la société de production. Si l'entreprise ne réussit pas, les ouvriers qui composent la société sont exposés à perdre tout à la fois leur capital et le produit de leur travail.

3° Il est un autre grief qu'on a relevé à l'adresse des sociétés de production. Dans la pensée de certains auteurs, ces associations sont destinées à faire disparaître le salariat dans l'avenir. Or, elles empruntent elles-mêmes cette forme de contracter au régime actuel. Lorsqu'une société de production a prospéré, elle cesse d'admettre de nouveaux membres associés, elle devient alors une véritable société de petits patrons faisant travailler sous ses ordres des ouvriers salariés.

Il n'existe en France qu'un petit nombre de sociétés de production. Les premières apparurent en 1848 ; par un décret du 5 juillet 1848, l'Assemblée nationale mit à leur disposition une somme de 3 millions, mais cette somme fut dépensée sans profit. Depuis, une centaine d'associations sont parvenues à se fonder.

En Angleterre, au contraire, ce genre d'association a pleinement réussi.

CHAPITRE II. — SYNDICATS OUVRIERS.

Exposé général et division. — Les syndicats ouvriers sont des associations formées entre gens exerçant le même métier, pour l'étude et la défense de leurs intérêts professionnels, et notamment, en vue d'obtenir les meilleures conditions au point de vue du salaire et de l'organisation du travail.

Les syndicats ouvriers diffèrent des *coalitions*.

Les coalitions sont des ententes temporaires, tandis que les syndicats sont des associations permanentes.

La Révolution française, après avoir prononcé la suppression des anciennes corporations, dans la crainte de les voir se reformer, prohiba toute association, soit temporaire, soit permanente, entre patrons ou entre ouvriers. Le Code pénal sanctionna cette interdiction de peines rigoureuses.

On condamnait ainsi l'ouvrier à l'isolement et on lui ôtait la puissance considérable que procure l'entente concertée des individus, pour lutter contre les exigences et les abus du capital.

Ces barrières ont été successivement levées ; le délit de coalition a disparu par la loi du 25 mai 1864 ; la loi du 30 juin 1881 a fait un pas de plus dans la voie des mesures libérales, en établissant la liberté de réunion. Enfin, la loi du 21 mars 1884 a complété la réforme en accordant aux ouvriers et aux patrons le droit de former des associations permanentes, sous le nom de *syndicats professionnels*.

Nous allons nous occuper :

1° Des coalitions et des grèves ;
2° Des syndicats professionnels.

§ 1. — Coalitions et grèves.

Définitions. — La coalition est une entente établie entre ouvriers pour refuser le travail au patron, afin d'obtenir une augmentation de salaire ou une diminution d'heures de travail, ou d'autres concessions.

La grève est l'interruption simultanée du travail de la part des ouvriers.

La coalition et la grève sont deux puissants moyens dont les ouvriers peuvent user pour se défendre contre la tyrannie du capital.

De leur côté, les patrons peuvent se coaliser contre les ouvriers pour leur imposer certaines conditions et, à la grève du travail, répondre par la grève du capital, en fermant les ateliers ; c'est le *lok out*. Cela se rencontre cependant plus rarement, et lorsqu'on parle de coalition et de grève, c'est toujours à la coalition et à la grève des ouvriers qu'il est fait allusion (1).

Historique et législation actuelle. — Comme nous avons eu déjà l'occasion de le faire observer, la coalition était considérée comme un délit par le Code pénal, aussi bien pour les ouvriers que pour les patrons (art. 414 et 415).

C'est une solution très critiquable à un double point de vue. D'une part, on enlevait aux ouvriers une arme puissante, d'autre part, il paraissait illogique de reconnaître à l'ouvrier isolé le droit de ne pas travailler, et de refuser le même droit à une réunion d'ouvriers.

La République de 1848 ne fit qu'aggraver cette situation. La loi du 27 novembre 1849 éleva la peine encourue, en portant le maximum de l'emprisonnement de 1 mois à 3 mois.

C'est seulement la loi du 25 mai 1864 qui a supprimé le délit de coalition ; mais elle réprima, sous le nom de délit d'atteinte à la liberté du travail, le fait d'amener ou de maintenir, une cessation concertée du travail à l'aide de violences, voies de fait, menaces ou manœuvres frauduleuses. De plus, elle con-

---

(1) On peut même supposer une entente entre ouvriers et patrons pour interrompre le travail pendant un certain temps lorsque la production a été trop abondante et que le prix de vente du produit n'est pas suffisamment rémunérateur. C'est ce qui est arrivé à un moment en Angleterre pour l'industrie minière ; la production ayant dépassé les besoins de la consommation, la valeur du charbon avait baissé ; ouvriers et patrons s'entendirent pour faire grève contre les consommateurs.

serva l'ancien article 416 du Code pénal puissant les ouvriers qui, à l'aide d'amendes, de défenses, de prescriptions ou interdictions prononcées par suite d'un plan concerté, portaient atteinte à la liberté du travail.

Ce dernier article a été abrogé par la loi du 21 mars 1884 sur les syndicats professionnels.

En résumé donc, sous l'empire de la législation actuelle, les coalitions et les grèves sont permises ; et lorsqu'une grève a été décidée, la majorité des ouvriers favorables à la grève peut l'imposer à la minorité par des amendes ou des mises à l'index.

Seuls les actes de violence sont prohibés et réprimés par la loi.

Causes des grèves. — Les grèves ont généralement pour causes :

Ou bien une demande d'augmentation de salaire ;

Ou bien une demande de diminution des heures de travail ;

Ou bien des questions de personnes : renvoi d'ouvriers, demande de renvoi d'un chef, etc.

Dans ces dernières années, plusieurs grèves ont éclaté pour des motifs purement politiques.

Résultats des grèves. — On s'est demandé souvent si la grève était profitable à l'ouvrier, et beaucoup d'auteurs ont répondu que les ouvriers avaient plus de dommages à en attendre que d'avantages à en retirer.

Cette opinion n'est pas exacte. Il est évident que l'organisation des grèves a eu une action salutaire sur la condition de l'ouvrier. Sans doute, tant que la grève dure, l'ouvrier qui n'a pas su épargner en prévision du chômage qu'il s'impose, est très malheureux. Mais ce sont là des souffrances passagères.

La plupart du temps la grève se termine à la satisfaction des ouvriers. Le patron est souvent obligé de céder parce que l'interruption prolongée du travail lui cause un dommage considérable, dans la grande industrie surtout : les machines se détériorent dans l'inaction, le capital reste improductif, pendant que les intérêts et le loyer continuent à courir, enfin les débouchés peuvent être perdus par le fait des concurrents aux aguets.

Bien mieux, la crainte de la grève agit quelquefois aussi puissamment que la grève elle-même ; et il n'est pas rare de voir des patrons faire de grands sacrifices, en donnant satisfaction aux ouvriers, pour conjurer la grève, avant même qu'elle n'ait été déclarée.

Lois préventives de la grève. — Il n'en est pas moins vrai qu'au point de vue général, la grève est un mal, parce qu'elle tend à entretenir à l'état aigu le conflit entre le capital et le travail, et aussi parce qu'elle est souvent accompagnée d'actes de violence et d'émeutes.

C'est pourquoi on a cherché à prévenir les grèves ou à les terminer rapidement à l'aide de la conciliation ou de l'arbitrage. D'après la loi du 17 décembre 1892, une tentative de conciliation peut être provoquée par les ouvriers ou par les patrons, lorsque le conflit est imminent, ou proposée par le juge de paix, si le conflit est déclaré.

Un comité de conciliation composé des délégués des parties intéressées se réunit en présence du juge de paix à la mairie. Si l'accord ne s'établit pas, des arbitres peuvent être nommés pour trancher le différend. La sentence qu'ils rendent est légalement obligatoire pour les deux parties en raison de l'engagement qu'elles ont pris de la respecter. Mais, dans la pratique, aucune sanction positive ne peut en assurer l'exécution, à l'égard des ouvriers, à raison de leur nombre.

La loi de 1892 n'a donné jusqu'ici que des résultats fort médiocres.

§ 2. — Syndicats professionnels.

Définition. — Les syndicats professionnels sont des associations formées, entre personnes exerçant le même métier, pour l'étude et la défense de leurs intérêts professionnels.

Ils peuvent être constitués entre ouvriers, — ce sont alors les syndicats ouvriers, — ou entre patrons, ou entre patrons et ouvriers. Ces derniers sont appelés syndicats mixtes.

Loi du 21 mars 1884. — C'est la loi du 21 mars 1884 qui a autorisé la création des syndicats professionnels. Cette loi avait doté les patrons et les ouvriers d'un véritable privilège en leur accordant la liberté d'association qui n'existait pas pour les simples particuliers et qui n'a été organisée que par la loi du 1er juillet 1900. Cependant, cette loi a simplement régularisé une situation de fait.

Malgré les prohibitions établies par les lois révolutionnaires, de véritables associations s'étaient constituées et fonctionnaient clandestinement, sous le nom de chambres syndicales.

L'administration avait été toujours assez tolérante et même favorable aux chambres syndicales de patrons ; elle se montrait au contraire rigoureuse envers les chambres syndicales ouvrières qui se cachaient souvent sous le couvert de sociétés de secours mutuels. Mais depuis la fin du second empire, les unes et les autres avaient réussi à obtenir une reconnaissance de fait qui est devenue légale en 1884.

Économie générale de la loi de 1884. — 1º Conditions requises pour la constitution régulière des syndicats. — La constitution régulière des syndicats est subordonnée aux conditions suivantes :

a) Il faut que le syndicat ne comprenne que des membres exerçant actuellement et réellement la profession qui forme l'objet du syndicat. Il importe peu qu'ils soient Français ou étrangers, majeurs ou mineurs ; les femmes, mariées ou non, peuvent également en faire partie ;

b) Il faut que tous les membres du syndicat exercent la même profession ou des professions similaires ou connexes ;

c) La direction du syndicat ne peut appartenir qu'à des individus de nationalité française, jouissant de leurs droits civils et faisant partie du syndicat ;

d) Le syndicat ne peut fonctionner régulièrement qu'après avoir déposé à la mairie, en double exemplaire, dont l'un est destiné au procureur de la République :

α) Le texte de ses statuts ;

β) Les noms de ses directeurs ou administrateurs.

2° Objet des syndicats professionnels. — D'après l'article 3 de la loi de 1884, les syndicats professionnels ont exclusivement pour objet l'étude et la défense des intérêts économiques, industriels, commerciaux et agricoles. Ils ne doivent pas constituer des associations politiques·

Ils peuvent formuler des réclamations, organiser la grève, ester en justice. Ils ont aussi la faculté de fonder des institutions accessoires : caisses d'assurances, établissement d'ateliers, de refuge, magasins pour la vente et la réparation des outils, cours, conférences, écoles professionnelles, sociétés de secours mutuels et offices de renseignements, etc.

Ces deux dernières institutions sont rendues plus faciles, en ce que les syndicats sont dispensés de demander l'autorisation administrative pour les établir.

3° Personnalité des syndicats. — Les syndicats professionnels constituent des personnes morales (1).

En conséquence, ils peuvent être propriétaires et ester en justice.

a) Capacité d'acquérir. — La capacité d'acquérir des syndicats n'est pas absolue.

Ils peuvent devenir propriétaires, sans aucune restriction, des choses mobilières (meubles meublants, actions, obligations, etc.), soit par donation entre vifs, soit par testament, soit de toute autre façon.

Il en est différemment en ce qui concerne les immeubles. Ils ne peuvent acquérir, soit par donation, soit par testament, soit par actes à titre onéreux, d'autres immeubles que ceux qui sont nécessaires à leurs réunions, à leurs bibliothèques, et à des cours d'instruction professionnelle (art. 6).

La sanction de cette dernière disposition est la suivante : Si le syndicat a acquis un immeuble, en dehors du cas prévu par la loi, à la suite d'une donation ou d'un testament, la donation ou le legs pourra être annulé sur la demande des personnes intéressées et du Procureur de la République.

(1) Voir, sur la définition et la notion de la personnalité morale, notre *Manuel de droit civil*, t. I, p. 98.

Si l'acquisition a eu lieu en vertu d'une vente, la vente n'est pas nulle ; mais le Procureur de la République ou les intéressés pourront contraindre le syndicat à revendre l'immeuble, et le prix sera versé dans la caisse du syndicat.

b) Capacité d'ester en justice. — Les syndicats peuvent, sans aucun doute, agir en justice pour défendre leurs intérêts de personne morale, — par exemple, réclamer la délivrance d'un legs, revendiquer un immeuble qui est affecté à l'installation du syndicat, etc.

Mais peuvent-ils également intenter une action en justice pour protéger les intérêts professionnels de ses membres ? La solution affirmative paraît s'imposer. Cependant, la question a donné lieu à des interprétations contradictoires de la jurisprudence. Un syndicat de pharmaciens ayant réclamé des dommages-intérêts à des personnes qui avaient vendu irrégulièrement des produits pharmaceutiques, l'action a été déclarée recevable par diverses Cours d'appel (Paris, janvier 1886 ; Grenoble, 1892).

Au contraire, la Cour de Dijon et la Cour de cassation ont refusé d'admettre l'intervention d'un syndicat ouvrier, établi à Chauffailles, qui plaidait au nom de quelques ouvriers pour faire respecter par les patrons un traité, signé en 1889 avec le syndicat, sur la détermination du salaire et des heures de travail (Dijon, 23 juillet 1890 ; Cassation, 1er février 1893).

4° **Action du syndicat sur ses membres.** — Le syndicat peut réclamer à ses membres, tant qu'ils en font partie, le paiement d'une cotisation. Il peut, en outre, leur adresser des injonctions, des prohibitions, en frappant d'amendes ou de mises à l'index ceux qui s'y refuseraient. C'est un moyen énergique dont le syndicat dispose pour faire respecter la grève, lorsqu'elle a été décidée. L'article 416 du Code pénal se trouve ainsi abrogé, comme nous l'avons dit plus haut.

Cependant la liberté de l'individu est sauvegardée par le droit qui lui appartient de se retirer du syndicat, quand il le désire, nonobstant toute clause contraire insérée dans les statuts.

Il est tenu dans ce cas de payer la cotisation de l'année courante. Il conserve le droit d'être membre des sociétés de secours mutuels et des caisses de retraites pour la vieillesse à l'actif desquelles il a contribué par des cotisations ou des versements de fonds (art. 7).

5° **Unions des syndicats.** — Les syndicats peuvent se concerter et former des unions ou fédérations de syndicats pour l'étude et la défense de leurs intérêts professionnels communs.

C'est un moyen dont ils peuvent user pour augmenter leur autorité, et pour étudier avec plus de compétence les intérêts généraux de l'industrie.

Mais la loi de 1884 a refusé de leur reconnaître la personnalité civile.

6° **Fin des syndicats.** — Un syndicat peut prendre fin, soit par la dissolution volontaire, votée par la majorité de ses membres, soit par la dissolution forcée, prononcée par le tribunal sur la réquisition du Procureur de la République.

7° **Syndicats agricoles.** — Les syndicats agricoles ont été admis par la loi de 1884, comme par hasard, et sans qu'on ait recherché si les règles des syndicats industriels ou commerciaux leur convenaient bien. C'était d'ailleurs une nouveauté sans précédents.

En fait, un certain nombre de ces syndicats se sont formés. On en comptait 952 en 1893.

Leur but est double : faire des achats dans de bonnes conditions pour le compte de leurs membres et faciliter l'écoulement des produits agricoles. Ils se rapprochent donc beaucoup des associations coopératives de consommations industrielles dont nous avons parlé plus haut (1).

8° **Résultats généraux de la loi de 1884.** — La loi de 1884 a produit des résultats utiles, mais a donné lieu à des abus regrettables.

Les effets utiles ont été :

a) De procurer aux ouvriers une force nouvelle pour la défense de leurs intérêts ;

______

(1) Voir *suprà*, p. 156.

b) De leur donner les moyens de les discuter en commun et de les mieux connaître ;

c) De faciliter l'entente entre le capital et le travail, en mettant en présence des patrons, non pas une foule d'ouvriers sans cohésion et sans discipline, mais un groupe solidement constitué, ayant à sa tête des représentants autorisés pour parler en son nom et pour faire exécuter les résolutions arrêtées en commun ;

d) Enfin, d'améliorer la situation matérielle des ouvriers par l'établissement rendu plus facile des sociétés de secours mutuels, des caisses d'assistance et de retraite, etc.

Les abus ont consisté :

De la part de syndicats ouvriers, à vouloir contraindre l'ouvrier à entrer, malgré lui, dans le syndicat, en allant jusqu'à exiger des patrons le renvoi des ouvriers non syndiqués ;

De la part des syndicats de patrons, à se montrer hostiles à la formation et au fonctionnement des syndicats ouvriers, soit par le refus d'entrer en relation avec leurs délégués, soit par le refus d'embaucher les ouvriers syndiqués.

Pour éviter ces abus, une proposition de loi a été déposée par M. Bovier-Lapierre sur le bureau de la Chambre des députés, en 1886. L'entente n'ayant pu se faire, le Conseil d'Etat a été chargé de remanier le texte primitif. D'après le nouveau projet, des pénalités frapperaient tous ceux qui auraient porté atteinte au droit des patrons ou des ouvriers de faire ou de ne pas faire partie du syndicat. Serait également puni le fait de la part d'un syndicat de vouloir contraindre des non-syndiqués d'obéir à leurs injonctions. On a également proposé d'amender la loi de 1884 en déclarant qu'elle n'est pas applicable aux personnes employées à quelque titre et à quelque travail que ce soit, dans les services relevant de l'Etat, des départements ou des communes et dans toutes les entreprises chargées de services publics, ou obligées par leurs cahiers des charges à des services permanents comme les Compagnies d'omnibus ou de chemins de fer.

**Comparaison des syndicats avec les anciennes corporations.
— *Ressemblances*. —** Les syndicats offrent ce trait de ressem-
blance avec les anciennes corporations, que ce sont comme elles
des associations entre gens exerçant le même métier, et
qu'elles constituent comme elles des personnes morales.

Différences. — Mais les différences sont nombreuses entre
les syndicats et les corporations. Les corporations éveillent
dans l'esprit l'idée de privilège, de monopole, d'oppression et
d'exclusion, tandis que les syndicats, l'esprit de liberté, d'égalité et de progrès.

a) Les corporations étaient composées exclusivement des
patrons ou maîtres, les ouvriers ou compagnons n'en faisaient
pas partie :

Au contraire, le régime des syndicats est commun aux ouvriers et aux patrons ;

b) Le régime des corporations était relatif à l'exercice même
du métier. Chaque corporation avait le monopole exclusif d'une
industrie déterminée et ne pouvait pas en sortir. De plus, la
liberté du travail n'existait pas. Pour passer maître, il fallait
avoir été successivement apprenti, compagnon, faire le chef-
d'œuvre et payer des droits élevés à la corporation. Enfin, la
corporation réglementait minutieusement les conditions du
travail. Tout autre est le rôle du syndicat : il ne s'occupe pas
de l'œuvre même de la production ; il se borne à grouper les
ouvriers et les patrons en vue de la défense de leurs intérêts
professionnels.

c) L'entrée dans la corporation s'imposait. On n'était pas
libre d'en faire partie ou de n'en pas faire partie. Il en est différemment des syndicats actuels. L'ouvrier, comme le patron,
est libre d'y entrer.

Les trade-unions en Angleterre (1). — Nos syndicats professionnels sont en petit ce que sont en grand les trade-unions
en Angleterre. Ce sont des groupements permanents de salariés constitués en vue de garantir et d'améliorer les conditions
de leur contrat de travail.

(1) Consulter Métin, *op. cit.*, p. 243 et suiv.

Jusqu'en 1889, ces associations ne se formaient qu'entre travailleurs qualifiés (*skilled labourers*), qui formaient l'aristocratie de la classe ouvrière. Mais depuis la fameuse grève des dokers, en 1889, des associations analogues se sont formées entre les travailleurs non qualifiés (*unskilled labourers*), manœuvres, journaliers, chauffeurs, matelots du commerce, etc.

Ces deux sortes d'associations sont bien différentes, tant par leur puissance financière, que par leur but et par leur tendance d'esprit.

1° Les anciennes trade-unions sont des associations très puissantes dont les budgets sont considérables, et dont les membres paient une cotisation élevée. Les nouvelles trade-unions ont au contraire des ressources très restreintes, en raison de la modicité des cotisations que peuvent payer leurs membres.

2° Les anciennes trade-unions sont plutôt des sociétés de secours mutuels assurant à leurs membres des secours contre le chômage, contre l'invalidité et la vieillesse que des associations de lutte contre les patrons. Les nouvelles, au contraire, ont surtout pour but de réunir des fonds pour constituer une caisse de résistance.

3° Les anciennes trade-unions sont imbues d'un esprit conservateur ; elles ne disposent de leur énorme puissance que pour résoudre les conflits entre le travail et le capital par la conciliation et non par la guerre. Au contraire, les nouvelles unions sont instituées au point de vue de la lutte et sont animées d'un esprit socialiste.

IVe SECTION. — LE SOCIALISME.

Définition. — Le socialisme (1) est un ensemble de doctrines qui tendent à condamner le régime social actuel, en raison

(1) Le socialisme ainsi défini est le socialisme au sens propre et strict

des résultats injustes qu'il produit, et qui proposent d'y substituer une organisation nouvelle où la propriété privée, le salariat et les revenus capitalistes seraient supprimés et où la liberté individuelle serait remplacée par l'intervention constante de l'Etat, qui jouerait en quelque sorte le rôle de *providence* et se chargerait d'assurer le bonheur commun, en distribuant les produits à chacun, soit suivant ses besoins, soit suivant son travail.

Les diverses théories socialistes. — On peut dire que le socialisme a produit deux théories principales, le communisme et le collectivisme. Nous en avons déjà dit un mot, en parlant de la propriété.

Le *communisme* tend à laisser tout en commun, c'est la négation absolue du droit de propriété ; il a eu comme chefs d'école : Gracchus Babœuf, Robert Owen et Cabet.

Le *collectivisme* admet la propriété individuelle en ce qui concerne le capital. C'est, nous le verrons, la forme moderne du socialisme (1) : il s'est surtout développé en Allemagne, et ses deux grands chefs sont Karl Marx et Lassalle.

Enfin, tout autour de ces deux doctrines gravitent un certain

du mot. Entendu dans un sens plus large, il comprendrait toute doctrine ou toute mesure qui tend à améliorer la condition économique de la classe ouvrière et à établir une certaine égalité économique entre les individus. C'est en se plaçant à ce dernier point de vue qu'on parle de socialisme d'Etat et de socialisme chrétien. Le *socialisme d'Etat* est plutôt une tendance qu'un système complet et cohérant de doctrine. On dit qu'il y a socialisme d'Etat toutes les fois que l'Etat intervient d'une façon plus ou moins active dans le domaine économique par exemple, pour prendre en mains le service des transports, ou pour imposer aux patrons soit le risque professionnel de leurs ouvriers, soit des retraites ouvrières. Le *socialisme chrétien* est une doctrine aussi peu cohérente ; c'est une tendance vers l'amélioration des classes ouvrières par le retour aux corporations des métiers, avec des organes permanents de conciliation entre patrons et ouvriers, et des caisses de prévoyance au profit de ces derniers. C'est à la fois une réaction contre la doctrine libérale et contre la puissance financière de la bourgeoisie. Tout cela n'est pas le vrai socialisme (M. Bourguin, à son cours).

(1) Nous laissons de côté le socialisme agraire dont nous avons parlé plus haut en faisant la théorie de la rente (voir page 121).

nombre de systèmes, les uns mal définis, les autres empruntant leurs éléments de solution soit au communisme, soit au collectivisme : le saint-simonisme, le fouriérisme, l'organisation du travail ou le droit au travail de Louis Blanc et le mutuellisme de Proudhon.

Traits caractéristiques des doctrines socialistes. — On peut ramener aux idées suivantes :

1° Elles commencent d'abord par un procès en règle contre l'état économique actuel ; la partie critique est la partie essentielle de leur œuvre ; et les auteurs socialistes sont avant tout des pamphlétaires et des polémistes ; leur but est de détruire ce qui existe ; mais lorsqu'il s'agit de reconstruire la société sur de nouvelles bases, ils hésitent et parviennent difficilement à formuler un système d'organisation ;

2° Les projets de réformes sociales aboutissent tous : à la suppression de la propriété individuelle qui serait remplacée dans la société nouvelle par la propriété collective ;

A la conception d'un *État producteur*, ayant pour mission principale d'organiser et de diriger la production industrielle ; et d'un *État-providence* veillant au bonheur de chacun de ses membres ;

3° Par là, les théories socialistes tendent fatalement à la suppression de la liberté individuelle et aboutissent au despotisme gouvernemental le plus absolu ;

4° Enfin, dans l'ordre spécial rêvé par la plupart des socialistes, l'intérêt personnel qui est le stimulant le plus énergique du travail serait remplacé par un sentiment nouveau, qu'ils appellent « l'*altruisme* », ou amour du prochain, qui serait assez puissant pour faire travailler l'individu au bonheur de la collectivité.

Division de la section. — Nous diviserons la section en deux chapitres :

Chapitre I. — Histoire des doctrines socialistes.

Chapitre II. — La forme moderne du socialisme : le collectivisme.

CHAPITRE Ier. — HISTOIRE DES DOCTRINES SOCIALISTES.

Exposé historique des doctrines socialistes : Origine du socialisme. — Le socialisme est d'origine moderne. Il est vrai que Platon dans sa République proposait un régime communiste ; Fénelon décrivait le tableau d'une société idéale, et J.-J. Rousseau, au XVIIIe siècle, rêvait d'un âge d'or et du retour à l'*état de nature*. Mais ce sont là plutôt des œuvres d'imagination, relevant de la littérature et de la poésie que des conceptions vraiment scientifiques.

Le socialisme et la Révolution. — On peut même dire que la Révolution française resta étrangère aux idées socialistes. Sous la Convention, quelques mesures furent bien prises sous l'influence de Saint-Just et de Robespierre, mais c'étaient des mesures isolées qui ne se rattachaient pas à un plan d'ensemble.

Le communisme de Babœuf, de Robert Owen et de Cabet. — C'est seulement *sous le Directoire* qu'apparaît le premier essai de théorie socialiste, avec Babœuf (1764 à 1797), l'un des chefs de l'école communiste. Il part de cette idée que la nature a donné à chaque homme un droit égal à la jouissance de tous les biens et il veut constituer une république égalitaire basée sur la communauté. L'État devrait se déclarer seul propriétaire des terres et organiser le travail comme une fonction publique.

Des magistrats seraient chargés de répartir le travail entre les citoyens d'une façon égale, et de partager également les produits.

Il se fit appeler *Gracchus*, en souvenir des promoteurs des lois agraires, il se mit à la tête de la Conspiration des Egaux ; il fut arrêté et condamné à mort en 1797.

Un peu plus tard, un Écossais, Robert Owen (1771 à 1857), se fait l'apôtre du communisme. Grand philanthrope et industriel considérable, il avait mis en pratique, dans son usine de

New-Lanark, la plupart des institutions ou des idées économiques d'origine récente : sociétés ouvrières, magasins d'approvisionnement, caisses d'épargne, limitation des heures de travail pour les enfants, etc. Il obtint des résultats remarquables. Malheureusement, il voulut généraliser l'expérience ; il tenta de fonder une colonie d'après les principes communistes aux États-Unis, sous le nom de « New-Harmony » (1826). L'essai ne réussit pas, et il y perdit une immense fortune.

D'après Owen, l'homme est soumis à la fatalité ; dès lors, il n'y a ni bien ni mal, ni responsabilité. Il ne doit exister dans une société aucun lien d'aucune sorte ; ni religion, ni famille, ni propriété. La société doit pratiquer une communauté, mais une communauté libre, où chacun pourrait prendre ce qu'il voudrait, et s'occuper à sa fantaisie, « la bienveillance universelle devant suffire à tous ».

A peu près à la même époque, Cabet (1788-1856) exposait ses théories communistes dans le *Voyage en Icarie*. Après 1848, il essaya de les mettre en pratique ; il fonda à Nauvoo, dans l'Illinois, une colonie icarienne dont il ne tarda pas à être chassé, et dont il reste encore quelques vestiges.

Le socialisme sous la Restauration et sous la monarchie de juillet. — Sous la Restauration et sous la monarchie de juillet, deux théories fameuses apparaissent : le saint-simonisme et le fouriérisme.

Le saint-simonisme. — Le saint-simonisme est célèbre surtout par les hommes considérables qui en furent les adhérents. Son auteur, Saint-Simon — né à Paris le 17 octobre 1760, mort le 19 mai 1825 — a édifié un système qui a reçu le nom d'*industrialisme*. Il estimait que la destinée de l'homme sur terre était de produire les choses indispensables à la vie et il voulait que la société fût organisée d'après le principe suivant : « A chacun suivant sa capacité, à chaque capacité suivant ses œuvres. »

Il proposait d'établir un parlement qui serait composé de trois chambres :

La *chambre d'invention*, qui comprendrait des ingénieurs et des artistes ayant pour mission de découvrir et de proposer les travaux à entreprendre ;

La *chambre d'examen*, où des savants examineraient les projets préparés par la première ;

La *chambre d'exécution*, dont feraient partie les plus riches industriels, pour diriger les travaux.

Vers la fin de sa vie, Saint-Simon donna à son système un caractère religieux, en le présentant comme une application des vrais principes du christianisme.

A sa mort, ce caractère fut encore accentué par ses successeurs : Enfantin, Bazard, Olinde Rodrigues ; on l'appela le *néo-christianisme*.

L'œuvre de la production industrielle leur apparaissait comme la matière d'une religion nouvelle avec trois catégories de prêtres :

Le *prêtre social*, chargé de la direction générale ;

Le *prêtre de la science* ou du dogme ;

Et le *prêtre de l'industrie* ou prêtre du culte.

C'est sous cette direction que les citoyens devaient se livrer à la production des richesses.

D'ailleurs, pour se procurer les capitaux nécessaires à l'établissement du nouvel ordre de choses, les partisans de cette théorie ne recommandaient pas les moyens violents. Ils proposaient seulement la suppression de l'hérédité ; cette mesure leur paraissait suffisante pour procurer à la société les éléments de production.

Le saint-simonisme atteint son apogée à l'époque de la révolution de 1830 ; il avait deux journaux périodiques : le *Globe* et l'*Organisateur*. On avait installé rue Monsigny, à Paris, une réduction de la future société rêvée. Plus tard, des dissentiments se produisirent. Enfantin se sépara de Bazard et se posant comme le nouveau messie, installa à Ménilmontant une sorte de communauté, dont les membres portaient un costume particulier, et se livraient à des travaux manuels, en chantant des hymnes religieux. En 1833, des poursuites en cours d'assises portèrent le dernier coup à la doctrine.

Le fouriérisme. — Fourier (né le 7 avril 1768, mort en 1837) est l'auteur d'un système d'organisation sociale qui porte son nom. Le fond de sa théorie repose sur l'association, et sur l'attraction passionnelle. Il voulait associer les hommes, en capital, travail et talent, par groupes, par séries, puis par phalanges, dans une demeure somptueuse qu'il appelle le *phalanstère*. Dans l'intérieur de ces associations, chaque individu se livrerait au travail qui offrirait pour lui le plus d'attrait et par la combinaison des penchants naturels de chacun, l'harmonie serait réalisée. Comme Rousseau, Fourier adopte pour point de départ cette idée que l'homme est bon, et que c'est la société qui est mauvaise. Elle comprime les passions de l'homme, au lieu d'en tirer profit et de les utiliser pour le bien-être commun.

Ainsi, trois des passions de l'homme, convenablement dirigées, peuvent servir à la production, ce sont les passions *mécanisantes* ou *pivotales* : la *papillonne*, ou inconstance d'esprit, qui peut être la source de la variété dans les produits ; la *passion cabaliste*, ou esprit de rivalité, qui peut servir de stimulant au travail, par le désir qu'il peut faire naître dans chaque groupe de produire mieux et davantage que les autres ; la *composite* c'est-à-dire la fougue que produit la réunion de plusieurs plaisirs.

Fourier voulut joindre l'exemple au précepte ; il créa en 1832, à Condé, un phalanstère agricole qui ne réussit pas.

Il faut d'ailleurs rendre cette justice à Fourier qu'il ne préconisa jamais l'emploi de la violence pour imposer son système. Il comptait uniquement sur les résultats que produirait sa mise en pratique, pour amener les hommes à l'adopter.

Du socialisme de 1848. — La révolution de 1848 a donné naissance à deux théories qui sont restées célèbres dans l'histoire du socialisme : l'organisation du travail ou le droit au travail, de Louis Blanc, et le mutuellisme ou le système de la gratuité du crédit de Proudhon.

Organisation du travail ou droit au travail. — D'après Louis Blanc, l'État est tenu de procurer du travail à chaque individu qui le demande pour lui permettre de vivre ; toute personne aurait, de ce chef, un véritable droit de créance contre la Société qui est obligée, en conséquence, de se faire producteur et d'organiser le travail. A cet effet, il demandait l'établissement de trois ateliers nationaux : l'atelier industriel, l'atelier agricole, pour la production, et l'atelier d'échange, pour l'achat des matières premières et pour la vente du produit fabriqué. Il ajoutait que, si l'Etat faisait cette tentative, tous les ateliers privés ne tarderaient pas à se fermer, ne pouvant lutter contre la concurrence que leur feraient les ateliers nationaux, tous les ouvriers demanderaient à y entrer, et il arriverait un moment où l'Etat serait seul producteur. Cette théorie séduisit beaucoup d'esprits ; elle pénétra dans la masse, et, en 1848, Louis Blanc, devenu membre du gouvernement, et président de la commission du travail, parvint à obtenir l'ouverture d'ateliers nationaux. La tentative échoua complètement. L'ouvrier n'y faisant rien, on dut les fermer ; ce fut le signal de l'insurrection de juin. Les insurgés prirent pour mot d'ordre et inscrivirent sur leurs drapeaux : « Organisation du travail et droit au travail. »

Mutuellisme ou gratuité du crédit. — Proudhon, né le 15 janvier 1809, mort le 19 janvier 1865, fut avant tout un polémiste et un pamphlétaire. C'est lui qui donna cette définition de la propriété : « La propriété, c'est le vol » (1). Lorsqu'après avoir tout attaqué, le socialisme comme le régime de la liberté, il fut dans la nécessité de formuler lui-même un système d'organisation sociale ; il aboutit à cette conception bizarre qui est connue sous le nom de *mutuellisme* ou de *gratuité du crédit.*

Il part de cette idée que le travail seul produit, et non le capital ; lorsqu'un capitaliste prête de l'argent à un travailleur, tout ce qu'il peut exiger c'est que celui-ci lui restitue la somme prêtée, il ne peut pas lui réclamer davantage ; l'intérêt est illégitime parce que la plus-value qu'a pu produire l'emploi de la

(1) On a établi que cette formule, dont il était très fier, avait été donnée avant lui, notamment par Brissot, l'un des chefs girondins à l'Assemblée législative, dans ses recherches philosophiques sur le droit de propriété et le vol, en 1780.

somme d'argent, étant uniquement le résultat du travail, doit appartenir en totalité à l'ouvrier. En conséquence, il proposait l'établissement d'une *banque d'échange*, où les déposants ne pourraient réclamer aucun intérêt, et qui prêterait aux ouvriers moyennant un intérêt très modique, 1/4 0/0, pour couvrir les frais d'administration de la banque. De cette façon, le capital et le travail se prêteraient un *mutuel* appui, d'où le nom de mutuellisme donné à son système.

Il n'est pas besoin de réfléchir longtemps pour apercevoir le vice de ce système. D'abord, il est inexact de soutenir que le travail soit le seul facteur de la production ; le capital nous l'avons vu, est un élément dont il est impossible de se passer. Le capitaliste rend un service à l'emprunteur en mettant une somme d'argent à sa disposition ; de plus, il court le risque de ne pas être remboursé. Pour ces deux raisons, il a droit à une rémunération. Qu'arriverait-il d'ailleurs si l'intérêt était supprimé ? Il arriverait de deux choses l'une : ou bien que l'on n'épargnerait plus, ou bien que chacun conserverait précieusement entre ses mains le capital qu'il aurait réussi à mettre de côté. L'idée d'une banque d'échange, où le public apporterait son épargne sans avoir droit à l'intérêt de son argent, est une pure utopie.

CHAPITRE II. — LA FORME MODERNE DU SOCIALISME : LE COLLECTIVISME.

Origine du socialisme contemporain. — Le collectivisme est la forme moderne du socialisme. Il est né et s'est développé en Allemagne. Son véritable fondateur est Karl Marx (1), qui en a été le théoricien dans son ouvrage *das Capital*. Il avait eu

(1) Né à Trèves en 1818, d'une famille israélite, mort à Londres en 1883 ; il lança en 1848 avec Engels le manifeste du parti communiste ; fonda e 1864 l'association internationale des travailleurs, et il fit paraître en 1867, son ouvrage sur le capital dont la publication fut achevée, après sa mort par Engels.

pour précurseur Rodbertus Jazetzow ; il eut pour collaborateurs et pour disciples Engels (1) et Lassalle (2).

Caractère scientifique et évolutionniste du nouveau socialisme. — Le nouveau socialisme est bien différent du socialisme antérieur de Cabet et de Proudhon.

Le socialisme antérieur était idéaliste et utopiste. Il critiquait l'organisation sociale au nom des idées de justice, de fraternité ou d'amour, et il construisait artificiellement un plan de réforme pour l'établissement de la nouvelle société.

L'école socialiste allemande se déclare au contraire matérialiste et évolutionniste. Elle considère l'état social actuel comme un produit nécessaire du développement historique des sociétés, et elle proclame que l'avènement du collectivisme se produira à son heure et sera le résultat d'une évolution à laquelle l'homme ne pourra échapper.

Ainsi, nous avons vu le régime patriarcal remplacé par le régime du petit producteur autonome ; ce dernier a été supprimé à son tour pour faire place à la production capitaliste ; actuellement, nous constatons que la petite industrie est éliminée chaque jour de plus en plus, et la production apparaît sous la forme collective dans les ateliers ou dans les mines. Or, il y a une contradiction mortelle pour l'organisation actuelle entre ces deux faits ; d'une part, la production collective et d'autre part, la centralisation des moyens de production entre les mains de la classe privilégiée des capitalistes. Fatalement, nécessairement, il y aura expropriation de cette classe par la classe ouvrière, et de même que le travail est devenu collectif, de même la propriété deviendra à son tour collective et sociale (3).

(1) Engels, né à Barmen (Prusse) en 1820, mort à Londres en 1895, fut l'ami et le disciple de Karl Marx, il collabora de son vivant à son œuvre et se fit le propagandiste le plus actif de ses idées après sa mort. Son principal ouvrage est intitulé *Socialisme utopique et socialisme scientifique*, traduit en français par Lafargue (1880).

(2) Né à Breslau en 1825, mort à Genève en 1864, d'origine israélite comme K. Marx, il a été l'apôtre éloquent de la doctrine.

(3) Consulter sur cette question, E de Laveleye, *Socialisme contemporain*, Paris, 1881 ; G. Deville, *Socialisme, Révolution, Internationalisme*, 1893.

Point de départ du système. — *Deux théories célèbres.* — Le point de départ du système se trouve dans deux théories célèbres de Karl Marx ; sa théorie de la valeur et sa théorie de la plus-value, dont les éléments sont puisés dans les écrits des économistes classiques, Adam Smith et Ricardo, et dont les conclusions paraissent être des réminiscences des ouvrages de Proudhon.

Théorie de la valeur. — D'après Karl Marx, la substance de la valeur serait le travail. Comme valeurs, les marchandises destinées à l'échange ne sont autre chose que du *travail cristallisé.*

Quant aux instruments de production, comme les machines, ils ne peuvent créer de la valeur ; ils transmettent seulement aux produits de leur valeur dans la mesure où ils en perdent eux-mêmes par usure ou consommation.

Dès lors, si la valeur a pour seule cause le travail, il est logique d'admettre que la mesure de la valeur est la durée du travail. Pour connaître la valeur respective de deux objets, il faudrait rechercher la durée du travail qui a été dépensé pour les produire ?

Mais que faut-il entendre par « durée du travail » ? Cela ne doit pas s'entendre du travail effectif, qui a été employé à sa production ; parce qu'alors on aboutirait à ce résultat inadmissible qu'une marchandise qu'un ouvrier aurait mis deux jours à façonner, aurait une valeur double d'une autre marchandise de même espèce, identique en tous points qu'un autre ouvrier, plus habile ou plus laborieux n'aurait mis qu'un jour à faire. Le temps de travail qui sert de mesure, c'est le temps moyen, le temps raisonnablement indispensable ; ou pour employer la formule célèbre de Karl Marx, c'est le temps *socialement nécessaire*, c'est-à-dire celui qu'exige tout travail exécuté avec le degré moyen d'habileté et d'intensité et dans des conditions qui, par rapport au milieu social donné, sont normales.

Théorie de la plus-value. — Sous le régime capitaliste actuel, la classe ouvrière, qui est dépourvue des moyens de production, est obligée de vendre sa force de travail aux détenteurs du capital qui forment la classe bourgeoise.

Le capitaliste paie cette force de travail à sa valeur ; quelle est-elle ? d'après la loi d'airain, elle est égale à la somme d'heures nécessaires à la production de ce qui est nécessaire à l'existence de l'ouvrier et de sa famille.

Or, supposons que six heures de travail suffisent pour produire ce qui est indispensable à l'entretien de l'ouvrier et des siens ; comme le patron l'oblige à travailler pendant une journée entière, de douze heures, il y a six heures pendant lesquelles l'emploi de sa force de travail reste impayé. Ce surtravail c'est la plus-value dont le capitaliste profite gratuitement.

En définitive, dans la valeur de toute marchandise, entrent deux éléments : 1° la valeur des moyens de production usés ou consommés ; 2° la valeur nouvelle qui résulte entièrement du travail. Cette valeur elle-même se décompose elle-même : une partie représente le salaire de l'ouvrier, l'autre est la plus-value résultant du surtravail (1).

Ce surtravail est un tribut payé par la classe salariée à la classe capitaliste ; c'est en cela que se manifeste l'exploitation de la classe ouvrière par la classe bourgeoise.

D'ailleurs, les capitalistes ne sont pas responsables de cette situation, le mal vient des institutions et non des hommes.

Dans l'état économique actuel, les choses ne peuvent pas se passer autrement. La seule atténuation au mal dont souffre

(1) M. Bourguin, à son cours, a résumé d'une façon très claire l'obscure théorie de la plus-value à l'aide du syllogisme suivant : » Le travail socialement nécessaire à la production est la source et la mesure de la valeur. Or le travailleur salarié qui crée la valeur entière du produit n'est rémunéré dans la société capitaliste que sur le pied de la valeur de sa force de travail ; laquelle valeur est elle-même déterminée par le temps de travail socialement nécessaire à la production. Donc, la classe capitaliste, qui profite de la différence entre cette valeur de la force de travail représentée par le salaire strictement nécessaire à l'ouvrier pour vivre et la valeur nouvelle ajoutée au produit par le travail de l'ouvrier qui est toujours supérieure à celle de la force de travail, exploite la classe salariée. »

l'ouvrier ne peut résulter que des menaces qui tendraient à raccourcir son surtravail. C'est la raison d'être de la lutte pour la réduction de la journée de travail.

Conséquences : seul remède possible. — De tout ce qui précède, il résulte que la cause du mal pour la classe ouvrière se trouve dans son expropriation des moyens de travailler. Etant donné la forme collective que revêt aujourd'hui l'instrument du travail, les moyens de travail et le travail ne peuvent être réunis entre les mêmes mains que par la transformation de la propriété capitaliste en propriété sociale. « En dehors de la socialisation des moyens de travailler,... il peut y avoir, et il y a souvent charlatanisme ; il n'y a pas de possibilité sérieuse d'émancipation ; il n'y a pas de socialisme » (1).

Observations. — 1º *Sur la théorie de la valeur.* — La théorie de Karl Marx sur la valeur a été démontrée fausse depuis longtemps. En effet, elle tendrait à cette conclusion que l'objet qui n'a coûté aucun travail n'aurait aucune valeur et que deux objets qui ont exigé les mêmes efforts à produire seraient d'égale valeur.

Or, il n'en est rien. Une richesse peut avoir une grande valeur sans avoir coûté aucune peine, telle une carrière, une source d'eau minérale, un terrain au centre d'une ville ; à l'inverse, une chose peut avoir une même valeur qu'une autre chose, ou plus de valeur même, bien qu'elle ait nécessité moins d'efforts pour être produite : par exemple, un hectolitre de blé récolté sur une terre très fertile, par rapport à un autre hectolitre de blé venu sur une terre ingrate.

Il serait plus exact de dire que la valeur se détermine d'après le service rendu à l'acquéreur en raison du travail qui lui est épargné pour produire l'objet ; mais cela revient à dire, comme nous le verrons plus loin, que la valeur se mesure d'après l'utilité de chaque chose et d'après sa rareté.

2º *Sur la théorie de la plus-value.* — D'après Karl Marx, le capital est inerte ; cela est vrai ; mais si, grâce à son emploi

____

(1) G. Deville, *op. cit.*

les mêmes efforts musculaires de l'homme donnent un plus grand nombre de choses utiles, ne peut-on pas dire qu'il est véritablement productif ?

Tentative d'établissement d'un plan de société d'après les principes du collectivisme. — Karl Marx s'était toujours refusé à faire connaître les bases de la société économique qui allait succéder au régime capitaliste, lorsque l'évolution qu'il prédisait en faveur du collectivisme serait achevée. D'après lui, l'établissement du nouvel ordre de choses devait être le résultat fatal des événements ; il n'y avait qu'à laisser les faits se produire et la nouvelle société s'organiser d'elle-même sans chercher à en dégager les cadres par avance.

Mais cette attitude n'a pas été observée par tous les collectivistes. Deux d'entre eux, notamment Rodbertus Jazetzow, et Schœffle ont cherché à tracer un plan de la future société soumise au régime collectiviste. On peut en dégager les caractères suivants :

1° Tous les moyens de production, terre, mines, chemins de fer, etc., appartiennent à l'Etat sous la direction des fonctionnaires.

L'autorité centrale commande à chaque établissement les produits à fournir et distribue les travailleurs dans les divers emplois.

2° Les travailleurs ne sont plus payés en monnaie ; la monnaie est supprimée ; ils reçoivent des bons de travail, en nombre égal aux heures de travail qu'ils ont faites. L'unité de valeur est l'heure de travail moyen, c'est-à-dire d'une intensité et et d'une habileté moyenne. Avec ces bons, il peut se procurer les objets de consommation dont il a besoin et qui seraient accumulés dans les magasins de l'Etat.

D'un autre côté, chaque produit a une valeur égale au nombre de bons de travail que sa production a coûté. De cette façon, le travailleur reçoit une somme de produit égale à la durée de son travail ; on lui reconnaît d'ailleurs le droit de garder ses bons, de les donner ou de les transmettre par héritage.

Il n'y a plus ni fermage, ni intérêt, ni salariat. Plus de crédit, plus de banques, plus de commerce, plus de concurrence ; mais, en revanche, plus de chômage et plus de paupérisme.

Objections contre le collectivisme. — Le collectivisme, tel que nous venons de le décrire d'après ses principaux adeptes, est une pure utopie :

1° Au régime de la libre concurrence comme régulateur de la production, substituer la volonté souveraine do l'Etat serait imposer à l'Etat une tâche pour laquelle il n'est pas fait et qui est au-dessus de ses forces.

2° Au régime de la liberté du travail qui permet à chacun de choisir l'emploi qui lui convient, suivant ses aptitudes naturelles et suivant l'état d'encombrement des carrières, il faudrait substituer la contrainte administrative pour assurer le recrutement de tous les emplois, même les moins recherchés. Mais alors, on aboutit à un système intolérable de tyrannie pour les individus.

3° La liberté de la consommation devrait être aussi supprimée et remplacée par une répartition égale des produits entre les travailleurs. Car autrement, tous les produits étant taxés d'après l'unité de travail, sans tenir compte de leur valeur d'usage, les plus appréciés d'entre eux seraient enlevés par les premiers arrivants et les autres s'accumuleraient dans les magasins ; il y aurait ainsi un défaut d'équilibre et d'égalité dans la répartition des produits.

4° Enfin, les échanges avec l'étranger deviendraient impossibles par la suppression du numéraire, du crédit et des banques. Or, il est bien difficile à un pays de se passer du commerce international (1).

(1) Ces critiques ont été présentées d'une façon magistrale par M. Jules Lemaître dans un article de l'*Echo de Paris* du 6 mars 1901. Nous en extrayons le passage suivant : « Le collectivisme s'appuie sur une idée fausse, sur un optimisme absurde, sur une méconnaissance totale de la nature humaine et des choses comme elles sont..... Supposons-le réalisé. Ce serait la plus insupportable des tyrannies. Ce serait la panbureaucratie le panfonctionnarisme, la médiocrité générale, la mort de l'initiative individuelle ; un vaste bagne sous la surveillance grassement rétribuée des gardes-chiourme inspecteurs et distributeurs du travail. Et comme le

SECTION V. — LA QUESTION DE LA POPULATION DANS SES RAPPORTS AVEC LA DISTRIBUTION DE LA RICHESSE : LA PAUVRETÉ ET LE PAUPÉRISME.

Intérêt de la question de la population. — La question de la population offre un égal intérêt pour un pays, au point de vue politique et au point de vue économique.

Au point de vue politique, tout le monde est d'accord pour reconnaître que la puissance militaire d'un État est en raison directe de sa population. Plus que jamais aujourd'hui, en cette fin de siècle où chaque État présente l'aspect d'une « nation armée » le sort de la défense du territoire dépend du nombre d'hommes valides que l'un des belligérants peut mettre en ligne et opposer à son agresseur dès la première rencontre.

En serait-il différemment au point de vue économique, et le développement de la population, qui est une cause de vitalité pour les institutions politiques d'un pays, serait-il une cause de gêne et de misère pour les individus ? C'est ce qu'a essayé d'établir un économiste anglais Malthus (né le 14 février 1766, mort le 29 décembre 1834), dans une théorie célèbre, connue sous le nom de « théorie de la population ».

Théorie de la population de Malthus. — D'après Malthus, tous les malheurs des peuples dérivent de la même cause : La population augmente dans une proportion plus grande que les moyens de subsistance.

En effet, disait-il, on peut tenir pour certain que lorsque la population n'est arrêtée par aucun obstacle, elle va doublant tous les 25 ans, selon une progression *géométrique* ; au contraire, les moyens de subsistance, dans les circonstances les

gaspillage serait énorme, comme le prix de production serait exorbitant, comme toute lutte serait impossible contre la concurrence du travail étranger, ce serait bien vite la ruine de l'industrie nationale. »

plus favorables à l'industrie, ne peuvent jamais augmenter plus rapidement que selon une progression *arithmétique*.

Ainsi, la race humaine croîtrait comme les nombres 1, 2, 4, 8, 16, 32, 64, 128, 256, tandis que les subsistances croîtraient comme ceux-ci : 1, 2, 3, 4, 5, 6, 7, 8, 9, c'est-à-dire qu'au bout d'un siècle la population serait 16 fois plus considérable et que les produits n'auraient fait que quadrupler. Donc, si aucun obstacle n'était mis au développement de la population, il arriverait un moment où les objets de consommation seraient insuffisants à nourrir le nombre d'hommes habitant sur la surface du sol.

Heureusement, deux ordres d'obstacles agissent en sens inverse pour maintenir le chiffre de la population au niveau de ses moyens de subsistance : l'un destructif, l'autre préventif.

Les *obstacles destructifs* tendent à détruire la population au fur et à mesure qu'elle se forme. C'est la guerre, la famine, la peste, la misère, etc.

L'obstacle préventif consiste dans la contrainte morale (*moral restreint*) que l'homme, par esprit de prévoyance, s'impose pour ne pas augmenter sa famille au delà d'une limite raisonnable.

Malthus recommande l'emploi de ce moyen préventif ; en conséquence, il conseille aux hommes de se marier le plus tard possible et de ne pas avoir plus d'enfants que ne le leur permettent leurs ressources.

Influence de la théorie de Malthus sur les doctrines économiques. — Les théories de Malthus ont eu une influence considérable sur les doctrines économiques. Nous avons vu, en effet, qu'elle avait servi de base à la théorie de Ricardo sur le salaire naturel, et à la théorie du même économiste sur la rente de la terre. Nous savons aussi que c'est à l'aide des données fournies par cette théorie que les socialistes ont pu attaquer la propriété foncière en soutenant qu'il arriverait un moment où — toutes les terres étant occupées et mises en exploitation sur toute la surface du globe — les propriétaires se trouveraient en possession d'un véritable privilège et d'un monopole réel.

Réfutation de la théorie de Malthus. — On peut adresser plusieurs critiques à la théorie de Malthus :

1° D'abord, il n'est pas exact que la population croit dans une progression géométrique alors que la production n'augmenterait que dans une progression arithmétique. Depuis longtemps les disciples de Malthus eux-mêmes ont abandonné cette formule, en disant qu'il ne l'avait adoptée que pour rendre sa pensée plus saisissante et plus tangible.

Il n'est pas douteux cependant que l'accroissement de la population se produit dans la plupart des pays civilisés. Pour apprécier l'étendue de cet accroissement, il faut tenir compte de deux éléments : d'une part, de la natalité ; d'autre part, de la mortalité.

La natalité diminue dans la plupart des pays ; c'est un résultat de la civilisation ; les mariages sont plus tardifs et les ménages ont moins d'enfants à cause du désir de bien-être qu'on éprouve pour soi et pour ses enfants. En revanche, la mortalité diminue sous l'influence des progrès de l'hygiène et de la médecine. Mais comme la diminution de la natalité est moins rapide que celle de la mortalité, en définitive, il se produit un accroissement de population dans tous les pays, sauf en France, aux États-Unis et en Suisse.

3° D'autre part, Malthus a le tort de ne pas tenir compte des progrès de la production. Or, ils ont été considérables, dans le cours de ce siècle ; par suite de l'emploi des machines, de la découverte de la vapeur et de l'électricité, les forces productives de l'homme ont augmenté dans des proportions inouïes ; et les progrès réalisés ne se sont pas arrêtés à l'industrie manufacturière ; ils se sont étendus également à l'agriculture, par suite du perfectionnement obtenu par les procédés de la culture intensive, et de la mise en exploitation de terres incultes en Amérique.

4° Enfin, on peut reprocher à Malthus de n'avoir aperçu que les dangers que peut créer une population surabondante, sans se rendre compte des avantages économiques qui résultent d'une population qui se développe. Il n'est pas douteux cependant que « l'organisation industrielle est d'autant plus parfaite que le nombre des travailleurs fournit des éléments plus complets pour la division du travail et les combinaisons sociales (1).

Cependant malgré les critiques qui précèdent, tout n'est pas à rejeter dans la théorie de Malthus. Il faut en retirer cet enseignement précieux que, sur un territoire déterminé, on doit maintenir autant que possible l'équilibre entre les moyens de subsistance et la population ; lorsque la population devient surabondante, comme en Belgique ou en Irlande, la misère en résulte à un moment donné, si les habitants n'émigrent pas pour chercher, sous d'autres climats, ce que la nature ne peut plus leur donner dans leur pays. Voilà ce qu'il faut retenir de la théorie de Malthus. « Mais prétendre en tirer une loi économique inflexible, affirmer l'existence d'un obstacle insurmontable au bonheur des hommes, hasarder des prophéties décourageantes, c'est aller contre tous les faits et contre toutes les vraisemblances » (2).

La pauvreté et le paupérisme. — On peut distinguer trois degrés dans l'indigence : la pauvreté, la misère, le paupérisme.

La *pauvreté*, c'est l'état de l'homme qui, par son travail, gagne tout juste ce qu'il lui faut pour vivre dans d'étroites limites.

La *misère* est quelque chose de plus, c'est la situation de l'homme qui manque des choses indispensables à la vie. Elle est plus grave que la pauvreté, parce qu'elle ne va pas sans une certaine dépression des facultés physiques, et sans la perte de toute énergie morale.

Quant au *paupérisme*, c'est un mal social nouveau, qui a pris naissance et s'est développé dans les temps modernes sous l'influence des progrès de l'industrie, et qui frappe particulièrement les populations ouvrières des centres manufacturiers.

Ce n'est plus la pauvreté, mal passager, dont on peut se guérir ; c'est la misère, à l'état endémique, se transmettant héréditairement, en s'aggravant, à chaque génération, et entraî-

(1) Cauwès, *op. cit.*, n° 445.
(2) Beauregard, *op. cit.*, p. 187.

nant le déclin des forces, les maladies d'épuisement et la dégénérescence de la race.

La pauvreté a toujours existé, et elle ne disparaîtra jamais entièrement, parce qu'elle tient à des causes individuelles : l'âge, la maladie, les infirmités de toutes sortes. Au contraire, la misère collective et le paupérisme tiennent à des causes sociales.

Ils n'existent guère dans l'antiquité : la classe pauvre est asservie à la classe la plus riche, le maître prend soin de ses esclaves, sinon par humanité, du moins par intérêt. Il en est de même à l'époque du moyen âge ; le servage a remplacé l'esclavage et les tenures serviles mettent obstacle au dénûment absolu d'une partie de la population.

La misère collective n'est pas non plus à redouter sous le régime de la communauté des biens rêvé par quelques utopistes ; la condition générale des hommes ne saurait être très prospère sous un pareil régime, mais elle est à peu près égale pour tous ; il n'y a pas une partie de la population riche, aisée, en face d'une autre, qui serait vouée au dénûment complet.

Le paupérisme est, au contraire, le lot inévitable de tout système économique reposant sur la liberté des conventions, sur la liberté du travail et sur la propriété individuelle. Chacun est livré à soi-même ; il subvient à ses besoins par les ressources que lui procure l'exercice de la profession qu'il a choisie ; s'il est intelligent, actif rangé, économe, et si les événements le favorisent, il peut arriver à la fortune ; mais s'il est inhabile, paresseux, imprévoyant ou malheureux, il court le risque de tomber dans l'indigence.

Pour qu'il en fût autrement, il faudrait que tous les hommes eussent à un égal degré l'énergie, l'habileté et l'esprit de prévoyance, ce qui est impossible à concevoir.

Il faut donc conclure. Les inégalités sociales, et la misère qui en est le triste cortège, tiennent à l'organisation de la société économique et il n'y a pas lieu d'espérer les voir disparaître un jour. Mais ce qu'on peut prévoir, et ce qu'il faut travailler à obtenir, c'est une atténuation constante de ce mal dans l'avenir. On atteindra ce résultat par l'élévation progressive des salaires, par le développement des œuvres de patronage, par la pratique soutenue de l'épargne et de l'assurance et enfin par l'organisation prudente de l'assistance. Nous aurons à dire un mot de ces diverses institutions dans notre quatrième partie consacrée à la consommation des richesses.

TROISIÈME PARTIE

CIRCULATION DE LA RICHESSE

Notions générales. — Section I : Théorie de l'échange et de la valeur. — Section II : La monnaie. — Section III : Le crédit. — Section IV : Le commerce intérieur et extérieur.

Notions générales. — On dit qu'il y a circulation de la richesse toutes les fois qu'une richesse passe des mains d'une personne entre les mains d'une autre personne, par voie d'échange.

Le phénomène de l'échange est très rare dans les sociétés primitives, parce que chaque homme produit à peu près tout ce qui est nécessaire à la satisfaction de ses besoins.

Mais, dans les sociétés avancées, il s'opère, nous l'avons vu, une division du travail entre les hommes. Chacun d'eux se spécialise dans une profession déterminée ; dès lors, il cesse de produire tous les objets dont il a besoin, il produit seulement une certaine catégorie de ces objets, et il se procure le reste, en cédant ce qu'il possède en trop, à d'autres hommes qui lui donnent à la place, ce qu'eux-mêmes ont en surabondance. De cette façon tout individu, en quelque genre de profession que ce soit — avocat, médecin, boulanger, agriculteur, filateur, etc. — ne produit pas en vue de sa consommation personnelle ; il produit en vue de l'échange.

Il y a donc un lien étroit entre la production et la circulation de la richesse, entre l'échange et la division du travail ;

on peut même dire que l'échange et la division du travail sont les deux points de vue différents du même phénomène, et qu'ils se complètent mutuellement au point de se confondre. Sans la division du travail, l'échange ne se concevrait pas, et sans l'échange, la division du travail serait impossible.

En sorte que l'échange est, comme la division du travail (1), une des formes de la coopération sociale et de la solidarité humaine. Grâce à lui, chaque homme ou chaque pays se préoccupe moins de produire ce qui est nécessaire à ses besoins, que ce qui répond le mieux à ses aptitudes et aux moyens dont il dispose pour la production, étant sûr de se procurer par l'échange les autres produits qu'il ne pourrait faire naître que dans de mauvaises conditions.

Notons enfin que la circulation réagit d'une façon directe sur la production : plus les échanges sont actifs, plus la production augmente, au contraire, lorsque les transactions languissent, la production est obligée de se ralentir et quelquefois même de cesser complètement.

Division de la troisième partie. — Nous diviserons l'étude de la circulation de la richesse en quatre sections :

I. La théorie de l'échange et de la valeur ;

II. La monnaie ;

III. Le crédit ;

IV. Le commerce intérieur et extérieur.

Iʳᵉ SECTION. — THÉORIE DE L'ÉCHANGE ET DE LA VALEUR.

Division. — Nous étudierons dans deux paragraphes :

L'échange ;

La valeur et le prix ;

(1) Voir *suprà* les explications que nous avons données à ce sujet, dans la première partie, p. 44 et suiv.

§ 1. — L'échange.

Notion juridique de l'échange. — Dans le langage juridique, l'échange est un contrat par lequel une personne s'oblige à donner une chose déterminée, un corps certain, moyennant l'engagement que prend une autre personne de lui procurer, comme équivalent, une autre chose déterminée.

Exemple : il y aura échange, si Primus s'oblige à donner l'immeuble A, à Secundus, qui s'oblige, en retour à lui transférer la propriété de l'immeuble B.

En droit, l'échange s'oppose à la vente, dans laquelle le vendeur donne une chose déterminée, et l'acheteur une somme d'argent ; il s'oppose au louage dans lequel l'une des parties s'oblige à procurer à l'autre soit la jouissance d'une chose, soit ses services (art. 1702 C. civ.).

Notion économique de l'échange. — En économie politique, la notion de l'échange est beaucoup plus large ; on entend par là toute convention dans laquelle chaque partie reçoit un équivalent de ce qu'elle donne, sans considérer la nature de l'objet qu'elle reçoit ou qu'elle donne.

Ses diverses formes. — Il suit de là qu'au point de vue économique, l'échange affecte des formes très variées.

Il comprend :

1° L'échange proprement dit, défini par l'article 1702 du Code civil, d'un objet contre un autre objet ;

2° La vente, c'est-à-dire l'échange d'un objet contre une somme d'argent ;

3° Le bail à ferme, ou échange d'une somme d'argent contre la jouissance d'un fonds de terre ;

4° Le louage de services, qui se forme entre le patron et l'ouvrier ou entre le maître et son domestique, ou échange d'une somme d'argent contre des services ;

5° Le prêt à intérêt, ou échange de la jouissance d'une somme d'argent, moyennant le remboursement d'un capital plus élevé que celui qui a été prêté, etc., etc.

§ 2. — La valeur d'échange et le prix.

Définition. — La valeur d'échange est la propriété que possède une chose de pouvoir être échangée contre une autre chose.

Exemple : Si dix moutons s'échangent contre un bœuf, on dira que dix moutons *valent* un bœuf, ou bien qu'un bœuf a la même valeur que dix moutons.

Le prix est la valeur exprimée en argent.

Exemple : Si un bœuf s'échange contre 200 francs, on dira que le prix d'un bœuf est de 200 francs.

Relation de la valeur d'échange et de la valeur d'usage. — Nous avons vu plus haut qu'il ne fallait pas confondre la valeur d'échange et la valeur d'usage. La valeur est *subjective*, c'est l'importance relative que nous attachons à un objet en raison de l'utilité que nous lui reconnaissons et de sa rareté ; tandis que la valeur d'usage est *objective* ; c'est le pouvoir d'acquisition d'une chose sur le marché.

Mais, entre ces deux notions économiques, il existe une relation étroite de dépendance ; en ce que c'est la valeur d'usage d'un objet qui sert de base à sa valeur d'échange.

Cela se conçoit aisément. Une marchandise qui n'aurait à nos yeux aucune valeur d'usage ne peut avoir la propriété d'exciter nos désirs, et nous n'avons aucune raison de chercher à l'acquérir en donnant en échange un autre bien que nous avons en notre possession.

Cela revient, en définitive, à constater que la valeur d'échange comme la valeur d'usage repose sur deux éléments essentiels : l'utilité et la rareté.

Caractères de la valeur d'échange. — De tout ce qui précède, on peut conclure que la valeur a deux caractères essentiels :

1° Elle est variable ;

2° Elle est relative.

1° *La valeur est variable.* — Elle varie avec la rareté et l'utilité des choses.

Plus une chose devient rare, tout en conservant son utilité

primitive, plus elle augmente de valeur ; c'est ainsi que l'eau acquiert une grande valeur dans le désert ou dans certaines villes, parce que l'homme en est privé.

De même, plus une chose est utile à l'homme, sa quantité demeurant identique, plus sa valeur tend à s'élever.

On comprend dès lors que la valeur varie, suivant les hommes, suivant les époques, suivant les pays et, pour le même individu, suivant les circonstances où il peut se trouver.

2° *La valeur est relative.* — Elle est, en effet, le résultat d'une comparaison d'un objet avec un ou plusieurs autres objets ; sa notion ressemble sur ce point, à la notion de la pesanteur ou de la grandeur. Quand on dit qu'un objet a une grande valeur, on veut dire implicitement qu'il a une grande valeur comparativement aux autres objets ou à l'unité monétaire ; de même que quand nous disons qu'un corps est très lourd, nous le comparons dans la pensée à l'unité de poids ou gramme. Voilà pourquoi on a pu définir la valeur : le rapport d'équivalence entre deux choses.

C'est ce qui explique aussi qu'on ne peut pas concevoir une hausse ou une baisse simultanée de toutes les valeurs. « Si la moitié des marchandises gagne, l'autre moitié doit avoir perdu de sa valeur ; une hausse générale des valeurs est un non-sens ; autant vaudrait supposer les deux plateaux d'une balance soulevés en même temps » (1).

Cependant, on peut concevoir une hausse ou une baisse générale de tous les prix, parce que, dans ce cas, on compare les marchandises à la monnaie, et c'est la monnaie qui a augmenté ou diminué de valeur par rapport aux marchandises.

Formation de la valeur : la loi de l'offre et de la demande. — Si les échanges se faisaient isolément d'homme à homme — celui qui a besoin d'une chose devant rechercher celui qui a cette chose pour traiter avec lui et le décider à la lui abandonner comme équivalent d'une autre richesse — il se produirait des écarts considérables dans la valeur des mêmes mar-

(1) Cauwès, *op. cit.*, n° 199.

chandises, sous l'influence des circonstances au milieu desquelles s'effectueraient les échanges. Par exemple, l'homme qui aurait un besoin pressant de manger, pour satisfaire sa faim, paierait un pain 100, 200 francs, en un mot, le prix que le boulanger exigerait de lui.

Heureusement, il n'en est pas ainsi, dans les sociétés tant soit peu avancées. Les échanges se font, soit dans des foires ou des marchés qui se tiennent dans chaque ville à des époques périodiques, soit dans des magasins de vente où les marchandises sont offertes au public d'une façon permanente ; en sorte qu'au lieu de trouver un acheteur traitant isolément avec un vendeur, c'est une foule d'acheteurs, qui sont en présence d'une foule de vendeurs ou de producteurs. Dans ces conditions, les mobiles individuels, le désir plus ou moins grand disparaissent, et les prix se déterminent d'une façon uniforme, sous l'empire de la loi de *l'offre et de la demande*.

Nous avons eu déjà l'occasion, à plusieurs reprises, de faire allusion à cette règle importante qui domine toute l'Economie politique. Elle signifie, en notre matière, que le prix des marchandises sur un marché se fixe d'une part, d'après la quantité des marchandises mises en vente, c'est-à-dire *l'offre* ; d'autre part, d'après le nombre des acheteurs, c'est-à-dire la *demande*.

Le prix d'une marchandise tend à s'élever d'autant plus qu'elle est plus demandée, et à s'abaisser d'autant plus qu'elle est plus offerte.

Cette loi n'est, en somme, que l'application de la notion même de la valeur ; elle tient à ce que la valeur varie suivant l'utilité ou la rareté de la marchandise ; sur le marché, la rareté de la marchandise est représentée par la quantité plus ou moins grande qui est offerte par les vendeurs ; et l'utilité est indiquée par la quantité plus ou moins grande de marchandises demandée par les acheteurs.

Réaction de la valeur sur l'offre et la demande. — Cependant, il serait inexact de prétendre que si l'offre vient à doubler, la demande, restant la même, le prix diminuera de moitié, et que le prix doublera, si la demande double, l'offre ne variant pas (1).

Ce raisonnement serait inexact, parce qu'il faut tenir compte de ceci : c'est que s'il est vrai que l'offre et la demande agissent sur la valeur, la valeur, de son côté, réagit sur l'offre et sur la demande. Par exemple, si les marchandises offertes sont de beaucoup inférieures aux marchandises demandées, la valeur tend à s'élever sans doute, mais cette hausse produit un double résultat : d'une part, un certain nombre d'acheteurs découragés se retirent, la demande diminue ; d'autre part, les vendeurs jettent sur le marché une plus grande quantité de marchandises, dans l'espoir de réaliser un profit plus considérable : l'offre augmente ; en sorte qu'à un certain moment il y a égalité entre les demandes et les offres. C'est à ce moment que le prix se fixe (2).

Valeur courante ou prix courant. Valeur normale ou prix normal. Coût de production. -- On entend par prix courant ou valeur courante d'une marchandise, la valeur que cette marchandise a sur le marché à un moment donné, ou le prix auquel elle se vend couramment. Dès qu'il est établi, il est connu

(1) Ceci montre l'inexactitude de la formule émise par certains économistes : le prix varie en raison inverse des quantités offertes et en raison directe des quantités demandées. Cette formule a une rigueur trop mathématique. La variation des prix dépend beaucoup de l'intensité des besoins de la part des acheteurs, et de la nature de la marchandise, suivant que c'est un objet de première nécessité comme le blé ou un objet de luxe.

(2) Quelles sont les causes qui font varier l'offre et la demande ? Voici l'explication fournie à cet égard par l'école autrichienne. L'offre de marchandises varie suivant l'intensité du désir dont sont animés les vendeurs de se procurer de la monnaie. La demande varie, de son côté, suivant l'intensité du désir qu'ont les acheteurs de se procurer telle marchandise. Si, pour une marchandise, la somme des désirs individuels diminue ; la demande de cette marchandise se ralentira, son prix tendra à baisser. Le phénomène inverse se produirait au cas où le désir de posséder ladite marchandise est accrue. Cela revient à dire en somme que la valeur d'échange s'élève ou s'abaisse suivant la valeur en usage que la masse des hommes lui attribue en raison de son utilité limite et de sa rareté, mais ce qui reste toujours inconnu, ce sont les motifs qui peuvent agir sur les désirs des hommes pour faire osciller la valeur d'usage.

sur le marché de tous les acheteurs et de tous les vendeurs, et aucun acheteur, quelque besoin qu'il ait d'une marchandise, n'aura à la payer plus cher que ce prix, de même qu'aucun vendeur ne consentira à la laisser à un prix moindre.

On entend par valeur normale d'une chose, la valeur au-dessous de laquelle une chose ne peut pas descendre, et par prix normal, le prix au-dessous duquel une marchandise ne peut pas être vendue. C'est le point vers lequel tend, d'une façon constante, la valeur ou le prix courant d'un objet ; il ne peut ni s'élever au-dessus de cette limite, ni tomber au-dessous de cette limite d'une manière durable.

La valeur normale ou le prix normal d'une chose est égal au coût de production, c'est-à-dire à ce que la chose coûte à produire, augmenté d'un certain profit pour l'entrepreneur (1).

Nous disons que le prix courant tend à se rapprocher le plus possible du prix normal ; et, en effet, si le prix courant s'élevait au-dessus de ce chiffre, l'importance du profit réalisé par les entrepreneurs provoquerait des concurrents, la production serait plus abondante, l'offre augmenterait donc, et le prix de la marchandise ne tarderait pas à diminuer, par voie de conséquence ; à l'inverse, si le prix courant de la marchandise n'atteignait pas le prix normal, le producteur n'étant plus rémunéré, ou même ne faisant plus ses frais, cesserait de produire la marchandise deviendrait rare, l'offre serait moins élevée que la demande, et la marchandise augmenterait de prix.

Il suit de là que si, en principe, la valeur d'une chose ne doit pas être déterminée, ainsi que nous l'avons dit plus haut, d'après l'effort dépensé, mais plutôt d'après l'utilité que l'objet réalisé procure au consommateur, c'est-à-dire d'après le travail épargné, en fait, comme il faut rémunérer l'entrepreneur pour qu'il puisse continuer à produire, travail épargné au consommateur et travail dépensé par le producteur se confondent et

______

(1) Cela n'est vrai que pour les marchandises susceptibles d'être reproduites à volonté ; car, pour les choses qui sont uniques dans leur genre, telles que des œuvres d'art, les prix s'établissent et oscillent à volonté suivant les désirs individuels et les caprices de la mode.

sont synonymes dans la pratique. En résumé donc, la valeur normale est égale au coût de production, lequel est l'équivalent du travail épargné au consommateur (1).

Détermination du coût de production. — Le coût de production comprend :

1° Les frais généraux (loyer, impôts, assurances, chauffage, éclairage, transports) ;

2° Le paiement des salaires ;

3° Le prix des matières premières et des matières auxiliaires consommées par la production ;

4° L'entretien et l'amortissement des moyens de production.

5° L'intérêt du capital fixe et du capital circulant, même lorsqu'il appartient à l'entrepreneur.

De l'influence du monopole sur la détermination du prix. — *Différentes sortes de monopole.* — On distingue deux sortes de monopole : le monopole de droit et le monopole de fait.

Il y a monopole de droit, lorsque la loi réserve à un producteur privilégié le droit exclusif de fabriquer et de vendre certaines marchandises.

Le régime du monopole est tout à fait exceptionnel dans l'organisation économique actuelle. Certaines branches de l'industrie sont monopolisées par l'Etat, soit dans un intérêt de sécurité publique, soit dans un intérêt fiscal. Il en est ainsi pour la fabrication et la vente de la poudre, de la dynamite, du tabac, des cartes à jouer, des allumettes et pour le service des postes et télégraphes. Certaines compagnies privées sont concessionnaires d'un droit exclusif d'exploitation pour les transports, telles que les Compagnies de chemins de fer de navigation, de tramways et d'omnibus. Enfin, dans le but de développer chez les producteurs l'esprit d'invention, un véritable monopole d'exploitation résulte, pour les propriétaires de brevet d'invention, de marques de fabrique etc., de la protection de la propriété industrielle.

On dit qu'il y a monopole de fait, lorsque, par suite de cer-

____

(1) Consulter, pour plus de développements, Cauwès, *op. cit.*, n° 104.

taines circonstances un producteur ou un groupe de producteurs est seul en mesure, soit accidentellement, soit d'une façon continue, de répondre aux demandes des consommateurs. C'est à un semblable monopole, nous l'avons vu, qu'aboutissent les kartells et les trusts.

Effet du monopole sur les prix. — Celui qui est en possession d'un monopole est absolument maître du marché. N'ayant pas à soutenir de lutte contre des rivaux, il n'a pas grand intérêt à améliorer ses procédés de fabrication et à vendre à meilleur marché. Il peut donc fixer ses prix bien au-dessus du coût de production. La seule considération qui puisse l'arrêter dans la hausse du prix, c'est la crainte d'effaroucher les acheteurs. Il a au contraire intérêt à ne pas trop l'élever pour augmenter la consommation. Mais ce stimulant est bien faible lorsqu'il s'agit d'objets dont on peut difficilement se passer, comme des allumettes, ou des objets que l'habitude a transformés en objets de nécessité, comme le tabac.

IIe SECTION. — LA MONNAIE.

Division. — Nous étudierons la monnaie en deux paragraphes :

§ 1. — Notions générales sur la monnaie ;
§ 2. — Du système monétaire.

§ 1. — Notions générales sur la monnaie.

Du troc en nature. — Ses inconvénients. — L'échange direct d'une marchandise contre une autre marchandise — d'un hectolitre de blé contre du vin, de la viande, un vêtement, etc., — qu'on appelle troc en nature, offre des inconvénients multiples et ne peut convenir aux sociétés quelque peu avancées.

Tout d'abord, il met celui qui a besoin d'une chose déterminée dans la nécessité de trouver une personne qui soit disposée à lui céder cette chose ; il faut en outre que cette personne ait précisément besoin elle-même de l'objet que l'autre a en sa possession et dont elle veut se défaire.

Ainsi, j'ai besoin d'un vêtement et j'ai un hectolitre de blé dans mon grenier. Pour pouvoir me procurer un vêtement avec ce blé, il faut que je trouve une personne qui ait un vêtement à céder, et qui, en même temps, désire avoir du blé à la place.

Un autre obstacle à l'échange direct consiste en ce que des objets, qui ne sont pas d'égale valeur, ne seront pas toujours divisibles.

Exemple : j'ai fait un vêtement que je voudrais céder pour avoir du blé, mais je n'ai besoin que d'un hectolitre de blé ; si le vêtement représente la valeur de cinq hectolitres de blé, comme je ne peux diviser le vêtement de façon à n'en céder exactement qu'une partie correspondante à la quantité de blé qui me fait défaut, pour réaliser l'échange, je serai obligé d'acquérir plus de blé que mes besoins ne l'exigent.

Enfin, avec le procédé de l'échange direct, on peut bien comparer les richesses deux par deux, mais il est impossible de se faire une idée de la valeur respective de toutes les richesses existant à un moment donné, les unes par rapport aux autres.

Exemple : je possède un bœuf qui est estimé à 5 hectolitres de blé, mais combien vaut-il d'hectolitres de vin, ou de mètres de drap ?

De la monnaie, sa double fonction. — C'est pour remédier à ces inconvénients de l'échange direct qu'on a inventé la monnaie.

On peut la définir : Une richesse qui, étant acceptée par tout le monde, sert à la fois d'intermédiaire des échanges et de commune mesure des valeurs.

De la monnaie comme intermédiaire des échanges. De la décomposition de l'échange en vente et achat. — La première fonction de la monnaie est d'être un intermédiaire des échanges.

Au lieu d'échanger directement le vêtement que j'ai fabriqué contre le blé dont j'ai besoin, j'échangerai mon vêtement contre une certaine quantité de monnaie, et avec cette monnaie, je me procurerai le blé que je désire avoir.

L'échange est ainsi décomposé en deux opérations successives : vente, d'abord, achat ensuite.

Il semble qu'il y ait là une complication plutôt qu'une simplification ; puisqu'au lieu d'un acte simple opérant directement, on est obligé d'avoir recours à deux actes distincts.

Mais ce n'est là qu'une apparence ; en réalité, l'échange est rendu bien plus facile.

En effet, il suffit désormais que je rencontre une personne ayant besoin du vêtement que j'ai fait et qui consente à l'acheter ; une fois en possession du prix qu'elle me comptera, je pourrai me procurer tout ce dont j'aurai besoin ; car la monnaie est une de ces marchandises qu'on est toujours disposé à acquérir contre toute espèce de choses.

De la monnaie comme commune mesure des valeurs. — La monnaie a encore une autre fonction : elle sert de commune mesure des valeurs. Pour comparer ce que plusieurs objets valent les uns par rapport aux autres, au lieu de les comparer deux par deux successivement, on détermine la quantité de monnaie qu'il serait nécessaire de donner pour les acquérir. Si elle est la même, les deux objets sont d'égale valeur ; si, pour l'un, il faut en donner davantage que pour l'autre, on dira que cet objet a une valeur supérieure à celle de l'autre.

A ce point de vue, la monnaie joue, pour les valeurs, le même rôle que joue le mètre pour les longueurs, et le gramme pour les poids. Nous verrons, cependant, que tandis que le mètre est un étalon parfait, parce qu'il est invariable, il en est différemment de la monnaie qui est soumise aux mêmes fluctuations que les autres richesses.

Conditions que doit réunir une bonne monnaie. — Une bonne bonnaie doit réunir les conditions suivantes :

1° Etre acceptée par tous, sans difficulté, comme instrument d'échange, tant à l'intérieur d'un Etat que dans les transactions internationales ;

2º Représenter une grande valeur sous un petit volume, de façon à être transportée facilement ;

3º Être *une* dans sa nature, en sorte que le même poids de la monnaie soit toujours d'égale valeur ;

4º Être parfaitement divisible, pour faire face aux acquisitions de toute espèce ;

5* Être d'une durée indéfinie et pouvoir être conservée sans être altérée dans sa valeur :

6º Avoir une valeur invariable.

Du choix d'une monnaie. Monnaie d'or, d'argent et de billon. — Le choix des hommes n'a pas toujours été le même aux diverses époques de leur histoire. Dans les temps primitifs, chez les peuples sauvages, ce sont les colliers, les bijoux, les objets de luxe et de toilette qui servent de monnaie. Chez les peuples pasteurs, c'est le blé ou les animaux vivant en troupeau (1) qui sont employés comme intermédiaires des échanges.

Au contraire, chez tous les peuples civilisés, ce sont les métaux précieux, or, argent, cuivre, qui ont été choisis comme monnaie. Ils réunissent, en effet, toutes les qualités que nous avons déclarées désirables pour une bonne monnaie, et en particulier l'unité dans la nature, qui fait qu'un kilogr. d'or vaut un autre kilogr. d'or quel qu'en soit le lieu de production et quel qu'en soit l'aspect extérieur. A ce point de vue, le diamant, dont la valeur est considérable sous un petit volume, ne pourrait être choisi comme monnaie, parce qu'à une très légère différence de poids correspond souvent une grande différence de valeur, et que, d'autre part, le prix d'un diamant dépend beaucoup de la disposition de ses facettes et de l'éclat plus ou moins brillant dont il est doué.

Tout d'abord la monnaie métallique a consisté dans de petits lingots que l'on pesait au moment de l'échange. C'est ce qui explique l'intervention du *libripens* à Rome dans la *mancipatio*. Il a fallu un dernier progrès pour arriver à la forme actuelle de

(1) C'est ce qui explique l'étymologie de *pecunia*, somme d'argent, dérivant du mot *pecus*, troupeau.

la monnaie qui est frappée par l'Etat, sous sa garantie, que l'on compte et que l'on ne pèse plus.

En résumé donc, on peut constater trois phases dans l'histoire de la monnaie :

1° La monnaie consiste dans des marchandises usuelles ;

2° Elle consiste dans des lingots que l'on pèse au moment de l'échange.

3° Elle est émise par l'Etat, sous sa garantie, et forme la *numerata pecunia*.

Nature de la monnaie : —*Deux théories.*—On a proposé deux théories sur la nature de la monnaie : la théorie de la monnaie signe, la théorie de la monnaie marchandise.

Théorie de la monnaie signe.—Cette théorie consiste à dire que la monnaie est simplement le signe représentatif d'une valeur idéale, fixée arbitrairement par l'Etat, indépendamment de la valeur réelle de la chose qui est prise comme matière de la monnaie. Il en résulterait que l'Etat pourrait à son gré assigner à un objet quelconque une valeur monétaire déterminée.

Cette théorie a longtemps été admise comme exacte. Mais elle est complètement abandonnée aujourd'hui. Les faits se sont d'ailleurs chargés de la discréditer mieux que tous les raisonnements. Chaque fois qu'un prince s'est avisé d'altérer les monnaies en leur enlevant une partie de leur matière, il est arrivé ceci : c'est que ces pièces de monnaie conservaient toujours leur nom ; mais leur pouvoir d'acquisition avait baissé ; pour une marchandise correspondant à la valeur nominale d'une pièce, on exigeait deux ou trois de ces pièces. Le même phénomène s'est produit pendant la Révolution avec les assignats : en 1796 pour avoir 20 francs en or, il fallait donner 190 fr. en assignats.

Théorie de la monnaie marchandise. — La vérité est que la monnaie est une marchandise comme une autre, ayant une valeur propre, intrinsèque. S'il en était autrement, elle ne pourrait pas servir d'intermédiaire dans les échanges. Car, nous l'avons vu plus haut, on n'échange que des valeurs.

Particularité de la monnaie comme marchandise. — Il n'est pas douteux, cependant, que la monnaie occupe une place à part parmi les marchandises. Sa valeur repose en effet sur une double base :

1° Sur son utilité propre en tant que métal précieux pouvant être employé pour des usages industriels ;

2° Sur le rôle qui lui est assigné par l'Etat comme intermédiaire des échanges.

Il est certain que si on cessait d'utiliser les métaux précieux comme monnaie, une grande quantité du stock existant se trouverait sans emploi et leur valeur baisserait d'une façon considérable (1).

Conséquences de ce que la monnaie est une marchandise. — De ce que la monnaie est une marchandise il résulte :

1° Que, comme toute marchandise, elle est coûteuse ; on ne peut se la procurer qu'en donnant en échange une autre marchandise ;

2° Que sa valeur n'est pas immuable ; elle varie, comme celle de toutes les marchandises, sous l'influence de la loi de l'offre et de la demande.

Cette variation dans la valeur de la monnaie, se produit dans l'espace et dans le temps.

Dans l'espace, car une même quantité de monnaie n'a pas une valeur égale dans tous les pays ; elle est dépréciée et son pouvoir d'acquisition est très faible dans les pays miniers, en Amérique notamment, où les métaux précieux abondent ; sa valeur est, au contraire, plus grande dans les pays où la monnaie est plus rare.

Dans le temps, car si on compare la valeur de la monnaie à deux époques différentes, soit d'un siècle à un autre, soit même au cours d'un siècle à des intervalles de quinze ou vingt années, on se rend compte que la monnaie a baissé d'une façon considérable, par suite de la découverte et de la mise en exploitation de nouvelles mines d'or ou d'argent (2).

(1) On estime que la quantité de métaux précieux utilisée pour des usages industriels s'élève à peu près à 28 0/0 pour l'or, et à 31 0/0 pour l'argent, tandis que la quantité transformée en monnaie est de 75 0/0, pour l'or, et 69 0/0 pour l'argent (Arnauné, *op. cit.*, p. 20).

(2) Au xv° siècle, le pouvoir d'acquisition de la monnaie était six fois plus

Les variations dans la valeur de la monnaie constituent le vice le plus grave qu'on puisse reprocher à la monnaie métallique. Elles l'empêchent de servir de commune mesure irréprochable des valeurs dans le temps et dans l'espace, comme le mètre pour les longueurs, le gramme pour les poids.

Exemple : Si le prix d'une marchandise aujourd'hui est le double du prix de la même marchandise il y a cent ans, on ne peut pas conclure de là que sa valeur réelle ait augmenté du double, par rapport aux autres marchandises. Car, s'il faut aujourd'hui une quantité plus grande de numéraire pour se la procurer, c'est peut-être uniquement parce que la valeur de l'argent a baissé dans ce laps de temps.

On peut faire la même observation en se plaçant au point de vue de différents pays, à la même époque. En Amérique, par exemple, les objets de consommation journalière atteignent des prix très élevés, par rapport à ceux que nous avons l'habitude de payer sur le vieux continent. Ce n'est pas que ces objets aient, par rapport aux autres richesses, une valeur réelle plus grande ; cette élévation considérable des prix résulte du peu de valeur de la monnaie dans ces pays.

Peut-on éviter cet inconvénient et peut-on espérer trouver pour les valeurs un étalon aussi sûr et aussi irréprochable que le mètre pour les longueurs ? Cela paraît irréalisable ; parce qu'on ne peut prendre comme mesure des valeurs, qu'une marchandise, et que cette marchandise, quelle qu'elle soit, est sujette à des variations plus ou moins grandes, sous l'empire de la loi de l'offre et de la demande.

On peut même dire qu'à ce point de vue les métaux précieux offrent cet avantage considérable sur les autres marchandises (1), que leur valeur est soumise à des variations moins

considérable qu'aujourd'hui. Au XVIe siècle se produit une crise monétaire ; la valeur de la monnaie baissa, elle n'était plus que trois fois plus considérable qu'aujourd'hui. Au XIXe siècle, entre 1850 et 1870, se produit une baisse de la monnaie évaluée à 20 0/0.

(1) On a proposé d'autres systèmes de commune mesure : les uns ont proposé le blé ; d'autres, comme Karl Marx, la quantité de travail nécessaire

brusques que les autres marchandises, le blé, par exemple. Comme ils s'usent très lentement, ils forment une masse énorme qui s'accumule constamment. La production annuelle est bien peu de chose auprès de ce stock énorme et ne l'influence que faiblement.

Des crises monétaires. — On dit qu'il y a crise monétaire lorsqu'il se produit une abondance ou une contraction brusques de la monnaie amenant comme conséquence, soit la hausse, soit la baisse générale des prix.

Il peut en résulter un dommage sérieux pour les intérêts privés.

La hausse des prix provenant d'une abondance du numéraire, nuit à ceux qui vivent de leurs revenus ou de leur traitements, puisque les sommes d'argent qu'ils ont à toucher restent les mêmes et ils peuvent se procurer avec elles moins de jouissances ; mais elle profite aux producteurs qui pourront retirer de la vente de leurs produits un prix supérieur au coût de production.

Au contraire, la baisse des prix, résultant d'une contraction de la monnaie, profite aux rentiers et aux fonctionnaires et nuit aux producteurs ainsi qu'aux débiteurs à long terme.

Supériorité de la monnaie sur les autres marchandises. — A une certaine époque, on a considéré la monnaie comme la richesse suprême, que chaque Etat devait s'efforcer d'acquérir en grande quantité et à laquelle il devait sacrifier toutes les autres richesses. Ce système est connu dans l'histoire des doctrines économiques sous le nom d'*école mercantile* ; elle apparut en Italie au xvie siècle, et fut en honneur pendant tout le xviie et même pendant le xviiie siècle. Mais depuis longtemps déjà on a montré le vice de ce système. Du moment que la monnaie est une marchandise et que, comme telle, elle est coûteuse, il ne faut pas qu'un Etat ait une quantité de numéraire supérieure à ce qui est nécessaire aux transactions et à la circulation des

pour produire une marchandise. Mais ce sont des procédés peu pratiques pour résoudre la question.

richesses, sur son territoire. Dès que le stock existant suffit pour les besoins du commerce, il est mauvais que l'Etat cherche à l'augmenter encore au lieu de se procurer à la place, soit des objets d'approvisionnement et de consommation pour augmenter le bien être général, soit des matières premières, des outils ou des machines, pour rendre la production plus active.

On trouve cependant une part de vérité dans le système mercantile, si au lieu d'envisager le rôle de la monnaie au point de vue général, on se place au point de vue individuel. A ce point de vue, il est certain que la monnaie offre une réelle supériorité sur les autres marchandises, en raison de son pouvoir d'acquisition et de libération.

La monnaie répond à un besoin général, et est acceptée par tout le monde, sans difficulté ; en sorte que celui qui offre cette marchandise, obtient en échange tout ce dont il a besoin. Il est dans une bien meilleure situation que le possesseur d'une marchandise déterminée, répondant à un besoin spécial, vêtement, pain, viande ; pour convertir sa marchandise en argent, le possesseur devra rencontrer précisément un individu ayant besoin de cet objet.

De plus, avec la monnaie, le débiteur peut toujours se libérer, tandis qu'il ne peut donner à son créancier une marchandise quelconque. C'est ce qui fait qu'un commerçant peut être déclaré en faillite, bien que son magasin regorge de marchandises, qu'il n'a pu vendre, pour faire face à ses engagements (1).

Du papier-monnaie. — *Définition.* — On entend par papier-monnaie un billet mis en circulation par un Etat, sous sa garantie, pour servir d'intermédiaire des échanges, et ayant le même pouvoir d'acquisition et de libération que la monnaie d'or ou d'argent.

Caractères propres.— Le papier-monnaie présente les caractères suivants :

1° Il est émis par l'Etat sous sa signature ;

2° Il a cours légal ; c'est-à-dire qu'il a la même force libératoire que la monnaie métallique ;

(1) Gide, *op. cit.*, p. 99.

3° Il a cours forcé, c'est-à-dire que le porteur de ce billet ne peut contraindre les caisses publiques à lui en payer le montant en numéraire. C'est pour cela qu'on appelle souvent le papier-monnaie *billet inconvertible.*

À ce point de vue, nous le verrons plus loin, le papier monnaie ne doit pas être confondu avec le billet de banque, qui est un billet essentiellement convertible. Le billet de banque est une monnaie de papier puisqu'il a cours légal ; mais ce n'est pas un papier-monnaie puisqu'il n'a pas cours forcé.

Le papier-monnaie pourrait-il remplacer la monnaie métallique ? Puisque, a-t-on dit, la monnaie métallique puise une grande partie de sa valeur dans la convention sociale qui fait qu'elle est reçue en échange des marchandises, pourquoi l'État ne la remplacerait-il pas par des billets qui circuleraient sous sa garantie ? Ce système offrirait, dit-on, de grands avantages.

D'abord, l'État pourrait en tirer un profit immédiat : à l'heure actuelle, les 8 milliards de monnaie qui circulent en France ne servent qu'à l'échange, mais ne produisent rien. Si on les retirait de la circulation, pour les remplacer par du papier-monnaie, on pourrait les employer en des placements avantageux à l'étranger.

On ajoute que le papier-monnaie serait un meilleur régulateur des prix que la monnaie métallique ; en effet, il n'y aurait pas à redouter les écarts brusques de valeur résultant d'une production de métaux excessive ; ce serait l'État qui déterminerait la quantité de papier-monnaie à émettre ou à maintenir dans la circulation suivant les nécessités des transactions commerciales, et d'après des règles invariables, tracées à l'avance.

Ce système séduit au premier abord ; mais, après réflexion, il soulève de graves objections.

En premier lieu, le papier-monnaie peut bien suffire aux échanges opérés sur le territoire d'un même État, mais il ne peut être employé pour acquitter les échanges qui sont faits dans les relations internationales.

Ensuite, il est à craindre que l'Etat ne soit pas assez sage pour limiter l'émission du papier-monnaie aux besoins de la circulation, et qu'il n'abuse de ce moyen pour augmenter ses ressources.

La dépréciation du papier-monnaie est d'autant plus grave que son emploi étant limité à un territoire déterminé, il n'y a pas lieu d'espérer le voir revenir en faveur par suite des acquisitions de marchandises faites à l'étranger. Et, à ce moment, l'Etat ne peut guère intervenir pour retirer de la circulation la quantité de papier qui est en excédent, parce qu'il subirait une perte correspondante.

Alors le phénomène suivant se manifeste : l'or fait prime sur le marché, les prix des marchandises s'élèvent et se dédoublent en quelque sorte, il y a un prix pour la vente contre du numéraire, et un autre prix, plus fort, contre du papier.

C'est à raison de ces dangers qu'on a pu dire que l'invention du papier-monnaie avait causé plus de calamités, fait plus de mal et tué plus d'hommes que la guerre elle-même.

Circonstances qui donnent lieu à l'émission du papier-monnaie. — Aussi les gouvernements ne recourent à l'emploi de ce moyen que quand ils ne peuvent pas faire autrement. C'est ce qui se produit dans deux circonstances particulières :

1° Lorsque l'Etat est obéré et qu'il ne peut attendre, ni d'un surcroît d'impôts ni d'un emprunt, les ressources dont il a besoin pour la marche de ses services publics ;

2° Lorsque le pays a de nombreuses dettes à acquitter vis-à-vis de l'étranger ; les espèces métalliques sont exportées ; il ne reste plus assez de numéraire pour les échanges intérieurs ; on le remplace par le papier-monnaie.

Actuellement plusieurs Etats ont recours à ce procédé : l'Espagne, l'Italie le Portugal, la Grèce, la Serbie et plusieurs Républiques de l'Amérique.

Base de la valeur du papier-monnaie. — La valeur du papier-monnaie repose uniquement sur l'espoir que l'on peut avoir d'obtenir un jour le remboursement en espèces métalliques des billets émis par l'Etat, lorsque sa situation financière se sera améliorée. L'Etat ne peut pas, par des actes de puissance publique, empêcher la dépréciation de ses billets. Les peines terribles prononcées par la Convention nationale pour soutenir le cours des assignats n'ont pas empêché leur avilissement.

§ 2. — Du système monétaire.

Définition. — On entend par système monétaire un ensemble de mesures ayant pour objet la détermination des types de monnaies, leur mode de fabrication et les conditions de leur circulation.

Titre et tolérance. — Le *titre* d'une monnaie est le rapport du poids du métal précieux contenu dans cette monnaie au poids total de l'alliage.

Ainsi, dans notre système monétaire, le titre des pièces d'or et d'argent est de 900 millièmes ; cela veut dire que chaque pièce doit contenir 900/1000 de fin, et 100/1000 seulement de cuivre.

La *tolérance* est la facilité que l'Etat se réserve d'émettre des pièces de monnaie dont le titre soit légèrement inférieur au titre légal, parce qu'il est presque impossible de fabriquer des monnaies irréprochables au point de vue de la proportion des métaux.

En France, la tolérance est de 2 millièmes, c'est-à-dire qu'une pièce d'or qui n'aurait que 898 millièmes de son poids en or serait acceptable.

Étalon monétaire ; monnaies conventionnelles et d'appoint. — On entend par étalon monétaire la monnaie qui a cours légal illimité, c'est-à-dire que le créancier est obligé de recevoir en paiement, et qui libère le débiteur sans aucune restriction.

En France, c'est la pièce de 5 francs en argent, et toutes les pièces d'or.

Les monnaies d'appoint (1) sont celles qui ne peuvent servir

(1) Certains auteurs les appellent monnaies de *billon*, tandis que d'autres réservent cette dernière expression pour la monnaie de cuivre.

que dans une certaine mesure, pour les petits paiements ne dépassant pas une limite déterminée ; on les dit aussi *conventionnelles*, parce que, étant frappées à un titre inférieur au titre légal, elles ont une valeur nominale purement fictive, qui repose uniquement sur une sorte de consentement tacite·

C'est, en France, la monnaie de cuivre, de 0 fr. 10 ou 0 fr. 05, et les pièces de 0 fr. 50, 1 franc et 2 francs en argent. — Les pièces de 0 fr. 10 et de 0 fr. 05 ont une valeur réelle qui est seulement du tiers de la valeur légale, pour qu'elles ne soient pas trop lourdes à manier. Les pièces en argent de 0 fr. 20, 0 fr. 50, 1 franc, 2 francs, ne sont émises depuis 1865 qu'au titre de 835 millièmes. Nous dirons plus loin, à la suite de quelles circonstances et dans quel but.

D'après un projet de loi voté par la Chambre des Députés, dans sa séance du 7 février 1902, et qui recevra vraisemblablement l'approbation du Sénat, il faut y ajouter la pièce de 0 fr. 25 en nickel pur ; le diamètre est fixé à 24 millimètres, le titre est de 980 millièmes, le poids est de 7 grammes, enfin la tolérance de 10 millièmes. Le gouvernement est autorisé à en émettre pour une somme de dix millions, dont 4 millions en 1903.

Un particulier ne peut être tenu de recevoir les pièces de cuivre et de nikel au delà de 5 francs, et les pièces divisionnaires en argent, au delà de 50 francs (Loi du 6 mai 1852. Loi du 14 avril 1866). Mais les caisses publiques ne peuvent se refuser à recevoir les pièces divisionnaires d'argent, quelle qu'en soit la quantité (art. 5, loi de 1868).

Valeur nominale et valeur d'échange des pièces de monnaie. — La valeur nominale d'une pièce de monnaie est le nom de cette pièce : 1 franc, 2 francs, 5 francs, 20 francs, etc.

La *valeur d'échange* d'une pièce c'est sa valeur réelle, c'est la quantité de marchandise qu'on peut acquérir en échange de cette pièce.

La *valeur nominale* de la monnaie est déterminée par chaque État ; la valeur d'échange de la monnaie est déterminée, comme pour toutes les marchandises, par la loi de l'offre et de la demande.

Monnaie droite, forte, faible. — On dit que la monnaie est *droite*, lorsque sa valeur nominale est égale à la valeur réelle qu'aurait la pièce en lingot, si on la vendait sur le marché des métaux précieux.

Exemple : Une pièce de 20 francs en or a une valeur *nominale* de 20 francs ; on dira que c'est une monnaie droite, si le métal fin qui s'y trouve contenu a exactement la valeur de 20 francs sur le marché de l'or.

On dit que la monnaie est *forte*, lorsque sa valeur réelle est supérieure à sa valeur nominale.

C'est ce qui se produit, par exemple, si une pièce de 20 francs vaut sur le marché 20 fr. 50, 21 ou 22 francs.

Ce phénomène peut être le résultat d'une hausse survenue après coup dans le prix du métal fin.

Les particuliers ont alors intérêt à vendre la monnaie au poids, comme lingot, au lieu de la donner comme monnaie.

Enfin, on dit que la monnaie est *faible*, lorsque le métal qui entre dans la composition de la monnaie a une valeur inférieure à la valeur nominale.

C'est ce qui arrive lorsqu'il y a dépréciation du métal sur le marché. Ainsi, actuellement, la pièce de 5 francs en argent n'a qu'une valeur réelle de 3 fr. 50, par suite de la baisse énorme subie par l'argent (1).

Du rôle de l'Etat en matière monétaire. — Le rôle de l'Etat en matière monétaire est considérable :

1º C'est lui qui détermine les types de monnaie, leur poids, leur volume et leur titre ;

2º Il garantit la monnaie en mettant son sceau sur chaque pièce, c'est-à-dire qu'il répond vis-à-vis du public que chaque pièce de monnaie contient exactement la quantité de métal précieux correspondant à sa valeur nominale ;

3º Il donne aux monnaies le *cours légal*, c'est-à-dire qu'il leur confère le pouvoir libératoire, en contraignant les créanciers

---

(1) En sorte qu'on a pu dire qu'elle n'était plus qu'une monnaie conventionnelle.

à les recevoir en paiement de ce qui leur est dû, à concurrence de leur valeur nominale.

Du monnayage. — Le monnayage est la transformation des métaux précieux en monnaie.

L'Etat se réserve le droit exclusif de fabriquer en régie la monnaie ou de la faire fabriquer par un entrepreneur, sous son contrôle. Depuis 1879, la France a adopté le système de la régie, qui fonctionne dans la plupart des Etats, notamment, en Angleterre et aux Etats-Unis.

La *liberté du monnayage* est de règle dans tout bon système monétaire ; cela veut dire que toute personne doit avoir la faculté de porter à l'hôtel de la monnaie un lingot de métal et d'en obtenir la transformation en monnaie. C'est là une règle qui s'impose pour maintenir l'équivalence entre la valeur du métal en monnaie et en lingot. Grâce à cette liberté, en effet, lorsqu'une monnaie est forte les particuliers feront transformer en monnaie les lingots de métal précieux pour bénéficier de la différence entre la valeur du lingot et de la monnaie ; à un moment donné, l'équilibre sera rétabli par suite de la raréfaction du métal brut, et de l'augmentation du métal monnayé.

Il est cependant fait exception à cette règle en ce qui concerne les monnaies conventionnelles, parce que leur titre ne correspond pas à leur valeur nominale. L'Etat se réserve le droit exclusif d'en déterminer l'émission, suivant les besoins des échanges ; il garde pour lui le bénéfice qui résulte de la différence entre les deux valeurs (1).

Nous verrons plus loin que depuis 1878, l'Etat français a également limité la frappe des pièces de 5 francs pour des raisons particulières.

____

(1) C'est pour l'Etat une compensation de l'obligation où il se trouve de retirer de la circulation, pour les faire refondre, les pièces de monnaie auxquelles l'usure a fait perdre une partie de leur poids. D'après les renseignements publiés au *Journal officiel* du 8 février 1902, l'hôtel des monnaies a fabriqué en 1902 pour 48.874.140 francs de pièces d'or ; pour 11.889.086 francs de pièces divisionnaires de 1 fr., 2 fr. et 0 fr. 50 et pour 800.000 francs de monnaie de bronze.

Monométallisme et bimétallisme. — Le monométallisme est un système monétaire d'après lequel un seul métal — soit l'or, soit l'argent — sert de monnaie avec cours légal illimité.

Le bimétallisme est un système monétaire dans lequel les deux métaux, l'or et l'argent, sont également admis au cours légal, sans aucune limitation. Seulement, comme les deux métaux n'ont pas la même valeur marchande, la loi détermine le rapport existant entre eux. Ainsi nous verrons que dans le système monétaire français, l'or, à poids égal, est considéré comme valant 15 fois 1/2 plus que l'argent.

Les pays monométallistes-or sont : l'Angleterre, depuis 1816, le Portugal depuis 1873, le Danemark, la Suède et la Norwège depuis 1875, l'Autriche-Hongrie, la Russie, le Japon.

Les pays monométallistes-argent sont : l'Inde, l'Indo-Chine, Mexique, Bolivie, Equateur, Maroc, Abyssinie.

Les pays bimétallistes sont : la France, la Belgique, l'Italie, la Suisse, la Grèce, les Etats-Unis, l'Espagne, etc.

Nous dirons plus loin que l'Allemagne est, sur ce point, dans une situation particulière : en théorie elle est monométalliste-or, depuis 1873, mais, en fait, elle est restée bimétalliste.

Entre ces deux systèmes monétaires, la lutte est très vivement engagée depuis longtemps, et n'est pas près de prendre fin.

Arguments en faveur du monométallisme. — En faveur du monométallisme, on fait valoir les arguments suivants :

1° Ce système est, dit-on, le plus rationnel et le plus scientifique. En effet, le bimétallisme repose sur un rapport entre la valeur des deux métaux qui est purement fictif et ne correspond pas à la réalité des faits. Ce rapport est constamment variable, par suite des découvertes de mines d'or ou d'argent qui font subir des mouvements de hausse ou de baisse à l'un et à l'autre métal. En sorte que le rapport qui a été fixé par la loi de l'an XI à 15 1/2, s'est aujourd'hui élevé à 42,96 ;

2° On ajoute que le système du bimétallisme a l'inconvénient d'exposer la monnaie à des variations constantes, parce qu'elle subit le contre-coup de toutes les variations qui peuvent se produire, soit pour l'un, soit pour l'autre métal.

Arguments en faveur du bimétallisme. — En faveur du bimétallisme on invoque les considérations suivantes :

1° Si tous les Etats adoptaient pour étalon unique l'or, la dé-
monétisation de l'argent amènerait une baisse considérable de
ce métal déjà si fortement avarié ; il en résulterait une perte
très grande pour ces Etats qui seraient obligés de retirer de la
circulation le numéraire en argent en donnant de l'or à la place,
et qui ne trouveraient à le vendre ensuite, comme lingot, sur
le marché des métaux, que pour un prix dérisoire. L'exemple
de l'Allemagne est, à ce point de vue, un enseignement salutaire, comme nous le verrons plus loin ;

2° On se heurterait, d'autre part, à une difficulté non moins
sérieuse : l'or existant dans le monde ne serait pas en quantité
suffisante pour répondre aux besoins de la circulation ; étant
plus rare et plus demandé, il augmenterait de valeur, son pouvoir d'acquisition par rapport aux marchandises serait plus
grand que jamais, les prix baisseraient donc dans une large
proportion ; ce qui aggraverait la crise actuelle ;

3° Quant à l'objection tirée des chances de variation plus
grandes de la monnaie avec deux étalons qu'avec un seul, on
peut y répondre en disant que ces variations produisent des
conséquences plus redoutables sous le régime du monométallisme, parce que, sous le régime du bimétallisme, elles sont
atténuées et l'équilibre entre les deux monnaies est bientôt rétabli, par l'effet de la loi de Gresham.

La loi de Gresham et le bimétallisme. — On entend par loi
de Gresham, une loi économique, attribuée à un Chancelier de
la reine d'Angleterre, Elisabeth, qui la formula il y a trois siècles (1).

Elle est ainsi conçue : *La mauvaise monnaie chasse la bonne.*
Pour comprendre cette proposition, supposons que l'argent soit
déprécié, et examinons ce qui se passera dans un pays bimétalliste comme la France.

Les personnes qui auront des paiements à faire à l'intérieur

____

(1) Déjà Aristophane l'avait énoncée dans sa comédie des *Grenouilles*.

du pays emploieront de préférence la monnaie dépréciée ; d'autre part, les étrangers se serviront également de cette monnaie pour nous payer leurs dettes ; et nous ne pourrons pas refuser de la recevoir, puisque les deux métaux ont en France la même force libératoire. Mais, à l'inverse, nous serons obligés de nous acquitter envers nos créanciers du dehors en donnant la meilleure monnaie. L'or disparaîtra ainsi de tous côtés de la circulation, chassé par l'argent : la thésaurisation, la bijouterie, la vente au poids et les paiements à l'étranger sont autant de causes qui agissent pour amener ce résultat.

Il arrivera donc un moment où l'argent sera maître du marché : la demande de ce métal augmentera, et par voie de conséquence, son pouvoir d'acquisition sera rétabli comme par le passé, et la hausse des prix s'arrêtera. Au bout d'un certain temps l'équilibre ancien ne tardera pas à se produire (1).

Ce phénomène n'est pas possible avec le monométallisme ; on est obligé de subir les variations qui affectent la valeur de l'étalon monétaire unique et d'attendre patiemment la fin de lacrise.

Danger du bimétallisme. — Il est cependant un danger certain auquel un État bimétalliste est exposé de la part des États monométallistes qui l'entourent. C'est le danger de la spéculation à laquelle peut donner lieu le métal déprécié.

Supposons, par exemple, que le kg. d'or vaille actuellement 42 kg. 96 d'argent ; un particulier se procure en France 1 kg. d'or moyennant 3 100 francs, il l'envoie à Londres sur le marché des métaux précieux, il acquiert en échange 42 kg. 96 d'argent. Avec ce dernier métal, il peut faire monnayer en

(1) M. Wolowski a comparé l'action simultanée des deux métaux pour maintenir l'équilibre dans la valeur de la monnaie au système ingénieux du pendule. « Pour éviter, dit-il, que le pendule ne s'allonge et ne se rétrécisse brusquement sous l'influence de la température, on l'a construit au moyen de deux lames de métal exerçant leur action en sens contraire, et cette combinaison habile a régularisé la mesure de la marche du temps. De même, pour que la mesure nécessairement variable de la valeur revienne plus aisément au centre de gravité, pour que les oscillations auxquelles elle ne peut échapper soient moins amples, il vaut mieux la construire en usant de l'or et de l'argent, au lieu de n'y employer qu'un seul métal. »

France — à raison de 200 pièces de 1 franc par kg. — 42 kg. 96 × 200 = 8.992 francs, d'où un bénéfice de 8.992 francs. C'est là un danger sérieux qui menace d'inonder l'État bimétalliste de monnaie dépréciée. Nous dirons un peu plus loin, en étudiant notre système monétaire français, comment l'État a paré à cet inconvénient.

Système monétaire français. — L'union latine. — *Économie de la loi du 7 germinal an XI.* Le système monétaire français a été organisé par la loi du 7 germinal an XI.

D'après cette loi, l'unité monétaire est le franc, qui consiste dans 5 grammes d'argent au titre de 900 millièmes. L'argent est donc l'étalon monétaire, mais il n'est pas la seule monnaie légale, l'or et même le cuivre ont le même pouvoir libératoire illimité que l'argent.

Le rapport entre l'or et l'argent est fixé à 15 1/2 ; cela veut dire qu'un kg. d'or vaut 15 fois 1/2 plus qu'un kg. d'argent. Ce rapport résulte implicitement des dispositions de la loi :

5 grammes d'argent valant 1 franc, le kg. d'argent vaut 200 francs.

De son côté, le kg. d'or est divisé en 155 pièces de 20 francs ; il vaut donc 3.100 francs. Or, le rapport entre 200 et 3.100 est bien le même que celui de 1 à 15 1/2.

Quant au cuivre, il a cessé d'avoir le cours légal illimité et est devenu monnaie d'appoint, en vertu du décret du 18 août 1810 ; il n'a plus désormais le pouvoir libératoire au delà de 5 francs.

Ajoutons que l'émission des monnaies d'or et d'argent était entièrement libre.

Telles étaient les bases du système organisé en l'an XI ; elles ne devaient pas tarder à être bouleversées par les variations dans la valeur des deux métaux.

Crises monétaire et financière à partir de 1847. — En 1847, on découvrit les mines d'or de Californie ; en 1851, les mines d'or d'Australie ; une grande quantité de métal jaune fut jetée sur le marché ; l'or baissa de 6 0/0 de sa valeur, en sorte que 5 francs en or ne valaient plus que 4 fr. 70. L'argent fit prime sur l'or ; on vit alors se produire le phénomène résultant de la loi de Gresham, « la mauvaise monnaie chasse la bonne » ; l'étranger nous payait en monnaie dépréciée, et nous étions obligés de payer en bonne monnaie nos créanciers du dehors. Cette situation s'aggrava encore sous l'influence de la guerre de sécession en Amérique ; on fut forcé d'acheter aux Indes le coton qu'on ne pouvait faire venir du nouveau Continent, et on ne pouvait solder les achats faits aux Indes, qui vivent sous le régime du monométallisme-argent, qu'avec ce dernier métal. Il en résultait que l'argent devenait de plus en plus rare en France ; nos pièces divisionnaires de 0 fr. 20, 0 fr. 50, 1 fr. et 2 fr. passaient à l'étranger. On allait être réduit à ne plus pouvoir faire les petits paiement qu'avec des pièces de cuivre, incommodes et lourdes.

C'est alors que la France prit l'initiative de réunir dans une conférence les Etats voisins qui avaient les mêmes intérêts qu'elle, la Belgique, l'Italie et la Suisse, afin d'aviser aux mesures à prendre en commun pour parer au danger de l'émigration de leurs pièces divisionnaires d'argent. Le 23 décembre 1865, fut signée entre ces Etats une union monétaire qui est connue sous le nom d'*union latine*. La Grèce y a adhéré en 1868 (1).

Principes de l'Union monétaire. — Le principe fondamental de l'union était l'adoption pour les Etats signataires du système monétaire établi par la loi de germinal an XI, avec le double étalon, or et argent. Les pièces d'or et d'argent étaient reçues indistinctement dans les caisses publiques des Etats signataires.

Pour éviter le drainage des petites coupures d'argent, on prit

---

(1) Cette union a été renouvelée en 1885 avec clause de *tacite reconduction*. Par un accord intervenu le 15 novembre 1893, l'Italie, dans le but d'obvier à l'émigration de ses pièces divisionnaires d'argent, a obtenu des autres membres de l'union l'engagement de retirer de la circulation les pièces d'argent italiennes de 2 francs, 1 franc, 8 fr. 50, 0 fr. 20 et de les lui remettre contre remboursement moitié en or, moitié en traites payables en monnaie légale.

la mesure suivante : on abaissa leur titre à 835 millièmes. Ce ne furent plus désormais que des monnaies conventionnelles, ayant une valeur nominale supérieure à la quantité de fin qu'elles renferment. Les États signataires se réservaient le monopole de l'émission de ces pièces, qui était même limitée pour chacun d'eux, à raison de 6 francs par habitant. Enfin, ces pièces cessaient d'avoir cours légal au delà de 50 francs (1).

Ces mesures réussirent pleinement ; l'étranger n'eut plus intérêt à venir chercher en France des pièces qui n'avaient plus une valeur marchande égale à leur valeur nominale.

Modifications survenues depuis 1873. — Depuis 1873, c'est le phénomène inverse qui se produit : l'argent est déprécié par suite du rendement plus considérable des mines américaines et de la conversion de certains peuples, de l'Allemagne notamment, au monométallisme-or. Le rapport entre les deux métaux n'est plus de 1 à 15 1/2, mais de 1 à 42,96.

Les États de l'Union latine se trouvaient exposés au danger de spéculation que nous avons indiqué plus haut ; une personne pouvait acheter en France 1 kg. en or pour 3.100 francs, l'échanger à Londres contre 42 kg. 96 d'argent, et le faire monnayer en France contre 42,96 × 200 . . . . 8.992 fr.

Elle réalisait ainsi un bénéfice de . . . . 5.892 »

Pour couper court à des spéculations de ce genre, l'Union latine limita d'abord la frappe des pièces de 5 francs, en 1874, 1875, et 1878, elle la suspendit complètement.

La suppression complète de la frappe des pièces d'argent, en 1878, a été une nouvelle cause, très importante, de la baisse de l'argent.

Situation monétaire en France et en Allemagne. — La France et l'Allemagne se trouvent dans une situation analogue,

___

(1) Remarque importante ! les pièces d'or et les pièces de cinq francs en argent des pays de l'Union, ainsi que les pièces divisionnaires d'argent à concurrence de cinquante francs — sauf celles de l'Italie depuis 1893 — ont cours légal pour les Caisses de l'État français et pour la Banque de France, qui ne peuvent les refuser. Mais les particuliers ont le droit de refuser de les recevoir ; elles n'ont pas cours légal pour eux.

au point de vue monétaire. Nous avons dit plus haut que des lois de 1870 et de 1873 avaient décidé la conversion de l'empire allemand au régime du monométallisme-or. Le gouvernement allemand se mit donc en mesure de retirer les pièces en argent de la circulation pour les revendre ensuite sur le marché des métaux ; mais, en raison de la baisse de l'argent, accrue encore par cette nouvelle quantité de métal blanc offerte aux acheteurs, l'opération fut désastreuse pour le trésor allemand ; en 1879, le gouvernement jugea prudent d'arrêter les frais, et il décida de laisser dans la circulation, avec cours légal illimité comme par le passé, les monnaies d'argent qui n'avaient pu être retirées jusque-là, et qui s'élevaient à 600 millions.

De sorte que si, en théorie, la France est bimétalliste, l'Allemagne monométalliste-or, en fait les deux États, sont soumis actuellement au même régime du double étalon, avec arrêt complet dans l'émission de la monnaie d'argent. C'est ce qu'on a appelé le *bimétallisme* incomplet.

Rapport de la valeur des pièces d'argent françaises et du métal argent. — Par un phénomène curieux à constater, la monnaie d'argent n'a pas subi la dépréciation de son métal, et tandis que l'argent a baissé de près de 50 0/0 la monnaie d'argent circule toujours à l'intérieur du pays à égalité avec la monnaie d'or. Cela tient à différentes causes : d'abord à la suppression de la frappe des pièces d'argent ; ensuite à l'équivalence légale des deux monnaies ; enfin à une balance du commerce qui a empêché la loi de Gresham de s'appliquer. Si le montant des dettes de la France à l'égard des pays étrangers s'élevait au delà de ses créances, pour payer ses créanciers de l'extérieur, elle serait obligée d'exporter son or ; la monnaie d'argent se trouverait dès lors dépréciée et sa valeur tendrait à se rapprocher de la valeur de son métal. C'est ce qui est arrivé pour l'Espagne, qui a le même système monétaire que nous.

IIIᵉ SECTION. — LE CRÉDIT

Division. — Nous étudierons la matière du crédit en quatre chapitres :

Chapitre   I. — Notions générales sur le crédit ;
Chapitre II. — Du crédit privé ; le commerce de banque ;
Chapitre III. — Du crédit public ;
Chapitre IV. — Théorie des annuités et de l'amortissement ;

CHAPITRE Iᵉʳ. — NOTIONS GÉNÉRALES SUR LE CRÉDIT.

Définition. — Le mot crédit vient du latin « *credere* » croire, avoir confiance. Le crédit est la confiance qu'une personne accorde à une autre personne et qui fait que dans un échange elle consent à lui remettre un objet, moyennant le simple engagement que cette personne prend de lui fournir un équivalent plus tard.

Les deux principales opérations de crédit sont : le *prêt d'argent* et la *vente à terme*.

Le prêt d'argent est un contrat dans lequel une personne remet une certaine quantité de monnaie à une autre personne, en lui donnant le droit d'en disposer librement, à charge de lui en restituer une égale quantité à une époque déterminée.

Dans la vente à terme, le vendeur transfère immédiatement la propriété de la chose vendue à l'acheteur, qui, en échange, ne lui paie pas tout de suite le prix convenu ; mais se borne à lui en promettre le paiement à une échéance ultérieure.

L'acheteur à terme et l'emprunteur reçoivent donc quelque chose et ne donnent, en retour, qu'une simple promesse. Si le prêteur et le vendeur consentent à traiter dans les conditions qui paraissent aussi désavantageuses, pour eux, c'est parce qu'ils ont confiance dans la solvabilité de ceux avec qui ils traitent.

Distinction fondamentale entre le crédit fait à la consommation et le crédit fait à la production. — Pour bien comprendre la théorie du crédit, il faut distinguer avec soin le crédit fait à la consommation du crédit fait à la production.

Le crédit fait à la consommation est celui qui est consenti à un particulier pour lui permettre de se procurer ce qui est indispensable à l'existence : vivres, logement, vêtements. Cet emploi du crédit offre de grands inconvénients. Tout d'abord, il ne rend aucun service, au point de vue général, puisqu'il n'est pas utilisé en vue d'augmenter les forces productives, mais uniquement pour satisfaire un besoin personnel. En outre, il présente ce danger qu'il rend l'épargne plus difficile. Lorsqu'on ne paie pas immédiatement ce que l'on consomme, on dépense sans compter, parce qu'on ne voit pas la perte qui en résulte pour son patrimoine.

Le crédit fait à la production est celui qui a lieu entre producteurs, pour faciliter l'œuvre de la production et de la circulation des richesses.

Tel est, par exemple, le prêt d'argent qu'un capitaliste fait à un entrepreneur ou à un inventeur ; ou la vente à terme consentie par un fabricant à un commerçant en gros ou en détail.

C'est le seul crédit qui intéresse l'économie politique et dont nous aurons à parler dans les développements qui vont suivre.

Comment le crédit est une source de richesses. — Il serait inexact de dire que le crédit est une source de capitaux. Nous avons étudié plus haut le phénomène de la production, et nous n'avons pas énuméré le crédit parmi les agents de la production, à côté de la nature du travail et du capital. Mais, si le crédit ne produit rien par lui-même, il est un auxiliaire précieux, en raison des services considérables qu'il rend au producteur.

1° Si l'achat au comptant était le seul possible, le fabricant serait obligé de s'arrêter chaque fois qu'il aurait transformé les matières premières qu'il a dans ses ateliers ; il devrait attendre, pour recommencer à produire, qu'il eût vendu au comptant les marchandises qu'il a manufacturées, de façon à se procurer de nouvelles matières premières et à pouvoir payer le salaire de ses ouvriers avec le prix provenant de cette vente. Il y aurait donc intermittence dans la production ; le capital fixe, représenté par les usines et le matériel industriel, resterait inutilisé une partie du temps, et, par voie de conséquence, les périodes de chômage pour les travailleurs augmenteraient.

Grâce au crédit, au contraire, le phénomène inverse a lieu. La production s'opère d'un bout de l'année à l'autre, sans aucune solution de continuité. Le producteur des matières premières, qui a confiance dans l'habileté et l'honnêteté professionnelles d'un fabricant, consent à lui vendre tout ce dont il a besoin pour faire marcher son atelier ou son usine, en recevant simplement de lui l'engagement du paiement à une époque ultérieure. Le fabricant use d'un procédé analogue envers le commerçant en gros, celui-ci envers le marchand en détail. Il en résulte un enchaînement d'intérêts entre les producteurs, qui présente une nouvelle forme de solidarité humaine, après la division du travail dont nous avons parlé plus haut.

Au surplus, il est à remarquer que, de même que la division du travail, le crédit n'est pas enfermé dans les limites d'un État déterminé ; il opère d'État à État dans les rapports des producteurs ; en sorte que, par suite des échanges internationaux, à tout instant, on peut dire qu'un État est créancier d'un autre État pour les produits qu'il lui a vendus à crédit ou pour les sommes d'argent qu'il lui a prêtées.

2ᵉ C'est aussi grâce au crédit que la concentration de capitaux peut se faire, pour la formation de sociétés anonymes, en vue de travaux gigantesques, tels que percement d'isthmes, établissement de voies ferrées, etc. Par la réunion d'une grande quantité de capitaux, entre les mains de financiers, les sommes les plus minimes, que leurs propriétaires n'auraient pu faire fructifier, sont utilisées avec avantage pour ces derniers, et concourent puissamment à la production générale du pays.

Enfin, le crédit tend à opérer une distribution des capitaux de la façon la plus heureuse. Beaucoup de personnes possèdent d'importants capitaux, qu'ils laisseraient sans emploi, soit par indifférence, soit par incapacité. Sans le crédit, ces capitaux resteraient improductifs ; ils seraient accumulés dans des coffres-forts, sous forme de lingots et de monnaie ; grâce au crédit, au contraire, ces personnes consentent à se dessaisir de leurs capitaux et à les confier à des inventeurs ou à des industriels qui les emploient à produire d'autres richesses.

Comment le crédit supplée à la monnaie. — Le crédit supplée à la monnaie et en rend l'usage moins fréquent dans la pratique des affaires : cela résulte tout d'abord de ce que nous avons dit plus haut, sur les services que la vente à terme assure aux producteurs à tous les degrés de la hiérarchie sociale ; c'est grâce au crédit, nous l'avons vu, qu'un industriel peut se passer momentanément d'argent et se procurer ce dont il a besoin pour faire marcher son usine, sans donner en échange autre chose qu'une simple promesse.

Mais ce qui permet surtout au crédit de réaliser une économie considérable de numéraire, c'est l'emploi des titres de crédit et la circulation fiduciaire.

Des titres de crédit et de la circulation fiduciaire. — Les principaux titres de crédit sont : la lettre de change, le billet à ordre et le billet de banque. Nous ne parlerons ici que des deux premiers. l'étude du billet de banque sera faite à l'occasion des banques d'émission.

Lettre de change. — La lettre de change est un écrit par lequel une personne, appelée tireur, charge une autre personne appelée tiré, de payer une somme d'argent, à l'ordre d'une troisième personne, appelée preneur.

Exemple :   Paris le 1er juillet 1895.

Veuillez payer à l'ordre de Primus, à Lyon, le 1er août prochain, la somme de 1000 francs, valeur reçue comptant.

                              Signé : SECUNDUS.

A M. Tertius, banquier à Lyon.

La lettre de change peut servir à trois buts différents :

1° Elle sert de mode d'exécution du *contrat de change tiré*.

On entend par contrat de change tiré, le contrat par lequel une personne s'engage, moyennant une somme qu'elle reçoit dans un endroit, à faire avoir à une autre personne une somme égale, dans un autre lieu déterminé.

Exemple : Etant domicilié à Paris, j'ai à Lyon un créancier auquel je dois payer, le 1er août prochain, une somme de 1.000 francs. Pour m'acquitter de cette dette envers lui, j'irai trouver un banquier de Paris, je lui remettrai la somme de 1.000 francs en espèces, plus la commission qu'il me réclamera, pour qu'il fasse parvenir la même somme à Lyon, entre les mains de mon créancier. Pour exécuter cette obligation, le banquier pourrait bien faire transporter à Lyon par le chemin de fer, les espèces nécessaires ; mais il en résulterait des frais considérables, et, de plus, on aurait à redouter des chances de perte. La lettre de change lui fournit un moyen très commode d'éviter ce transport de numéraire. Le banquier de Paris n'aura qu'à charger un de ses correspondants de Lyon, avec lequel il est en compte, de payer ladite somme à mon créancier.

2° Elle sert de moyen de *paiement*. Supposons que Primus domicilié à Paris soit créancier pour une somme de 1.000 francs de Secundus domicilié à Lyon et débiteur de Tertius, domicilié également dans cette même ville. Primus tirera une lettre de change sur Secundus à l'ordre de son créancier, Tertius, et l'enverra à ce dernier. Si Tertius est débiteur de Quartus, il lui transmettra à son tour la lettre de change.

Il arrivera dès lors ceci, à l'échéance, si le tiré Secundus paie au porteur de la lettre, Quartus, Primus sera libéré envers Tertius, Secundus envers Primus, Tertius envers Quartus ; trois paiements seront ainsi effectués par un seul déplacement de numéraire.

3° La lettre de change est enfin un *instrument de crédit*.

Supposons que Primus, fabricant, ait vendu une certaine quantité de marchandises payables dans trois mois ; en attendant l'époque de l'échéance, il a besoin d'argent pour faire aller son usine ou ses ateliers ; il se procurera cette somme d'argent en tirant une lettre de change sur son acheteur, au nom d'un banquier qui lui remettra immédiatement la somme dont il s'agit, sous déduction d'une certaine retenue, appelée *escompte*, à raison du temps qui s'écoulera jusqu'à l'échéance.

Billet à ordre. — Le billet à ordre est un écrit par lequel une personne appelée souscripteur, s'engage à payer une somme d'argent à l'ordre d'une autre personne, en échange d'une valeur, soit en argent, soit en marchandises, qu'elle a reçue de cette personne.

Exemple. — Paris, le 1ᵉʳ juillet 1895.

Je paierai à l'ordre, de M. Primus, le 1ᵉʳ août prochain, la somme de 500 francs, valeur reçue en marchandises.

Signé : Secundus.

Dans le billet à ordre, il n'y a pas, comme dans la lettre de change, trois personnes : tireur, tiré et bénéficiaire. Il n'y a que deux personnes en présence : le souscripteur et le bénéficiaire. Mais, comme la lettre de change, le billet à ordre est un titre de crédit. Il permet en effet, au souscripteur de se procurer la marchandise contre un paiement ultérieur qu'il promet de faire à une date déterminée. De plus, il donne au bénéficiaire, un moyen commode d'obtenir la somme dont le montant figure sur le billet, en vendant ce billet — déduction faite d'un certain escompte — à un banquier ou à toute autre personne qui consentirait à le prendre.

Circulation fiduciaire. — Par ce que nous venons de dire plus haut, on a vu que la lettre de change et le billet à ordre sont des titres « à ordre » ; cela veut dire qu'ils contiennent la promesse de payer une somme d'argent, non pas à une personne déterminée, mais à l'ordre d'une personne. Il en résulte qu'ils peuvent se transmettre du titulaire actuel à un autre titulaire, par simple *endossement*, c'est-à-dire, par la mention, au *dos* du titre, des mots suivants :

Paris, le 20 juillet 1895.

« Veuillez payer le présent titre à l'ordre de M. Quintus, valeur reçue en argent ou en marchandises ».

Signé : Secundus.

L'endosseur, en transmettant le titre au cessionnaire, s'engage en même temps à garantir le paiement de la somme portée au titre, s'il n'est pas régulièrement effectué à l'échéance. En sorte que, plus la lettre de change ou le billet à ordre circule depuis sa création jusqu'au jour du paiement, plus le possesseur a de chances d'être payé.

La facilité de transmission de ces deux titres de crédit les font ressembler à de la monnaie ; dans la pratique, en effet, un débiteur qui a un de ces titres dans son portefeuille, n'aura pas besoin de le convertir en argent pour payer son créancier. il passera purement et simplement à l'ordre de ce dernier, qui ne refusera pas à le recevoir en paiement, s'il contient la signature de personnes solvables.

C'est surtout à ce point de vue qu'on peut dire que le crédit supplée à la monnaie.

Le phénomène qui résulte de la transmission des lettres de change et des billets à ordre s'appelle *circulation fiduciaire* parce qu'à la différence des pièces de monnaie qui sont acceptées couramment, à raison de leur valeur intrinsèque, les titres de crédit ne sont reçus qu'en raison de la confiance (*fiducia*) qu'inspire au cessionnaire la solvabilité de ceux qui les ont émis ou endossés.

CHAPITRE II. — DU CRÉDIT PRIVÉ. — COMMERCE DE BANQUE.

Du commerce de banque. — Le crédit privé donne lieu au commerce de banque, qui a pour principale fonction de grouper les capitaux disponibles et de les faire fructifier.

Les opérations de banque sont :

Les dépôts, les virements, les chèques, les ouvertures de crédit, les prêts sur titres, l'escompte des effets de commerce et l'émission du billet de banque.

On appelle *banquiers* les personnes ou les sociétés qui se livrent à ces opérations d'une façon habituelle et à titre de profession (1).

(1) L'origine des banques est très ancienne. On en trouve à Rome ; à

Des principales opérations de banque. — *Dépôts.* — Les banques reçoivent en dépôt, soit des sommes d'argent, soit des valeurs de bourse. Le dépôt des sommes d'argent est un dépôt *irrégulier*, qui permet au banquier de disposer des sommes qui lui sont confiées moyennant un intérêt qu'il paie au déposant.

A cet égard, on a pu dire que le banquier servait d'intermédiaire entre le capitaliste et le producteur ; il reçoit l'argent du capitaliste et le prête au producteur ; son bénéfice réside dans la différence entre l'intérêt qu'il donne et celui qu'il reçoit.

En ce qui concerne les valeurs de bourse, le dépôt fait entre les mains du banquier est un dépôt *régulier*. Il ne peut en disposer, et il doit restituer à l'époque convenue les titres mêmes qu'il a reçus en garde ; il se fait payer un droit pour le service qu'il rend ainsi au particulier.

Virements.— On entend par virement une opération consistant de la part d'un banquier à faire passer une somme d'argent du compte de l'un de ses clients au compte d'un autre client.

Cela peut se produire dans le cas suivant : Un banquier a comme clients, Primus et Secundus. Primus devient débiteur de Secundus à concurrence de 1.000 francs ; pour s'acquitter de sa dette envers lui, il peut donner l'ordre au banquier de *débiter* son compte de 1000 francs, et de *créditer* de pareille somme celui de Secundus. Par un simple jeu d'écritures sur le livre du commerçant, le débiteur se trouvera libéré, sans qu'il y ait eu déplacement de numéraire.

Chèques. — Le chèque est un écrit par lequel une personne charge un banquier de payer une somme d'argent, soit à une

cette époque les banquiers sont les argentarii, qui s'occupent à la fois du change des monnaies, des dépôts et des prêts à intérêt. Au moyen âge, ce sont aussi des opérations de change, de dépôt et de compte courant auxquelles se livrent les principales banques. Citons : la banque de Venise créée en 1157, celle de Barcelone fondée en 1360, celle de Gênes, en 1407, celle d'Amsterdam, en 1609, de Hambourg en 1610, d'Angleterre en 1694. Ce n'est que dans les temps modernes que les banques sont devenues de véritables institutions de crédit.

personne déterminée, soit à l'ordre d'une personne, soit même au porteur.

PAR EXEMPLE. — Paris, le 1er juillet 1895.

Société Générale. Bureau B. Veuillez payer au porteur la somme de 1.000 francs.

Signé : Primus.

Le chèque présente une certaine analogie avec la lettre de change ; c'est, comme elle, un ordre donné à une personne de payer une somme d'argent à une 3e personne.

Mais, il en diffère essentiellement, en ce qu'il n'est pas un instrument de crédit ; il sert à retirer de l'argent déposé chez un banquier, pour effectuer un paiement.

Le *chèque barré*, ou crossed cheque, est celui qui porte deux barres parallèles, tracées verticalement, entre lesquelles est indiqué le nom d'un banquier. Il diffère du chèque ordinaire en ce qu'il ne peut être encaissé que par un banquier, tandis que le chèque ordinaire peut être encaissé par une personne quelconque (1).

L'usage des chèques est très développé en Angleterre. Les commerçants de la Cité ont l'habitude de conserver très peut d'argent dans leur caisse ; chaque jour, ils déposent chez leur banquier les sommes qui leur ont été versées. Lorsqu'ils ont des paiements à faire, ils délivrent des chèques sur leur banquier ; ceux à qui ils les remettent, au lieu de s'en faire payer le montant en argent, les passent à l'ordre de leur propre banquier. Il arrive ainsi que les divers banquiers de Londres ont les uns contre les autres des chèques à payer et des chèques à recouvrer.

Primus a, par exemple, pour 5.000 francs de chèques sur

---

(1) L'usage du chèque barré à été introduit pour éviter les dangers de perte ou de vol des chèques au porteur. Celui qui a trouvé ou qui a volé un semblable chèque éprouvera plus de difficulté pour en obtenir le paiement, parce qu'il sera dans la nécessité d'avoir recours à un banquier qui exigera de lui des justifications qu'il serait en peine de fournir. L'emploi de ce chèque en centralisant les chèques aux mains des banquiers a favorisé le développement des compensations.

Secundus, Secundus pour 7.000 francs de chèques sur Primus.

Le règlement s'opère par voie de compensation, à concurrence des sommes pour lesquelles chaque banquier est à la fois créancier et débiteur ; il n'y a de paiement en argent que pour l'excédent. A cet effet, les banquiers se réunissent à la fin de la journée dans un local connu sous le nom de *Clearing-house*. En 1893, le chiffre des opérations réalisées par le Clearing-house de Londres s'est élevé à 195 milliards de francs. Il existe également en France une *chambre de compensation ;* mais l'usage des chèques y étant moins considérable qu'à Londres, le chiffre d'affaires y est beaucoup moins élevé.

Des ouvertures de crédit. — L'ouverture de crédit est l'engagement que prend un banquier de mettre une somme d'argent, pendant un temps déterminé à la disposition d'un client. Ce n'est pas autre chose qu'une convention de prêter. Le prêt n'existe que du jour où le client use de la faculté qui lui a été concédée et se fait remettre des sommes d'argent par la banque.

La banque se fait payer un premier droit de commission pour le service qu'elle rend au client en mettant des fonds à sa disposition ; de plus, elle exige un intérêt de son client pour les sommes qu'elle lui a prêtées, à partir du moment où le prêt a été réalisé.

Des prêts sur titres. — Cette opération est des plus simples. Elle consiste pour un banquier à prêter de l'argent à une personne, qui lui donne en gage des titres, rentes sur l'Etat, actions de banque, etc.

Escompte des effets de commerce. — On entend par escompte l'opération qui consiste pour un banquier à payer avant l'échéance, au porteur d'un effet de commerce, le montant pour lequel cet effet a été émis, sous la déduction d'une somme qui est proportionnée au temps restant à courir jusqu'à l'échéance.

L'escompte désigne à la fois l'opération elle-même et la déduction effectuée par le banquier, comme rémunération du service rendu. Le banquier rend service au porteur de l'effet de commerce, en ce qu'il lui procure immédiatement la somme d'argent qu'il n'aurait le droit de réclamer de son souscripteur qu'à une échéance ultérieure.

Quant au banquier, il court le risque de n'être pas remboursé plus tard, par le tiré ou le souscripteur ; c'est pourquoi certaines banques, comme la banque de France, ne font l'escompte que sur les effets de commerce revêtus d'un certain nombre de signatures émanant de personnes ayant du crédit sur la place.

L'escompte est aujourd'hui la fonction principale du banquier; c'est sous cette forme qu'il prête aux commerçants et aux industriels et qu'il fait fructifier les capitaux qui lui sont confiés par les déposants. Son bénéfice résulte de la différence entre l'intérêt qu'il paie aux déposants, et qui varie suivant la durée du dépôt, et le taux qu'il fait payer aux escompteurs. Le taux de l'escompte varie suivant l'état du marché des capitaux et aussi suivant le taux du change, ainsi que nous le verrons plus loin. Notons enfin que l'escompte n'a lieu que pour les effets à courte échéance, trois mois au plus.

Diverses sortes de banques. — On distingue plusieurs espèces de banques :

1° *Les banques privées et les banques publiques.* — Les banques privées sont formées par de simples particuliers en dehors de toute intervention du gouvernement. Les banques publiques, au contraire, sont soumises au contrôle et à la surveillance de l'État, soit au point de vue de leur constitution, pour l'approbation des statuts, soit au point de vue de leur organisation et de leur fonctionnement. La banque de France, la banque d'Algérie et les banques coloniales sont des banques publiques.

2° *Les banques de commerce et les banques de spéculation.* — On entend par banques de commerce celles qui se livrent aux opérations ordinaires des banques: dépôts, prêts sur titres, escompte des effets de commerce, etc.

Les banques de spéculation, qu'on désigne parfois sous le nom de *haute banque*, s'occupent particulièrement de l'émission des emprunts au nom des États, des départements ou des communes, et de la formation de syndicats de garantie pour assurer le succès de l'émission d'actions et d'obligations par une société nouvelle qui se constitue.

3° *Les banques de dépôt et les banques d'émission.* — Les banques de dépôt reçoivent des dépôts, prêtent sur titres, escomptent les effets de commerce. Quant aux banques d'émission, leur rôle est considérable, et elles demandent une étude approfondie.

Des banques d'émission. — On entend par banques d'émission celles dont l'opération principale consiste à émettre des billets de banque.

Du billet de banque ; ses caractères. — Le billet de banque est un écrit par lequel une banque s'oblige à payer, à toute personne qui sera porteur de ce billet une somme déterminée, sur présentation, à n'importe quelle époque.

De cette définition, il suit que le billet de banque présente trois caractères essentiels :

1° Il est *au porteur* ;

2° Il est *à vue* ;

3° Il a une *valeur indéfinie.*

Il est au porteur, c'est-à-dire qu'il appartient à celui qui l'a en sa possession ; c'est à lui qu'il doit être payé.

Il est à vue, c'est-à-dire qu'il doit être payé sur présentation, aux guichets de la banque qui l'a émis.

Enfin, il a une valeur indéfinie, c'est-à-dire qu'il n'est jamais prescriptible ; quelle que soit l'époque à laquelle la banque l'a mis en circulation, elle est toujours obligée de l'acquitter.

Aucun autre effet de commerce ne réunit ces trois caractères.

Le billet à ordre peut bien être à vue, mais il n'est pas au porteur, et il est soumis à la prescription de 5 ans quand il renferme la signature de commerçants ou qu'il a été fait à l'occasion d'un acte de commerce.

Il en est de même de la lettre de change.

Quant au chèque, il peut bien être à vue et au porteur, mais il doit, sous peine de déchéance, être acquitté dans les cinq jours ou dans les huit jours, suivant qu'il est tiré d'un lieu sur le même lieu, ou d'un lieu sur un autre lieu.

De plus, le billet de banque ne suppose que deux personnes, la banque qui l'émet et le porteur du billet ; tandis que la lettre de change et le chèque supposent la réunion de trois personnes : tireur, tiré et porteur.

On peut ajouter, pour mieux caractériser encore le billet de banque :

1° Qu'il est toujours émis pour des sommes rondes : 50 francs, 100 francs, 500 francs, 1000 francs (1) ;

2° Qu'il ne porte pas intérêt.

Avantages du billet de banque. — *Ressemblances et différences avec le papier-monnaie.* — Par les caractères que nous avons assignés au billet de banque, on peut se rendre compte qu'il sert de monnaie dans les transactions commerciales et constitue une sorte de papier-monnaie. Comme les pièces d'or et d'argent, il a *cours légal illimité ;* un créancier ne peut pas se refuser à le recevoir en paiement, pour quelque somme que ce soit. C'est une monnaie de papier.

Mais ce n'est pas un papier-monnaie pour trois raisons :

1° Il n'est pas émis par l'Etat et sous sa garantie ;

2° Il n'a pas *cours forcé ;* c'est-à-dire que le porteur d'un billet de banque peut toujours en exiger le paiement en espèces monnayées, aux guichets de la banque ;

3° Tandis que le papier-monnaie est émis par un Etat pour faire face à ses dépenses, sans autre limite que celle qui résulte de ses besoins mêmes, le billet de banque est émis à l'occasion des opérations commerciales, et dans la mesure seulement où elles l'exigent.

Pourtant, il est un cas où le billet de banque devient un papier-monnaie ; c'est lorsque, dans une époque de crise, l'Etat fait appel à la banque pour se procurer les ressources dont il a

(1) Autrefois les billets de banque étaient émis pour des sommes élevées, 500 francs ; parce que, pensait-on, les petites coupures donneraient lieu à des demandes trop fréquentes de remboursement. Le billet de 100 francs date de 1848, celui de 50 francs remonte seulement à 1864. A la suite de la guerre, de 1871 à 1877, la Banque de France a émis des billets de 20 francs, de 10 francs et de 5 francs ; mais ils se détériorent trop vite par l'usage.

besoin ; il emprunte à la banque la somme nécessaire, et, en échange, il accorde le *cours forcé* aux billets de banque.

Il subsiste toutefois une différence, même dans ce cas, avec le papier-monnaie ; le billet n'est pas émis par l'État et sous sa garantie, comme le papier-monnaie, mais par la banque et avec sa propre responsabilité.

Services rendus par le billet de banque. — L'emploi du billet de banque rend d'importants services, tant à la banque qui l'émet qu'au public lui-même.

La banque augmente, par ce procédé, les capitaux dont elle peut disposer pour ses opérations de prêt ou d'escompte ; elle peut, en conséquence, étendre le champ de son action, et accroître ses bénéfices dans des proportions considérables. De plus, les capitaux qu'elle se procure de cette façon ne lui coûtent que les frais de fabrication des billets, tandis que pour les sommes qui lui sont confiées en dépôt, elle peut être obligée de payer un intérêt aux déposants.

De son côté, le public profite de l'émission des billets de banque, par la baisse de l'escompte qui en est la conséquence naturelle. En effet, le nombre des opérations que la banque effectue, grâce aux capitaux considérables que les billets mettent à sa disposition, lui permet d'exiger sur chacune d'elles un droit de commission moins élevé.

Base de la valeur du billet de banque. — La valeur du billet de banque repose sur le crédit qu'inspire au public la Banque de France, et sur la certitude qu'on a d'être remboursé à guichets ouverts des billets qu'elle met en circulation. Ce remboursement est assuré par des garanties de tout premier ordre : le capital de la Banque, les effets qu'elle a escomptés et qui forment son portefeuille et son énorme encaisse métallique (1).

(1) L'encaisse métallique de la Banque de France s'augmente : 1° par la monnaie métallique et par les lingots que les particuliers lui apportent en échange de ses billets dont la circulation est plus commode ; 2° par les remboursements des effets escomptés. — Elle peut diminuer par les remboursements des billets qu'elle a émis et qu'elle doit payer à guichets ou-

Dangers résultant de l'émission des billets de banque. — L'émission des billets de banque présente cependant des dangers qu'il ne faut pas se dissimuler. Il est à craindre que la banque n'use du droit d'émission qui lui appartient, au-delà des besoins du commerce, et au-delà des garanties dont elle dispose, dans le but d'augmenter ses bénéfices, de sorte que, les billets, venant en remboursement à ses guichets, elle pourrait ne pas faire honneur à sa signature.

La même issue fatale est à redouter lorsque tous les porteurs de billets de banque réclament en même temps la conversion de leurs billets en argent monnayé. La banque se trouvant dans l'impossibilité d'y faire face serait déclarée en faillite.

Cela peut se présenter dans deux cas :

1° Lorsque, sous le coup d'une panique, à la suite d'une déclaration de guerre ou par l'effet d'une insurrection, le public n'a plus confiance dans la solvabilité de la banque d'émission.

2° Lorsque de nombreux achats ont été faits à l'étranger, qu'on est obligé de régler en monnaie. On ne pourra effectuer ces paiements en billets de banque, qui ne sont pas reçus comme monnaie internationale dans tous les pays, on viendra échanger ces billets aux guichets de la banque, contre de l'or ou de l'argent.

Intervention de l'État dans la constitution et le fonctionnement des banques d'émission. — On ne saurait sérieusement contester le droit pour l'État d'intervenir dans l'organisation des banques d'émission et dans la réglementation de l'émission même des billets de banque. Le billet de banque étant un titre destiné à circuler dans les mêmes conditions que la monnaie, l'État doit intervenir comme il intervient en matière monétaire, pour rassurer le public et le garantir contre toute surprise désagréable.

verts en monnaie métallique. Ce sont surtout les coupures de 500 et de 1.000 francs qui sont présentées à ses guichets. Pour défendre son encaisse métallique, elle a comme moyen principal la faculté d'élever son escompte ainsi que nous le verrons plus loin à propos du change.

Cette intervention de l'Etat peut aboutir à trois solutions différentes ;

1° La liberté subordonnée à la réunion de certaines conditions ;

2° Le monopole accordé à un établissement privé ;

3° L'organisation d'une banque d'Etat.

1° Système de la liberté des banques d'émission. — Ce système est en vigueur aux Etats-Unis. D'après la loi du 25 février 1863, toute banque peut mettre des billets en circulation pourvu qu'elle dépose en garantie de ces billets, des titres de la dette fédérale, dans les caisses du Trésor public.

Les banques qui usent de cette faculté sont appelées banques nationales (1).

Aux termes de la loi du 12 juillet 1882, les billets émis ne doivent pas dépasser les 90 centièmes de la valeur en bourse des obligations fédérales et les 90 centièmes de capital versé. En outre, les banques d'émission doivent avoir en dépôt au Trésor une encaisse métallique représentant le vingtième des billets mis en circulation.

Ce système présente un grave inconvénient, en temps de crise. Les titres de la dette fédérale seront dépréciés comme toutes les autres valeurs Si toutes les banques d'émission veulent réaliser ces titres pour satisfaire les demandes de remboursement dont elles sont l'objet, elles accentueront cette dépréciation et ne pourront pas se procurer la somme dont elles ont besoin pour faire face aux exigences des porteurs de billets, la faillite en résultera.

2° Système du monopole. — Le système du monopole existe en France et en Angleterre.

De la Banque de France. — *Son origine historique.* — La banque de France a été créée en 1800, par un arrêté des Consuls. Elle ne différait en aucune façon des autres banques de Paris avec lesquelles elle partageait le droit d'émettre des bil-

(1) En dehors des billets émis par les banques privées circulent des billets d'Etat qui avaient été mis en circulation par le trésor public pendant la guerre de Sécession et qui n'en ont pas été retirés depuis cette époque.

lets. En 1803, le privilège d'émettre des billets lui fut assuré d'une façon exclusive pour Paris. En échange, l'Etat se réservait le droit de nommer le gouverneur de la banque. En 1848, à l'occasion de la crise financière qui sévit en France, d'une façon si intense, la banque obtint le monopole de l'émission des billets pour toute la France continentale par l'absorption des banques départementales qui, jusque-là, avaient joui de ce bénéfice (Décrets des 27 avril et 3 mai 1848). Ce privilège a été renouvelé en dernier lieu par la loi du 17 novembre 1897.

Malgré ses attaches avec le gouvernement, la Banque de France n'est pas une banque d'Etat, c'est une banque privée, constituée en société anonyme. Elle est seulement placée sous la surveillance et le contrôle de l'Etat, qui nomme le gouverneur et ses deux sous-gouverneurs.

Loi du 17 novembre 1897. — La loi du 17 novembre 1897 a renouvelé le privilège de la Banque de France pour une période de vingt-trois ans, qui prendront fin le 31 décembre 1920 ; elle stipule cependant que le privilège pourra cesser, à la date du 31 décembre 1912, en vertu d'une loi votée par les deux chambres dans le cours de l'année 1911.

En échange du renouvellement de son privilège, l'Etat s'est fait consentir par la Banque les avantages suivants :

1° Le paiement d'une redevance annuelle, égale au produit du huitième du taux de l'escompte par le chiffre de la circulation productive, sans qu'elle puisse jamais être inférieure à deux millions ;

2° L'abandon des intérêts sur l'avance de 140 millions faite par la Banque au trésor public en 1857 et en 1878, et la renonciation au droit de réclamer le remboursement de tout ou partie de ces avances pendant toute la durée de son privilège ;

3° Une nouvelle avance de quarante millions sans intérêt, pour toute la durée de son privilège, en vue de doter les Caisses de crédit agricole ;

4° Paiement gratuit, concurremment avec les caisses publiques, des coupons de rentes et de valeurs du trésor ;

5° Emission gratuite des rentes et des valeurs du trésor ;

6° Augmentation du nombre des succursales de la Banque, portées de 94 à 112.

Des opérations de la Banque de France. — Les opérations auxquelles se livre la Banque de France sont, à peu de chose près, celles des autres banques ; mais elle est soumise à des règles particulières sur certains points :

1° Elle reçoit des dépôts des particuliers, mais elle ne peut leur servir de ce chef aucun intérêt (1) ;

2° Elle fait l'escompte des effets souscrits par des commerçants, par des syndicats agricoles ou autres et par toutes autres personnes à condition qu'ils soient revêtus de trois signatures de personnes notoirement solvables et qu'ils soient tirés à 90 jours de date au plus.

Cette règle des trois signatures a été imposée à la Banque de France pour lui donner des garanties sérieuses pour le remboursement des effets dont elle garnit son portefeuille. Pour les warrants, deux signatures suffisent, la troisième étant remplacée par le gage qui est constitué par le warrant. On peut également suppléer à cette signature par un dépôt en garantie d'actions de la Banque ou d'autres valeurs sur lesquelles la Banque fait des avances ;

3° Elle fait des avances sur lingots ou sur certains titres, tels que les rentes sur l'Etat, les obligations des villes et des départements, les actions et obligations du crédit foncier, etc. ;

4° Elle émet des billets de banque.

Rôle joué par la Banque de France. — Le rôle joué par la Banque de France est considérable :

1° Au point de vue du taux de l'escompte elle sert de régulateur au marché de l'argent ;

2° Au point de vue monétaire, elle détient dans ses caves une encaisse métallique considérable qui constitue pour la

(1) Pourquoi cette règle ? Pour ne pas trop augmenter de cette façon le passif de la Banque, et aussi pour qu'elle puisse garder dans ses caisses les sommes qu'on lui dépose, en se tenant ainsi prête à les rembourser à première réquisition, sans avoir besoin de les faire fructifier pour payer des intérêts à ses déposants.

France un véritable trésor de guerre. Au 29 janvier 1903, cette encaisse s'élevait exactement à 3,606 268,337 fr. 09 ;

3° Enfin, dans les périodes de crise elle soutient l'Etat de son crédit. C'est ainsi qu'à deux reprises elle a été un port de refuge contre des dangers pressants ; en 1848, à l'époque d'une crise financière, sans précédent, et en 1871, pour payer l'indemnité de guerre à l'Allemagne. A ces deux époques le cours forcé fut donné au billet de banque, du 15 mars 1848 au 6 août 1850, et du 12 août 1870 au 1er janvier 1878.

Limite du pouvoir d'émission de la Banque. — La Banque de France ne peut émettre des billets que dans une certaine limite déterminée par la loi. D'après la loi du 31 janvier 1884, le maximum de l'émission était fixé à 3 milliards 500 millions ; il a été porté à quatre milliards par la loi du 14 janvier 1893 ; la loi du 17 novembre 1897 l'a élevé à cinq milliards.

Au 29 janvier 1903, le montant des billets en circulation était de 4.425,952,090 francs.

On a critiqué avec raison cette limitation quant à l'émission des billets de banque. Elle se justifie aux périodes de crise, lorsque le billet de banque, ayant cours forcé, présente tous les caractères du papier-monnaie ; mais, en temps normal, elle est très dangereuse, parce que, si la Banque a atteint la limite d'émission qu'elle ne peut franchir, elle se trouvera dans la nécessité de refuser toute nouvelle opération d'escompte ; non seulement le commerce s'en trouvera gêné, mais la confiance dans la solidité de la Banque pourra être ébranlée et le public, sous le coup de la panique, pourra se présenter en masse à ses guichets pour réclamer le remboursement des billets mis en circulation. Il vaudrait mieux accorder à la Banque la liberté d'émettre des billets, sans aucune limite. La nécessité où elle se trouve de les rembourser sur présentation, l'empêchera d'user de son droit au delà des besoins du commerce (1).

____

(1) En 1893, la Banque ayant atteint la limite légale de son pouvoir d'émission fut obligée de traiter ses affaires en monnaie métallique, ce qui pour les grosses sommes est plus gênant ; on vit alors les billets de banque faire prime sur l'or.

La Banque d'Angleterre. — En Angleterre, le régime des banques d'émission est un système mixte, tenant le milieu entre le monopole et la liberté ; il est contenu dans le *Charter act* de 1844, rendu sous le ministère de Robert Peel. La banque d'Angleterre n'a le privilège d'émettre seule des billets que pour la ville de Londres ; dans les autres villes, elle partage ce droit avec les banques créées avant 1844, qui usaient de cette faculté au moment où le bill a été rendu, et ne cesseront pas d'émettre des billets dans l'avenir. Le nombre de ces banques était de 100 en 1844 ; il tend chaque année à diminuer ; et il arrivera un moment où, par suite de leur extinction successive, la banque d'Angleterre se trouvera investie du monopole exclusif de l'émission des billets, comme la Banque de France.

La banque est divisée en deux départements : le département de l'émission et le département des affaires de banque. Le premier s'occupe exclusivement de l'émission des billets ; le second se livre aux opérations de banque, comme ferait une banque ordinaire.

Maximum d'émission. — La faculté d'émission est limitée à l'encaisse métallique avec ce tempérament qu'elle pourrait dépasser cette encaisse d'une somme de 14 millions de livres sterling, ce qui, dans l'opinion commune, correspond à peu près, au capital de la banque.

Le taux maximum des billets que pouvait émettre la banque en 1844 était de 14 millions de livres sterling. Il est actuellement de 16.800.000 livres sterling, par des accroissements successifs.

3° **Système des banques d'État.** — Il est un dernier système possible ; il consiste, de la part de l'État, à se réserver le monopole de l'émission des billets de banque. C'est le système des banques d'État. Il est en vigueur en Russie. La banque impériale de Russie est une banque officielle, puisque son capital appartient à l'État et que son personnel est composé de fonctionnaires ; mais en même temps qu'elle émet des billets, elle se livre à des opérations commerciales comme les autres banques. En Suède, il y a également une banque d'État, mais à côté d'elle, des banques privées peuvent fonctionner et émettre des billets, sous certaines conditions et sous le contrôle du gouvernement (1).

Les raisons, qui nous ont fait rejeter le système du papier-monnaie, doivent nous amener également à écarter le système des banques d'Etat, car ce système tend à faire peser sur l'Etat de trop lourdes responsabilités, et il lui donne les moyens de se procurer trop facilement des ressources pour des aventures dangereuses.

Résumé. — En résumé, il résulte de ce qui précède qu'on peut concevoir plusieurs systèmes, soit pour la réglementation des banques d'émission, soit pour la détermination du maximum d'émission des billets.

En ce qui concerne la réglementation des banques d'émission, trois régimes possibles : la liberté d'émission (Etats-Unis), le régime du monopole au profit d'une banque privée (France), et le régime des banques d'Etat (Russie).

En ce qui concerne le maximum d'émission des billets, on conçoit plusieurs systèmes : 1° limitation à une somme fixe (France); 2° limitation à l'encaisse métallique (Angleterre); 3° fixation d'un rapport entre l'émission et l'encaisse métallique. Il en est ainsi en Belgique, où l'encaisse doit être de 33 0/0 du montant de l'émission, et en Italie où il doit être de 48 0/0. Nous avons vu plus haut qu'aux Etats-Unis l'émission des billets devait être garantie à la fois par l'encaisse métallique et par des titres de la dette fédérale.

Crédit immobilier ou hypothécaire. — *Définition.* — On entend par crédit immobilier ou hypothécaire celui qui repose sur l'affectation d'un immeuble par voie d'hypothèque à la garantie d'un prêt d'argent.

Conditions d'un bon régime hypothécaire. — Les conditions d'un bon régime hypothécaire consistent à concilier, par des

____

(1) En Allemagne, la Banque qui a le monopole d'émission est une société privée dont les capitaux ont été fournis par les particuliers, comme en France, mais elle est administrée par des fonctionnaires de l'Etat, comme en Russie, et l'Etat a droit au partage des bénéfices.

mesures appropriées, les différents intérêts qui se trouvent en présence :

1° *L'intérêt du capitaliste.* — Avant le prêt, il faut qu'il ait des moyens certains de connaître si l'emprunteur est véritable propriétaire de l'immeuble sur lequel il offre une hypothèque et dans quelle mesure cet immeuble est déjà grevé par des hypothèques consenties antérieurement. Après le prêt, il doit avoir des moyens commodes de céder son droit d'hypothèque, pour en faire argent avant l'échéance ; et à l'échéance, une procédure rapide et peu coûteuse doit lui permettre, en cas de non-paiement, de réaliser son gage hypothécaire.

2° *L'intérêt du débiteur.* — La constitution d'hypothèque ne doit être ni trop compliquée, ni trop onéreuse. La libération doit être facilitée, soit par l'organisation de prêts amortissables, soit par la faculté de la purge.

Des vices du système français. — Le système hypothécaire présente en France à tous ces points de vue des vices profonds :

1° Les registres des conservateurs des hypothèques, destinés à assurer la publicité du transfert de propriété et des droits réels immobiliers sont tenus au nom du propriétaire, au lieu d'être des livres fonciers au nom des immeubles. En sorte que la publicité est personnelle à tel ou tel propriétaire, et par conséquent relative, au lieu d'être réelle et absolue.

2° Les hypothèques légales du mineur, de l'interdit, et de la femme mariée sont dispensées d'inscription.

3° Les frais de constitution et de réalisation des hypothèques sont très élevés ; et ils le sont d'autant plus que l'immeuble a moins de valeur (1).

4° La cession de l'hypothèque est subordonnée à des formalités trop compliquées.

5° Enfin, la purge n'est pas autorisée au débiteur, ni à un bailleur de fonds disposé à prêter de l'argent.

(1) Cependant la loi du 7 juillet 1900 est entrée dans la voie des réformes en substituant aux droits fixes antérieurs des droits proportionnels. Ce qui est plus équitable.

Du système de « l'Act Torrens ». — *Définition.* — On entend par système de « l'Act Torrens » un système de réglementation de la propriété foncière qui a été établi en Australie en 1858, sur la proposition d'un député, Sir Robert Torrens, par une loi du parlement australien, connue sous le nom de Real property act.

Caractères essentiels du système. — Le système de « l'Act Torrens » se caractérise par les règles suivantes :

1° Les registres du conservateur des hypothèques sont des livres fonciers, dont chaque feuillet, consacré à un immeuble, en décrit l'état juridique, en faisant connaître le nom du propriétaire actuel et les charges qui le grèvent, hypothèques, servitudes, etc.

Il en résulte que les recherches sont très faciles et très rapides. De plus, la publicité est réelle et non personnelle, absolue et non relative.

2° Le conservateur des hypothèques, qui s'appelle Général Registrar, est un juge qui examine si les actes qu'on lui soumet pour être consignés sur le livre foncier sont réguliers. Il a le droit de refuser son concours pour ceux qui ne sont pas valables, soit parce que celui qui les a consentis n'était pas propriétaire, soit parce qu'il n'était pas capable de les consentir, soit pour toute autre raison.

3° D'où cette conséquence importante que celui qui est inscrit sur le livre foncier comme propriétaire a cette qualité à l'égard de tous et celui qui contracte avec lui au sujet de l'immeuble est à l'abri de toute éviction. C'est le principe de *légalité*. Si une erreur a été commise au détriment du véritable propriétaire, celui-ci ne peut réclamer qu'une indemnité.

4° Un certificat de titre identique au livre foncier est délivré au propriétaire ; il porte la description de l'immeuble avec l'indication de toutes ses charges. Lorsque le propriétaire veut vendre son bien, il se procure dans le commerce une formule tout imprimée dont il remplit les blancs, et l'adresse avec son titre de propriétaire au Général Registrar. Celui-ci, après les vérifications légales, mentionne l'aliénation sur le registre et délivre un nouveau titre à l'acquéreur en annulant celui du vendeur (1).

Projets de réforme en France. — Le gouvernement français s'est rendu compte de l'avantage que présenterait en France l'adoption d'un pareil système. En 1891, une commission extra-parlementaire du cadastre a été instituée dans ce but. Des rapports ont été publiés et des projets de loi ont été élaborés ; mais il est à craindre qu'on n'aboutisse à aucun résultat pratique en raison de la dépense que la revision du cadastre parcellaire, que cette réforme rendrait nécessaire, imposerait à l'État et aux communes.

Le système de l' « Act Torrens » fonctionne en Tunisie en vertu d'une loi du 5 juillet 1885.

Mobilisation du crédit hypothécaire. — *Définition.* — La mobilisation du crédit hypothécaire est un système destiné à donner aux hypothèques la même facilité de circulation qu'aux effets de commerce.

Intérêt pratique. — L'utilité pratique de ce système est considérable. Les propriétaires fonciers ne peuvent faire que des emprunts à longue échéance ; en sorte que les capitalistes qui consentent à leur prêter de l'argent sont obligés d'attendre longtemps leur remboursement ; c'est ce qui fait qu'ils se déterminent difficilement à de semblables placements, ou qu'ils ne s'y décident que pour un intérêt assez élevé. Il en serait autrement — le prêt serait facilité et l'intérêt serait moindre — si le prêteur recevait un titre d'une circulation facile qu'il pourrait négocier pour dégager ses capitaux sans attendre l'échéance de la dette.

Deux formes possibles de mobilisation. — On peut concevoir deux procédés de mobilisation du crédit hypothécaire, comme en Allemagne.

1° Le premier consiste à donner aux obligations hypothé-

---

(1) Cette facilité procurée au propriétaire de vendre son immeuble a fait donner à ce système le nom de système de *mobilisation* du sol, parce que la terre est cédée avec autant de facilité que des meubles.

14.

caires constatées par acte notarié, la forme de titres à ordre transmissibles par voie d'endossement comme les lettres de change.

2° Le second consiste dans la création de *bons fonciers* délivrés par le conservateur des hypothèques, par coupures de 100 ou 500 francs, à concurrence de la valeur déclarée de l'immeuble. Le propriétaire garde ces bons dans son portefeuille et il les met en circulation au fur et à mesure de ses besoins, comme il émettrait des effets de commerce.

Ces bons fonciers sont des titres au porteur. Ils sont indépendants de toute créance ; et ils n'ont comme garantie que la valeur de l'immeuble sur lequel ils sont établis.

L'origine historique de ces bons fonciers se trouve dans une loi française du 9 messidor an III, qui en avait autorisé la création sous le nom de *cédules hypothécaires*.

Ces différents systèmes ne donnent pas les résultats qu'on pourrait en attendre : les obligations hypothécaires, en raison de l'incertitude du public sur la solvabilité du débiteur; l'un et l'autre, en raison de l'incertitude sur la valeur de l'immeuble hypothéqué, et en raison des difficultés inhérentes à la réalisation du gage hypothécaire, lorsqu'à l'échéance, le remboursement de la créance n'est pas effectué.

On est arrivé à de meilleurs résultats par la création de banques dites de « crédit foncier, » comme le Crédit foncier de France.

Du Crédit foncier de France. — *Origine et nature.* — Le Crédit foncier de France est un établissement modèle qui a pour objet de consentir des prêts hypothécaires. C'est une société privée, en la forme anonyme, placé comme la Banque sous le contrôle de l'Etat qui en nomme le Direceur. Il a été institué par un décret-loi du 28 février 1852.

Nature de ses opérations. — Le Crédit foncier sert d'intermédiaire entre les capitalistes et les propriétaires.

Il fait appel à l'épargne du public en émettant des obligations au porteur, à primes et à lots, portant un intérêt annuel de 3 0/0 remboursables dans un délai assez long, 75 ans en général, par voie d'amortissement, à la suite d'un tirage au sort effectué chaque année.

Il emploie les capitaux ainsi concentrés à prêter aux propriétaires, sur hypothèques pour un temps qui varie de 1 à 75 ans avec un intérêt de 4 0/0 : Le propriétaire s'engage à rembourser tous les ans une somme un peu supérieure à l'intérêt stipulé ; il amortit ainsi le capital. En sorte qu'il se trouve entièrement libéré lorsqu'arrive la dernière année.

Avantages qui en résultent. — Cette combinaison est très ingénieuse et présente de grands avantages pour le propriétaire et pour le créancier.

Elle permet au propriétaire d'emprunter, pour un temps assez long, à un taux modique, et de se libérer insensiblement, presque sans effort, de sa dette.

Elle procure au créancier la libre disposition de son capital par la facilité qu'il a de vendre à la bourse le titre qui représente sa créance. En outre, elle lui assure une garantie de premier ordre ; puisqu'il a comme gage immédiat la solvabilité du crédit foncier, et comme gage indirect les hypothèques qui ont été consenties au crédit foncier par les emprunteurs. La solidité de ce gage est assurée par les deux règles suivantes : 1° le crédit foncier ne peut prêter que sur première hypothèque ; 2° il ne peut prêter au delà de la moitié de la valeur du gage.

Privilèges du Crédit foncier : Le Crédit foncier jouit de certaines faveurs, qui sont destinées à faciliter la réalisation de son but :

1° Quoique simple prêteur d'argent, il peut purger l'immeuble des hypothèques de façon à avoir le premier rang. Cette purge offre des particularités que nous ne pouvons expliquer ici.

2° Le Crédit foncier est dispensé du renouvellement décennal pour ses inscriptions d'hypothèques.

3° On ne peut accorder aucun délai de grâce à ceux qui ont emprunté au Crédit foncier.

Critiques adressées au Crédit foncier — Le principal reproche que l'on a adressé au Crédit foncier, c'est de prêter surtout à la propriété urbaine en vue des constructions et de n'être d'aucun secours pour la propriété rurale et pour l'agriculture. Cela tient à des causes multiples, et notamment aux habitudes invétérées des paysans qui ont coutume de s'adresser au notaire pour les emprunts qu'ils ont à faire.

Du crédit agricole. — *Son but.* — Le crédit agricole est destiné à procurer à l'agriculteur les fonds de roulement dont il a besoin pour les frais d'exploitation (achats d'engrais, de semences, de bestiaux, etc.).

Ses difficultés d'établissement. — Les difficultés de l'organisation du crédit agricole tiennent à plusieurs causes :

1° L'agriculteur a besoin d'avances pour neuf mois ou un an, afin de pouvoir attendre la réalisation de sa récolte ; dès lors, les banquiers qui font l'escompte des effets de commerce pour trois mois au plus, ne consentent pas à escompter les effets des agriculteurs, dont l'échéance est trop éloignée.

2° Toutes les facilités et toutes les garanties que le créancier puise en matière commerciale des règles établies par le Code de commerce et résultant notamment de la faillite et de l'existence d'une juridiction spéciale, n'existent pas à l'égard de l'agriculteur.

Différents moyens de réalisation. — Pour réaliser le crédit agricole, on peut employer différents moyens :

1° Faciliter la mobilisation de l'hypothèque, comme nous l'avons expliqué plus haut ;

2° Faciliter la constitution du gage. C'est ce que nous verrons plus loin en expliquant, avec les magasins généraux, les warrants agricoles ;

3° Instituer des banques de crédit agricole fondées sur le crédit personnel des agriculteurs.

Le crédit agricole en Allemagne. — En Allemagne, le crédit agricole a été réalisé à l'aide de banques de crédit mutuel : les Banques Raiffeisen et les banques Schulze-Delitzsch.

Elles ont ce point commun : 1° qu'elles sont constituées sous la forme corporative entre gens qui se connaissent, et qui habitent la même commune ; 2° que tous les membres d'une même caisse répondent solidairement les uns des autres.

Mais elles diffèrent entre elles par les points suivants :

1° Les caisses Raiffeisen ont un caractère religieux, tandis que les Caisses Schulze-Delitzsch ont un caractère laïque ;

2° Les caisses Raiffeisen sont constituées, sans capital, à l'aide des cotisations et avec un fonds de réserve. Il en est autrement des caisses Schulze-Delitzsch qui présentent un caractère plus capitaliste ;

3° Les caisses Raiffeisen ne distribuent pas de dividende à leurs membres. Les profits, s'il y en a, forment un fonds indivisible. Il en est autrement des caisses Schulze-Delitzsch.

Ce n'est pas seulement en Allemagne, mais en Italie et en Belgique que ces deux sortes de caisses se sont développées.

Tentatives faites en France. — Dans ces dernières années, en France, des tentatives ont été faites en vue d'organiser le crédit agricole.

La loi du 3 novembre 1894 a autorisé les syndicats agricoles à former des caisses rurales constituées sur les principes Raiffeisen. Au-dessus de ces caisses, la loi du 31 mars 1899 a permis d'organiser des caisses régionales de crédit agricole. Ces caisses peuvent se constituer à l'aide d'un prêt sans intérêt que la Banque de France a été obligée de leur consentir, comme prix du renouvellement de son privilège en 1897, à concurrence de quarante millions, plus l'annuité minimum de deux millions que ladite Banque doit payer à l'État à titre de redevance (art. 1er).

Ces caisses régionales ont pour but de faciliter les opérations concernant l'industrie agricole effectuées par les membres des sociétés locales de crédit agricole mutuel de leur circonscription et garanties par ces sociétés.

A cet effet, elles escomptent les effets souscrits par les membres des sociétés locales et endossés par ces sociétés. Elles peuvent faire à ces sociétés les avances nécessaires pour la constitution de leurs fonds de roulement. Toutes autres opérations leur sont interdites (art. 2).

Ces sociétés se sont encore peu développées en France.

Le crédit mobilier. — Nous avons vu plus haut que l'une

des opérations courantes des banques est de consentir des avances sur titres. Mais les prêts sur objets mobiliers ou sur marchandises sont effectués par des établissements spéciaux : les monts-de-piété et les magasins généraux.

Monts-de-piété. — Les monts-de-piété sont des maisons de prêts sur gage ; ils présentent un caractère en quelque sorte charitable, en ce qu'ils sont surtout destinés à venir en aide aux ouvriers ou petits employés, momentanément gênés, à la suite de maladie ou de chômage ; ils sont également utilisés par les petits commerçants et les petits industriels, mais dans une moins large mesure ; en sorte que les prêts que font ces établissements sont plutôt des prêts à la consommation que des prêts à la production. On peut en conclure que leur influence sur le développement des richesses est en quelque sorte nul.

Magasins généraux. — Il en est différemment des magasins généraux. On entend par là de vastes locaux dans lesquels les commerçants peuvent déposer leurs marchandises. Les déposants reçoivent en échange un *récépissé* et un *warrant*, sur lesquels sont indiqués la nature, le poids et la qualité de la marchandise ; ce sont des titres à ordre, comme la lettre de change, se transmettant par voie d'endossement. Le propriétaire de la marchandise n'a, pour en transférer la propriété à une autre personne, qu'à endosser au nom de cette personne le récépissé et le warrant.

Il peut emprunter en donnant la marchandise en gage, par l'endossement au profit du prêteur du warrant seul. Le récépissé et le warrant peuvent ainsi se transmettre, comme des effets de commerce, avec la même facilité, sans que la marchandise soit déplacée. Celui qui, à l'échéance, est porteur du warrant détaché du récépissé, aura les mêmes droits qu'un créancier gagiste ; il saisira la marchandise dans les magasins généraux, la mettra en vente, et se paiera le premier sur le prix de vente.

Celui qui n'a en mains que le récépissé, est bien propriétaire de la marchandise, mais d'une marchandise grevée d'un droit de gage ; il ne pourra se faire délivrer ladite marchandise par le magasinier général qu'en consignant la somme nécessaire à désintéresser le créancier.

Cette facilité merveilleuse d'opérer la mise en gage et la vente des marchandises, sans déplacement, n'est pas le seul avantage que présente l'établissement des magasins généraux. Ils dispensent les commerçants qui ont des opérations sur des marchandises encombrantes d'avoir des locaux pour lesquels ils paieraient un loyer élevé et d'avoir à leur service un personnel affecté à la manutention desdites marchandises. Depuis 1870, les magasins généraux ont été autorisés à faire eux-mêmes des avances sur les marchandises qu'ils reçoivent en dépôt. Ils sont donc de véritables banques de prêt sur meubles.

Des warrants agricoles. — La loi du 18 juillet 1898 a institué une nouvelle forme de crédit mobilier en créant les warrants agricoles. Aux termes de cette loi un agriculteur peut donner en gage à ses créanciers ses produits (céréales, légumes, etc.), — mais non son matériel ni ses animaux, — tout en les gardant à son domicile. L'emprunt et le gage sont constatés par un titre appelé warrant, transmissible par endossement. Une publicité est assurée par une inscription faite au greffe de la justice de paix du domicile du débiteur. Le créancier est garanti contre tout détournement de son débiteur, en ce que celui-ci encourrait les peines de l'abus de confiance. La réalisation du gage à l'échéance est facilitée par une procédure simple et rapide.

CHAPITRE III. — DU CRÉDIT PUBLIC.

Dans quelles circonstances l'État fait appel au crédit. — L'État fait appel au crédit dans les circonstances suivantes

1º Lorsqu'il a une dépense extraordinaire à solder, telle qu'une guerre, une indemnité de guerre, l'exécution de grands travaux publics ;

2º Lorsque, dans le courant d'une année, les impôts ne rentrent pas assez vite dans les caisses de l'État pour faire face au fonctionnement des services publics ;

3° Lorsque le trésor est en déficit, c'est-à-dire lorsque les revenus de l'État sont moins élevés que ses dépenses.

Des emprunts de l'État. — Leurs différentes formes. — Dans ces différentes circonstances, l'État agit, comme ferait un particulier ; il a recours à l'emprunt pour se procurer les ressources qui lui manquent.

Suivant les cas, l'État opte entre trois systèmes :

1° Un emprunt en *rentes perpétuelles* ;

2° Un emprunt à *longue échéance* ;

3° Un emprunt à *court terme*.

1° *Emprunt en rentes perpétuelles. — Dette fondée ou consolidée.* — Le système des emprunts en rentes perpétuelles, est le mode d'emprunt le plus usité de tous. L'État reçoit des particuliers les sommes dont il a besoin, moyennant l'engagement qu'il prend de servir à chaque prêteur, à perpétuité, un intérêt annuel de 3, 4 ou 5 0/0, pour chaque somme prêtée, sans que le prêteur ait jamais le droit de lui réclamer le remboursement du capital. C'est à raison de cette dernière particularité que la dette de l'État, résultant de cette forme de l'emprunt, est appelée *dette fondée* ou *consolidée*. Mais l'État se réserve la faculté de se libérer du paiement des arrérages, en remboursant le capital qui lui a été prêté.

L'État emploie ce procédé ingénieux d'emprunt, lorsqu'il a besoin de sommes considérables qu'il pourrait difficilement rembourser à un moment donné à l'aide de ses ressources ordinaires.

Toutes les rentes sur l'État sont constatées sur un registre connu sous le nom de *Grand livre de la dette publique*.

Sa création est l'œuvre de la Convention nationale (loi du 24 août 1793). Un extrait d'inscription au grand livre est délivré aux crédi-rentiers sous forme de titres nominatifs ou au porteur.

L'emprunt est réalisé par voie de souscription publique dans les caisses de l'État et des grands établissements de crédit. Les titres de rentes sont généralement émis au-dessous du pair ; cela veut dire que pour le prêt d'une somme de 60 francs ou de

80 francs, l'Etat remet au prêteur un titre remboursable à 100 francs et produisant un intérêt annuel de 3, 4, 5 0/0.

2° *Emprunt à longue échéance.* — *Dette flottante.* — Parfois l'Etat emprunte sous la condition de rembourser le capital prêté au bout d'un temps assez long : trente ou quarante ans, par exemple. Lorsque le terme stipulé pour le remboursement arrive, la dette devient exigible ; l'Etat est obligé de s'exécuter, comme un débiteur ordinaire. Si, à ce moment, la situation de ses finances ne lui permet pas de se libérer, il fait un emprunt, en rentes perpétuelles, dont le produit lui sert à payer ses créanciers. Il transforme ainsi une dette flottante en dette consolidée. Cette opération est connue pour cela sous le nom de *consolidation* de la dette flottante.

3° *Emprunt à court terme.* — *Dette flottante.* — L'emprunt à court terme résulte notamment des *bons du trésor.* Ce sont des effets publics que le ministre des finances est autorisé, par la loi du budget, à émettre dans une limite déterminée ; il y a recours, lorsque l'impôt rentre trop lentement, pour assurer le fonctionnement continu des services publics. Ils sont remboursables à trois mois, six mois, un an, avec un intérêt de 1 à 1/2 0/0. Ces titres offrent un placement avantageux aux commerçants et aux industriels qui ne veulent disposer de leurs capitaux que pour un temps déterminé.

Sur quelles bases repose le crédit de l'Etat. — Le crédit de l'Etat repose sur les mêmes bases que le crédit des simples particuliers : sur la confiance qu'il inspire aux capitalistes, par sa solvabilité et la régularité avec laquelle il s'acquitte de ses engagements.

Un Etat qui, comme la France, dispose de revenus considérables, et jouit de la réputation d'un débiteur toujours exact dans ses paiements, sera en possession d'un crédit illimité. Au contraire, un Etat qui répudie sa dette ou fait banqueroute, perd tout crédit auprès des capitalistes.

On a cependant soutenu que l'Etat puisait un double élément de crédit, qui fait défaut aux simples particuliers, dans la puissance publique dont il dispose, et dans son caractère de personnification de la nation. Il pourrait ainsi imposer aux capitalistes l'obligation de souscrire aux emprunts qu'il émet ; ou bien il pourrait compter sur leur patriotisme pour se procurer les ressources dont il a besoin. Cette théorie n'est pas exacte ; la France en a fait la triste expérience à diverses époques de son histoire. En 1793, un *emprunt forcé* de 1 milliard fut décrété par la Convention nationale ; on obtint 100 millions seulement, malgré les menaces et les mesures d'intimidation auxquelles on eut recours. En 1830 et en 1848, un *emprunt patriotique* fut tenté ; il ne donna pas un meilleur résultat que l'emprunt forcé de 1793.

CHAPITRE IV. — THÉORIE DES ANNUITÉS, DE L'AMORTISSEMENT ET DE LA CONVERSION.

Théorie des annuités. — La théorie des annuités offre un procédé commode aux États, comme aux grandes Compagnies financières, pour se libérer au bout d'un certain temps de la dette résultant des emprunts qu'ils ont contractés.

Deux combinaisons sont possibles :

1° Les annuités *terminables* ;

2° Les rentes ou obligations *amortissables*.

Annuités terminables. — Les annuités terminables sont une forme particulière de la dette publique, qui consiste dans l'obligation que prend l'État de payer chaque année une somme déterminée pendant 30, 50 ou 75 ans, de façon à être libéré complètement au bout de ce laps de temps.

L'État n'use pas de ce procédé lorsqu'il fait appel à l'épargne privée, en émettant un emprunt. Les particuliers, qui cherchent un placement d'une durée indéfinie, à transmettre à leurs enfants, s'accommoderaient mal d'une semblable combinaison qui mettrait fin à un moment donné à leur créance contre l'État. Mais ce système ingénieux est utilisé par l'État pour réaliser des emprunts indirects, par l'intermédiaire des villes, des départements ou des grandes sociétés financières, telles que la Banque de France et les Compagnies de chemins de fer.

C'est sous cette forme que l'Etat s'est acquitté envers la Banque de France de la somme de 1 milliard 1/2 qu'elle lui avait prêtée après la guerre de 1870-1871. L'Etat a aussi recours à ce moyen, lorsqu'il laisse une Compagnie de chemin de fer ou une ville faire l'avance des frais d'un travail d'utilité générale, en s'obligeant à rembourser à cette Compagnie ou à cette ville en un certain nombre d'années, le montant de la dépense.

Rentes ou obligations amortissables. — Le système des rentes ou obligations amortissables est différent. Il consiste de la part de l'Etat à emprunter directement des simples particuliers, par voie d'émission de rentes, en s'obligeant à rembourser les porteurs des titres en un certain nombre d'années, 50, 60, 70 ans, ou davantage, suivant un tirage au sort opéré chaque année. Pour faire face à cette obligation, l'Etat inscrit à son budget une somme annuelle qui est destinée à payer les intérêts des crédirentiers, et le remboursement des titres qui sont désignés par le sort. Les premières années, cette somme est surtout affectée au paiement des intérêts ; mais, au fur et à mesure que les années s'écoulent, le montant de l'intérêt à servir tend à s'abaisser de plus en plus, par suite de la diminution du capital de la dette que les remboursements annuels ont occasionnée, en sorte qu'il arrive un moment où l'annuité inscrite au budget ne sert plus qu'à restituer le capital aux porteurs des titres non encore appelés au tirage.

C'est le mode le plus usité des emprunts, non seulement de la part de l'Etat, mais aussi de la part des Villes, du Crédit foncier, des Compagnies de chemins de fer. Pour allécher davantage encore le public, les obligations sont souvent à *primes* ou *à lots.*

Les obligations à primes sont celles qui sont émises à un taux et remboursables à un autre taux plus élevé ; la différence entre les deux sommes constitue la prime offerte au souscripteur ; par exemple, une obligation émise à 425 francs est remboursable à 500 francs ; la prime est de 75 francs.

L'émission des obligations à lots consiste à attribuer aux premières obligations qui sortent, à chaque tirage périodique, des lots de 100.000 francs, 50.000 francs, 25.000 francs. Elle tend à enrichir celui qui en est bénéficiaire par le seul effet du hasard en dehors de tout travail personnel ; c'est pourquoi elle a été assimilée à une véritable loterie, et ne peut être autorisée que par une loi, en vertu de la loi du 21 mai 1836.

De l'amortissement des rentes perpétuelles. — Amortir des rentes perpétuelles, c'est de la part de l'État réduire sa dette consolidée en remboursant aux porteurs le capital de la rente. L'amortissement de la dette est en quelque sorte obligatoire pour l'État, en ce qui concerne les annuités terminables et les rentes amortissables ; il y est tenu par les termes mêmes de son contrat. Il en est différemment des rentes perpétuelles ; l'État n'est jamais obligé d'en rembourser le montant ; c'est une dette qui par son essence n'est pas exigible. En offrant à ses créanciers de leur restituer le capital de la rente, il agit spontanément et fait un acte qu'il pourrait ne pas faire. Cette opération est réglée par le droit civil sous le nom de « *rachat de la rente.* »

L'amortissement est un acte de sage politique financière de la part d'un gouvernement ; mais à une condition, c'est que l'amortissement ne soit pas seulement apparent, mais réel. Or, pour qu'il en soit ainsi, il faut que le budget se solde par des excédents de recettes, et que ce soit avec ces excédents que l'État paie ses créanciers. En effet, si l'État emprunte d'un côté pour rembourser de l'autre, il ne diminue en rien sa dette, puisqu'il bouche un trou ici pour en ouvrir un autre un peu plus loin. C'est malheureusement de cette façon que l'amortissement a été pratiqué en France, à l'aide de la caisse d'amortissement, de 1816 à 1885.

Conversion des rentes. — La conversion des rentes est encore le procédé le plus pratique qu'un État puisse employer pour opérer la réduction de ses dettes. Un État a émis des titres de rentes 5 0/0 à 80 francs. Ces titres se vendent, sur le marché des valeurs, à raison de 100,105 francs ; par suite de l'abondance des capitaux disponibles, l'intérêt moyen de l'argent s'est abaissé et l'État trouverait facilement à emprunter à

4 1/2, 4 et même 3 0/0. Dans ces conditions, le gouvernement serait vraiment coupable de négligence s'il continuait à servir aux porteurs de rentes un intérêt de beaucoup supérieur à l'intérêt normal. Il a recours au procédé de la conversion : il offre aux porteurs de titres ou bien de leur rembourser le capital nominal qui est porté sur leur titre, ou bien de conserver leurs titres actuels, mais en ne recevant plus qu'un intérêt moindre : 4 1/2 au lieu de 5 0/0, 3 1/2 au lieu de 4 1/2. En procédant ainsi, l'Etat n'emploie pas une mesure exorbitante, uniquement justifiée par ses pouvoirs de puissance publique. Il ne fait qu'user d'un droit qui appartient à tout débiteur d'une rente perpétuelle d'imposer le rachat au crédit-rentier.

Pour qu'une mesure semblable soit possible, il faut que la rente soit au pair ou au-dessus du pair, c'est-à-dire que sa valeur en bourse soit égale au taux de remboursement. Car, si elle était au-dessous du pair, tous les porteurs demanderaient leur remboursement, et le Trésor n'y pourrait suffire.

IVᵉ SECTION. — LE COMMERCE INTÉRIEUR ET EXTÉRIEUR

Notions générales. — Dans la première partie de l'Economie politique, consacrée à la production des richesses, nous avons fait la théorie du commerce envisagé comme industrie, et nous avons montré la part importante qui lui revenait dans l'œuvre de la production. Nous avons vu notamment, que son rôle ne consistait pas à agir sur la matière première pour la transformer, mais qu'il se bornait à faciliter et à rendre plus active la production, en servant d'intermédiaire des échanges entre les consommateurs et les producteurs, et en permettant à ces derniers de consacrer tout leur temps et tous leurs efforts à produire, sans avoir à se préoccuper de trouver des débouchés pour leurs marchandises. A ce point de vue, le commerce est lié à la théorie de l'échange et de la circulation des richesses ; on peut même dire qu'il en est le facteur essentiel.

On divise le commerce en deux branches : le commerce intérieur et le commerce extérieur.

Le commerce intérieur est celui qui s'exerce dans les limites des frontières d'un État.

Le commerce extérieur est celui qui a lieu dans les rapports respectifs des États entre eux.

Division de la section. — Nous diviserons la section en cinq chapitres :

Chapitre I. — Du commerce intérieur.
Chapitre II. — Du change.
Chapitre III. — De la balance du commerce.
Chapitre IV. — De la réglementation du commerce extérieur.
Chapitre V. — Des droits de douane.

CHAPITRE Ⅰ^{er}. — DU COMMERCE INTÉRIEUR.

Histoire du commerce. — Sous le régime patriarcal, il n'y a pas de commerce : chaque groupe produisant tout ce qui est nécessaire à ses besoins, il n'y a pas d'échanges, ou du moins les échanges sont rares. Mais, dès que la société a dépassé cette phase de son histoire, et que, sous le régime du producteur autonome, elle pratique la division du travail, la production se fait de plus en plus en vue de l'échange, ce qui donne naissance au commerce.

Tout d'abord, le commerce présente un caractère nomade et international ; les commerçants sont à la fois des trafiquants et des armateurs ; ils parcourent le monde pour trouver des débouchés à leurs marchandises ; tels sont, dès la plus haute antiquité, les Phéniciens et les Grecs, et plus tard au moyen âge, les marchands de Venise et de la ligue hanséatique.

A l'intérieur de chaque pays et dans chaque localité, les échanges se font plutôt par l'intermédiaire des artisans que par des négociants proprement dits. Il en est encore ainsi au moyen âge et dans notre ancienne France.

A côté de ce commerce local, et principalement pour les marchandises venant de l'extérieur, les transactions ont lieu dans des foires importantes, où les habitants d'une ou de plusieurs provinces venaient s'approvisionner pour toute une année. Les plus célèbres d'entre elles étaient la foire du Landit, fondée par Dagobert, et qui se tenait à Saint-Denis, du 10 au 20 octobre ; les foires de Champagne, et la foire de Beaucaire, où se donnaient rendez-vous les Catalans, les Italiens, les Grecs et les Levantins.

Aujourd'hui le commerce est devenu sédentaire ; il se fait dans des magasins, où derrière son comptoir le commerçant attend la clientèle. Il cherche seulement à l'attirer à lui, soit par la publicité dans les journaux, soit par l'envoi de prospectus à domicile, soit en se servant de l'office de commis-voyageurs qui vont offrir leurs marchandises sur échantillons.

En dehors des foires locales qui se sont maintenues dans certaines grandes villes, parce qu'elles sont l'occasion de réjouissances pour leurs habitants, on rencontre aujourd'hui encore des foires de bestiaux, où se traitent d'importantes affaires, et qui rendent de grands services aux éleveurs.

Distinction fondamentale : commerce en gros et en détail. — Le commerce se divise en deux branches bien distinctes, dont il convient d'étudier les règles dans deux paragraphes : le commerce de gros et le commerce de détail.

§ 1. — Du commerce de gros.

Définition. — Le commerce de gros est celui qui opère sur de grandes quantités de marchandises et qui donne lieu à des transactions, soit entre producteurs et marchands en détail, soit entre des agents intermédiaires.

Ces intermédiaires peuvent être des commissionnaires, des courtiers ou de simples spéculateurs.

Les opérations du commerce de gros se font principalement dans les bourses de commerce, au moins en ce qui concerne les marchandises brutes et les denrées d'alimentation (coton, blé, seigle, avoine, farine, huile, sucre, fécule, etc.).

Bourses de commerce. — *Définition.* — On entend par bourses de commerce des réunions que les commerçants tiennent à des heures déterminées de la journée pour se livrer à la vente et à l'achat des marchandises en gros.

Utilité économique. — Les bourses de commerce rendent de très grands services aux commerçants :

1° Elles leur offrent un point de ralliement où ils sont sûrs de se rencontrer à une heure déterminée, et d'une façon périodique, sans avoir besoin de se chercher.

2° Elles permettent d'être renseigné d'une façon certaine sur le cours des marchandises, grâce au cours officiel dressé chaque jour après la clôture de la bourse par les courtiers. C'est donc, grâce au fonctionnement des bourses de commerce que le commerce de gros peut remplir son office économique, qui consiste à régler la production par le jeu des prix.

Des opérations sur marchandises. — *Distinction.* — Les opérations sur marchandises peuvent être de trois sortes : des marchés au comptant, des marchés à terme sérieux ou des marchés à terme fictifs.

Marchés au comptant. — Les marchés au comptant sont ceux qui se règlent immédiatement par la remise des marchandises d'une part, et, d'autre part, par le paiement du prix.

Marchés à terme sérieux. — Les marchés à terme sont ceux dont l'exécution est reportée à une époque ultérieure ; on les appelle ainsi ventes à livrer.

On ne doit pas les confondre avec la vente à crédit. Dans la vente à crédit, en effet, la marchandise est livrée immédiatement, et le paiement du prix seul est retardé ; tandis que, dans le marché à terme, la livraison de la marchandise et le paiement du prix sont l'un et l'autre ajournés.

Les marchés à terme ont pour fonction principale d'assurer une fixité relative aux prix des marchandises qui pourraient subir des variations brusques, si le seul marché au comptant fonctionnait. De plus, ces marchés rendent de grands services aussi bien aux producteurs qu'aux commerçants eux-mêmes : aux producteurs, en ce qu'ils leur permettent de se prémunir contre une baisse possible de leurs produits dans l'avenir, en vendant à l'avance pour tel prix une marchandise livrable plus tard ; aux marchands eux-mêmes, qui peuvent de leur côté se mettre à l'abri d'une hausse ultérieure des prix, et s'assurer la livraison de marchandises pour exécuter des marchés de fournitures à long terme qu'ils ont passés avec des administrations publiques.

Marchés à termes fictifs. — Ce sont des marchés de spéculation. Le vendeur n'a pas en sa possession les marchandises qu'il vend, en sorte qu'il serait dans l'impossibilité de les livrer à l'échéance ; de son côté, l'acheteur n'a pas l'intention de se faire remettre ces marchandises, et il n'a pas l'argent nécessaire pour acquitter le montant du prix de vente. Dans la pensée commune des parties contractantes le marché doit se liquider par le paiement de la différence entre le prix de vente et le cours des marchandises vendues à l'échéance.

Exemple : Primus vend fin courant à Secundus un certain nombre d'hectolitres de blé à raison de 20 francs l'hectolitre. A l'échéance, l'hectolitre de blé vaut 21 francs ; si le marché était sérieux, l'acheteur se ferait remettre le blé par son vendeur et le lui paierait à raison de 20 francs par hectolitre, alors que l'hectolitre vaut à ce moment 21 francs ; l'acheteur gagnerait donc 1 franc par hectolitre. Comme le marché n'est pas sérieux, il se réglera par le paiement de cette différence de 1 franc par chaque hectolitre vendu.

Le résultat inverse se produirait si, à l'échéance, le blé vendu avait baissé de valeur ; si, par exemple, l'hectolitre ne valait plus que 19 francs. Dans un marché sérieux, l'acheteur devrait payer à raison de 20 francs chaque hectolitre de blé qui ne vaut plus que 19 francs, il perdrait 1 franc par hectolitre. Comme le marché n'est pas sérieux, tout se réglera par le paiement de cette différence au vendeur.

Par tout ce qui précède, on voit que les marchés à terme ne sont en somme que de véritables jeux ou de véritables paris, dans lesquels le vendeur spécule à la baisse, tandis que l'acheteur spécule sur la hausse des valeurs.

Critiques dirigées contre les marchés à terme fictifs. — On a dirigé contre les marchés à terme fictifs plusieurs critiques qui sont en partie exactes :

1º On a dit que l'existence de ces marchés, qui font artificiellement la hausse ou la baisse sous l'influence des ordres de vente ou d'achat de quelques grands spéculateurs, a pour résultat fâcheux de fausser le cours des marchandises, et d'influer plus directement sur les bénéfices des producteurs que tous les efforts que ceux-ci peuvent faire pour l'amélioration de leur fabrication.

2º On a critiqué les marchés à terme en invoquant contre eux les mêmes arguments qui font considérer le jeu et le pari comme un mal au point de vue social. Ce sont, dit-on, des causes de trouble dans l'organisation économique, en raison des fortunes scandaleuses qu'ils peuvent faire naître et des ruines lamentables dont ils sont souvent la conséquence.

3º Enfin, le parti agrarien en Allemagne leur a reproché d'être la principale cause de la baisse du prix du blé. Ce dernier reproche n'est pas fondé ; la baisse constante de cette marchandise tient à la fois à une surabondance de production et au perfectionnement du moyen de production. Cependant, c'est cette raison qui, sous l'influence de ce parti, a déterminé en Allemagne, le vote d'une loi interdisant les marchés à terme sur les céréales et sur les farines.

Intervention de l'Etat dans le commerce en gros. — L'Etat intervient dans le commerce en gros à deux points de vue : pour réglementer les marchés à terme et pour empêcher les accaparements.

Réglementation des marchés à terme. — Jusqu'à la loi du 28 mars 1885, les marchés à terme fictifs étaient prohibés ; cette prohibition comportait une double sanction, l'une pénale et l'autre civile.

La sanction pénale résultait des articles 421 et 422 du Code pénal et consistait dans les peines de l'amende et de l'emprisonnement.

La sanction civile résidait dans la faculté pour le débiteur de la différence de refuser de la payer en opposant l'exception de jeu (art. 1.965, C. civ.).

La loi du 28 mars 1885 a proclamé la validité des marchés de spéculation, en abrogeant les articles 421 et 422 du Code pénal et en supprimant en cette matière l'exception de jeu. Il a paru au législateur de cette époque que ces sortes de marchés ont leur raison d'être pour soutenir les cours et pour assurer une certaine fixité dans les prix ; il lui a paru, en outre, que l'exception de jeu était immorale parce qu'elle permettait à la partie que la chance n'avait pas favorisée d'échapper au risque qu'elle avait entendu courir.

Interdiction des accaparements. — L'État intervient en second lieu dans le commerce en gros pour interdire les accaparements ; on entend par là les coalitions de spéculateurs (1) en vue de s'emparer du stock existant de telle marchandise pour faire la loi aux acheteurs sur le marché. Le Code pénal punit de semblables manœuvres de l'amende et de la prison (art. 419 et 420). Le danger de l'accaparement a été le cauchemar des hommes de la Révolution, qui l'avaient traité comme un crime et qui l'avaient puni de mort. Aujourd'hui de semblables dangers sont moins à redouter, en raison de la difficulté de s'approprier toutes les marchandises existant sur le marché mondial. Cependant, une tentative d'accaparement a eu lieu en 1880 pour les cuivres, et en 1898 pour le blé ; l'un et l'autre ont abouti à des désastres financiers.

§ 2. — Du commerce de détail.

Définition. — Le commerce de détail est celui qui tend à faire parvenir le produit à la disposition du consommateur.

Son utilité. — L'utilité du commerce de détail est très grande, tant pour le producteur que pour le consommateur, ainsi que nous l'avons constaté plus haut.

(1) Ce sont des syndicats temporaires auxquels on donne le nom de *corners* ou de *pools* ; ils diffèrent des *trusts* en ce que les derniers ont un caractère permanent.

Il dispense le producteur d'avoir à chercher la clientèle pour l'écoulement successif de ses produits aux consommateurs ; il développe la consommation en incitant les désirs du public par une réclame habile et constante et il permet ainsi à l'œuvre de la production de se poursuivre d'une façon continue et sans craindre de voir les débouchés se fermer devant ses produits.

Il rend service au consommateur en mettant les marchandises à sa disposition, au fur et à mesure de ses besoins, et en aussi petite quantité qu'il peut le désirer.

Relations entre les prix du gros et du détail. — *Différence entre l'établissement des prix.* — Il existe une différence très grande entre le commerce de détail au point de vue de l'établissement des prix. Il y a plus d'uniformité dans le commerce de gros ; dès qu'une hausse ou une baisse se manifeste, le nivellement des prix ne tarde pas à se produire d'une façon automatique sur tous les grands marchés du monde et notamment dans les bourses de commerce.

Au contraire, les plus grandes inégalités se rencontrent dans les prix des mêmes marchandises dans le commerce de détail.

Cela tient beaucoup à ce que les acheteurs et les vendeurs traitent séparément et d'une façon successive, sans être au courant des conditions dans lesquelles s'effectuent les échanges dans les maisons concurrentes.

Influence du prix du gros sur le prix du détail. — Théoriquement le prix du gros devrait se répercuter immédiatement sur le prix du détail, soit en cas de hausse, soit en cas de baisse. Il n'en est rien cependant dans la pratique. Le prix du détail jouit d'une certaine fixité, et ce n'est qu'au bout de quelque temps qu'il suit les fluctuations du commerce en gros.

D'ailleurs, l'écart entre le prix du gros et le prix du détail dans le sens de l'élévation des prix est bien souvent le résultat d'une trop grande multiplicité de détaillants. La multiplicité des intermédiaires est une double cause de cherté : d'une part, parce que chaque intermédiaire prélève un profit qui grève d'autant la marchandise ; d'autre part, parce que la clientèle de chacun étant plus restreinte, chacun d'eux ne peut se contenter d'un profit minime sur chaque marchandise vendue.

Des remèdes contre la cherté du commerce de détail.—Comme remède à la cherté du commerce de détail on peut indiquer : les grands magasins et les associations coopératives de consommation, dont nous avons parlé plus haut (1).

Grands magasins. — Les grands magasins offrent aux consommateurs des avantages nombreux : vendant en grande quantité, ils peuvent se contenter sur chaque article d'un bénéfice modique et abaisser dans la plus large mesure le prix des marchandises ; ils offrent aux clients l'avantage du prix marqué qui évite l'ennui du marchandage ; enfin, ils lui donnent la facilité soit d'échanger soit même de rendre contre remboursement du prix les marchandises qui ont cessé de plaire.

Intervention de l'Etat dans le commerce de détail. — L'Etat intervient de différentes façons dans le commerce de détail : Il édicte des mesures contre les falsifications de denrées, contre les contrefaçons ; il veille à la sincérité des transactions par le service de la vérification des poids et mesures. Enfin il donne aux municipalités le droit d'établir la taxe officielle des marchandises de première nécessité, telles que le pain et la viande.

CHAPITRE II. — DU CHANGE.

Définition. — Le change est l'opération par laquelle un débiteur se procure le moyen de se libérer de sa dette dans un autre lieu que celui où il réside.

Cette opération peut se présenter soit à l'intérieur d'un pays, pour les règlements à faire d'une ville à une autre ville ; soit dans les relations commerciales de deux pays différents. On l'appelle dans ce dernier cas change international.

Moyens que peut employer un débiteur pour se libérer dans le commerce international. — Pour se libérer de sa dette à l'égard d'un créancier résidant en pays étranger, un débiteur peut employer l'un des trois procédés suivants :

(1) Voir *supra*, p. 154.

1º Envoyer à son créancier du numéraire. C'est le procédé le plus élémentaire mais aussi le moins commode ; il présente encore plus d'inconvénients dans les rapports des États que dans les limites d'un même territoire. A la difficulté résultant des frais de transport et des risques de perte et de vol, il faut ajouter celle qui consiste à faire accepter en pays étranger une autre monnaie que la monnaie nationale ;

2º Accepter que son créancier tire sur lui une traite. Mais le procédé de *la traite* n'est possible que dans le cas où la dette est payable au domicile du débiteur ;

3º Acheter une lettre de change payable dans le lieu où le paiement de la dette doit être effectué et l'envoyer par la poste à son créancier après l'avoir endossée à son nom. C'est le procédé de la *remise*.

Ce dernier procédé est le plus usité. C'est celui auquel se réfèrent tous les développements de ce chapitre.

Il se fait un commerce très actif des traites soit chez les changeurs soit chez les banquiers. Ces commerçants achètent les lettres de change payables sur tous les points du monde aux personnes qui ont des créances payables en pays étrangers à raison des marchandises qu'elles leur ont vendues ; et ils les vendent, d'autre part, aux personnes qui ont des paiements à faire à l'étranger, à raison des marchandises qu'elles lui ont vendues, ou pour toute autre cause.

Du cours du change. — *Définition.* -- On entend par cours du change la détermination de la somme moyennant laquelle se vendent et s'achètent les lettres de change sur tel pays.

Variations du cours. — On dit que le change est *au pair*, d'un pays sur un autre, lorsque les lettres de change, émises d'un pays et payables dans l'autre, se vendent pour leur valeur nominale.

On dit que le change est haut d'une place sur l'autre, au-dessus du pair, ou défavorable à une place, lorsque les lettres de change émises dans ce pays sur un autre pays se vendent pour une somme supérieure à son montant nominal.

Au contraire, le change est bas d'une place sur l'autre, au-dessous du pair ou favorable à une place, lorsque les lettres de change émises d'un pays sur l'autre sont vendues pour une somme inférieure à son montant nominal.

Circonstances qui influent sur le cours du change entre deux pays à étalon d'or. — Comme toutes les marchandises, les lettres de change subissent des variations de valeur sous l'influence de la loi de l'offre et de la demande. Plus les lettres de change, mises en vente sur le marché, seront nombreuses, la demande restant uniforme, plus le taux du change tendra à s'abaisser ; plus, au contraire, les lettres de change diminueront pour une demande égale, et plus leur valeur aura une tendance à s'élever, par la concurrence des acheteurs ; et comme la quantité des lettres de change offertes ou demandées dépend de la quantité de marchandises vendues ou achetées entre les deux places, cela revient à dire que le cours du change est en raison directe des importations et des exportations entre deux pays déterminés.

Exemple pratique. — Supposons deux pays, comme la France et l'Angleterre, qui ont l'étalon d'or, quoique n'ayant pas le même système monétaire. Pour déterminer le pair du change en monnaie d'or, il suffit de savoir que le souverain anglais ou la livre sterling vaut 25 fr. 22 en or (1).

Cela étant, supposons que Paris ait acheté à Londres (2) pour 2 millions de marchandises, alors qu'il ne lui en a vendu que

(1) On arrive à cette constatation à l'aide du calcul suivant : on sait qu'avec un kilogramme d'or fin on fabrique en France 3.444 fr. 44, et 138.568 souverains en livres sterling ; dès lors, pour avoir la valeur d'un souverain exprimée en francs, il suffit de diviser 3.444 fr. 44 par 138.568 ; le quotient est 25,221.

(2) Si au lieu d'étudier le change entre deux pays à étalon d'or, comme la France et l'Angleterre, on l'étudie dans les relations commerciales d'un pays à étalon d'or et d'un pays à étalon d'argent, le cours du change va varier : 1° suivant l'offre et la demande de traites comme ci-dessus ; 2° suivant la valeur de l'argent par rapport à l'or. Il en serait de même dans les rapports d'un pays à étalon d'or, et d'un pays ayant de la monnaie de papier déprécié ; il faudrait tenir compte de la dépréciation du papier monnaie en plus de l'offre et de la demande de traite.

pour 1 million seulement ; le nombre de commerçants pouvant tirer des lettres de change payables à Londres sera deux fois moins grand que le nombre de commerçants ayant besoin d'acheter des lettres de change pour régler leurs achats à Londres ; il s'établira une concurrence entre les acheteurs de lettres de change ; le prix de chacune d'elles tendra à s'élever au delà de son montant nominal. Ainsi, une traite d'une livre sur Londres se vendra au-dessus de 25 fr. 22.

Au contraire, si Paris a vendu à Londres pour 2 millions de marchandises alors qu'il ne lui en a acheté que pour 1 million seulement, le phénomène inverse va se produire. La somme pour laquelle des traites pourront être tirées par les commerçants de Paris sur Londres sera deux fois plus grande que la somme pour laquelle des commerçants de Paris auront besoin d'acheter des traites pour régler les achats qu'ils ont faits à Londres ; il y aura concurrence cette fois entre vendeurs de lettres de change ; ils seront obligés de consentir un sacrifice pour pouvoir les écouler. Ainsi, une traite d'une livre se vendra au-dessous de 25 fr. 22.

Limite que ne peut dépasser le change. — Le point d'or ou « gold point ». — Il est cependant une limite que ne peut dépasser le taux du change, c'est le prix du transport du numéraire.

Supposez par exemple, que pour transporter la valeur d'une livre sterling de France en Angleterre on ait à payer 0 fr. 15, le change sur Londres ne pourra s'élever au delà de 25 fr. 37 pour chaque traite d'une livre (soit 25 fr. 22 en or). En effet, si le change était plus élevé, le débiteur de Paris au lieu d'acheter une traite sur Londres enverrait à Londres en numéraire les sommes dont il est redevable. Cette limite maxima s'appelle le point de sortie de l'or.

D'autre part, le change ne peut pas descendre au-dessous de 25 fr. 07 pour chaque traite d'une livre ; c'est-à-dire au-dessous de 25 fr. 22 — 0 fr. 15, prix de transport du numéraire. En effet, si le change descendait plus bas, les commerçants de Paris qui ont des traites payables à Londres, au lieu de les vendre au-dessous du prix de 25 fr. 07, préféreraient les faire toucher à Londres à l'échéance et s'en faire envoyer le montant en monnaie. C'est le point d'entrée de l'or.

D'une façon générale, cette limite extrême du change s'appelle *gold point* ou point d'or.

Circonstances qui tendent à ramener le change à un taux normal. — *Énumération.* — Deux circonstances tendent à ramener et à maintenir le change entre deux pays à un taux normal : ce sont l'arbitrage et la répercussion exercée par le change sur le mouvement d'importation et d'exportation.

De l'arbitrage. — On entend par arbitrage, en matière de change, l'opération qui consiste, pour un banquier, à acheter des lettres de change là où elles sont bon marché pour les revendre là où elles sont chères.

Supposons, par exemple, que le change soit haut de Paris sur Londres, mais qu'il soit bas de Berlin sur Londres ; l'arbitragiste achètera à Berlin du papier sur Londres et viendra le vendre à Paris ; par ce moyen, l'équilibre sera bientôt rétabli entre l'offre et la demande, le change de Paris sur Londres tendra vers la baisse.

Répercussion du change sur l'importation et sur l'exportation. — Lorsque le change est haut d'une place sur une autre place, les commerçants de la première place réalisent un double bénéfice : d'une part, sur le prix des marchandises qu'ils écoulent à l'étranger ; d'autre part, sur la vente des lettres de change qu'ils tirent sur leurs acheteurs. Ce dernier profit étant souvent plus élevé que l'autre, les commerçants auront intérêt à abaisser le prix de vente de leurs marchandises, dans une large proportion, pour augmenter le chiffre de leur vente à l'étranger et par conséquent le nombre de lettres de change qu'ils pourront émettre. En outre, ceux qui achètent à l'étranger diminueront leurs acquisitions en raison de la dépense supplémentaire que l'élévation du change leur impose. De sorte que, d'un côté, l'offre du papier sur l'extérieur augmentera, tandis que, de l'autre, la demande ou bien restera la même, ou bien ira en diminuant. Dans ces conditions, le taux du change baissera.

Indications précieuses que le change fournit au commerce et aux banquiers. — Le change fournit des indications précieuses au commerce en général et en particulier aux banquiers.

Au commerce en général. — Le commerçant qui achète des marchandises à l'étranger a intérêt à bien connaître le cours du change. Car, pour déterminer le prix auquel il revendra les marchandises dans le pays où il les importe, il doit tenir compte non seulement du prix d'achat et des frais accessoires de transport d'assurance et de douanes, mais encore du change qu'il aura à subir au moment où il opérera le paiement de son prix d'achat.

De son côté, le commerçant qui vend des marchandises à l'étranger doit aussi tenir compte du cours du change pour fixer son prix de vente. Ainsi que nous l'avons dit plus haut, si le change est haut du pays d'exportation sur le pays d'importation le commerçant aura intérêt à diminuer le prix de vente de ses marchandises pour augmenter le chiffre de ses affaires, en raison du bénéfice que lui procure la vente des lettres de change qu'il peut tirer sur la place où il écoule ses produits.

Aux banquiers en particulier. — Mais c'est surtout aux banquiers que le change est utile à connaître ; à tel point qu'on a pu dire, sans trop d'exagération, qu'il leur rendait le même service que la boussole ou le baromètre au navigateur.

Lorsque le taux du change s'élève, en effet, c'est que les commerçants ont de gros paiements à faire à l'étranger ; il est à craindre que le papier sur l'extérieur ne soit pas suffisant pour satisfaire à toutes les demandes qui se produiront et qu'il y ait une différence importante à solder en numéraire. Les banquiers sont alors menacés d'un danger : c'est de voir leurs clients venir en masse réclamer le remboursement des dépôts qu'ils leur ont faits ou exiger le paiement des billets qu'ils ont pu émettre. S'ils n'y prennent garde, leur encaisse métallique s'épuisera rapidement, et ils seront obligés, à un moment donné, de cesser leurs paiements.

Que doivent-ils faire pour parer à ce péril ? La banque ne peut à son gré augmenter son encaisse métallique, mais elle peut diminuer ses engagements envers le public en restreignant ses opérations d'escompte sur les effets de commerce qui font sortir de sa caisse ou des espèces ou des billets de banque, et pour cela, elle n'a qu'à élever le taux de l'escompte.

Il y a donc un lien étroit de dépendance entre le taux du change et le taux de l'escompte (1).

Effets produits par l'élévation du taux de l'escompte. — L'élévation du taux de l'escompte produit des effets remarquables :

1° Elle entraîne une dépréciation générale des effets de commerce ; telle lettre de change de 100 francs, qui se négociait à 90 francs lorsque l'escompte était à 3 0/0, ne se vendra plus que 80 francs, si l'escompte est à 5 0/0;

2° La monnaie devenant rare, son pouvoir d'acquisition augmentera et les marchandises se vendront très bon marché.

Mais, par un phénomène curieux à observer, cette dépréciation des effets de commerce et des marchandises provoquera des achats considérables de la part des commerçants étrangers et, au bout de quelque temps, le pays se trouvera créancier de l'extérieur pour des sommes élevées ; le numéraire affluera de nouveau ; le change s'abaissera et tendra à se rapprocher du pair. Le mal aura été guéri par le mal, comme dans la médecine homéopathique (2).

CHAPITRE III. — BALANCE DU COMMERCE. IMPORTATION ET EXPORTATION.

Importation et exportation. — Le commerce extérieur donne

(1) La banque de France emploie souvent un autre moyen pour défendre son encaisse métallique, c'est la *prime sur l'or*. Ce moyen consiste à rembourser tous ses billets en monnaie d'argent comme elle a le droit de le faire, et à prélever une prime sur les paiements qu'elle fait en or ; un autre moyen qui lui a été concédé en temps de crise, en 1848 et en 1871, résulte du cours forcé donné aux billets.

(2) Gide, *op. cit.*, p. 352.

lieu à deux phénomènes en sens inverse : l'*importation* et l'*exportation*.

Pour un Etat, il y a importation lorsque des marchandises entrent sur son territoire venant d'un autre Etat ;

Il y a exportation lorsque des marchandises sortent de ses frontières à destination d'un autre Etat.

L'importation crée l'Etat qui importe débiteur ; l'exportation le rend, au contraire, créancier de l'étranger.

Balance du commerce. Théorie de l'Ecole mercantile.— On entend par balance du commerce le rapport qui existe entre le chiffre des importations et celui des exportations d'un pays dans ses relations avec les autres Etats.

Une école célèbre dans l'histoire de l'économie politique, l'*Ecole mercantile*, s'attachant aux relevés fournis par les statistiques douanières, disait que la balance du commerce est *favorable* à un Etat lorsque les exportations dépassent les importations, *défavorable* lorsque le chiffre des importations est supérieur à celui des exportations. Elle raisonnait de la façon suivante : Un Etat qui achète à l'étranger plus de marchandises qu'il ne lui en vend, ne peut payer toutes ses dettes avec des lettres de change ; il est obligé de solder la différence entre ses ventes et ses achats avec du numéraire qu'il doit faire transporter à l'étranger à grands frais. Ce pays s'appauvrit donc, et, si la situation se prolonge, il peut arriver un moment où son encaisse métallique soit insuffisante pour faire face aux besoins de son commerce intérieur.

Objections contre la théorie de la balance du commerce. — Cette théorie, qui a été en honneur du xvi° au xviii° siècle, a été démontrée fausse depuis longtemps, et voici quelles sont les principales objections qu'on a formulées contre elle :

1° Il est inexact de se baser uniquement sur le mouvement d'importation et d'exportation publié par l'administration des douanes, pour apprécier la situation des relations économiques de deux nations. Les créances d'un Etat contre les Etats étrangers ne résultent pas, en effet, seulement de ses exportations.

Elles ont d'autres sources encore qui échappent aux investigations des agents des douanes :

a) Ce sont d'abord les dépenses que les étrangers font sur le territoire d'un pays, pendant tout le temps qu'ils y séjournent. De ce chef, la France jouit d'une situation très favorable vis-à-vis des autres pays, à raison de sa position géographique, de son climat, et des curiosités historiques qu'elle renferme.

b) C'est ensuite le fret dont la marine marchande d'un État peut se trouver créancière des autres États pour le transport des marchandises qu'elle effectue dans leur intérêt. A cet égard, l'Angleterre a une créance très élevée vis-à-vis des autres États, la France une dette assez considérable.

c) Enfin, ce sont les intérêts des capitaux qui ont pu être prêtés à un moment donné par les capitalistes d'un État, au gouvernement d'un autre État.

De nos jours, lorsqu'un État veut réaliser un emprunt par voie d'émission de rentes, il ne se borne pas à faire appel au Crédit de ses propres nationaux, il s'adresse au delà de la frontière aux banquiers des principaux centres financiers de l'Europe pour assurer le placement de ses titres d'emprunt. C'est ainsi que récemment le gouvernement chinois négociait en France un emprunt pour une somme de plusieurs centaines de millions, en vue de s'acquitter de l'indemnité qu'elle avait promise au Japon, à la suite de la dernière guerre.

La France et l'Angleterre sont, à ce point de vue, créancières du reste de l'Europe pour des sommes très fortes (1).

Il faut tenir compte de tout cela si l'on veut se faire une idée exacte de la situation économique entre deux États et non pas seulement des importations et des exportations.

2° D'ailleurs, même en se plaçant uniquement sur le terrain des importations et des exportations, il est facile de se rendre

---

(1) D'une enquête récemment faite par notre ministère des affaires étrangères, il résulte que la fortune française constatée à l'étranger s'élève actuellement à 29 milliards 855 millions (*Journal officiel* du 25 septembre 1902).

compte que les données fournies par les statistiques douanières ne présentent pas une base sérieuse de renseignements
pour l'économiste. En effet, la valeur des marchandises qui
entrent en France figure sur ces tableaux avec la majoration
que leur ont donnée les frais de transport, les frais d'assurance,
de courtage et autres, tandis que les marchandises qui sont
exportées sont évaluées à la sortie avant d'avoir eu à subir
ces mêmes frais. Il est dès lors impossible de tirer des conséquences sérieuses du rapprochement de deux chiffres obtenus
de façon aussi dissemblable.

3° On peut ajouter que c'est une grave erreur de prétendre
que l'État se ruine par ses importations. En effet, si nous faisons venir de l'étranger certaines marchandises, c'est que nous
pouvons nous les procurer à meilleur compte qu'en les produisant nous-mêmes et les revendre ensuite en France, avec un
profit plus élevé ; à l'inverse, si nous exportons d'autres marchandises, c'est que nous espérons les vendre dans de meilleures conditions dans le lieu où nous les faisons transporter. Dans
les deux cas nous réalisons un bénéfice.

C'est ce qu'a parfaitement mis en lumière un économiste
français, Bastiat, dans l'exemple suivant : supposons, dit-il,
que j'achète à Bordeaux une pièce de vin pour une somme de
50 francs. Je l'envoie à Liverpool, où elle se vend 70 francs. En
échange je fais venir, pour la même somme, de la houille qui se
trouve valoir 90 francs sur la place de Bordeaux. D'après la
douane française, il y a importation de 90 francs contre une
exportation de 50 francs, d'où perte de 40 francs, d'après la
doctrine mercantile ; alors qu'en réalité les quarante francs
constituent au contraire un profit véritable pour moi, et en ma
personne pour la France.

4° Enfin, les faits contredisent absolument les conclusions de
la théorie de la balance du commerce. On peut dire, en effet,
que pour tous les États le chiffre des importations dépasse de
beaucoup le chiffre des exportations. C'est ainsi qu'en France,
pendant l'année 1892, les importations ont excédé les exportations d'une somme de 849 millions.

Or, pendant la même période, non seulement son encaisse métallique n'a pas diminué, mais elle est allée en s'augmentant.

Ces résultats contredisent absolument la théorie de la balance du commerce.

Principe fondamental du commerce international : les produits se paient avec des produits. — Nous l'avons d'ailleurs constaté plus haut, cette théorie est complètement abandonnée aujourd'hui. Le principe qui est considéré comme la règle fondamentale du commerce international peut être ainsi formulé : *les produits se paient avec des produits.*

Cela veut dire que lorsqu'un État a acheté des marchaudises à l'étranger, il ne paie pas les achats avec du numéraire qu'il fait sortir du pays ; il se libère en nature en lui vendant des marchandises dans une proportion égale à celles qu'il a reçues ; en sorte que le commerce international, à la différence du commerce intérieur, prend tout à fait le caractère d'un troc direct, marchandises contre marchandises, chaque importation devant amener nécessairement une exportation dans une égale proportion, comme nous l'avons expliqué en faisant la théorie du change.

Il pourra bien arriver quelquefois que, à un moment donné, les importations d'un pays auront été supérieures à ses exportations lorsque, par exemple, une récolte mauvaise ou une guerre aura rendu nécessaires d'importants achats à l'étranger. Alors, pendant un certain temps tout au moins, il faudra régler l'excédent des dépenses par l'envoi d'une certaine quantité de numéraire ou par les *fonds internationaux* (1).

Mais ce fait se produira assez rarement ; et d'ailleurs, comme nous l'avons montré, à l'occasion du change, l'équilibre ne tardera pas à se rétablir tout naturellement au bout de peu de temps.

(1) On entend par là des valeurs qui sont cotées sur les principales bourses de l'Europe et dont les coupons sont payables dans les principaux centres du commerce européen, telles sont : la rente italienne, les obligations des chemins de fer lombards, etc.

CHAPITRE IV. — DE LA RÉGLEMENTATION DU COMMERCE EXTÉRIEUR. LIBRE-ÉCHANGE, PROTECTION ET PROHIBITION.

Enoncé du problème. — Tout le monde est d'accord pour admettre que le commerce intérieur doit être essentiellement libre et dégagé de toute entrave. Cette règle, nous l'avons vu, a été posée par la Révolution française et constitue l'une des formes de la liberté du travail.

Pour le commerce extérieur, au contraire, la même entente est loin d'exister entre les auteurs ; trois systèmes sont en présence : le système du libre-échange, le système prohibitif et le système protecteur. Nous allons successivement les passer en revue.

Système du libre-échange. — Le système du libre échange, qu'on peut appeler le système libéral, consiste à rejeter toute intervention de l'Etat dans le commerce international, et à supprimer toute barrière qui serait de nature à gêner le libre essor des transactions d'un pays à un autre pays. Sa formule est la suivante : « Laissez faire, laissez passer. »

A l'appui de cette doctrine on fait valoir des arguments qui sont bien de nature à faire impression sur l'esprit :

1º Tout d'abord, dit-on, il paraît étrange que le principe de la liberté du commerce que tous les économistes sont d'accord pour reconnaître excellent, lorsqu'il est appliqué au commerce dans l'intérieur d'un pays, ne présente plus que des inconvénients et doit être rejeté lorsqu'il s'agit du commerce international.

2º On ne peut nier que la libre concurrence entre les producteurs de tous les pays ne soit le meilleur moyen de lutter contre l'esprit de routine et d'obtenir les marchandises les meilleures, aux meilleures conditions de bon marché possible.

3º De cette façon, il arrivera que chaque pays se consacrera plus particulièrement à la production des richesses, que la nature de son climat, la fertilité de son sol, le goût de ses habitants, ou d'autres circonstances encore, lui permettront de livrer à la consommation dans de meilleures conditions que ses voisins. Ainsi, la division du travail s'étendra aux relations des États, au lieu de rester limitée à l'organisation industrielle de chaque État. Les hommes se sentiront, de la sorte, solidaires les uns des autres ; et étant obligés de compter les uns sur les autres pour se procurer tous les objets nécessaires à leur existence, ils seront naturellement portés à éviter tout prétexte de conflit et de guerre.

4° Ce n'est pas à dire cependant, comme on l'a prétendu, que l'on aboutirait à un monopole de fait au profit de chaque État, dans les diverses branches de l'industrie, en sorte que l'un serait, par exemple, exclusivement agricole, et l'autre exclusivement industriel. Il n'en serait ainsi que pour un petit nombre de produits que les habitants du pays ne pourraient continuer à produire qu'à trop grands frais. Mais pour ceux qu'ils peuvent fabriquer dans des conditions normales, ils pourront facilement soutenir la concurrence étrangère puisqu'ils auront en moins la dépense du transport.

5° L'établissement de droits protecteurs sur les marchandises venant de l'étranger est destiné à élever le prix des produits de façon à permettre aux industriels indigènes de lutter contre leurs concurrents de l'extérieur. Ce droit est inique, parce qu'il lèse la masse des consommateurs, dans l'intérêt privé d'un petit nombre de producteurs.

6° On ajoute, enfin, qu'il est impossible de frapper ainsi des marchandises au profit d'une industrie sans porter en même temps atteinte aux intérêts d'une autre industrie. Si, dans l'intérêt de l'agriculture, on établit un droit sur telle matière première, on nuit à l'industrie qui se sert de cette matière première, en l'obligeant à la payer plus cher.

Système de la prohibition. — Le système de la prohibition consiste à fermer la frontière aux produits étrangers, de façon à réserver le marché intérieur à la production indigène.

Ce système présente des inconvénients considérables : en enlevant aux industriels l'aiguillon de la concurrence, il assure le triomphe de l'esprit de routine. De plus, en tarissant la source des importations, elle amène, par voie de conséquence, la fin des exportations, puisque, nous l'avons vu, les deux phénomènes sont dans un lien de dépendance absolue : les importations commandent les exportations, et les exportations ne peuvent se produire sans des importations correspondantes.

Système de la protection. — Le système de la protection procède de la même idée, et poursuit le même but que celui de la prohibition : mettre l'industrie nationale à l'abri de la concurrence étrangère. Mais, au lieu de fermer purement et simplement les portes aux marchandises des autres pays, il se borne à assurer la supériorité aux produits indigènes, soit par l'établissement de droits suffisamment élevés à l'entrée des autres marchandises, soit par la distribution de primes aux producteurs.

Supposons que le fabricant anglais puisse produire le coton écru à 1 fr. 64 le kg. alors que le fabricant français ne peut le produire que pour une somme supérieure, 1 fr. 66, par exemple. D'après le système protecteur, l'Etat pourrait faire cesser l'infériorité dans laquelle se trouve le commerçant français, ou bien en frappant les cotons anglais à leur entrée en France d'un droit de 2 centimes par kg., ou bien en accordant au Français qui le fabrique une prime de pareille somme.

A l'appui de ce système on fait valoir les arguments suivants :

1º Le système du libre-échange, dit-on en premier lieu, ne tend à rien moins qu'à sacrifier les Etats dont le développement industriel est peu avancé au profit des Etats plus forts et mieux outillés ; ceux-ci pourront, au prix de sacrifices momentanés, se rendre maîtres du marché intérieur et se constituer ainsi, pour certaines branches du commerce, un véritable monopole.

2º D'après la théorie libre-échangiste, chaque pays devrait se livrer particulièrement aux industries qui ont le plus de chance de se développer sur son territoire, et se désintéresser des autres industries. L'application de cette doctrine exposerait un Etat à de graves dangers. Il y a des industries qu'on peut considérer comme *nécessaires*, pour chaque Etat, et comme devant avoir forcément leur siège sur son territoire, sous peine d'abdiquer son indépendance, de compromettre sa sécurité ou de priver ses habitants de travail.

Ces industries nécessaires sont, par exemple, celles qui touchent à la défense nationale : la fabrication des armes de guerre, la métallurgie, la marine. Ce sont aussi celles qui fournissent aux habitants les objets de consommation pour lesquels cet Etat ne pourrait, sans inconvénient, être tributaire de l'étranger, en cas de guerre ou de conflit. Enfin, dans l'intérêt de sa prospérité, un Etat peut très légitimement considérer comme indispensable de soutenir contre la concurrence étrangère une industrie qui occupe sur son territoire un nombre considérable d'ouvriers. En effet, si cette industrie était obligée de fermer ses ateliers, vaincue par la production étrangère, elle jetterait sur le pavé toute une armée de travailleurs qui ne pourraient trouver à s'employer dans une autre branche que très difficilement et après un nouvel apprentissage, quelquefois fort long.

3o D'ailleurs, est-il bien certain qu'il faille reconnaître à chaque pays une supériorité nécessaire, permanente et définitive dans chaque branche de la production ? Si tel pays produit tel les marchandises dans de meilleures conditions que d'autres pays, au point de vue de la qualité et du bon marché, c'est uniquement peut-être, parce que le travail y est mieux organisé, les ouvriers, exercés depuis longtemps, plus habiles, les moyens de transport et de crédit plus développés. Or, ce sont là des conditions qui peuvent s'acquérir à la longue, grâce à la protection de l'industrie nationale.

4o Peut-être aussi la cherté d'une marchandise, fabriquée à l'intérieur d'un Etat, est-elle la conséquence des impôts qui pèsent sur le travailleur et qui ont pour résultat de rendre la matière première plus chère, et la main-d'œuvre plus exigeante. Dans ce cas, rien ne paraît plus juste que d'imposer les mêmes charges aux objets de même espèce venant de l'étranger, en les frappant à leur entrée sur le territoire de *droits compensateurs*. Il serait, en effet, assez étrange de faire un traitement plus favorable au producteur étranger qu'au producteur national.

5o On critique le système des droits protecteurs en disant

qu'ils constituent une sorte d'impôt prélevé sur le consommateur, dans l'intérêt privé d'un certain nombre d'industriels. Cette objection n'est pas tout à fait exacte. Sans doute, les particuliers qui exercent l'industrie sur laquelle la loi étend sa protection tirent un profit des mesures dont il s'agit, et, d'autre part, on ne peut nier que l'établissement de droits protecteurs n'ait pour conséquence d'imposer un sacrifice au pays en élevant le prix des marchandises. Mais ce n'est pas dans l'intérêt privé du producteur que ces mesures sont prises, c'est dans l'intérêt général du pays, pour sauvegarder sa situation économique dans le monde. L'état s'impose de lourds sacrifices pour le développement de sa marine de guerre et de son armée, il est rationnel qu'il n'hésite pas à faire également des sacrifices pour maintenir sa puissance industrielle et commerciale.

6° Le principal argument du libre-échange peut être ainsi résumé : la liberté du commerce international amène le bon marché, la protection est, au contraire, la cause de la cherté des produits.

On peut répondre à cet argument en contestant tout d'abord que libre-échange soit toujours synonyme de bon marché. Nous avons vu, en effet, que la liberté du commerce peut amener la ruine d'une industrie locale et constituer au profit d'un pays un véritable monopole de fait, qui lui permettra de faire la loi sur le marché et de vendre ses produits, comme il voudra.

Mais il y a mieux à répondre à cette objection. On peut dire que tout individu est à la fois consommateur et producteur, et producteur avant d'être consommateur. Il faut tout d'abord qu'il produise pour se procurer ensuite, avec ce qu'il aura produit, les objets dont il a besoin comme consommateur. Dès lors, s'il ne produit plus, étant ruiné par la concurrence étrangère, il n'aura plus rien à donner en échange des marchandises que l'étranger viendra lui offrir ; et quelque minime que soit désormais le prix de ces marchandises, elles seront encore trop chères pour lui, puisqu'il n'aura pas produit cette somme, si infime soit-elle, qu'on lui demande comme équivalent de l'objet mis en vente.

Conclusion. — De tout ce qui précède que faut-il conclure?

Il paraît bien difficile de se prononcer d'une façon absolue soit pour l'un, soit pour l'autre système. Cela dépendra du moment et des circonstances.

Il est certain, par exemple, qu'une nation, à ses débuts dans l'industrie, aura besoin d'une protection sérieuse pour être défendue contre la concurrence des nations étrangères, sous peine de voir l'industrie étouffée dans son germe naissant. Au contraire, lorsque l'organisation industrielle sera parvenue à son complet développement, que les producteurs indigènes pourront lutter à armes égales contre leurs rivaux de l'extérieur, à partir de ce moment les mesures de protection ne devront être prises qu'avec une très grande prudence, et à titre exceptionnel, pour la défense d'une de ces industries qu'on peut considérer comme indispensables dans un Etat.

Histoire de la réglementation du commerce extérieur. — Si l'on remonte à l'époque où le commerce extérieur commence à apparaître, c'est-à-dire au xvie siècle, et si l'on veut faire l'historique des règles qui lui ont été successivement appliquées, on peut déterminer cinq périodes distinctes pendant lesquelles, tantôt c'est le libre-échange, tantôt c'est la protection qui l'a emporté.

1re période : du XVIe au XVIIIe siècle. — Au xvie siècle, nous l'avons vu, l'école mercantile pose en règle que la monnaie constitue la suprême richesse, et aboutit au système de la balance du commerce dont nous avons montré la fausseté. Un Etat doit développer ses exportations et restreindre autant que possible ses importations : dès lors le régime protecteur doit être appliqué pour opposer une barrière aux envois de l'étranger.

Cette même conception servit de base à la politique de Colbert : il organisa la protection naissante par un ensemble de mesures savamment combinées : Entrée libre accordée aux matières premières et aux denrées alimentaires ; Prohibition de la sortie des mêmes marchandises ; Droits d'entrée très élevés établis sur les objets manufacturés, et primes attribuées pour l'exportation des objets fabriqués en France.

En même temps, il établissait le *pacte colonial* qui ne fut supprimé qu'en 1866, et qui fut une cause de ruine pour nos colonies. D'après cet acte, les Colonies étaient obligées de faire tous leurs approvisionnements en France et de lui vendre tous leurs produits ; de plus, le transport des marchandises entre les colonies et la métropole était réservé aux seuls navires français.

2° période : XVIII° siècle, les physiocrates. — Vers la fin du XVIII° siècle la doctrine de libre-échange est défendue avec beaucoup d'ardeur par l'école des physiocrates, qui la résument pour la première fois dans cette formule saisissante : « Laissez faire, laissez passer ; » en même temps, la politique du gouvernement français semble s'orienter dans un sens plus libéral.

3° période : depuis la Convention nationale jusqu'à 1860. — Mais la réforme fut de courte durée, le système restrictif reparut bientôt sous la Convention nationale, par suite de la lutte que la France eut à soutenir contre l'Angleterre. L'empire suivit la même politique et organisa le blocus continental qui interdisait tout commerce entre l'Angleterre et le continent européen. La restauration et la monarchie de juillet adoptèrent la même ligne de conduite.

Cependant, un mouvement considérable d'opinion se produisait de l'autre côté de la Manche avec Richard Cobden comme chef de parti, pour amener le triomphe des idées libérales. Après de longues années de lutte, il était parvenu à convertir à ses théories le premier ministre Robert Peel ; et à partir de 1846 l'Angleterre était résolument entrée dans la voie du libre-échange auquel elle est restée fidèle.

4° période : de 1860 à 1892. Ce ne fut que bien plus tard, en 1860, que le gouvernement français se laissa séduire à son tour par les doctrines nouvelles, défendues avec beaucoup d'habileté par l'économiste Bastiat. Bien qu'il eût contre lui la majorité du parlement, restée protectionniste, l'empereur, usant du droit que lui conférait la constitution, signe avec l'Angleterre, le 23 janvier 1860, un traité de commerce, qui inaugurait le régime du libre-échange dans nos relations extérieures.

5e *période depuis* 1892. — Ce régime a pris fin en 1892 ; depuis cette époque, les idées protectionnistes ont de nouveau repris le dessus, non seulement en France, mais encore en Europe et aux États-Unis. L'Angleterre reste seule attachée à la pratique du libre-échange (1).

CHAPITRE V. — DES DROITS DE DOUANES.

Définition. — Les droits de douane sont des taxes perçues à l'entrée de certains produits sur le territoire d'un État.

Ils présentent un double caractère :

1° Ainsi que nous venons de le voir, ils servent de moyens de protection pour mettre l'industrie nationale à l'abri de la concurrence étrangère ;

2° Ils constituent des impôts indirects et procurent des revenus à l'État.

Tarifs de douane et traités de commerce. — On entend par tarif de douane le tableau des marchandises soumises au droit de douane avec indication du droit auquel elles sont soumises.

Il y a deux espèces de tarifs : 1° le tarif général ; 2° le tarif conventionnel.

Le *tarif général* est celui qui est établi pour toutes les marchandises, de quelque provenance qu'elles soient. Il est établi par une loi et ne peut être modifié que par une autre loi.

Le *tarif conventionnel* est celui qui, par dérogation au tarif général, est établi à l'égard de certaines marchandises provenant de certains pays, en vertu de traités de commerce passés avec ces pays par la France.

Ces traités de commerce ont pour but, par des concessions réciproques que se font les États contractants, d'amener un abaissement de la moyenne des droits d'entrée.

Une clause remarquable, toujours inscrite dans les traités de

(1) La Belgique, la Hollande et les États Scandinaves sont également restés fidèles au système du libre échange. La France, l'Allemagne, l'Autriche, l'Italie et les États-Unis sont au contraire nettement protectionnistes.

commerce, est la clause de la *nation la plus favorisée*, d'après laquelle chaque signataire du traité se fait reconnaître le droit de profiter des abaissements de tarifs que l'autre État pourrait dans la suite accorder à un autre État. Elle est de style dans tous les traités de commerce, parce qu'autrement, par des concessions plus avantageuses faites à un État concurrent, l'État signataire du traité pourrait se voir enlever indirectement le profit qu'il espérait retirer de ce traité.

Régime actuel de la France. — *Loi du 11 janvier 1892.* — Sous l'influence des idées protectionnistes, la France a dénoncé tous les traités de commerce qu'elle avait avec les États étrangers ; et elle a établi une législation douanière nouvelle, à la date du 11 janvier 1892.

Cette loi contient un double tarif : un tarif maximum, qui forme le droit commun (1), et un tarif minimum, dont les droits sont plus réduits. Ce tarif minimum peut être accordé d'une façon unilatérale, en vertu d'un décret, à certains États qui font bénéficier les marchandises françaises d'avantages corrélatifs ; il peut leur être concédé également à la suite d'un traité de commerce ; ce traité peut même contenir un tarif inférieur au-dessous du tarif minimum. Cela ne présente pas d'inconvénients puisque de semblables traités doivent être ratifiés par les chambres.

Loi du cadenas du 18 novembre 1897. — On entend par loi du cadenas une loi du 18 novembre 1897 qui autorise le gouvernement à percevoir en vertu d'un simple décret une nouvelle taxe ou une surtaxe qu'il propose d'établir sur certains produits venant de l'étranger (blé, viande, vin) dès l'instant où le projet de loi est déposé sur le bureau des Chambres, avec cette réserve que les droits ainsi perçus seront restitués aux ayants droit si la mesure proposée n'est pas votée par le Parlement.

Cette loi est destinée à empêcher qu'une semblable mesure soi compromise par le fait des importateurs étrangers qui se

(1) Ce tarif a frappé les objets manufacturés avec une majoration de 30 0/0 par rapport aux droits qui résultaient des anciens traités de commerce. C'est par là que son caractère protectionniste est nettement apparu.

hâteraient de faire rentrer leurs marchandises en grandes quantités dans l'intervalle — souvent assez long — qui s'écoulerait entre le dépôt du projet de loi et le vote de la loi par le Parlement.

Diverses espèces de droits de douane. — On peut distinguer : 1° les droits à l'importation, et 2° les droits à l'exportation des marchandises.

Il n'existe plus de droit à l'exportation.

On distingue en second lieu : les droits *spécifiques* et les droits *ad valorem.*

Des droits *spécifiques* sont ceux qui sont établis d'après le poids, le nombre ou la mesure de la marchandise, sans avoir égard à sa valeur.

Les droits *ad valorem* sont, au contraire, ceux qui sont établis d'après la valeur de la marchandise déclarée par les parties. Les droits *ad valorem*, pour éviter les déclarations frauduleuses, donnent lieu au droit pour l'État de retenir la marchandise au prix pour lequel elle a été déclarée : c'est ce qu'on appelle le droit de préemption.

Les droits *ad valorem*, en théorie, paraissent plus justes, parce qu'ils suivent toutes les fluctuations de prix de la marchandise et atteignent le produit suivant sa valeur ; mais en pratique, ils présentent de grands inconvénients, à cause des fraudes qu'ils rendent possibles, au détriment du trésor et du commerce honnête et des vérifications et expertises qu'ils nécessitent en cas de contestation. Aussi le tarif général ne comporte-t-il pas de droits *ad valorem.*

Une catégorie de marchandises, les animaux étaient taxés *à tant par tête*, d'après le tarif général du 7 mai 1881, suivant la classe dont ils font partie, sans égard à leur poids ni à leur valeur. La loi de 1892 a innové sur ce point et décidé que les bestiaux sont taxés au poids et non par tête, sauf pour les animaux de la race chevaline, mulatière et asine.

Exemptions des droits de douane. — Il y a exemption des droits de douane, au cas de transit, d'entrepôt et pour les matières premières réexportées.

Du transit. — On dit qu'il y a transit lorsqu'une marchandise ne fait que traverser le territoire français pour une destination étrangère. Les marchandises en transit échappent au paiement des droits de douane pourvu qu'elles soient transportées dans des wagons plombés. Cette exemption est destinée à favoriser, les industries nationales des transports, et à les protéger contre la concurrence des transports étrangers.

De la faculté d'entrepôt. — C'est la faculté pour le commerçant d'éviter provisoirement de payer les droits de douane tant qu'il n'a pas vendu la marchandise en France, en la déposant dans des magasins dirigés par l'administration ou dans ses propres magasins sous certaines garanties de contrôle ; dans le premier cas l'entrepôt est *réel*, dans le second cas l'entrepôt est *fictif.*

Si la marchandise n'est pas vendue en France, mais réexpédiée à l'étranger, elle ne paie aucun droit.

Matières premières réexportées. — Si nos industries d'exportation avaient à supporter des droits de douane sur les matières premières ou sur les produits à moitié ouvrés dont elles se servent, à leur entrée en France, elles auraient du mal à lutter dans les pays étrangers contre la concurrence des industries nationales ; puisqu'en outre de ce droit d'entrée qu'elles auraient à payer en France, elles auraient encore à supporter dans les pays d'autres droits d'entrée sur leurs produits achevés. C'est pour parer à ce danger que l'on a imaginé le *drawback* et l'*admission temporaire.*

Le *drawback* est le système qui consiste à faire payer la matière première à l'importation et à restituer le droit perçu lorsque cette matière première est réexportée comme produit manufacturé. Ce système présente pour les industriels le grand inconvénient de leur imposer l'avance du droit de douane ; ce qui exige d'eux la disposition d'un fonds de roulement considérable. Ce système n'est employé actuellement que pour les tissus de cotons.

L'admission temporaire consiste dans la dispense pour le fabricant de payer les droits de douane sous la condition de réexporter la matière première sous forme d'objet fabriqué dans un certain délai. Passé ce délai, si la réexportation n'a pas eu lieu, les droits qui n'ont pas été acquittés doivent être versés au trésor. Le fabricant prend à cet effet un engagement par un acte écrit qu'on appelle *acquit à caution*, qui est garanti soit par une caution, soit par le dépôt d'une somme d'argent.

L'admission temporaire est un système plus commode pour le fabricant que le drawback, puisqu'il le dispense de faire l'avance des frais de douane ; le système est notamment employé pour le blé et pour près de quarante autres produits. Mais on lui a reproché de favoriser la spéculation par le trafic des acquits à caution et de détruire l'effet des droits protecteurs établis en faveur de l'agriculture (1). C'est sous l'empire de ces idées que le régime de l'admission temporaire a été modifié en

(1) La protection agricole est une des questions les plus complexes que soulève le commerce international. C'est aussi un point sur lequel la politique douanière de la France a beaucoup varié. Jusqu'à la Restauration, on s'est plutôt préoccupé de la disette du blé que de son abondance, et on favorise plutôt l'importation. Sous la Restauration est établi le système de *l'échelle mobile* qui consistait à faire varier les droits d'entrée sur le blé avec l'état de la récolte intérieure, de façon à maintenir son prix à un taux suffisamment rémunérateur pour les propriétaires fonciers. Ce régime, qui avait des inconvénients en raison de l'incertitude qu'il faisait porter sur les tarifs, disparut en 1860, pour faire place au libre échange jusqu'en 1883.

A partir de 1883, les droits de douane ne cessent de s'élever progressivement ; ils sont actuellement de 7 francs sur les 100 kilog. en vertu de la loi du 27 février 1894. — *Qui profite de cette protection ?* question difficile à résoudre ; on peut dire cependant qu'en général c'est plutôt la grande et la moyenne propriété ; quant au petit propriétaire, il produit généralement pour les besoins de sa famille, et il ne porte au marché que les produits accessoires de son exploitation ; il est donc moins intéressé à l'établissement de semblables droits. — *Qui souffre de cette protection ?* le consommateur, qui est obligé de payer le pain plus cher. Cependant, il faut noter que le droit de 7 francs n'a son plein effet que dans les périodes de mauvaises récoltes où on est obligé d'importer une grande quantité de blé de l'étranger. — *Cette protection est-elle légitime ?* Au premier abord elle paraît constituer un véritable privilège au profit d'une classe de favorisés et au détriment de la masse, mais à la réflexion on se rend compte qu'il y a là une nécessité pour la défense de la démocratie rurale qui forme un des éléments de la production nationale.

ce qui concerne le blé par la loi du 4 février 1902 qui lui a substitué un régime analogue au drawback (1).

Système des primes. — *Son but et ses avantages.* — Le système des primes est un moyen de protection de l'industrie nationale qui est préférable au système des droits de douanes.

1° Au lieu de tendre à l'élévation des prix au détriment des consommateurs, comme l'établissement des droits de douane, il doit avoir pour résultat de contribuer à la bonne qualité et au bon marché des produits, lorsqu'il est établi dans des conditions propres à stimuler le producteur dans la voie du progrès.

2° Il ne soulève pas, en général, les mêmes conflits internationaux que les droits de douane qui apparaissent toujours comme une machine de guerre dirigés contre les producteurs étrangers.

Ses applications en France. — Le système des primes a été appliqué en France sous trois formes :

1° La prime à la culture du lin, du chanvre, à l'élevage des vers à soie (loi du 13 janvier 1892).

---

(1) D'après le décret du 9 août 1897, la réexportation pouvant avoir lieu librement par tous les bureaux de douanes, la spéculation suivante avait lieu : le minotier du Midi importait du blé en admission temporaire et le transformaient en farine qu'il vendait à l'intérieur ; puis il transmettait son acquit-à-caution à un minotier exportateur du Nord à charge de l'apurer, c'est-à-dire de le présenter au bureau de sortie de ses farines. Pour le service qu'il lui rendait ainsi, il se faisait payer un droit qui était inférieur au droit de douane, soit 3 fr. 50 ou 4 francs au lieu de 7 francs. Il en résultait en définitive pour les minotiers du Midi un abaissement du droit de douane, qui avait sa répercussion sur le prix du blé à l'intérieur, et pour les minotiers du Nord, une véritable prime à l'exportation. La loi du 4 février 1902, pour mettre fin à de semblables spéculations décide : 1° que le montant des droits de douane des blés étrangers présentés à l'admission temporaire devra être consigné au moment de l'importation ; c'est donc bien le régime du drawback ; 2° le remboursement de ces droits est subordonné à la condition qu'il y ait réexportation dans les deux mois des farines, semoules et sons, en quantité équivalente, par l'importateur lui-même ; en sorte que le titre de perception est désormais incessible.

2° La prime à la construction des navires et à l'armement maritime (loi du 7 avril 1902) (1).

3° La prime à l'exportation sur les sucres. Cette prime a été supprimée par la France, l'Allemagne et l'Autriche à la suite de la convention de Bruxelles du 5 mars 1902. Cette prime avait pour résultat de faire vendre le sucre plus cher aux nationaux qu'aux étrangers.

(1) Cette loi a eu pour but de porter remède à l'état d'abaissement dans lequel se trouve notre marine marchande au point de vue du nombre et de la valeur des unités qu'elle peut mettre en ligne. D'après les dernières statistiques, la France ne vient qu'au 5ᵉ rang, sous ce rapport, après l'Angleterre, les États-Unis, l'Allemagne et la Norvège ; au cours de la discussion de la loi de 1902, on a pu affirmer que la faiblesse de notre marine était telle que chaque jour les navires étrangers nous enlevaient un million de fret, soit d'entrée, soit de sortie dans nos ports. Pour porter remède à ce mal qui est pour nous plein de danger tant au point de vue de la défense nationale, pour le recrutement de notre flotte de guerre, qu'au point de vue commercial, on a proposé différentes mesures : l'amélioration du régime de nos ports, par la revision des droits de pilotage, l'établissement de ports francs, la concentration du fret de sortie dans certains grands ports. La loi de 1892 s'est bornée à établir : 1° des primes dites de compensation d'armement aux vapeurs de construction étrangère qui naviguent sous pavillon français ; 2° des primes de navigation aux navires construits en France sous pavillon français.

QUATRIÈME PARTIE

CONSOMMATION DE LA RICHESSE

Des divers emplois qu'on peut faire d'une richesse. — Division de la 4ᵉ partie. — L'homme peut employer la richesse qu'il a produite à trois usages bien différents :

1° Il peut la consommer, pour la satisfaction d'un besoin personnel ;

2° Il peut la consommer pour produire d'autres richesses ;

3° Il peut, enfin, la tenir en réserve pour plus tard.

Consommations improductives, consommations reproductives et épargne, tels sont les divers emplois qu'on peut faire d'une richesse.

Nous consacrerons un chapitre spécial à chacune de ces questions.

CHAPITRE Iᵉʳ. — DES CONSOMMATIONS IMPRODUCTIVES.

Définition. — On entend par consommations improductives celles qui consistent dans l'emploi que l'homme fait d'une richesse pour la satisfaction d'un besoin personnel.

Par exemple, brûler du charbon l'hiver dans sa cheminée pour se garantir du froid, porter des vêtements qui s'usent à la longue, manger du pain ou d'autres aliments pour apaiser sa faim, etc.

Dans les sociétés avancées, où la monnaie est l'intermédiaire normal des échanges, c'est sous forme de *dépense* que ce genre

de consommation se produit. L'homme emploie une certaine
quantité de numéraire pour se procurer les objets qu'il destine
à sa consommation personnelle.

Ces consommations sont dites *improductives* parce qu'elles
n'ont pas pour but et pour résultat la production de nouvelles
richesses. C'est à cette espèce de consommation que l'on fait
allusion, lorsqu'on parle purement et simplement de la consommation.

**Du rôle de la consommation en économie politique. Ses
rapports avec la production et la circulation.** — La consommation est le but final auquel tend tout le problème économique. C'est en vue de consommer, c'est-à-dire de satisfaire leurs
besoins matériels, que les hommes produisent des richesses,
que des arrangements sont établis entre eux pour leur distribution, et que des systèmes perfectionnés sont inventés pour
en assurer la circulation.

En sorte qu'entre les divers phénomènes de production, de
répartition, de circulation et de consommation, il existe un
lien mystérieux qui les rattache les uns aux autres, comme les
anneaux d'une même chaîne. La production est le point initial,
la consommation le point d'arrivée, la répartition et la circulation, les étapes intermédiaires.

Il est dès lors facile de comprendre combien la consommation agit puissamment sur la production de la richesse. Comme
on ne produit que pour consommer, il est logique que la production se règle sur la consommation et que les deux phénomènes marchent d'un pas égal, dans un équilibre parfait. Si
l'un d'eux se trouve en avance ou en retard sur l'autre, une
crise éclate, ainsi que nous l'avons dit déjà.

Cependant, la production elle-même n'est pas, nous le savons,
sans influence sur la consommation des richesses.

Ce n'est pas seulement la mesure des besoins qu'il éprouve
qui forme la limite des consommations de l'homme ; c'est encore
ses facultés d'acquérir et de se procurer ce dont il a besoin. Il
suit de là qu'une production abondante peut développer la consommation, parce qu'elle rend le produit moins cher, tandis

qu'une production restreinte, en élevant les prix, est de nature à limiter le nombre des consommateurs et l'importance de leur demande. Quant à la circulation, qui sert comme de trait d'union entre la production et la consommation, elle subit fatalement le contre-coup des circonstances qui influent l'une sur l'autre.

Mesure normale des consommations improductives. L'avarice et la prodigalité. — Ce serait une erreur de s'élever d'une façon systématique contre toute espèce de consommation de jouissance.

Le but de l'économie politique serait absolument manqué, si les efforts tentés par l'homme, les capitaux qu'il accumule, et les inventions qu'il découvre ne devaient pas avoir pour résultat d'augmenter le bien-être général. Mais il y a une certaine règle à observer par l'homme à cet égard.

1° On doit approuver et encourager toutes les consommations ou toutes les dépenses qui tendent à faire vivre l'individu, à le maintenir en état de santé, ou à développer ses facultés physiques et intellectuelles.

2° On doit combattre toutes les consommations ou toutes les dépenses qui sont de nature à compromettre l'existence de l'individu, à altérer sa santé, ou à arrêter son développement physique et intellectuel ;

3° On doit également blâmer la prodigalité.

De la prodigalité. — Dans le langage juridique on entend par là le fait d'une personne qui dépense au delà de ses revenus et qui entame son capital par ses consommations de jouissance. En économie politique, toute dépense ou toute destruction inutile constitue un acte de prodigalité.

En agissant ainsi, le prodigue est exposé à être réduit à la misère, lui et sa famille. C'est pourquoi la loi civile intervient et organise des mesures de protection, en le déclarant incapable de faire certains actes, sans l'assistance d'un conseil judiciaire (1).

_____

(1) Voir sur ce point notre *Manuel de droit civil*, I, p. 268.

L'Economie politique doit être encore sur ce point d'accord avec le droit, pour considérer la prodigalité comme un vice funeste qu'il faut combattre. Il est vrai, a-t-on dit, que les sommes d'argent qu'il dépense ainsi pour des consommations improductives ne sont pas perdues, ni détruites ; elles se retrouvent entre les mains des commerçants qui lui ont vendu les objets qu'il a consommés ; en sorte que la prodigalité aiderait très heureusement la production « en faisant aller le commerce ». Mais ce n'est là qu'une apparence trompeuse. Si, au lieu de dépenser cet argent, il l'avait prêté à un industriel, la production aurait été accrue par l'emploi de ce capital, pour le profit commun. A cet égard, la prodigalité est le contre-pied absolu de l'épargne ; elle tend à la destruction des capitaux tandis que l'épargne a pour résultat la formation et l'accroissement des capitaux. Les raisons, qui font de l'épargne une qualité précieuse chez un individu et chez un peuple, doivent nous amener, nécessairement, à ne pas approuver la prodigalité (1).

Cette vérité a été mise en relief d'une façon très claire, par Bastiat, dans un petit pamphlet intitulé *la Vitre cassée*. Il suppose qu'un enfant casse une vitre et se demande s'il y a là un bien ou un mal au point de vue économique. « Ce qu'on voit, dit-il en substance, c'est que cette vitre étant cassée, l'industrie des vitriers va se trouver encouragée dans la mesure de six francs, valeur de la vitre cassée. Mais ce qu'on ne voit pas, c'est que la vitre n'étant pas cassée, son propriétaire étant obligé de la faire réparer ne pourra pas dépenser pareille somme pour remplacer ses chaussures éculées ; en sorte que l'industrie cordonnière va se trouver lésée de pareille somme de six fr. L'ensemble du travail national n'est donc pas intéressé à ce que les vitres se cassent ou ne se cassent pas. En ce qui concerne Jacques Bonhomme, sa vitre étant cassée, il dépense six francs pour la faire réparer ; il n'a ni plus ni moins que la

_____

(1) Dans ce sens, Beauregard, *op. cit.*, p. 289. En sens contraire, Cauwès, *op. cit.*, n° 415.

jouissance d'une vitre ; tandis que si la vitre n'était pas cassée, il aurait pu dépenser ses six francs à acheter une paire de chaussures et aurait eu la jouissance d'une vitre et d'une paire de souliers. Et comme Jacques Bonhomme fait partie de la société, il faut conclure de là que, considérée dans son ensemble et toute balance faite de ses travaux et de ses jouissances, elle a perdu la valeur de la vitre cassée » (1).

Du luxe. — Le luxe ne doit pas être confondu avec la prodigalité ; la prodigalité implique évidemment le luxe, mais il peut y avoir luxe sans prodigalité. C'est ce qui se produit lorsqu'une personne fait des *dépenses de luxe*, sans entamer son capital dans les limites de ses revenus. Il n'est pas facile de définir ce qu'il faut entendre par *dépenses de luxe*. On peut dire que ce sont des dépenses qui ne tendent pas à la satisfaction pure et simple d'un besoin, mais qui impliquent une certaine recherche, un certain raffinement dans l'assouvissement du désir qu'on éprouve.

Doit-on blâmer le luxe, comme la prodigalité ? Les économistes ne sont pas tous d'accord sur cette question. D'après quelques-uns, le luxe serait un mal au point de vue économique, parce qu'il a pour conséquence d'employer des capitaux et d'utiliser des bras pour produire des choses qui ne devront profiter qu'à un petit nombre de privilégiés. Ces capitaux et ces bras seraient mieux employés s'ils servaient à produire en plus grande quantité, et par conséquent, à meilleur marché, pour le plus grand bien de la masse des consommateurs, les objets indispensables à l'existence. L'opinion générale est au contraire favorable au luxe, et avec raison.

Si l'industrie avait à satisfaire purement et simplement aux besoins de première nécessité des hommes, la production se trouverait forcément limitée par son objet même, et il y aurait une grande quantité de capitaux inemployés et de bras inoccupés. Au contraire, grâce au luxe, un plus grand nombre d'industries se forment et dans chacune d'elles la variété des pro-

(1) Bastiat, *Pamphlets*, V. p. 337.

duits est infinie, pour répondre à la demande des consommateurs. Les capitaux et le travail trouvent des emplois à la fois plus nombreux et plus appropriés au goût du producteur.

Il faut ajouter que le luxe est l'agent le plus important du progrès dans le bien-être des individus.

Tout produit nouveau, ne répondant pas à un besoin déjà ressenti, apparaît tout d'abord comme un objet de luxe, il est fabriqué à grands frais et coûte cher, un petit nombre de consommateurs, les plus fortunés, peuvent l'acheter. Mais au bout d'un certain temps, grâce aux progrès réalisés par la main-d'œuvre, le produit se vend meilleur marché et son usage se généralise. C'est ainsi que les chemises que nous portons aujourd'hui, et qui sont considérées comme objets de première nécessité, ont été, au début, des objets de luxe.

CHAPITRE II. — DES CONSOMMATIONS REPRODUCTIVES.

Définition. — On entend par consommations *reproductives ou industrielles*, celles qui consistent dans l'emploi d'une richesse à la production d'une autre richesse : brûler du charbon pour faire marcher une machine, semer du blé au lieu de l'absorber sous forme de pain ou de gâteaux, etc.

Dans les sociétés avancées où l'usage de la monnaie est général, la richesse se trouve accumulée sous forme de numéraire ; c'est sous cette forme aussi que les consommations reproductives ont lieu. On dit que celui qui affecte telle somme déterminée à une branche quelconque de l'industrie effectue un *placement*. Un placement peut avoir lieu sous deux formes différentes :

Ou bien en se mettant en personne à la tête d'une entreprise, dans laquelle on engage tout ou partie de ses capitaux ;

Ou bien en confiant les sommes qu'on veut utiliser à des personnes plus capables d'en tirer parti, et qui paieront un intérêt, ou abandonneront une part du bénéfice. Ce dernier genre de placement a lieu : soit sous forme de dépôt chez un banquier, qui, nous l'avons vu, est l'intermédiaire naturel entre les capitalistes et les producteurs ; soit sous forme de souscriptions d'actions ou d'obligations à une société anonyme ou en commandite.

Nous n'insistons pas sur ce mode d'emploi des capitaux ; il intéresse plus la production que la consommation.

CHAPITRE III. — DE L'ÉPARGNE.

Définition. — L'épargne est l'acte par lequel une personne ne consomme pas toute la richesse qu'elle a produite immédiatement, mais en tient une certaine portion en réserve, en vue de l'avenir.

Elle consiste dans un simple fait d'abstention, ou si l'on préfère, d'abstinence.

L'épargne ne doit pas être confondue avec l'emploi qui peut être donné à la somme épargnée : thésaurisation ou placement. Epargner, c'est mettre de côté une certaine richesse, l'économiser ; thésauriser, c'est laisser cette richesse épargnée sans emploi, en l'entassant dans son coffre-fort sous forme de lingots, de billets de banque ou de pièces de monnaie ; placer, c'est, comme nous le disions tout à l'heure, donner à une richesse un emploi productif. L'épargne est l'acte initial qui permet à la richesse de s'accumuler, la thésaurisation et le placement constituent la destination que l'on réserve à cette richesse.

Sources de l'épargne : la prévoyance. — L'épargne tire sa source principale de l'esprit de prévoyance. On entend par là ce sentiment que la plupart des hommes éprouvent de se réserver des ressources, dans la crainte des événements malheureux qui peuvent le mettre dans l'impossibilité de gagner pour vivre et faire vivre les siens : la maladie, les accidents, la mort.

L'individu qui épargne s'impose une privation, un sacrifice ; il limite ses jouissances et son bien-être actuels en vue de la satisfaction des besoins du lendemain. L'homme qui a produit une richesse se trouve ainsi partagé entre deux sentiments opposés : d'une part, l'attrait d'une jouissance immédiate qui le pousse à consommer cette richesse entièrement ; d'autre part, la préoccupation de l'avenir, qui le détermine à limiter son appétit, à ne consommer que le strict nécessaire, et à conserver le reste pour le jour où il ne pourra plus produire. Pour que la balance penche du côté de l'épargne, il faut que l'esprit de prévoyance l'emporte sur le désir des satisfactions immédiates.

Utilité de l'épargne. — Si la prodigalité est un vice qui doit être combattu, l'épargne est, au contraire, une vertu qui doit être approuvée et encouragée.

Au point de vue individuel, elle met la famille à l'abri du besoin, dans le cas où le malheur vient la frapper dans la personne de son chef ; en outre, elle est le secret de la prospérité dans les familles, et elle permet à un individu parti de très bas, de s'élever aux plus hautes situations sociales. La petite épargne que le père aura amassée et qu'il aura transmise à son fils permettra à celui-ci de s'instruire et d'apprendre un métier. Le père était simple manœuvre, le fils sera ouvrier, peintre, ou maître-maçon ; le fils transmettra à son tour à ses propres enfants l'épargne reçue du père, après l'avoir accrue par son travail personnel ; ses enfants seront entrepreneurs, banquiers, ou s'adonneront à une carrière libérale et seront avocats, professeurs ou magistrats.

Au point de vue social, le rôle de l'épargne n'est pas moins considérable. C'est elle, en effet, nous le savons (1), qui forme, qui accroît et qui conserve le capital. Sans cette masse de richesse qu'elle tient en réserve et qui se transmet de génération en génération, en s'augmentant toujours, sous forme de capitaux, la production serait nécessairement limitée, et le progrès industriel à peu près nul.

Des Caisses d'épargne. — On entend par Caisses d'épargne des banques d'une espèce particulière, organisées d'après certaines règles déterminées, dans le but de faciliter l'épargne.

____

(1) Voir *suprà*, p. 61.

Ces banques rendent l'épargne plus facile, en recevant les sommes les plus minimes, en les gardant pour mettre le déposant à l'abri de la tentation qu'il pourrait avoir de les dépenser, s'il les conservait entre ses mains, et en servant un petit intérêt pour chaque somme dé_ sée.

Historique des Caisses d'épargne. — C'est en France que la première idée des Caisses d'épargne fut émise ; mais il fallut qu'elle fût pratiquée avec succès en Angleterre pour que les banquiers en fissent à leur tour l'expérience, vers 1818. Tout d'abord, les Caisses d'épargne furent des banques privées, librement constituées, sans l'intervention de l'État, et s'administrant conformément à des statuts qu'elles établissaient elles-mêmes. Le fonctionnement de ces Caisses d'épargne était très difficile à assurer. Elles ne pouvaient, en effet, trouver des placements avantageux aux sommes d'argent qui leur étaient confiées, parce qu'elles étaient obligées de s'en réserver la libre disposition, pour faire face aux demandes de remboursement auxquelles elles étaient exposées à tout instant, et cependant elles devaient verser un intérêt aux déposants. Dans cette situation, les directeurs des Caisses d'épargne demandèrent à l'État de leur venir en aide, en leur facilitant le placement de leurs capitaux. L'État y consentit, en subordonnant son intervention à certaines conditions. D'après la loi du 5 juin 1835, les Caisses d'épargne purent, en recevant un intérêt de 4 0/0, verser leurs capitaux à la Caisse des dépôts et consignations, Caisse dépendant de l'État, mais, en échange de cette faveur, elles perdirent une partie de leur indépendance. Désormais, elles durent obtenir l'autorisation du gouvernement pour se constituer, et elles furent soumises, quant à leur fonctionnement, à des règles particulières. Cette réforme fut insuffisante encore pour donner aux Caisses d'épargne françaises le développement que cette institution réalisait dans les pays voisins.

En 1881, l'intervention de l'État se manifesta d'une façon plus énergique. Suivant encore une fois l'exemple de l'Angleterre, la France organisa, par la loi du 9 avril 1881, une Caisse nationale postale d'épargne à côté des Caisses d'épargne privées. Cette loi a été modifiée sur plusieurs points par la loi toute récente du 20 juillet 1895.

Organisation actuelle. — Les Caisses d'épargne, la Caisse nationale, comme les Caisses d'épargne privées, sont soumises, à un certain nombre de règles communes dont les principales sont les suivantes :

1° Le montant des dépôts ne peut pas être inférieur à 1 franc ni supérieur à 1.500 francs. — Pour faciliter encore davantage l'épargne aux petites bourses, la Caisse nationale délivre gratuitement à tout requérant un *bulletin d'épargne*, sur lequel il peut coller des timbres de 0, 15 ; lorsqu'il a ainsi parfait la somme de 1 franc, il présente ce bulletin à la Caisse d'épargne, qui le reçoit comme une pièce de 1 franc.

2° *La clause de sauvegarde* met les Caisses d'épargne à l'abri des demandes de remboursement qui pourraient se produire pour des sommes très élevées, à des époques de crise. En vertu de cette clause, les Caisses d'épargne ont le droit de n'opérer les remboursements que quinze jours après la demande; le gouvernement peut même les autoriser, par un décret en Conseil d'Etat, à rembourser les sommes déposées par fractions de cinquante francs et par quinzaine.

3° Les sommes déposées dans les Caisses d'épargne sont toutes versées à la Caisse des dépôts et consignations. Elles sont employées : 1° en valeurs de l'Etat ou jouissant d'une garantie de l'Etat ; 2° en obligations entièrement libérées des départements, des communes ou du Crédit foncier. Les sommes non employées sont placées en *compte courant* au Trésor ou déposées à la Banque. Cependant la partie déposée en compte courant au Trésor ne peut dépasser 100.000.000 de francs,

4° Chaque Caisse d'épargne privée doit avoir un fonds de réserve et de garantie sur lequel sont imputées toutes les pertes résultant de sa gestion, et qui constitue sa fortune personnelle. Elle est autorisée à employer cette fortune personnelle en valeurs d'Etat, en obligations foncières et communales, et même, dans une certaine mesure, en prêts aux sociétés coopératives de crédit, en acquisition ou construction d'habitations à bon marché.

5° Toute personne — même un mineur non émancipé, sans l'assistance de ses père et mère ou de son tuteur, et une femme mariée sans l'autorisation de son mari, — peut déposer de l'argent dans les Caisses d'épargne et se faire délivrer un livret en son nom.

6° Enfin, toutes les Caisses d'épargne servent un intérêt aux déposants : cet intérêt, qui était tout d'abord de 3 à 3 1/2 0/0, a été successivement abaissé, et est actuellement de 2.75 0/0.

Réformes réalisées par la loi du 20 juillet 1895. — On avait adressé deux critiques principales à l'organisation des Caisses d'épargne en France :

1° Tout d'abord on avait trouvé mauvais le versement au Trésor des sommes déposées, parce que, disait-on, l'État avait ainsi un moyen trop facile de trouver des ressources pour des opérations inutiles ou hasardeuses ; parce que, d'autre part, l'État assurait une lourde responsabilité, pour les remboursements à effectuer aux déposants ; enfin, parce que l'intérêt que l'État servait aux Caisses d'épargne était trop élevé (4 0/0).

2° On ajoutait que le meilleur usage qui pourrait être fait des fonds des Caisses d'épargne serait de les confier à des industriels, à de petits artisans, ou de les prêter à des sociétés de crédit populaire pour en assurer le développement en France.

La loi du 20 juillet 1895 a tenu compte de ces vœux et a réalisé, dans cet ordre d'idées, des réformes importantes, bien qu'un peu timides encore.

C'est ainsi, nous l'avons vu, que le compte courant que les caisses d'épargne privées ont avec le Trésor ne peut pas excéder 100.000.000 de francs, que l'intérêt à servir par l'État sera désormais établi en tenant compte du revenu des valeurs du portefeuille ; enfin, que les Caisses d'épargne ont maintenant la liberté d'utiliser une partie de leurs ressources à des œuvres industrielles.

Autres institutions de prévoyance. — Les Caisses d'épargne ne sont pas les seules institutions inspirées par la préoccupation de l'avenir ; il faut mettre à côté l'*assurance* et les *sociétés de secours mutuels*.

Du contrat d'assurance. — L'assurance est un contrat par lequel une personne se fait promettre une indemnité pour le dommage qui peut résulter pour elle d'un événement déterminé. Elle apparaît alors sous deux formes différentes : *l'assurance à prime* et *l'assurance mutuelle*.

L'assurance est à prime, lorsque l'assuré s'oblige à payer annuellement à l'assureur une somme fixée dans la police d'assurance d'une façon invariable. L'assureur supporte tous les risques et recueille tous les bénéfices de l'opération. L'assurance mutuelle est une sorte d'association formée entre un certain nombre de personnes qui s'engagent à supporter en commun les risques dont elles sont menacées. Les pertes et les bénéfices de l'opération sont partagés entre les associés.

Les événements en vue desquels l'assurance est contractée peuvent être multiples : le naufrage d'un navire ou la perte de sa cargaison, l'incendie d'une maison, la perte d'une récolte par l'effet de la grêle ou de l'orage, l'incapacité de travail résultant de la vieillesse, de la maladie ou d'un accident et enfin la mort d'une personne.

Assurance sur la vie. — Cette dernière forme d'assurance, connue sous le nom d'assurance sur la vie, est de beaucoup la plus intéressante. Elle présente une variété infinie de combinaisons. La plus usuelle est la suivante : Un individu se fait promettre par une Compagnie d'assurance un capital déterminé qui devra être versé à sa mort entre les mains de ses enfants ; il s'oblige en échange à payer une somme annuelle à titre de prime.

Ainsi pratiquée, l'assurance sur la vie offre des avantages économiques considérables :

1° Elle force la personne assurée à épargner, pour faire face au paiement régulier de la prime ; à cet égard, elle apparaît comme étant le complément et l'auxiliaire de l'épargne.

2° Elle met la famille de l'assuré à l'abri du besoin, dans le cas où son chef vient à disparaître brusquement frappé par une mort prématurée. C'est surtout contre ce risque que l'assurance sur la vie offre un secours précieux qu'on demanderait vainement à l'épargne pure et simple.

Société de secours mutuels. — Les sociétés de secours mutuels rendent des services aussi appréciables, quoique plus modestes, que les assurances sur la vie. Formées entre personnes exerçant une même profession ou des professions similaires, elles assurent à chacun de leurs membres, moyennant une cotisation mensuelle très minime, les soins médicaux en cas de maladie, une sépulture convenable en cas de mort et même un secours de famille si elle se trouve dans le besoin. Ces sociétés sont de nature à venir utilement en aide à la classe ouvrière. Il est regrettable que leur développement soit peu considérable en France. Elles ont prospéré davantage en Angleterre.

La loi du 31 mars 1898 a cependant réalisé des réformes importantes qui sont de nature à donner un nouvel essor à ces sociétés. On peut les ramener aux trois chefs suivants :

1° Liberté plus grande accordée à ces sociétés, soit pour se former, soit pour s'administrer.

Le pouvoir discrétionnaire des préfets, qui pouvaient les empêcher d'exister ou leur refuser l'approbation, est remplacé par un pouvoir limité, dont l'exercice est soumis au contrôle des juridictions contentieuses ; et au lieu d'une intervention incessante de l'administration, une surveillance uniquement destinée à maintenir ces sociétés, dans les limites de leur mission.

2° Capacité juridique plus étendue reconnue aux mutualités, qui toutes sont désormais pourvues de la personnalité civile et peuvent posséder des immeubles dans une mesure variable suivant la catégorie à laquelle appartient la société ;

3° Sphère d'attributions considérablement élargie. Au lieu de se cantonner, comme autrefois, dans la distribution de secours en cas de maladie ou en cas de décès pour assurer l'inhumation convenable de leurs membres, désormais les sociétés de secours mutuels peuvent s'occuper aussi de l'assurance contre la vieillesse, contre les accidents et même contre le chômage.

CINQUIÈME PARTIE

DU ROLE DE L'ÉTAT EN MATIÈRE ÉCONOMIQUE, FINANCIÈRE ET COLONIALE

Division de la cinquième partie. — La cinquième partie, consacrée au rôle de l'Etat en matière économique, financière et coloniale, comprendra trois sections :

Ire section : De l'intervention de l'Etat dans le domaine économique.

IIe section : Du budget de l'Etat et des impôts.

III° section : De la colonisation.

Ire SECTION. — DE L'INTERVENTION DE L'ÉTAT DANS LE DOMAINE ÉCONOMIQUE

Division de la section. — Nous consacrerons deux chapitres à cette matière :

Chapitre Ier. — Etude théorique du rôle de l'Etat.

Chapitre II. — Des principaux modes d'intervention de l'Etat dans l'ordre économique.

CHAPITRE Ier. — ÉTUDE THÉORIQUE DU ROLE DE L'ÉTAT DANS L'ORDRE ÉCONOMIQUE.

Les trois systèmes en présence. — La question du rôle de l'État dans l'ordre économique a donné naissance à deux systèmes absolument opposés : l'individualisme et le socialisme, et à un système mixte : l'interventionnisme.

Individualisme. — L'individualisme a ses principaux défenseurs dans l'école anglaise ; l'un de ses plus illustres partisans est Herbert Spencer. D'après cette doctrine, le rôle de l'État se bornerait à l'administration de la justice, et au maintien du bon ordre et de la sécurité au dehors et au dedans. La politique du gouvernement devrait se résumer dans la célèbre formule : « Laissez faire, laissez passer. » C'est de l'initiative individuelle, dégagée de toute entrave et de toute protection gênante, que l'on peut attendre le développement des forces économiques d'un pays. La puissance publique ne doit intervenir que pour sauvegarder la liberté sous ses différentes formes, prévenir les désordres et trancher les conflits qui peuvent surgir. Dans cette conception l'État serait simplement un État-gendarme.

Objections contre l'individualisme. — La doctrine individualiste est trop absolue ; elle présente des exagérations qui doivent la faire écarter :

1° L'initiative individuelle, guidée par le sentiment de l'intérêt personnel, est évidemment un puissant élément de progrès et on ne peut méconnaître la part considérable qui lui revient dans le développement du commerce, de l'industrie et de l'agriculture. Mais, livré à lui seul, l'individu n'aurait pas suffi à pourvoir à tous les besoins d'intérêt collectif : constructions de routes, reboisement des montagnes, création et fonctionnement d'écoles d'enseignement professionnel ou scientifique, etc. Pour toutes ces œuvres indispensables, qu'un particulier n'aurait pas un intérêt immédiat pour fonder et faire fonctionner, on est obligé de compter sur l'État.

2° La doctrine individualiste semble considérer que l'industrie relève exclusivement de l'intérêt privé. C'est là une erreur : l'État est aussi intéressé au développement des forces économiques du pays, qu'au maintien et au développement de ses forces matérielles. Il est dès lors tout naturel qu'il intervienne dans une certaine mesure au point de vue économique, pour prêter le concours de la puissance publique à l'initiative privée, en stimulant la production, en l'éclairant de ses renseignements et de ses conseils autorisés, en encourageant les innovations utiles et en répandant les connaissances pratiques.

3° On peut enfin reprocher au système individualiste une équivoque : elle considère toute intervention de l'État dans le domaine économique comme un mal, parce qu'elle lui semble de nature à porter atteinte au régime de la liberté politique. Cette appréhension n'est nullement fondée. Ce n'est pas à la réglementation plus ou moins développée, à l'intervention plus ou moins fréquente de l'État dans les questions industrielles, que l'on peut juger du degré de liberté dont un pays est doté dans son organisation politique, c'est à la participation des citoyens au maniement des affaires. On a éclairé cette explication théorique, d'une façon saisissante, par un exemple pratique, en comparant la situation de l'Angleterre et celle de la Russie. En Angleterre, l'État a des attributions très complexes, son action s'étend à une foule d'objets qui ont donné lieu à des actes nombreux du parlement. En Russie, au contraire, la réglementation industrielle est tout à fait rudimentaire. Et cependant, il n'est pas de régime politique plus despotique qu'en Russie, ni plus libéral qu'en Angleterre (1).

Socialisme. — En opposition avec la doctrine individualiste, qui tend à exclure toute intervention de l'État dans le domaine économique, la théorie socialiste voudrait, au contraire, que les individus abdiquassent toute initiative et toute action personnelle entre les mains de l'État qui serait à la fois l'*État-producteur*, chargé de diriger dans tous ses détails le travail industriel, et l'*État-providence* chargé d'assurer le bonheur de tout le monde.

Objection contre le socialisme. — Nous avons assez longuement étudié plus haut les solutions socialistes et exposé les critiques qu'elles soulèvent, pour n'avoir pas à y revenir encore. Il nous suffit de renvoyer à nos explications précédentes (2).

(1) Cauwès, *op. cit.*, n° 116.
(2) Voir p. 169.

L'interventionnisme et les véritables attributions de l'Etat.— La vérité sur le rôle de l'Etat en matière économique se trouve dans un système intermédiaire, l'interventionnisme qui reconnaît à l'Etat une place considérable au point de vue économique, tout en sauvegardant les droits imprescriptibles de l'individu.

On peut diviser ses attributions en deux catégories :

a) attributions essentielles ;

b) attributions facultatives.

a) Attributions essentielles de l'Etat. — L'Etat a pour attribution essentielle d'assurer le maintien de l'ordre et de la sécurité.

Cette attribution entraine l'organisation au sein de toute société régulièrement constituée d'un gouvernement central et d'administrations locales, d'un personnel judiciaire, d'une police préventive et d'une police répressive.

C'est en raison de cette attribution que l'État prend des mesures réglementaires sur la police du travail, en déterminant les conditions d'âge et de durée en ce qui concerne les femmes et les enfants employés dans les manufactures, sur le fonctionnement des ateliers insalubres, dangereux et incommodes, etc.

C'est dans le même esprit que l'État est appelé à s'occuper d'assurer la liberté des transactions et leur fidèle exécution, d'organiser tout un système de protection pour les incapables, de mettre obstacle aux excès de la spéculation, par des règles sagement combinées sur le jeu, sur les opérations de bourse, sur la formation et le fonctionnement des sociétés commerciales.

b) Attributions facultatives. — A côté des attributions que nous venons d'assigner à l'Etat et qui sont dites essentielles, parce que la notion de l'Etat ne peut se concevoir sans elles, il en existe d'autres, d'ordre secondaire, qui s'imposent à l'Etat d'une façon moins pressante, mais qu'un gouvernement, réellement soucieux du développement économique du pays qu'il dirige, se garde bien de négliger. On est convenu de les appeler les *attributions facultatives* de l'Etat. Elles tendent à assurer le progrès, tandis que les attributions essentielles ont pour but la conservation des forces économiques.

A ce point de vue, l'action de l'Etat se manifeste de plusieurs façons différentes : tantôt l'Etat supplée à l'initiative privée pour exécuter des travaux ou assurer le fonctionnement de services que des particuliers ne pourraient entreprendre, par exemple, construction de voies ferrées, de digues contre la mer, de ponts sur les fleuves, service des postes et télégraphes ; tantôt l'Etat vient en aide à l'industrie privée pour lui faciliter sa tâche, sous forme de subventions, de primes, de commandes, etc.

Limite des attributions de l'Etat. — Il est à noter que plus une société progresse, au point de vue économique, et plus l'action de l'Etat tend à se développer et à se diversifier, d'une façon parallèle. Elle ne peut cependant dépasser une certaine limite : celle des droits individuels ; l'Etat ne saurait, par sa législation ou par ses institutions, porter atteinte à la liberté individuelle, à la liberté du travail, ni aux droits de famille (1).

CHAPITRE II. — DES PRINCIPAUX MODES D'INTERVENTION DE L'ÉTAT DANS L'ORDRE ÉCONOMIQUE.

Divisio . — En raison des attributions que nous venons de lui reconnaître, l'Etat est appelé à intervenir au sujet des différents phénomènes économiques, dans la production, dans la distribution, dans la circulation et dans la consommation de la richesse. Nous allons nous placer à ces divers points de vue. Sur plus d'une question d'ailleurs, nous n'aurons qu'à nous reporter à des explications déjà données précédemment.

§ 1. — Intervention de l'Etat dans la production.

Deux principaux cas d'intervention. — L'intervention de

____

(1) Voir notre *Manuel de Droit constitutionnel*, p. 124 et suiv.

l'Etat dans la production se manifeste de trois façons différentes : par voie d'exploitation directe, par voie de réglementation et de contrôle, ou par voie d'assistance (1).

I. Exploitation directe. — *Subdivision.* — Certaines branches de l'industrie sont monopolisées au profit de l'Etat qui les exploite directement ; d'autres industries sont exploitées par l'Etat concurremment avec les simples particuliers ; enfin, certaines branches de la production sont concédées par l'Etat ou par les communes à des compagnies privilégiées.

1º Monopoles de l'Etat : — *Deux catégories.* — Les monopoles de l'Etat peuvent être groupés en deux catégories : les uns sont établis dans un intérêt général, les autres dans un intérêt purement fiscal.

Monopoles établis dans un intérêt général. — Les monopoles établis dans un intérêt général sont les suivants :

1º Le monopole de la fabrication des poudres, basé sur un motif de sécurité publique.

2º Le monopole des postes, télégraphes et téléphones, qui a pour principale raison d'être que l'Etat ne peut pas confier le secret de ses correspondances à des agents non placés sous son contrôle et sous son autorité.

3º Le monopole de la fabrication des monnaies, qui repose sur des considérations tirées de la protection du crédit.

Monopoles fiscaux. — Les monopoles fiscaux sont ceux qui ont pour but de procurer des ressources à l'Etat ; ils constituent en définitive de véritables impôts indirects.

Tels sont le monopole du tabac, des allumettes, des cartes à jouer et du papier timbré.

Dans quelques Etats étrangers existe également le monopole de l'alcool. Il en est ainsi en Suisse et en Russie. On a proposé, dans ces dernières années, de l'introduire en France ; la question est actuellement à l'étude. La réalisation de ce projet aurait un double avantage : procurer à l'Etat des ressources considérables, et enrayer le mal de l'alcoolisme qui fait des ravages inquiétants dans la population ouvrière et à la campagne.

(1) M. Bourguin, à son cours.

Industries exploitées par l'État sous le régime de libre concurrence. — Il est certaines industries qui sont exploitées par l'État concurremment avec les industries particulières, dans un intérêt esthétique. Ce sont : les manufactures de Sèvres, pour les porcelaines, et les manufactures des Gobelins et de Beauvais pour les tapis.

2° **Concessions à des Compagnies privilégiées.** — *Énumération.* Il en est ainsi : pour l'exploitation des mines et pour les chemins de fer, en ce qui concerne l'État, et pour le service des eaux, du gaz et des omnibus, en ce qui concerne les communes.

Exploitation des mines. — L'intervention de l'État dans l'exploitation des mines se justifie par l'intérêt considérable que présente cette exploitation au point de vue de la fortune nationale.

Différents systèmes ont été proposés pour trancher la question de savoir à qui appartient la propriété des mines.

1° La mine appartient à l'Etat. Ce système était adopté sous l'ancien régime ; il est encore suivi dans certaines législations étrangères, notamment, en Allemagne, en Suède et en Norvège ;

2° La mine appartient au propriétaire du sol, par voie d'accession ;

3° La mine n'appartient à personne. C'est une *res nullius* qui devient la propriété du premier occupant.

Economie générale de la loi du 21 avril 1810. — La loi du 21 avril 1810 part de cette idée que le *gisement minier* appartient au propriétaire, en vertu du principe consacré par l'article 552 du Code civil que « la propriété du sol emporte la propriété du dessus et du dessous. »

Mais, dans l'intérêt, d'ordre général et supérieur, de la bonne exploitation des mines, elle reconnaît à l'Etat le droit absolu de disposer de la mine par voie de *concession*, soit en l'attribuant au propriétaire du sol lui-même, soit en l'attribuant à toute autre personne, sans que le propriétaire ait un droit de préférence à la concession, comme sous l'empire de la loi du 28 juillet 1791.

Lorsque la concession est faite au profit d'une autre personne que le propriétaire, ce dernier a droit à une redevance annuelle qu'on appelle *redevance tréfoncière*.

Enfin la concession d'une mine a pour conséquence de produire le dédoublement du droit de propriété du sol, contrairement à l'article 552 précité ; il faut désormais distinguer deux immeubles, même si la concession est faite au propriétaire lui-même :

1° L'immeuble constitué par l'exploitation minière ;

2° Et la surface du sol.

Exploitation des chemins de fer. — La question du régime auquel doit être soumise l'exploitation des chemins de fer a donné lieu à trois systèmes, qui sont pratiqués dans différents pays.

Un premier système consiste à s'en remettre à l'initiative individuelle pour la construction et l'exploitation des lignes de chemins de fer, et à laisser librement s'exercer le jeu de la concurrence.

A l'appui de ce système on invoque comme arguments que l'Etat construit et exploite à plus grands frais et dans de moins bonnes conditions que des particuliers, parce qu'il n'est pas stimulé comme eux par le sentiment puissant de l'intérêt personnel. On ajoute que dans un Etat de suffrage universel il serait dangereux que l'Etat se fît constructeur et entrepreneur de transports, parce que cette exploitation serait dirigée dans le sens politique, et pour satisfaire les amis de ceux qui détiennent le pouvoir, plutôt que dans un intérêt commercial et industriel.

D'autre part, on déclare que le système du monopole est moins propre que le régime de la libre concurrence, à assurer le progrès au point de vue de la rapidité, de la multiplicité, de la commodité et de l'économie des transports.

Ce système est pratiqué aux Etats-Unis et en Angleterre.

Un second système, prenant le contre-pied du précédent, tend à faire de l'exploitation des chemins de fer un monopole d'Etat.

Cette solution s'impose, dit-on, pour plusieurs raisons : d'abord, pour la sécurité des voyageurs, il n'est pas admissible que sur une même ligne de chemins de fer, il y ait plusieurs compagnies opérant concurremment, parce qu'autrement les accidents seraient à craindre à tous moments ; ensuite dans l'intérêt de la défense nationale, il est indispensable que l'Etat soit maître des chemins de fer pour construire des lignes stratégiques souvent improductives et pour disposer librement de tous les moyens de transport, en cas de guerre, afin d'assurer la mobilisation rapide de toutes ses forces militaires ; enfin au point de vue du commerce international, il est indispensable que l'Etat réglemente les transports des marchandises ; sinon, par des concessions faites aux produits venant de l'étranger, des compagnies privées pourraient indirectement détruire l'effet des tarifs de douane établis par le gouvernement en vue de protéger l'industrie nationale.

Ce second système est en vigueur en Belgique et en Allemagne (1).

Un troisième système, tenant le milieu entre les deux précédents, part de l'idée que la construction et l'exploitation des chemins de fer doivent être laissées à l'industrie privée, mais il ajoute que l'intervention de l'Etat doit se faire sentir d'une façon très étroite, pour diriger, contrôler et renforcer l'initiative individuelle.

Ce dernier système est le meilleur : il évite les dangers que présenterait l'application du système de l'exploitation libre et il échappe aux objections du monopole de l'Etat.

A l'heure actuelle la France se trouve dans une situation particulière : elle a un réseau exploité directement par l'Etat, et un autre réseau, le plus considérable, concédé à des compagnies privées, contrôlées de très près et subventionnées par l'Etat (2).

(1) En faveur de ce système, Pic, *op. cit.*, p. 466. M. Bourguin à son cours, Berthélemy, *op. cit.*, p. 649.

(2) Le réseau de l'Etat comprend 2.916 kil., celui des grandes Compagnies comporte l'étendue suivante : Paris-Lyon-Méditerranée : 9.247 kil., Orléans : 7.050 kil., Ouest : 5.743 kil., Est : 4.922 kil., Nord : 3.765 kil., Midi : 3.688 kil.

II. Réglementation et Contrôle. — *Idée générale.* — En étudiant le travail comme élément de production des richesses, nous avons dit qu'en cette matière l'intervention de l'Etat devait être des plus prudentes. Il doit avant tout sauvegarder la liberté du travailleur et organiser le travail libre au sein de la société ; aussi avons-nous critiqué les entraves apportées par la législation industrielle de notre ancien droit au libre exercice des métiers, telles que le régime des corporations, les compagnies privilégiées et la réglementation des procédés de fabrication. Mais il a le devoir de prendre des mesures pour la police du travail. Jusqu'à ces dernières années, le législateur en France s'était à peu près désintéressé de cette question, fidèle à la maxime du *laisser faire*. Même sous la République de 1848, si préoccupée cependant de la question ouvrière, il n'existe que peu de textes sur ce point. Depuis quelque temps, au contraire, un mouvement considérable s'est fait dans le sens de la réglementation administrative du travail, et de nombreuses lois sont intervenues sur cette matière.

On peut grouper ces lois en trois catégories :

Les unes réglementent la durée du travail ;

D'autres protègent les ouvriers contre les risques professionnels ;

D'autres enfin prennent des mesures générales dans l'intérêt de l'hygiène publique.

1° Réglementation de la durée du travail. — *Point de vue théorique.* — Est-il légitime que l'Etat intervienne dans le contrat de travail pour arrêter la durée des heures de travail que le patron pourra imposer à ses ouvriers ?

En ce qui concerne les enfants et les femmes, la question ne soulève plus aujourd'hui de sérieuses objections, et la plupart des économistes, même de l'école libérale admettent comme légitime l'intervention de l'Etat pour la protection d'êtres faibles ne pouvant fournir sans danger un travail long et pénible. Le souci de la conservation de la race, en dehors de toute considération de sentiment, fait à l'Etat un devoir d'intervenir.

Il en est autrement en ce qui concerne les adultes ; à leur

égard l'intervention de l'Etat est très discutée pour deux raisons : on dit qu'elle est contraire à la liberté du travail ; on
ajoute qu'elle est de nature à compromettre le développement
de l'industrie nationale.

On peut répondre : que la liberté du travail n'est nullement
violée puisqu'on n'interdit pas à l'individu travaillant pour
lui-même de fournir la somme de travail qui lui convient. L'E-
tat intervient dans le contrat de travail, parce que dans ce
contrat l'une des parties n'est pas libre du consentement qu'elle
donne ; l'ouvrier est obligé, pour gagner sa vie et celle de ses
enfants, de subir les conditions que lui imposerait le patron ;
c'est pour rétablir l'égalité qui est rompue au profit d'une des
parties contractantes que l'Etat intervient.

Quant à prétendre que l'industrie nationale peut souffrir
d'une semblable limitation, il faut observer que la durée du
travail n'est pas la seule condition de la productivité ; il faut
en outre tenir compte de son intensité. Or, nous avons observé (1) que le travail de l'ouvrier ne se prolongeait qu'au détriment de la qualité et de la quantité des produits.

Economie générale de la loi du 30 mars 1900. — Pour étudier rapidement les dispositions de cette loi, il convient de
déterminer : les établissements et les personnes auxquels elle
s'applique, les limitations qu'elle renferme et les mesures qu'elle
prend pour en assurer l'observation.

Etablissements visés. — La loi ne s'applique qu'aux établissements industriels, laissant hors de sa portée, les magasins (2),
les bureaux, les travaux agricoles, les professions ambulan-
tes, etc.

Personnes protégées et mesures de protection. — La loi de 1892
s'applique aux enfants de l'un ou de l'autre sexe jusqu'à 18 ans,
aux filles mineures de 18 à 21 ans, et enfin aux femmes ma-

---

(1) Voir *suprà*, p. 41.
(2) Cependant la loi du 30 décembre 1900 sur le travail des femmes dans
les Magasins oblige les patrons à mettre des sièges à la disposition du personnel.

jeures. Elle ne concerne pas les mâles, à partir de l'âge de 18 ans.

Pour les enfants, interdiction de les employer avant 13 ans ; il n'est pas encore élevé physiquement et intellectuellement. Cependant, à 12 ans, un enfant aura accès à l'atelier, s'il a son certificat d'études primaires et s'il présente un certificat d'aptitude physique (art. 2).

Pour les mineurs de 18 ans et pour les femmes, la durée du travail est limitée à onze heures : elle a été abaissée à dix heures et demie à partir du 31 mars 1902 et sera réduite à dix heures à partir du 31 mars 1904.

Interdiction du travail de nuit (de 9 heures du soir à 5 heures du matin), pour les enfants, les filles mineures et les femmes, sauf certains tempéraments nécessaires (art. 4).

Sanctions. — Pour assurer l'observation des mesures précédentes, un corps d'inspecteurs est organisé : onze inspecteurs divisionnaires ayant sous leurs ordres 92 inspecteurs départementaux. Ces inspecteurs ont droit d'entrer à toute heure dans les ateliers, de faire des vérifications et de dresser des procès-verbaux.

Les contraventions donnent lieu à des amendes variant entre 5 francs et 1.000 francs (art. 26 à 36).

Décret du 14 septembre 1848 à l'égard des adultes. — Nous avons dit plus haut que la loi de 1900 ne s'appliquait pas aux travailleurs adultes. Mais ils sont toujours protégés par le décret-loi du 14 septembre 1848, qui fixe à douze heures le maximum de la journée du travail.

La question des trois huit. — Cette réglementation n'a pas paru suffisante à certains esprits, qui ont demandé que l'État déterminât les heures de travail des ouvriers, de telle sorte qu'ils eussent : huit heures de travail, huit de repos et huit heures pour se distraire. Cette question n'a pas été agitée seulement dans les écrits des économistes ; elle a fait l'objet d'une tentative très intéressante au point de vue international. Sur l'initiative de l'empereur Guillaume II, une conférence se réunit à Berlin du 15 au 29 mars 1890, pour étudier ce problème ; la plupart des Etats européens s'y étaient fait représenter. Mais on ne put s'entendre sur les voies et moyens d'assurer l'observation rigoureuse des résolutions arrêtées dans la conférence, à l'intérieur de chaque Etat. La Suisse proposa d'organiser une autorité internationale chargée de réprimer les infractions aux engagements pris par les Etats contractants. Mais la France et l'Angleterre refusèrent d'admettre une semblable proposition, au nom du principe de souveraineté et d'indépendance respective des nations. Cette difficulté fit échouer la conférence qui se sépara sans avoir rien décidé.

Cet échange de vues n'a pas cependant été inutile. Il a eu pour résultat de développer la réglementation du travail industriel dans la plupart des Etats qui avaient des représentants à la conférence de Berlin.

2° De la garantie des ouvriers contre les risques professionnels. — La loi du 9 avril 1898 sur les accidents du travail a réalisé un progrès considérable dans la voie de la protection des ouvriers en mettant à la charge du patron, comme risques professionnels, les accidents survenus à ces ouvriers, pendant la durée de leur travail.

Le patron en est responsable, même s'il n'y a pas faute de sa part, même s'il y a faute inexcusable de l'ouvrier. Sa responsabilité ne cesse qu'en cas de faute intentionnelle de l'ouvrier ou de crime.

La loi fixe à forfait l'indemnité ; elle varie suivant qu'il résulte de l'accident : une incapacité absolue et permanente, une incapacité partielle et permanente, une incapacité temporaire ou la mort. Dans ce dernier cas, la loi établit des distinctions nombreuses suivant que l'ouvrier est marié, a des enfants ou est étranger.

Enfin, la loi organise des garanties pour assurer le paiement des pensions concédées. Quand le patron est insolvable, l'indemnité doit être acquittée par la Caisse nationale des retraites pour la vieillesse. A cet effet, un fonds spécial de garantie est constitué à l'aide de 4 centimes additionnels au principal des patentes et d'une taxe de 5 centimes sur les concessionnaires de mines par hectare concédé.

Mais il est à remarquer que le patron n'est tenu ni de s'assurer contre les risques professionnels, ni d'assurer ses ouvriers contre les accidents. Il en est autrement en Allemagne. L'assurance est obligatoire pour le patron en matière d'accidents, et il en supporte la charge entière, sans contribution, ni de la part de l'État, ni de la part de l'ouvrier.

Critiques dirigées contre la loi du 9 avril 1898. — La loi du 9 avril 1898 a soulevé différentes critiques, les unes fondées, les autres inexactes :

1° On a dit que son application conduisait à de choquantes inégalités. Supposons, en effet, qu'un petit patron, travaillant seul, soit victime d'un accident dans son ouvrage, il n'aura de recours contre personne pour se faire indemniser. Au contraire, s'il était occupé comme ouvrier chez un patron il serait protégé par la loi de 1898 et recevrait une indemnité. Il y a là une différence de traitement véritablement choquante, dont la conséquence ne peut être que favorable au développement du régime du salariat. L'artisan indépendant trouvera plus d'avantage à travailler chez les autres en qualité de salarié qu'à demeurer patron exposé à tous les risques de son entreprise.

2° La responsabilité du risque professionnel, qui est supportée assez facilement par la grande industrie, peut souvent être une cause de ruine pour la petite industrie. Le petit patron peut être conduit à la faillite et à la misère par suite d'un accident survenu à l'ouvrier qu'il emploie. Aussi, qu'arrivera-t-il souvent ? C'est que le petit patron, souvent préférera travailler seul, et refusera un supplément de travail qu'il ne pourrait exécuter qu'avec l'aide d'un ouvrier ; d'où une double perte, pour le patron, qui est obligé de limiter sa production et pour l'ouvrier lui-même qui pourrait être embauché et qui ne l'est pas.

3° L'indemnité qui est due à l'ouvrier varie suivant qu'il est célibataire ou marié, suivant qu'il a des enfants, et d'après le nombre de ses enfants. Il en résultera, a-t-on dit, que le patron aura tout intérêt à employer des ouvriers célibataires ou des ouvriers mariés qui n'ont pas d'enfant.

4° Enfin, la sphère d'application de la loi de 1898 est mal définie ; on ne sait exactement, ni quelles sont les professions qu'elle concerne, ni à quelles conditions, dans chaque profession visée par la loi, son application est subordonnée (1).

3° **Mesures générales dans l'intérêt de l'hygiène publique :** — Enfin, l'Etat intervient dans l'intérêt de l'hygiène et de la sûreté publique. On peut rattacher à cet ordre d'idées :

a) *Le décret du 15 octobre* 1810, qui soumet à la nécessité d'une autorisation administrative, l'ouverture et le fonctionnement des établissements classés comme dangereux, insalubres et incommodes, dans un intérêt de sécurité et de salubrité pour les maisons voisines.

b) *La loi du 12 juin* 1893, concernant l'hygiène et la sécurité des travailleurs dans les établissements industriels. Elle impose aux chefs de ces établissements des mesures de nature à prévenir les accidents — (les roues, les courroies, les engrenages pouvant offrir une cause de danger doivent être séparés des ouvriers, les puits, trappes et ouvertures doivent être clôturés, etc.; — elle prévoit également des mesures générales dans l'intérêt de la santé des ouvriers, notamment en ce qui concerne l'éclairage, l'aération ou la ventilation, les eaux potables, les fosses d'aisance, l'évacuation des poussières et vapeurs, les précautions à prendre contre l'incendie.

c) *La loi du 15 février* 1902, relative à la protection de la santé publique. Cette loi impose aux communes l'obligation d'avoir un règlement sanitaire ; elle prescrit aux médecins la déclaration des maladies contagieuses entraînant la désinfection obligatoire des locaux contaminés ; elle impose la vaccination et la revaccination à trois époques différentes de l'existence ; elle arme l'administration de pouvoirs très étendus en cas d'épidémie qui menace tout ou partie du territoire ; elle édicte des mesures

(1) Consulter sur ce point, dans les *Questions pratiques de législation ouvrière*, année 1902, p. 368, un article de M. Henri Bigallet : Comment la loi du 9 avril 1898 nuit à ceux qu'elle veut protéger.

pour l'alimentation en eau potable des communes urbaines ; enfin elle organise un ensemble de mesures sanitaires relatives aux immeubles ; — nécessité pour le propriétaire d'obtenir une autorisation de la municipalité pour pouvoir construire une maison d'habitation ; droit pour l'administration d'imposer au propriétaire d'une maison antérieurement construite les travaux jugés nécessaires pour l'hygiène de ses habitants, et même d'interdire l'habitation, si l'assainissement de l'immeuble est reconnu impossible à réaliser.

III. Assistance de l'Etat. — L'assistance de l'Etat se manifeste de différentes façons : soit par des primes à la production, soit par l'établissement de droits de douanes pour la protection de l'industrie nationale, soit par le développement des voies férrées, de canaux de navigation, le creusement de ports de commerce, etc.

§ 2. — Intervention de l'Etat dans la répartition.

Enumération des principaux cas d'intervention. — En matière de distribution des richesses, l'État intervient :

Pour organiser le régime de la propriété individuelle, et déterminer les règles de la transmission après décès, soit par succession *ab intestat* soit par testament. Le principe de la liberté des conventions qui préside aux arrangements des divers co-partageants exclut l'intervention de l'Etat pour la détermination du fermage, du profit et du salaire ; mais nous avons vu que l'État intervenait dans le prêt à intérêt, pour établir un taux maximum et nous avons critiqué cette intervention ; enfin, nous avons montré comment, dans ces dernières années, l'Etat s'était préoccupé d'une façon très active de donner aux ouvriers les moyens de discuter librement leurs intérêts professionnels : loi du 25 mai 1864 abolissant le délit de coalition, loi du 21 mars 1884 organisant les syndicats d'ouvriers et de patrons ; dans un ordre d'idées voisin, nous avons aussi expliqué que l'État avait cherché à prévenir les conflits entre le travail et le capital, par la tentative de conciliation et d'arbitrage, loi du 27 décembre 1892.

Nous n'avons pas à nous étendre sur tous ces points. Il nous suffit de les rappeler en renvoyant aux explications précédemment données.

§ 3. — Intervention de l'Etat dans la circulation.

Enumération des principaux cas d'intervention. — Dans la circulation des richesses, les cas d'intervention de l'Etat sont assez nombreux et très importants.

Son action se manifeste tout d'abord dans l'organisation du système monétaire. C'est lui, nous l'avons vu, qui détermine les objets qui servent de monnaie, les types des monnaies d'or, d'argent et de cuivre, ainsi que leur titre, en leur conférant le cours légal. L'État intervient d'une manière très minutieuse aussi dans l'établissement et le fonctionnement des banques d'émission, il réglemente avec soin les conditions d'émission des billets de banque, soit au point de vue de la faculté même d'émission, soit au point de vue du cours légal ou du cours forcé. Il intervient dans le commerce intérieur, soit en ce qui concerne le commerce de détail, pour garantir le consommateur contre les tromperies sur la qualité des marchandises vendues, soit en ce qui concerne le commerce de gros pour réglementer les bourses de commerce, et régler les ventes de spéculation. Enfin, dans le commerce international le rôle de l'Etat consiste à établir des droits de douanes sur les marchandises étrangères.

Toutes ces questions ont été étudiées plus haut. Nous nous bornons à renvoyer à nos précédentes explications.

§ 4. — Intervention de l'Etat dans la consommation.

Enumération des principaux cas d'intervention. — L'intervention de l'Etat se manifeste de deux façons : en matière de prévoyance et en matière d'assistance.

Rôle de l'Etat en matière de prévoyance. — En matière de prévoyance, l'action de l'Etat consiste, nous l'avons vu, à mettre un frein aux consommations personnelles exagérées, par des mesures de protection établies à l'égard du prodigue. De plus, l'Etat s'applique à développer le sentiment de prévoyance chez les individus, en réglementant les caisses d'épargne; les sociétés de secours mutuels et les Compagnies d'assurances.

Bien mieux, nous avons vu que, depuis 1881, l'Etat lui-même a organisé une caisse nationale postale d'épargne. Il est également à la tête de trois caisses d'assurance : l'une pour les accidents, l'autre pour les décès, la troisième pour la vieillesse.

On a critiqué cette intervention directe qui fait de l'Etat un assureur concurrent des compagnies privées et qui lui impose de ce chef une responsabilité très lourde. Son rôle, a-t-on dit, devrait se borner à réglementer la matière des assurances, en exigeant pour la constitution des sociétés privées qui s'établissent, des garanties sérieuses.

Rôle de l'Etat en matière d'assistance. — *Point de vue théorique.* — Le rôle de l'Etat en matière d'assistance est très débattu. Les uns estiment que c'est une obligation positive pour l'Etat de venir en aide aux enfants et aux vieillards qui sont dans l'impossibilité de travailler, à ceux, qui, par suite du chômage, n'ont pas momentanément les moyens de travailler, et enfin à ceux-là mêmes qui n'ont pas la volonté de travailler. L'indigent, de cette façon, aurait un véritable droit à l'égard de la société, le droit d'être secouru.

La société, dit-on en substance, est responsable des inégalités choquantes qui font que les uns ont en abondance tout ce dont ils ont besoin pour vivre, tandis que d'autres manquent du strict nécessaire. Il est donc juste qu'elle s'applique elle-même à supprimer les inégalités dont elle est la source. On ajoute qu'il y va de son intérêt bien entendu ; car, si la société ne vient pas au secours des malheureux, ils se jetteront dans le crime et

(1) Gide, *op. cit.*, p. 583.

dans le vice. L'Etat sera tout de même obligé de les nourrir dans ses prisons. Il vaut mieux qu'il cherche à prévenir le danger par des menaces sagement appropriées à ce résultat.

Cette solution est vivement critiquée par les économistes qui appartiennent à l'école classique. D'après eux, l'assistance doit avant tout être une œuvre privée. L'Etat doit se contenter de suppléer à l'insuffisance des ressources particulières, par des subventions en argent ; il ne doit pas s'imposer le fardeau du service d'assistance publique. De plus, l'assistance ne doit pas cesser d'avoir le caractère d'un don et d'une libéralité ; on ne saurait y voir la source d'une obligation formelle pour l'Etat, ni la cause d'un droit pour les individus. Autrement, les particuliers assurés d'être soutenus dans le besoin, et de manquer, quoi qu'ils fassent, des choses indispensables à l'existence, s'adonneraient à l'oisiveté et ne chercheraient pas à se tirer d'affaire eux-mêmes.

Principes de la législation française. — Dans l'état actuel de la législation charitable en France, on peut dire que l'assistance publique présente deux caractères essentiels : 1° elle est facultative ; 2° elle est communale.

Par exception, dans trois cas, l'assistance publique est obligatoire : pour les aliénés, pour les enfants assistés, et pour l'assistance médicale gratuite. Dans deux cas elle est départementale au lieu d'être communale : pour les aliénés et pour les enfants assistés.

Il faut noter cependant que, même dans les cas exceptionnels où l'assistance publique est obligatoire, elle ne fait naître aucun droit pour l'individu à l'encontre de l'administration ; en sorte que, par une anomalie remarquable, il existe une obligation sans droit correspondant.

L'assistance publique en Angleterre. — En Angleterre et dans la plupart des Etats protestants, l'assistance est considérée comme un devoir pour les paroisses, en vertu d'un statut de la reine Elisabeth. Tout d'abord les secours étaient distribués à domicile ; mais, comme le nombre des assistés augmentait dans des proportions inquiétantes (1 sur 10 habitants), on substitua au système des secours à domicile le système de l'internement dans des maisons où l'assisté est astreint au travail et qu'on appelle des *Workhouses*. Cette mesure a eu pour conséquence de réduire d'une façon sensible le chiffre des assistés.

La question des retraites ouvrières. — *Point de vue théorique.* — Le droit pour l'État d'intervenir pour assurer aux ouvriers une pension suffisante pour vivre alors qu'ils ne peuvent plus travailler, soit pour cause d'invalidité, soit pour cause de vieillesse, n'est plus guère discuté aujourd'hui d'une façon sérieuse. Mais, si on s'accorde sur le principe lui-même, on est loin de s'entendre sur ses conditions d'application.

L'État doit-il se borner à favoriser l'établissement des retraites ouvrières en stimulant l'initiative des patrons et des ouvriers, et en accordant, soit des subventions, soit des faveurs spéciales en vue de faciliter la création et la prospérité des caisses de retraite, tout en laissant à cet égard toute liberté aux intéressés ? Ou bien, au contraire, l'État doit-il poser le principe de l'obligation pour les patrons de fonder une caisse de retraite pour les ouvriers qu'il emploie ?

En supposant admis le caractère obligatoire des retraites ouvrières, à l'aide de quelles ressources ces retraites seront-elles constituées ? Le patron sera-t-il seul à faire des versements à cet effet ? L'ouvrier devra-t-il également y verser des cotisations, sous forme de retenues sur son salaire ? Dans quelle mesure et sous quelle forme l'État doit-il accorder son assistance pécuniaire à cette œuvre de prévoyance ? Enfin, quel emploi donner aux fonds ainsi recueillis ? Faut-il adopter le système de la capitalisation ou le régime de la répartition ? Le système de la capitalisation consiste à accumuler dans les caisses de l'État les sommes provenant des cotisations des patrons et des ouvriers et à servir les pensions de retraite à l'aide des revenus capitalisés de ces sommes. Ce système dit-on est impraticable, parce qu'il sera impossible de faire fructifier d'aussi énormes capitaux que l'on évalue à 12 ou 15 milliards. Le système de la répartition consiste à distribuer chaque année les sommes versées entre tous ceux qui ont droit à une pension de retraite ; si la répartition est insuffisante, l'État fait le reste.

D'autres questions d'ordre secondaire se posent : quels doivent être les bénéficiaires des pensions de retraite ? Doit-on en faire bénéficier les petits patrons au même titre que les ouvriers ? A quel âge la pension de retraite doit-elle être servie ? Que décider à l'égard des ouvriers qui arrivent à l'âge de la retraite sans avoir fait les versements qui seraient prescrits par une loi nouvelle sur cette matière ?

Etat actuel de la législation en France. — La question des retraites n'a été résolue en France qu'au profit de trois catégories de personnes :

1º Au profit des fonctionnaires civils et militaires (loi du 9 juin 1853) ;

2º Au profit des invalides de la marine, dont l'institution remonte à Colbert ;

3º Au profit des ouvriers mineurs (loi du 29 juin 1894).

Il n'existe aucune loi générale sur les retraites ouvrières. On a tenté récemment de combler cette lacune. Un projet déposé par le gouvernement est venu en discussion à la Chambre des députés dans la séance du 4 juin 1901.

Le projet présenté par la commission comportait : l'assurance obligatoire contre l'invalidité et la vieillesse des ouvriers de l'industrie, du commerce et de l'agriculture, des versements corrélatifs des ouvriers et des patrons, la participation de l'Etat, sous forme de garantie du maintien du taux de l'intérêt à 3 0/0, les retraites basées sur la capitalisation et des dispositions transitoires.

Après une discussion approfondie qui occupa plusieurs séances, on décida que le projet de loi serait soumis à l'examen des associations professionnelles patronales et ouvrières, ainsi qu'aux chambres de commerce (séance du 2 juillet 1901). La consultation dans son ensemble fut plutôt défavorable au projet. Depuis cette époque la discussion n'a pas été reprise au Parlement.

Les retraites ouvrières à l'étranger (1). — L'Allemagne est le seul pays qui ait créé des retraites ouvrières contre l'invalidité et la vieillesse. D'après la loi allemande de 1889, des retraites sont assurées à l'ouvrier à l'aide de cotisations mises pour moitié à la charge du patron et pour moitié à la charge de l'ouvrier ; l'Etat verse annuellement une somme de 50 marks (62 fr. 50) pour chaque retraité ; les sommes ainsi versées sont capitalisées par des caisses régionales. La retraite de vieillesse est payée à l'âge de 70 ans ; des retraites d'invalidité sont en outre servies, quel que soit l'âge, pourvu que l'ouvrier ait cinq ans d'inscription à la caisse. La moyenne des pensions de vieillesse qui sont distribuées s'élève à 177 francs par an, celle d'invalidité monte à 165 francs.

En Belgique, une loi de mai 1900 donne des subventions à toute personne qui est porteur d'un livret de la caisse générale des retraites ou aux membres des sociétés de secours mutuels qui ont des livrets individuels à la caisse générale.

En Italie, on est allé un peu plus loin. Une dotation annuelle de 10 millions est accordée chaque année par l'Etat pour accorder des encouragements aux ouvriers qui ont fait des versements pour la retraite et auxquels une pension est assurée à 60 ans, après 25 versements au minimum, ou en cas d'invalidité.

IIe SECTION. — DU BUDGET DE L'ÉTAT ET DES IMPOTS

Division. — Dans cette 2e section, nous étudierons dans deux chapitres :
1° Le budget de l'Etat ;
2° La théorie des impôts.

(1) Voir discours du rapporteur de la loi sur les retraites ouvrières, Chambre, séance du 4 juin 1901, *Officiel* du 5 juin, p. 1245.

CHAPITRE Ier. — LE BUDGET DE L'ÉTAT.

Définition du budget et des lois de finances. — Le budget est l'acte par lequel sont prévues et autorisées les recettes et les dépenses annuelles de l'Etat ou des autres services que la loi assimile aux mêmes règles (art. 5, décret du 31 mai 1862 sur la comptabilité publique).

Le terme de *lois de finances* est employé dans un sens large et dans un sens étroit.

Dans un *sens large*, on entend par loi de finances toute loi relative aux ressources et aux dépenses de l'Etat : loi portant fixation annuelle *du budget*, loi des *comptes*, loi autorisant un *emprunt*, loi accordant ou ratifiant des *crédits supplémentaires* ou *extraordinaires*.

Dans un *sens étroit*, on entend par loi de finances la loi portant fixation annuelle du budget de l'Etat.

Nous consacrerons 3 paragraphes à l'étude du budget :

§ 1° Divisions du budget ;

§ 2° Opérations relatives au budget ;

§ 3° Examen pratique d'un budget ;

§ 4° Des crédits ordinaires, supplémentaires et extraordinaires.

§ 1. — Division du budget

Division en trois titres. — Jusqu'à ces dernières années, la loi portant fixation du budget général des dépenses et des recettes d'un exercice se divisait en six titres. Par suite de réformes successives, en 1891 et 1892, une division nouvelle a été adoptée et actuellement le budget comprend trois titres :

TITRE I. — *Budget général* donnant, d'une part, le tableau des dépenses ; d'autre part, le tableau des recettes de l'Etat.

TITRE II. — *Budgets annexes* rattachés pour ordre au budget général. Ce sont les budgets de certains établissements doués d'une existence propre, mais placés sous la surveillance immédiate de l'État, tels que les Monnaies et médailles, la Légion d'honneur, la Caisse nationale d'épargne, etc.

TITRE III. — *Moyens de services et dispositions diverses.* — Ce dernier titre du budget comprend l'énumération des services qui peuvent donner lieu à des crédits *supplémentaires* par décret, pendant la prorogation des Chambres, les pensions, le montant des bons du Trésor que le ministre est autorisé à émettre, etc.

§ 2. — Opérations relatives au budget de l'État.

Quatre opérations distinctes. — Le budget de l'État donne lieu à quatre opérations distinctes qui sont :

1° La préparation du budget,
2° Le vote du budget,
3° L'exécution du budget,
4° Le contrôle du budget.

Le pouvoir exécutif et le pouvoir législatif ont une part égale dans ces diverses opérations : au pouvoir exécutif appartiennent la préparation et l'exécution du budget, au pouvoir législatif, le vote et le contrôle du budget.

1° Préparation du budget. — La préparation du budget est l'œuvre des ministres. Mieux que personne, ils sont placés pour dresser le tableau des besoins de l'État et indiquer les voies et moyens pour y faire face.

On procède différemment pour les dépenses et les recettes.

Pour les *dépenses :* chaque Ministre dresse le tableau des sommes nécessaires aux services de son département. Puis le Ministre des finances, d'après ces tableaux partiels qui lui sont remis par chaque Ministre, arrête le tableau d'ensemble.

Pour les *recettes*, le tableau d'ensemble est dressé directement par le Ministre des finances. Il évalue d'une façon approximative les recettes éventuelles, en prenant pour base celles qui ont été opérées dans la dernière année.

2° Vote du budget. — Le budget étant une loi doit être voté successivement par les deux Chambres législatives.

Procédure à suivre. — La procédure à suivre pour le vote du budget est la même que pour les lois ordinaires. Dès que le projet du budget est déposé sur le bureau de la Chambre des députés, une commission est nommée par les députés réunis dans leurs bureaux. Cette commission examine le projet du gouvernement; elle le discute et peut y proposer toutes les modifications qui lui semblent convenables. Elle nomme un rapporteur général et des rapporteurs spéciaux pour chaque ministère, dont le rôle consiste à soutenir devant la chambre toutes les résolutions arrêtées par la commission dans ses réunions.

Dans la discussion qui s'élève devant la Chambre, tout membre a le droit d'intervenir et de proposer des amendements.

La procédure est la même devant le Sénat.

Prérogative de la Chambre des députés en matière des lois de finances. — En matière des lois de finances, la Chambre des députés est investie d'une prérogative importante qui consiste en ce que les lois de finances doivent lui être présentées et être votées par elle en premier lieu (art. 8, § 2, loi const. du 24 février 1875).

Ne faut-il pas aller plus loin et décider que le Sénat n'a pas qualité pour ajouter de nouveaux crédits ou rétablir ceux que le gouvernement demandait et que la Chambre des députés a refusés, et que tout son pouvoir consiste à ratifier ou à rejeter les crédits votés par la Chambre ? C'est là un point controversé.

L'opinion qui triomphe dans la pratique et qui domine en théorie, est que le Sénat peut voter de nouveaux crédits ou rétablir ceux que la Chambre a refusés au gouvernement. En le faisant, en effet, le Sénat ne vote pas une loi de finances *nouvelle* qui n'aurait pas été *au préalable* soumise à la Chambre ; il *modifie* seulement le projet qui a été présenté à la Chambre et voté par elle, suivant les termes de la loi.

Annualité et spécialité du budget. — L'annualité et la spécialité du budget sont deux principes fondamentaux du système financier français.

L'annualité du budget consiste en ce que, tous les ans, le budget doit être voté par les deux Chambres.

La spécialité du budget consiste en ce que le budget des dépenses doit être voté par *chapitres*. Le budget des dépenses, nous l'avons vu, se compose du budget particulier de chaque ministère, lequel se subdivise en *chapitres* comprenant chacun plusieurs *articles*.

Les Chambres délibèrent sur *chaque article*, puis votent l'*ensemble du chapitre*.

Le vote des dépenses par chapitre a été suivi pendant une partie de la Restauration, sous le gouvernement de 1830 et sous la République de 1848, il a été établi de nouveau par le sénatus-consulte du 8 septembre 1861 (art. 30, § 1).

Sous le second empire, de 1852 à 1861, les dépenses étaient votées par *ministères* (sénatus-consulte du 25 décembre 1852).

De 1861 à 1869, les dépenses étaient votées par *sections*, c'est-à-dire par grandes divisions entre lesquelles était réparti le budget de chaque ministère (sénatus-consulte du 21 décembre 1861).

On peut encore imaginer deux autres procédés de votation le vote en *bloc* et le vote par *article*.

Le vote des dépenses soit en bloc, soit par ministère, soit par sections, enlève aux Chambres tout pouvoir sérieux de contrôle sur les finances de l'Etat : il permet aux ministres, à l'aide de *virements*, d'affecter à un objet condamné par les Chambres les économies réalisés sur un autre objet voté par elles.

Le vote par article est plein d'inconvénients, parce qu'il enlève toute liberté d'action aux ministres. Le vote par chapitre est de beaucoup le meilleur. D'une part, en effet, il assure un droit de contrôle considérable aux Chambres ; et, d'autre part, il laisse une certaine liberté d'action et une certaine initiative aux ministres, en leur permettant d'opérer suivant les circonstances, des virements d'un article à l'autre dans le même chapitre.

3º **Exécution du budget.** — L'exécution du budget consiste à opérer le recouvrement des recettes et à effectuer les dépenses inscrites au budget. Elle est l'œuvre des ministres : celle du Ministre des finances pour les recettes, celle de chacun des ministres et des sous-ordonnateurs, selon la nature des services, pour les dépenses.

De l'exercice du budget. — L'exercice d'un budget est la période d'exécution de ce budget.

L'exercice de chaque budget *commence* le 1er janvier et *expire* le 31 décembre de chaque année.

Mais à cette dernière époque l'exécution du budget n'est pas encore terminée, il reste des recettes à faire et des dépenses à solder.

D'après la loi du 20 janvier 1889 (1), les créanciers de l'État peuvent se faire délivrer des ordonnances ou mandats de paiement jusqu'au 31 mars de l'année suivante et le paiement des ordonnances et des mandats est effectué jusqu'au 30 avril.

L'exercice du budget est clos à cette dernière époque seulement.

Les crédits de l'exercice clos non employés sont reportés à l'exercice courant. Les ordonnances et mandats délivrés et non payés avant le 30 avril sont annulés ; les créanciers de l'État peuvent se faire délivrer de nouvelles ordonnances ou de nouveaux mandats de paiement, sur l'exercice courant.

4° Contrôle de l'exécution du budget. — Le contrôle de l'exécution du budget appartient aux Chambres, qui sont aidées dans cette tâche délicate et minutieuse par la Cour des comptes. Chaque année, les ministres doivent présenter aux Chambres une loi, *portant règlement définitif du budget du dernier service clos :* cette loi reçoit le nom de *loi des comptes.* Elle doit être présentée, au plus tard, à l'ouverture de la session ordinaire des Chambres qui suit la clôture de l'exercice (art. 6, loi de 1889).

Par exemple, le budget de 1903 sera commencé le 1er janvier et expirera le 31 décembre ; il sera clos, d'après la loi de 1889,

_____

(1) Antérieurement à cette loi, l'exercice était clos le 2 août et la délivrance des ordonnances ou des mandats de paiement pouvait être faite jusqu'au 31 juillet, cependant comme mesure transitoire, la loi de 1889 a reculé au 21 mai la clôture des exercices 1888, 89 et 90.

le 30 avril 1904, et la loi des comptes de ce budget devra être présentée avant l'ouverture de la session ordinaire de 1905.

§ 3. — Examen pratique d'un budget.

Pour éclairer les explications qui précèdent, nous allons reproduire le tableau des dépenses et des recettes tel qu'il a été prévu au budget de 1901.

Ce tableau a paru, dans tous ses détails, au *Journal officiel* du 26 février 1901.

DÉPENSES

1re PARTIE. — *Dette publique.*

Dette consolidée (rentes 3,5 p. 100 et 3 p. 100.	675.657.850	
Dette remboursable à terme ou par annuités	324.437.522	1.245.644.461
Dette viagère (pensions civiles et militaires).	245.549.092	

2e PARTIE. — *Pouvoirs publics.*

Président de la République : dotation. . .	600.000	
Frais de maison.	300.000	
Frais de voyage, de représentation	300.000	
Sénat (dépenses administratives et indemnités des sénateurs)	4.600.000	13.287.100
Chambre des députés (dép. administr. et indemnités des députés	7.487.100	

3e PARTIE. — *Services généraux des ministères*

Traitement du ministre des finances, du personnel, des trésoriers-payeurs généraux ; impressions et indemnités. . . .	19.593.880	19.593.880

4e PARTIE. — *Frais de régie, de perception et d'exploitation des impôts et revenus publics.*

Personnel de l'administration des contributions directes, de l'enregistrement des domaines et du timbre, des douanes, des contributions indir., des manufact. de l'État ; achats et transports, etc.	209.409.966	209.409.966

5e PARTIE. — *Remboursement et restitutions, non-valeurs et primes.*

Dégrèvements, remboursements, répartitions
de produits d'amendes, saisies et confisca-
tions, primes à l'exportation, etc. 32.313.000   32.313.000

Total pour le ministère des finances. 1.520.248.410

Examinons le résumé des dépenses pour chaque ministère ; ces dépenses sont inscrites sous la rubrique :

3e PARTIE. — *Services généraux des ministères.*

1o Finances (voir plus haut).
2o Justice (ministre, person-
nel, tribunaux, etc.). . . . } 35.253.133

3o Affaires étrangères. . . . 16.322.710
— — 4e partie. —
Remise de 5 0/0 sur les pro-
duits des chancelleries. . . 60.000 } 16.382.710

4o Intérieur et cultes.
1re section : intérieur. . . . 77.704.225
5e partie : remboursements
aux détenus. . . . . . . 1.388.000 } 122.014.778
2e section : cultes. 42.922.553

5o Guerre.
1re section : dépenses ordinaires 632.400.171
2e section : dépenses extra-
ordinaires. . . . . 60.708.150 } 693.108.321

6o Marine.
Personnel, main-d'œuvre, matériel. 327.692.530

7o Instruction publique et
beaux-arts.
1re section : instruction. . . 206.966.483
2e section : beaux-arts. . . . 14.901.240 } 221.867.723

8o Commerce et industrie, postes et télégraphes.
1re section : commerce et industrie. 36.663.891
2e section : postes et télégraphes.
3e partie 2.432.989
4e partie. 196.977.439
5e partie. . . . . 5.467.000 } 242.541.319

9° **Colonies.**

Dépenses communes, civiles, militaires, pénitentiaires. .	111.866.511	111.866.511

10° **Agriculture.**

3° partie	30.887.100	
4° partie : régie, etc.	13.881.000	44.797.262
5° partie : remboursements	28.162	

11° **Travaux publics.**

1re section : dépenses ordinaires	82.771.470	
2° section : dépenses extraordinaires	135.810.045	218.581.515

Total général des dépenses de l'exercice de 1901. . . **8.554.354.212**

RECETTES (1).

§ 1er. — IMPÔTS ET REVENUS.

1° *Contributions directes et centimes d'Etat.*

Contribution foncière :

Propriétés bâties	86.321.027	
— non bâties	100.740.525	
Contribution personnelle et mobilière . .	98.163.580	483.069.335
Contribution des portes et fenêtres . . .	62.679.063	
Contribution des patentes.	134.182.840	
Frais d'avertissement	1.082.350	

2° *Taxes assimilées aux contributions directes.*

Taxe des biens de mainmorte	7.656.800	
Redevance des mines.	2.958.075	
Contribution sur voitures, chevaux et mulets	13.814.000	39.527.279
Taxe sur les vélocipèdes	4.575.000	
Taxe sur les billards.	1.080.000	
Taxe militaire.	2.169.750	
Divers.	7.773.654	

(1) La nomenclature des diverses recettes occupe cinq colonnes du *Journal officiel* ; nous ne donnons ici que les principales, à titre d'indication, résumant les autres sous le titre : *divers.*

3° *Produits de l'enregistrement.*

Mutations à titre onéreux (meubles et immeubles)	207.816.000	
Mutations à titre gratuit :		
Entre vifs (donations)	22.229.478	
Par décès (successions)	200.849.000	553.244.978
Autres conventions et actes civils.	80.463.500	
Hypothèques.	11.458.500	
Divers	30.423.500	

4° *Produits du timbre.*

Actes et écrits sujets au timbre.	43.200.500	
Affiches sur papier	3.451.000	
Contrats de transports	39.481.800	173.563.400
Permis de chasse	7.835.500	
Quittances et chèques	21.149.000	
Divers	53.445.600	

5° *Impôt sur les opérations de bourse*	6.883.500
6° *Taxe sur le revenu des valeurs mobilières*	74.707.666

7° *Produits des douanes.*

Droits à l'importation	394.196.000	
Amendes et confiscations.	1.112.000	438.374.800
Divers.	43.066.800	

8° *Produits des contributions indirectes.*

Droit sur les boissons (vins, bières, alcools)	481.352.000	
Droit de fabrication des stéarines et bougies.	8.233.000	
Impôt sur le prix des places et des transports par chemins de fer.	59.130.000	649.032.550
Licences aux débitants de boissons, distillateurs	36.040.000	
Cartes à jouer.	2.817.000	
Divers.	61.450.550	

9° *Sucres.* Coloniaux, étrangers et indigènes	199.800.000
Total du § 1er	2.618.193.508

§ 2. — Produits de monopoles et exploitations industrielles de l'État.

1° Recouvrés par les receveurs des contributions indirectes.

Vente des allumettes chimiques.	30.528.000	
Vente des tabacs.	413.261.000	456.461.000
Vente des poudres à feu	12.672.000	

2° Produits des postes.

Postes.	198.866.100	
Télégraphes.	41.993.200	255.278.400
Téléphones	14.419.100	

8° Produits de diverses exploitations.

Télégraphes ; câble du Tonkin, de Majunga	395.000	
Excédent des recettes sur la fabrication des monnaies	492.250	
Excédent des recettes de l'Imprimerie nationale.	851.000	17.261.930
Chemins de fer de l'Etat	15.111.000	
Produits bruts des *Journaux officiels*. . .	972.680	
Total du § 2.		729.001.330

§ 3. — Produits et revenus du domaine de l'État.

1° Domaine autre que le domaine forestier.

Aliénations d'objets mobiliers, d'immeubles, de successions en déshérence, etc.	24.687.900

2° Produits des forêts.

Coupes, exploitations, chasses, etc.	30.797.400
Total du § 3.	55.485.300

§ 4. — Produits divers du budget.

Taxe des brevets d'invention	3.528.820	
Bénéfices de la Caisse des dépôts.	5.300.000	
Produits des maisons centrales de force. .	3.277.200	61.893.808
Remboursement par les départements et communes.	28.156.000	
Divers	22.631.788	

§ 5. — Ressources exceptionnelles.

Versement de la Caisse des dépôts et con-
signation 10.000.000

§ 6. — Recettes d'ordre.

1° *Recettes en atténuation de dépenses.*

Produits universitaires.	5.390.920	
Retenues pour pensions civiles.	28.094.510	
Contribution des colonies aux dépenses militaires	10.315.794	62.618.023
Pension et trousseaux des élèves des écoles du gouvernement	2.180.540	
Divers.	16.636.259	

2° *Recettes d'ordre proprement dites.*

Garde de Paris : part de la ville	2.632.900	
Remboursement pour police municipale .	1.171.077	
Reversement par les compagnies de chemins de fer.	9.500.000	15.211.085
Divers	1.907.108	
Total du § 6		77.829.108

RÉCAPITULATION DES VOIES ET MOYENS

Pour la France	3.552.403.054
Pour l'Algérie.	2.199.808
	3.554.602.862

Balance du budget de 1901 :

Total général des recettes pour 1901	3.554.602.862
Total général des dépenses pour 1901.	3.554.354.212
Excédent possible.	248.650

Résultat de la gestion financière. — A l'inspection du tableau précédent, on voit que l'état des recettes (France et Algérie), était supérieur à celui des dépenses de 248.650 francs. On dit alors que le budget est *en excédent* ; dans le cas contraire, les dépenses surpassant les recettes, le budget est *en déficit* ; enfin, quand les deux états se balancent, le budget est *en équilibre.*

Lorsque, à la fin d'un exercice budgétaire, il se trouve un excédent, ce qui est très rare, on emploie cet excédent soit à mettre en équilibre le budget en préparation, soit à alléger la dette flottante ou à diminuer la dette consolidée, soit enfin à réduire les impôts. Les déficits, au contraire, vont grossir la dette flottante jusqu'au jour où on les consolidera.

Nous devons constater, malheureusement, que les bugets ne font qu'augmenter. Le budget de 1830 s'élevait à 1 milliard 95 millions, celui de 1869 à 2 milliards 145 millions, celui de 1882 à 3 milliards 315 millions, et celui de 1901 à 3 milliards 554 millions !

Dans cette somme, l'annuité de la dette entre pour une somme de 1 milliard 292 millions. Si à ce chiffre on ajoute les dépenses militaires de toutes natures, soit plus de 1 milliard 100 millions, on voit que les *dépenses improductives* s'élèvent dans le budget à environ deux milliards 400 millions, 67 p. 100 de la dépense totale ; il ne reste pour les *dépenses productives* (travaux publics, chemins de fer, etc.) que 1 milliard 150 millions, c'est-à-dire 33 p. 100 seulement.

Il convient d'ailleurs d'observer que chez nous les charges budgétaires pèsent sur l'agriculture, sur l'industrie, sur le commerce, d'un poids plus lourd que dans les autres pays, et que c'est là une conséquence fatale de nos charges budgétaires à la fois plus élevées et consacrées pour une part plus importante à des dépenses improductives.

Ces charges s'élèvent en France à 80 francs par tête d'habitants, en raison du budget de l'État seulement, tandis qu'elles sont : en Angleterre, de 61 fr. 50 ; en Autriche, de 44 francs ; en Belgique, de 33 fr. 80 ; en Allemagne, de 30 fr. 50 (1).

Dès lors, il importe, dans l'intérêt de la prospérité économique et financière de la France, que les pouvoirs publics prennent des mesures énergiques pour remédier à cet état de choses dans l'avenir, en s'opposant d'une part à toute augmentation nouvelle de dépenses, et, d'autre part, en consacrant les excé-

---

(1) Nous empruntons ces détails intéressants au magistral discours prononcé par le rapporteur général du budget au Sénat dans sa séance du 31 janvier 1901 (*Officiel* du 1er février 1901, p. 147 et suiv.).

dents de recettes à l'amortissement successif de la dette publique.

§ 4. — Crédits ordinaires, supplémentaires et extraordinaires.

Définition. — On entend par *crédit* la somme allouée pour une dépense.

Les crédits *ordinaires* sont ceux qui sont ouverts dans le budget par les Chambres.

Les crédits *supplémentaires* sont ceux qui sont ouverts postérieurement au vote du budget, pour des *services prévus* au budget, au cas d'insuffisance des fonds affectés à ces services dans le budget.

Les crédits *extraordinaires* sont ceux qui sont ouverts postérieurement aussi au vote du budget, pour des services extraordinaires et urgents qui *n'avaient pas été prévus* au budget.

Procédure à suivre pour l'établissement des crédits supplémentaires et extraordinaires. — Cette procédure, qui a beaucoup varié, est régie actuellement par la loi du 14 décembre 1879.

En principe, une *loi* est nécessaire pour l'ouverture d'un crédit extraordinaire ou supplémentaire.

Par exception, un *décret*, délibéré en Conseil des ministres et rendu après avis du Conseil d'Etat, est suffisant lorsque les Chambres sont prorogées, à la condition qu'il soit couvert par la ratification des Chambres, dans les quinze jours de leur plus prochaine réunion.

Cette exception existe, sans restriction, pour toute *espèce de crédits extraordinaires*, puisqu'ils sont ouverts pour des besoins qui ne peuvent être prévus à l'avance dans la loi du budget.

En ce qui concerne les *crédits supplémentaires*, cette exception n'existe que pour un petit nombre de services qui sont expressément visés par la loi du budget.

CHAPITRE II. — THÉORIE GÉNÉRALE DES IMPÔTS.

Division. — Nous étudierons les impôts en deux paragraphes :

§ 1. Notions préliminaires ;

§ 2. La division des impôts.

§ 1. — Notions préliminaires.

Définition. — L'impôt est la quote-part que chaque particulier doit supporter dans les dépenses de l'État.

Détermination de l'assiette de l'impôt. — Pour que l'impôt soit équitable, il faut que le sacrifice qu'il impose à chaque citoyen soit proportionné à ses ressources d'une part, et d'autre part, au profit qu'il retire des dépenses publiques.

A cet effet, on peut hésiter entre différents systèmes ; le système des taxes multiples, l'impôt unique et général sur le revenu, l'impôt sur le capital, et, *au point de vue de la taxation*, on a à choisir entre l'impôt proportionnel et l'impôt progressif.

Système des taxes multiples. — Le système actuellement en vigueur dans notre législation financière est le système des taxes multiples. Il consiste à frapper toutes les sources de revenus sous les formes les plus variées et d'après les présomptions les plus vraisemblables. C'est ainsi que l'impôt de la patente, destiné à atteindre les revenus qui résultent de l'exercice d'une profession, est établi sur le montant du loyer de l'habitation et du loyer industriel, et varie suivant les professions, suivant le nombre d'ouvriers employés et suivant le chiffre de la population.

De même, l'impôt personnel et mobilier, qui doit frapper l'ensemble des revenus du contribuable, est établi sur le loyer d'habitation.

Impôt unique et général sur le revenu (1). — On a beau-

(1) Sur la question de l'impôt sur le revenu, consulter une série d'ar-

coup critiqué le système des taxes multiples, en disant que les présomptions sur lesquelles il repose se trouvent bien souvent en contradiction avec la réalité des faits. Ainsi, il peut se faire qu'une personne jouissant d'un revenu annuel de 10.000 francs ait un appartement de 800 ou 600 francs, soit parce qu'elle a des goûts modestes, soit parce que, vivant seule, elle n'a pas besoin de locaux bien vastes ; tandis qu'un père de famille de plusieurs enfants, ayant un revenu moindre, 6 ou 7.000 francs, par exemple, occupera un appartement de 1.000 ou 1.200 francs. Ce dernier supportera un impôt plus lourd que le premier, quoique ses ressources soient plus restreintes.

C'est là, dit-on, un résultat choquant, qui est de nature à condamner le système qui le produit. Il est plus rationnel, ajoute-t-on, de supprimer toutes les taxes multiples existant actuellement et de les remplacer par un impôt unique établi sur les revenus de chaque contribuable.

Ce système a rencontré de nombreux partisans dans ces dernières années, et il a fait l'objet de plusieurs propositions de loi au parlement. On doit convenir que, en théorie, ce système est le plus rationnel et le plus équitable ; mais quand on songe à sa mise en pratique, on voit qu'il donne lieu à des difficultés insurmontables. En effet, pour déterminer les revenus sur lesquels devrait porter l'impôt, on serait obligé, ou bien de s'en remettre à la déclaration des contribuables — ce qui serait une source de mécomptes pour le Trésor, ou bien de recourir à des vérifications par les agents du fisc — ce qui serait une cause de vexations et d'enquêtes intolérables pour les particuliers.

Impôt sur le capital. — L'impôt sur le capital peut s'entendre de deux façons différentes :

Il peut être établi de façon à enlever au particulier une partie de sa fortune pour l'attribuer à l'Etat. Un pareil système, proposé par les socialistes, ne tend à rien moins qu'à la spolia-

ticles très intéressants publiés par M. Truchy dans la *Revue des questions pratiques de législation ouvrière*, n^{os} de mars, avril et juin 1902.

tion de l'individu au profit de la société. Pour ce motif, on doit l'écarter (1).

Au contraire, l'impôt sur le capital peut être organisé de façon à atteindre le revenu du contribuable, en prenant comme élément d'appréciation, le capital qu'il possède. De cette façon, l'impôt foncier frapperait en proportion de leur valeur les terrains non bâtis situés dans les villes.

Impôt proportionnel et impôt progressif. — Au point de vue de la taxation qui doit servir de base au prélèvement à effectuer sur les revenus du contribuable, on a le choix entre deux systèmes : le système de l'impôt proportionnel et celui de l'impôt progressif.

L'impôt est proportionnel lorsqu'il est établi à raison d'un tant pour 100, qui ne varie pas, quelle que soit la somme sur laquelle il doit porter.

Par exemple, le droit de patente pour l'exercice d'une profession déterminée est du 30e de la valeur locative des locaux occupés par l'industriel. Ce droit est le même quel que soit le montant du loyer, en sorte que l'industriel qui aura 1.000 francs de loyer, paiera 33 fr. 33 d'impôt, celui qui aura 3.000 francs paiera trois fois plus, soit : 99 fr. 99.

L'impôt est progressif, lorsque le tarif de l'impôt tend à croître avec le chiffre qui sert de base à l'imposition.

Par exemple, ce serait le 30e de la valeur locative jusqu'à 1.000 francs, ce serait le 20e au-dessus de 1.000 francs jusqu'à 3.000 francs, et ainsi de suite. Un commerçant ayant 1.000 fr. de loyer paierait comme précédemment 33 fr. 33 ; celui qui aurait 3.000 francs devrait payer non plus 99 fr. 99, mais 133 fr. 32 ou 166 fr. 65, c'est-à dire quatre ou cinq fois davantage, selon la progression qui serait établie d'avance. En faveur de l'impôt progressif, on dit que l'impôt doit être établi de façon à rendre égales les charges de chaque contribuable. Or, plus les revenus augmentent, plus le contribuable peut supporter, sans en être

____

(1) Il faut noter cependant que dans notre système actuel, il existe un impôt qui conduit à ce résultat. C'est l'impôt sur les successions, qui prive l'héritier d'une partie importante de son capital.

incommodé, un impôt plus considérable. Un individu qui a un revenu de 10.000 francs, par exemple, supportera aussi aisément un impôt de 1.000 francs (soit 10 0/0), qu'un individu qui a un revenu de 100 francs, un impôt de 5 francs (soit 5 0/0).

On doit rejeter le système de l'impôt progressif pour les raisons suivantes : D'abord, il est *injuste* parce qu'il ne tient pas compte d'un élément important, le service rendu. Or, il n'est pas exact de dire que celui qui a un revenu de 10.000 francs coûte à l'Etat vingt fois plus que celui qui n'a qu'un revenu de 1.000 francs, ni qu'il profite vingt fois plus que ce dernier des dépenses publiques. Il est ensuite *arbitraire*, parce que c'est sans raison logique que l'on fait payer à l'un dans une proportion plus grande qu'à l'autre. Enfin, si ce système est poussé à l'excès, on arrive à décourager l'esprit d'initiative et l'énergie au travail chez les individus : celui qui a 9.000 francs de revenus n'aurait pas intérêt à travailler davantage pour avoir 10.000 francs, puisque la plus grande partie de ce qu'il gagnerait en plus lui serait enlevée par le Trésor sous forme d'impôt. Il préférerait se reposer que de travailler dans l'intérêt de l'Etat.

En définitive, l'impôt progressif n'est qu'un moyen imaginé par les socialistes pour égaliser les situations, et pour empêcher que les uns aient le superflu, tandis que d'autres manquent du nécessaire.

Incidence de l'impôt. — On entend par incidence de l'impôt le phénomène de répercussion, d'après lequel celui qui est frappé d'une taxe au profit du Trésor, cherche à rejeter le fardeau de cette taxe sur une autre personne en se faisant rembourser par elle, sous une autre forme, la somme qu'il a été obligé d'acquitter à l'Etat.

Exemple. — Tout commerçant paie à l'Etat un impôt de patente et il a à supporter des droits de douane pour les produits qu'il reçoit des pays étrangers. Il détermine le prix de ses marchandises de façon à faire retomber sur les acheteurs la charge de la patente et du droit de douane auxquels il est assujetti. Il n'y parvient pas toujours cependant, parce que, s'il élevait trop haut le prix de la marchandise, il réduirait, par voie de conséquence, le nombre des consommateurs. Quelquefois l'État lui-même use de ce procédé pour établir un impôt : il en frappe une personne en l'autorisant à se faire rembourser par une autre personne. On peut citer comme exemple l'impôt des portes et fenêtres, qui est inscrit sur le rôle au nom du propriétaire de l'immeuble, et qui est recouvré par ce dernier sur le locataire.

Lorsque l'État a recours à un impôt nouveau, il doit se préoccuper de ce phénomène ; il s'exposerait autrement à faire supporter par les uns l'impôt qu'il voudrait mettre à la charge des autres.

§ 2.— Division des impôts.

Énumération. — Il existe dans le système financier de la France deux divisions fondamentales des impôts :
1° Les impôts directs et les impôts indirects ;
2° Les impôts de répartition et les impôts de quotité.

1° *Impôts directs et impôts indirects.*

Définition de l'impôt direct et de l'impôt indirect. — L'impôt direct est celui qui est exigible en vertu d'un *rôle nominatif*, dressé par la direction des contributions directes et rendu exécutoire par arrêté du préfet.

Il est appelé direct, parce qu'il est réclamé directement à celui que la loi veut atteindre, soit à raison de sa personne, soit à raison de la possession ou de la jouissance de certaines choses.

L'impôt indirect est celui qui est exigible en *vertu de la loi*, pour la réalisation de certains actes ou de certaines consommations.

Il est appelé indirect, parce qu'il atteint le contribuable indirectement, sans détermination de personne, à l'occasion d'un acte qu'il accomplit ou d'une consommation qu'il fait.

Intérêts pratiques de cette première division. — 1° *En ce qui concerne le contentieux.* — Le contentieux des impôts directs est de la compétence des tribunaux administratifs (Conseil de préfecture). Pourquoi ? Pour cette raison que les réclamations auxquelles ils donnent lieu tendent, soit à l'interprétation, soit à la rectification du rôle nominatif, qui constitue un *acte* de puissance publique.

Au contraire, le contentieux des impôts indirects est de la compétence des tribunaux de l'ordre judiciaire, parce que les difficultés qu'ils soulèvent tendent uniquement à l'application de la loi.

2° *En ce qui concerne le paiement.* — Le contribuable ne peut se soustraire au paiement des impôts directs, à moins qu'il n'abandonne la matière imposable. — Au contraire, le contribuable peut se soustraire au paiement des impôts indirects, en n'accomplissant pas l'acte ou la consommation qui donne lieu à la perception du droit.

Appréciation des deux catégories d'impôts au point de vue économique. — Au point de vue économique, les deux catégories d'impôts offrent à la fois des avantages et des inconvénients :

1° L'impôt direct assure à l'État un revenu certain, connu à l'avance, et sur lequel il peut compter à des époques fixes, en raison de l'obligation qui incombe au contribuable de s'acquitter par douzième.

A cet égard, l'impôt indirect présente une infériorité sensible ; son rendement est très aléatoire, et il ne se produit pas à des intervalles réguliers, prévus à l'avance.

2° L'impôt direct, étant établi sur les éléments apparents de la fortune des particuliers, est assez facile à recouvrer et ne nécessite pas des frais de personnel aussi considérables que l'impôt indirect.

En revanche, l'impôt indirect est préférable à l'impôt direct à deux points de vue :

1° Il est de beaucoup plus productif que l'impôt direct. Ainsi, dans le budget de 1895, les ressources que l'État retire des impôts indirects sont évaluées à 2,020.498.595 francs, tandis que le montant des impôts directs est porté seulement pour une somme de 469.683.567 francs.

2° L'impôt direct se fait sentir plus lourdement au contribuable ; parce qu'il lui apparaît nettement sous la forme d'un avertissement dont il lui faut acquitter le montant chez le percepteur. Il n'en est pas de même de l'impôt indirect ; s'ajoutant la plupart du temps au prix d'achat des marchandises, il passe en quelque sorte inaperçu pour le contribuable, qui ne sait pas discerner, dans ce qu'il paie au marchand, la part qui correspond au coût de production, et la part qui revient à l'État.

Énumération des impôts directs. — Les impôts directs sont au nombre de quatre :

1° Impôt personnel et mobilier ;

2° Impôt foncier ;

3° Impôt des portes et fenêtres ;

4° Impôt des patentes.

Taxes assimilées. — La loi a assimilé aux impôts directs certaines taxes qui sont établies par les mêmes agents et recouvrées de la même façon que les quatre impôts directs, ce sont :

La taxe des biens de mainmorte ;

La taxe des chevaux et voitures ;

La taxe des billards publics et privés ;

La taxe sur les cercles, sociétés, lieux de réunion ;

La taxe militaire ;

La taxe sur les vélocipèdes ;

Les redevances des mines ;

Les droits de vérification des poids et mesures ;

La taxe municipale sur les chiens ;

Les prestations en nature ;

Le droit de visite des pharmacies et drogueries.

Énumération des impôts indirects. — Les principaux impôts indirects sont :

Les droits d'enregistrement, de greffe, d'hypothèques ;

Les droits de timbre ;

Les droits sur les boissons ;

Les droits de douane ;

Les droits sur les valeurs mobilières , etc.

Notons, cependant, que l'enregistrement tient à la fois de l'impôt direct et de l'impôt indirect. Il tient de l'impôt direct en ce qu'il est dû nominativement par le contribuable.

Mais son caractère prédominant est d'être un impôt indirect, en ce qu'il n'est dû qu'à l'occasion de l'accomplissement d'un acte, et que le contribuable peut s'y soustraire en ne l'accomplissant pas.

2° *Impôts de répartition et impôts de quotité.*

Définition de l'impôt de répartition et de l'impôt de quotité. — L'impôt de répartition est celui dont le *produit* total est *connu* à l'avance, étant fixé d'autorité par la loi des finances, mais dans lequel la *part* de chaque contribuable est *indéterminée* et ne sera établie que par une opération ultérieure, dite de *répartition.*

L'impôt de quotité, au contraire, est celui dans lequel la *part* de chaque contribuable est *déterminée* par la loi elle-même, mais dont le produit total est *indéterminé.*

Traits caractéristiques des deux sortes d'impôts. — Les impôts de répartition se distinguent des impôts de quotité par les traits caractéristiques suivants :

1° *Contingent ou tarif.* — Les impôts de répartition comportent un contingent. On entend par là la somme totale, qui forme le produit de ces impôts et qui est fixée chaque année par la loi de finance, pour être répartie suivant des règles que nous indiquerons plus tard entre les arrondissements, entre les communes et entre les contribuables de chaque commune.

Pour les impôts de quotité, au contraire, il n'y a pas de contingent, mais un tarif, qui détermine pour chaque espèce particulière le taux applicable à chaque contribuable.

2° *Fixation ou évaluation.* — Au budget des recettes de l'Etat, le produit des deux catégories d'impôts ne figure pas de la même façon : les impôts de répartition donnent lieu à une fixation par voie d'autorité, tandis que, pour les impôts de quotité on procède par évaluation, en tenant compte des résultats de l'antépénultième année.

3° *Réimposition ou non-valeurs*. — Le montant intégral de l'impôt de répartition devant être intégralement recouvré, si, par suite d'erreurs commises dans le travail de répartition, des contribuables ont obtenu décharge ou réduction de leur imposition, le montant de ces décharges ou de ces réductions doit être ajouté l'année suivante au contingent de la commune ; c'est l'opération de la réimposition. Il en est autrement pour les impôts de quotité. Les cotes ou les parties de cotes qui ont donné lieu à décharge ou à réduction constituent une perte définitive pour l'État et sont imputées sur le fonds de non-valeurs.

Il est cependant un point commun aux deux catégories d'impôts ; c'est en ce qui concerne les cotes non recouvrées par suite d'insolvabilité ou de disparition de contribuables.

Pour les impôts de répartition, comme pour les impôts de quotité, la perte en est supportée par l'État, qui l'impute sur le fonds de non-valeur. Il serait donc inexact de supposer que pour l'impôt de répartition il existe un lien de solidarité entre les contribuables de chaque commune pour garantir à l'État le recouvrement de cet impôt.

Appréciation des deux sortes d'impôts au point de vue économique. — *Avantages théoriques de l'impôt de quotité.* — Il n'est pas douteux que l'impôt de quotité présente, en théorie, une supériorité marquée sur l'impôt de répartition.

1° Il a un caractère plus scientifique. L'impôt de répartition a quelque chose d'empirique ; on l'a comparé avec raison à une sorte de contribution de guerre qu'un conquérant lèverait sur une contrée pour assurer la marche de ses opérations et le ravitaillement de ses troupes.

2° Il est plus proportionnel que l'impôt de répartition dont l'application aboutit aux plus choquantes différences et aux inégalités les plus regrettables d'un département à un autre. C'est ainsi qu'avant d'avoir été transformé en impôt de quotité par la loi du 8 août 1890, l'impôt foncier sur les propriétés bâties représentait dans certains départements 3 0/0 du revenu tandis qu'il atteignait jusqu'à 9 0/0 dans d'autres régions.

3° Enfin, il suit de plus près les variations de la matière imposable et peut donner des plus-values que l'on ne peut espérer de l'impôt de répartition.

Avantages pratiques de l'impôt de répartition. — Malgré toutes ces raisons il convient de ne pas sacrifier entièrement les impôts de répartition, qui présentent à certains égards des avantages pratiques incontestables:

1° Ils assurent à l'Etat un revenu certain, à des époques connues à l'avance, en raison de l'obligation du paiement par douzième qui incombe au contribuable. Tandis que l'impôt de quotité peut être la cause de mécomptes graves, en raison des moins-values dont ils sont susceptibles ;

2° L'impôt de répartition offre cet avantage précieux, dans un gouvernement démocratique d'associer les représentants élus de la nation à concourir à l'établissement de l'impôt aux différents degrés de la répartition, ainsi que nous l'expliquerons plus loin ;

3° Enfin, le système des impôts de répartition expose moins le contribuable aux excès de fiscalité de la part des agents du Trésor ; puisque l'Etat est désintéressé en ce qui concerne le produit total de l'impôt qui est fixé à l'avance, d'autorité, par le Parlement. Au contraire, les excès de zèle sont à craindre de la part des agents du fisc dans l'établissement des impôts de quotité ; puisque le produit total dépend de l'application qui est faite individuellement à chaque contribuable du tarif de l'impôt.

Enumération des impôts de répartition et des impôts de quotité. — Sont impôts de quotité : tous les impôts indirects, l'impôt de la patente et l'impôt foncier sur les propriétés bâties. Ils comportent en effet un tarif et ils n'ont pas de contingent.

Sont impôts de répartition : l'impôt foncier sur les propriétés non bâties, l'impôt personnel et mobilier, et l'impôt des portes et fenêtres.

Pour le dernier impôt, cependant, on serait tenté de lui attribuer un caractère mixte ; il comporte, en effet, à la fois un tarif et un contingent. On le range, cependant, dans la catégorie des impôts de répartition, parce que le tarif est dominé par le contingent.

On doit, en effet, appliquer le tarif dans chaque commune ; et s'il donne un résultat supérieur ou inférieur au contingent, on diminue ou on abaisse le contingent proportionnellement, de façon à obtenir un résultat égal au contingent.

Des différents degrés de la répartition. — Il y a quatre degrés dans la répartition (1) :

1er *degré* : la loi des finances établit le montant des impôts de répartition à percevoir chaque année, dans tout le pays, et le répartit entre tous les départements ;

2e *degré* : le Conseil général de chaque département opère la répartition de la somme mise à sa charge, entre tous les arrondissements qui composent le département ;

3e *degré* : le Conseil d'arrondissement opère la répartition entre les communes qui composent l'arrondissement ;

4o *degré* : une commission spéciale, dite *des répartiteurs*, opère la répartition entre tous les habitants de la commune.

Cette commission est composée de sept membres.

1o Le maire et son adjoint, dans les communes de moins de 5.000 habitants ;

Le maire et un adjoint, ou au choix du sous-préfet, deux conseillers municipaux désignés par lui, dans les autres communes ;

2o Cinq répartiteurs titulaires et cinq suppléants nommés par le sous-préfet parmi les contribuables de la commune, dont deux au moins non domiciliés dans la commune. Ils doivent être pris sur une liste dressée chaque année par le conseil municipal et contenant un nombre double de celui des répartiteurs

(1) Il y a ainsi, à chaque degré de la répartition, un *contingent* : contingent législatif ou départemental établi par les Chambres pour chaque département, contingent de l'arrondissement, et contingent de la commune.

à nommer (Loi du 3 frimaire an VII. Arrêté du 10 floréal an VIII, art. 4. Loi du 5 avril 1884, art. 61).

A Paris, le service de la répartition est confié à une Commission dite « Commission des contributions directes de la Ville de Paris ». Le nombre des membres de cette Commission, qui était de cinq, d'après la loi du 23 frimaire an III, a été porté à sept par la loi du 24 juin 1880.

Actuellement donc, la Commission se compose d'un président et de six membres, ayant le titre de répartiteurs titulaires. De plus, quarante agents sont attachés à la Commission, en qualité de répartiteurs adjoints.

IIIᵉ SECTION. — DE LA COLONISATION

Ce que c'est qu'une colonie. — Une colonie est un territoire sur lequel un Etat exerce sa souveraineté, en dehors des limites de son territoire continental, et qui est habité et exploité par les nationaux de cet Etat. Elle constitue, en quelque sorte, le prolongement de la Métropole.

Différentes espèces de colonies. — On a fait plusieurs classifications des colonies :

1° On distingue les colonies de peuplement des colonies d'exploitation.

Les colonies de peuplement sont celles où l'émigrant s'établit avec sa famille, et se fixe d'une manière définitive.

Les colonies d'exploitation sont celles dont l'émigrant tire parti en y faisant fonctionner des établissements industriels ou agricoles, dans un pur intérêt de spéculation.

On peut dire, par exemple, que le Canada est pour les Anglais une colonie de peuplement. Son climat leur permet de s'y établir à demeure et de s'y perpétuer. Il en est de même de l'Australie et des colonies de l'Afrique du Sud. Au contraire, l'Inde, dont le climat est plus pénible à supporter, est une colonie d'exploitation. Les Anglais n'y séjournent que d'une façon transitoire, pour diriger les travaux des indigènes. Nous pouvons en dire autant, pour la France, du Sénégal, de Madagascar et du Congo.

Les colonies de peuplement sont d'un secours précieux pour le développement de la race ; de plus, elles sont unies à la Métropole par des liens très étroits, et peuvent facilement être conservées par elle. Au contraire, les colonies d'exploitation ne sont rattachées à la mère-patrie que par des liens d'intérêt matériel ; elles sont d'une possession plus difficile à garder. Il peut suffire d'une révolte d'indigènes pour chasser les émigrants, et mettre fin à leur occupation (1).

Utilité de la colonisation. — La colonisation offre des avantages économiques considérables :

1° Elle procure des lieux d'émigration où la métropole peut envoyer le trop plein de sa population, ou établir des lieux d'internement pour ses condamnés ;

2° Elle ouvre au commerce de la métropole des débouchés nouveaux ;

3° Elle concourt au bien-être général par la production, à bon marché et dans de meilleures conditions, d'un certain nombre d'objets difficiles à faire venir ailleurs.

Conditions de développement des colonies. — Pour qu'une colonie se forme dans des conditions qui assurent son développement normal, il faut que l'œuvre de la colonisation soit préparée de longue main par l'État qui l'entreprend. Il faut se rendre compte des ressources naturelles du pays et des genres d'industries qui peuvent y trouver leur application ; puis pour-

---

(1) M. Leveillé à son cours de législation coloniale. M. Cauwès, *op. cit.*, n° 498, donne une autre classification ; il distingue : les colonies agricoles et les colonies de plantations. Les colonies agricoles sont celles qui ont pour principale industrie, l'agriculture, et qui, au bout d'un certain temps, sont développées et peuvent vivre indépendamment de la métropole. Les colonies de plantations sont celles qui se livrent à la production en grand de produits agricoles destinés à l'exportation, tels que la canne à sucre et le café.

voir aux besoins de défrichement, de viabilité et de sécurité ;
enfin, s'occuper de la concentration du travail et du régime de
concession des terres.

L'un des écueils que présente la colonisation dans les pays
neufs, c'est l'éparpillement des émigrants ; ils ne peuvent ré-
sister au plaisir qu'ils éprouvent de s'approprier le plus de
terres possible et de les cultiver. Dès lors la division du travail disparaît ; c'est le retour à la vie industrielle des temps
primitifs. Pour éviter ce danger, un économiste anglais, Wa-
kefield, a posé les règles suivantes, qui sont aujourd'hui
regardées comme la loi essentielle de prospérité des colonies (1) :

1° Les émigrants qui sont dirigés sur une colonie de fonda-
tion récente doivent être choisis dans les différentes branches
de l'industrie : agriculteurs, commerçants, manufacturiers, etc.
De cette façon, chacun d'eux se livrera au genre d'occupation
qui lui convient, la division du travail et l'échange, qui en est
le complément nécessaire, pourront fonctionner dans des conditions régulières ;

2° Les concessions de terre ne doivent pas être faites à titre
purement gratuit. Le gouvernement doit les subordonner au
paiement d'une certaine redevance en argent. De cette façon,
les colons qui ont des capitaux suffisants pourront seuls en
obtenir ; les autres seront dans la nécessité de se mettre à leur
service ; le recrutement de la main-d'œuvre sera ainsi assuré.

Régime financier. Gouvernement et administration. — Il est
malaisé de poser des règles absolues au sujet du régime financier, du gouvernement et de l'administration des colonies. Cela
dépend des circonstances et des régions. On ne peut que se
borner à tracer sur ce point des règles générales.

Le régime financier au début doit s'appuyer avant tout sur
les subventions que la métropole sera dans la nécessité d'accorder à la colonie naissante. Mais, au fur et à mesure que la production du pays deviendra prospère, on devra organiser dans

____

(1) Citation empruntée à M. Cauwès, *op. cit.*, n° 497.

le pays tout un système d'impôt et de douanes pour rendre à la mère-patrie les sacrifices qu'elle aura faits.

Quant à l'administration de la colonie, tant que le pays aura besoin d'être pacifié, c'est à l'autorité militaire que doit être accordé le commandement. Mais une fois le travail de pacification accompli, l'autorité civile devra lui succéder. Le gouvernement devra lui laisser une certaine liberté d'allure parce qu'elle sera mieux au courant des besoins de la colonie et de ses ressources. C'est surtout en matière coloniale qu'il faut appliquer la maxime : « On gouverne de loin, mais on n'administre bien que de près. »

Des divers régimes politiques possibles. — Au point de vue du régime politique, les colonies peuvent être rangées en quatre groupes :

1° Les colonies sont administrées directement par la Métropole, qui nomme un gouverneur et des fonctionnaires pour l'assister. C'est le régime auquel sont soumises la plupart des colonies françaises ;

2° Les colonies administrées par des compagnies de colonisation, auxquelles l'Etat délègue ses droits de souveraineté. C'était le régime en vigueur en France au XVIIIe siècle, à l'époque de la célèbre Compagnie des Indes. Nous avons complètement abandonné ce système ;

3° Le protectorat colonial. On conserve le cadre de l'administration indigène ; mais, en réalité, c'est la Métropole qui par son intermédiaire gouverne. Régime très pratique, en ce qu'il ménage à la fois les susceptibilités des indigènes et les susceptibilités des autres Etats, et en ce qu'il est peu coûteux pour la métropole. Exemple : la Tunisie ;

4° Les colonies autonomes. Elles ont un gouvernement et un parlement. Il subsiste cependant un lien entre les colonies et la métropole. La métropole nomme le gouverneur et assure à la colonie sa protection militaire et sa représentation diplomatique. Il n'en existe pas en France, mais en Angleterre.

Recueil méthodique des principales questions d'examen

Introduction. — Qu'est-ce que l'économie politique ? Qu'est-ce qu'elle étudie ? Constitue-t-elle une science ? Quelle place occupe-t-elle à côté des autres sciences ? Quelles ressemblances et quelles différences présente-t-elle avec le droit ?

Histoire des doctrines économiques. — Comment peut-on diviser l'histoire de l'économie politique ? A quelle époque remonte la première théorie économique vraiment scientifique ? Quelle école lui a succédé ? * D'après les physiocrates, quelle était la principale richesse ? Quels étaient les principaux représentants de cette école ? * Quel est le chef de l'école anglaise ? Quel est son principal ouvrage ? Quel est le principal mérite d'Adam Smith ? Quels sont les principaux disciples ? Quels sont les économistes français qui se rattachent à cette école ? ** Comment peut-on grouper les doctrines contemporaines ? Quelles sont ses principales données de l'école classique ? Qu'est-ce qui caractérise l'école socialiste ? Qu'est-ce que l'interventionnisme ? Quelles sont les différentes écoles interventionnistes ? Qu'est-ce que le solidarisme ? Quelles sont les différentes écoles au point de vue de la méthode ? Quelle est la méthode inaugurée par l'école autrichienne ? Quels sont les représentants de cette école ? Quel a été le principal mérite de cette école ?

Ire Partie. — **Production de la richesse :** *Notions préliminaires :* — Qu'est-ce que les besoins de l'homme ? En quoi sont-ils importants au point de vue économique ? Quelles sont les circonstances qui influent sur les besoins ? Qu'est-ce que la loi de concurrence des besoins ? Qu'est-ce que l'utilité ? Cette expression a-t-elle le même sens dans le langage usuel et dans la science économique ? Qu'est-ce qu'une richesse en économie politique ? Quels en sont les éléments constitutifs ? *** Qu'est-ce que la valeur ? Comment divise-t-on la valeur ? Qu'est-ce que la valeur d'usage ? Quels en sont les éléments constitutifs ? Se confond-elle avec la richesse ? avec l'utilité ? ** Exposer la théorie de l'utilité finale ou limite ? Quelle école a imaginé

(1) Les questions les plus importantes sont marquées d'un, de deux ou de trois astérisques, suivant leur degré d'importance.

cette théorie ? ***Qu'est-ce que la valeur d'échange ? Quelle différence existe entre la valeur d'échange et la valeur d'usage ? Qu'est-ce que produire une richesse ? Produire est-ce créer ? Pourquoi ? Quels sont les facteurs de la production ?

Section I. Les facteurs de la production. — Qu'est-ce que les agents naturels ? Qu'est-ce que la nature fournit à l'homme ? Quelle action l'homme exerce sur la nature et la nature sur l'homme ? Qu'est-ce que le travail au point de vue économique ? Quel est son caractère ? Tous les travaux concourent-ils à la production ? Quelles sont les circonstances qui influent sur la productivité du travail ? Le travail de l'homme libre est-il plus productif que celui de l'esclave ? Pourquoi ? ***Qu'est-ce que la coopération du travail ? Qu'est-ce que la coopération simple ? Son rôle tend-il à disparaître ou à s'accroître ? Qu'est-ce que la coopération complexe ou division du travail ? Quelles sont ses deux formes ? Quels avantages présente la spécialisation des professions ? Quels sont les avantages de la division des tâches ? Quels en sont les inconvénients ? Quelles causes influent sur la division du travail ? ****Du capital :* Qu'est-ce que le capital au point de vue économique ? A quelle condition une chose est-elle un capital ? Toute richesse est-elle un capital ? Quel est le rôle du capital dans la production ? Qu'est-ce que le capital au point de vue individuel ou capital-valeur ? Citez des richesses qui sont des capitaux au point de vue individuel et non au point de vue social. Qu'est-ce que le capital fixe ? Le capital circulant ? Quels intérêts pratiques présente cette distinction ? Une machine ne peut-elle pas être considérée quelquefois comme un capital circulant ? Quel est le rôle de l'épargne dans la formation du capital ? **Qu'est-ce que la loi du rendement non proportionnel ? Cette loi s'applique-t-elle à toutes les industries ? Quels correctifs elle comporte ?

Section II. — *De l'industrie et de ses différentes branches.* — *Classifications des industries.* — Quel est le sens du mot industrie au point de vue économique ? Comment peut-on classer les différentes industries ? Quel lien de dépendance existe entre elles ? Dans quel ordre peut-on les ranger d'après leur importance respective ? L'industrie transports est-elle productive ? Qu'est-ce qui le prouve ? *** Quelle est l'utilité de l'industrie commerciale ? — *Des machines.* — Qu'est-ce qu'une machine ? Quel avantage résulte de l'emploi des machines ? Quels sont les prétendus inconvénients ? Est-il exact de dire que les machines exproprient l'homme de son travail ?

Section III. — *Organisation sociale de la production.* — ** Quels sont les deux modes possibles de réglementation de la production ? * Comment a lieu la production sous le régime du patriarcat ? Quel est le régime actuel ? * Comment sous le régime de la concurrence l'équilibre est-il assuré entre la production et la consommation ? * Quelles ont été les trois phases de la production industrielle ? Qu'est-ce que le régime du petit métier de l'artisan indépendant ? ** Qu'est-ce que le régime corporatif ? Quels en sont les traits caractéristiques ? A quelle époque a-t-il disparu ? ** Qu'est-ce que l'industrie capitaliste ? Quel est le rôle de l'entrepreneur sous le régime capitaliste ? Quelles sont les deux formes de l'industrie capitaliste ? Quels sont les caractères de la grande industrie ? Quels en sont les avantages principaux ? Quels en sont les inconvénients ? Quels sont les modes d'exécution du travail dans la grande industrie capitaliste ? Qu'est-ce que l'industrie à domicile salariée ? Pour quoi l'entrepreneur préfère ce mode d'exécution du travail dans la fabrique ou dans l'atelier ? Quels inconvénients elle présente pour le travailleur ? Qu'est-ce que le *Sweating system?* où sévit-il particulièrement ? *** Qu'est-ce qu'une crise économique ? Quelles en sont les causes générales ? Quels en sont les effets ? Qu'est-ce que la loi des débouchés ? Quel en est le fondateur ? Quels moyens a-t-on imaginés pour éviter les crises de surproduction ? Qu'est-ce qu'un trust ? Quelle différence avec un kartell ? Quels sont les avantages des trusts ? Quels en sont les inconvénients?

IIe Partie. — Répartition de la richesse. — *Section I. — La propriété.* — 'Quelles sont les diverses phases historiques qu'a traversées la propriété ? Qu'est-ce que la propriété individuelle ? Quels en sont les caractères ? Quelles sont les causes de supériorité de la propriété individuelle ? 'Quels sont les principaux systèmes qui nient le droit de propriété ? Qu'est-ce que le communisme ? Qu'est-ce que le collectivisme ? "Quels sont les principaux systèmes qui ont été émis pour justifier le droit de propriété ? "Quel est le fondement du droit de tester et de la succession *ab intestat ?*

Section II. — Les conventions. — Dans l'état économique actuel, quel est le principe d'après lequel a lieu la répartition des richesses ? Quelle est la part du propriétaire foncier ? Qu'est-ce que la rente foncière ?*** Quelle est la théorie de Ricardo sur la rente ? Quelles objections a soulevées cette théorie ? Quel est l'économiste qui s'est attaché à en démontrer la fausseté ? Quel parti les socialistes ont-ils tiré de cette théorie ? 'Qu'est-ce que le système de la nationalisation du sol ? Quels sont les différents modes d'exploitation du sol ? 'Qu'est-ce que faire valoir ? Quels sont les divers procédés d'amodiation ? Quels avantages économiques présente le fermage ? le métayage ? Quel est le système préférable au point de vue économique ? ' Que vaut-il mieux : l'amodiation ou le faire valoir ? Quel est le principe fondamental de l'industrie agricole ? ' Qu'est-ce que la culture intensive ? extensive ? Qu'est-ce que la grande culture ? la moyenne ? la petite culture ?

'Pourquoi la petite culture doit être préférée à la grande ? Qu'est-ce que la grande propriété ? la petite propriété ? Cette question se confond-elle avec la précédente ? Quels avantages présente la petite propriété ? Quels inconvénients ? Quel est le pays classique de la petite propriété ? Pourquoi en France la propriété est-elle morcelée? Citez des pays de grande propriété. Pourquoi la propriété est-elle concentrée à ce point en Angleterre ? Quels dangers présente cette concentration ? Comment s'appelle la part qui revient au capital dans la répartition ? ' L'intérêt est-il légitime ? Cette légitimité a-t-elle toujours été admise ? Quels arguments a-t-on fait valoir contre la légitimité de l'intérêt ? Qu'entend-on par taux de l'intérêt ? Ce taux est-il libre ? N'a-t-on pas critiqué cette limitation du taux de l'intérêt ? Quelle est la tendance du taux de l'intérêt au cours de la civilisation ? Quelle est la part de l'entrepreneur dans la répartition ? Quelle différence y a-t-il entre le profit, le salaire et l'intérêt ? Le profit est-il légitime ? Quelles sont les causes qui influent sur sa détermination ? *** Quelle est la part de l'ouvrier dans la répartition ? Comment s'appelle la rémunération des travaux non directement appliqués à la production des richesses ? Quels caractères présente le salaire ? Quels sont les divers modes de détermination du salaire ? Qu'est-ce que la participation aux bénéfices ? Quelles objections soulève-t-elle ? Comment se détermine le salaire ? Quelle est la tendance des salaires ? * Qu'est-ce que le salaire nominal et le salaire réel ? *** Qu'est-ce que la théorie du salaire naturel ? qui l'a exposée ? Quelles critiques a-t-elle soulevées ? *Comment l'a-t-on appelée ? Qu'est-ce que la théorie du fonds des salaires ? Qu'est-ce que le truck system ?

Section III. — Les associations ouvrières et les syndicats ouvriers. — Qu'est-ce qu'une association coopérative ouvrière ? Quelle en est l'origine ? Combien y en a-t-il d'espèces ? Qu'est-ce qu'une société de consommation personnelle ? Qu'est-ce qu'une société de consommation industrielle ? *Qu'est-ce qu'une société de crédit ? Dans quel pays ce genre de société s'est-il le plus développé ? Sous l'influence de quel économiste ? * Qu'est-ce qu'une société de production ? * Qu'est-ce qu'une coalition ? une grève ? La coalition a-t-elle toujours été autorisée ? N'a-t-on pas critiqué l'existence dans le Code pénal du délit de coalition ? A quelle époque a-t-il disparu de notre législation ? *Quelles sont les causes des grèves ? Quels en sont les résultats ? profitent-ils à l'ouvrier ? Quelles sont les lois préventives des grèves rendues récemment ? *** Qu'est-ce qu'un syndicat professionnel ? A quelle époque sa création a-t-elle été autorisée par la loi ? La loi de 1884 n'a-t-elle pas établi un privilège au profit des ouvriers et des patrons ? Quel est le caractère juridique des syndicats professionnels ? Quelles différences y a-t-il entre les syndicats et les anciennes corporations ? Qu'est-ce que le socialisme ? Quels sont les traits caractéristiques de toute théorie socialiste ? Parlez de Gracchus Babœuf, de Robert Owen. Qu'est-ce que le St-Simonisme ? Quel autre nom a-t-on donné à cette doctrine ? Quels ont été les successeurs immédiats de St-Simon ? Quel caractère a revêtu sa doctrine entre les mains de ses successeurs ? Qu'est-ce que le fouriérisme ? Quelles sont les doctrines socialistes en 1848 ? *Qu'est-ce que le droit au travail ? Quelles conséquences son application a-t-elle amenées dans la pratique ? * Qu'est-ce que les insurgés de juin avaient mis sur leurs drapeaux ? Qu'est-ce que le mutualisme ? Quelle objection soulève cette doctrine ? * Quelle est la forme moderne du socialisme ? Où est-elle née ? Quels en sont les auteurs ? Qu'est-ce que la théorie de la plus-value ? N'est-elle pas empruntée en partie aux théories d'autres écoles économiques ? En quoi le socialisme moderne diffère du socialisme précédent ? Quel serait le plan d'une société collectiviste ? Est-ce Karl Marx qui en a fait l'exposé ? Pourquoi ? Exposer la théorie de Malthus sur la population. Quelles conséquences cette théorie a-t-elle eues sur les doctrines économiques ? Comment peut-on répondre à la théorie de Malthus ? Ne faut-il pas cependant garder quelque chose de cette théorie ? Qu'est-ce que la misère ? la pauvreté ? le paupérisme ?

IIIe Partie. — Circulation de la richesse. — *Section I. — Théorie de l'échange et de la valeur.* — *Qu'est-ce que l'échange au point de vue juridique ? Au point de vue économique ? Quelles formes diverses il affecte à ce dernier point de vue ? Qu'est-ce que la valeur ? Quels en sont les éléments constitutifs ? Quels en sont les caractères essentiels ? *Quelle relation y a-t-il entre l'échange et la division du travail ? * Qu'est-ce que le prix ? Qu'est-ce que le prix normal ? le prix courant ? Quelles sont les circonstances qui influent sur la détermination du prix courant ? Quels sont les éléments de la fixation du prix normal ? Qu'est-ce que le coût de production ? Qu'est-ce que la concurrence ? Qu'est-ce que le monopole ? Quels sont les avantages de la concurrence ? les inconvénients du monopole ?

Section II. — ***La monnaie.*** — Quelle a été la première forme de l'échange ? * Quels inconvénients présente le troc en nature ? Qu'est-ce que la monnaie ? *Quelle est sa double fonction ? En quoi l'emploi de la monnaie simplifie l'échange au lieu de le compliquer ? Quelles conditions doit remplir une bonne monnaie ? Quels sont les objets utilisés d'abord comme monnaie ? Quels sont ceux dont on se sert aujourd'hui ? Quels avantages présentent les monnaies d'or et d'argent ? Quel est le caractère de la monnaie au point de vue économique ? * Sert-elle d'étalon parfait des valeurs, comme le mètre ou le gramme ? En quoi la monnaie présente une supériorité sur les autres marchandises ? Quel est le système qui s'est édifié sur cette supériorité ? *Qu'est-ce que le papier monnaie ? Quels dangers son emploi présente-t-il ? Qu'est-ce qu'un système monétaire ? Qu'est-ce que le titre d'une monnaie ? Qu'est-ce que la tolérance ? Qu'est-ce qu'un étalon monétaire ? une monnaie conventionnelle ? Qu'est-ce que la valeur nominale, la valeur d'échange d'une pièce de monnaie ? Qu'est-ce qu'une monnaie droite ? forte ? faible ? Quel doit être le rôle de l'Etat en matière monétaire ? Qu'est-ce que le monnayage ? Doit-il être libre ? *Qu'est-ce que le monométallisme ?* le bimétallisme ? Quels arguments invoque-t-on en faveur de l'un et de l'autre système monétaire ? * Qu'est-ce que la loi de Gresham ? Quel danger le bimétallisme fait-il courir à un Etat en cas de baisse de valeur de l'un des métaux ? Quelle est la loi qui contient le système monétaire français ? Quelle mesure a prise la France en 1865 à l'occasion de la baisse de l'or ? ***Qu'est-ce que l'union latine ? Quelles sont les dispositions successives qu'elle a prises ? N'a-t-elle pas été remaniée récemment ? Le rapport du 15 1/2 entre l'or et l'argent existe-t-il encore en fait ? Quelle est la situation monétaire de l'Allemagne actuellement ? Ne peut-on pas la comparer à la situation monétaire de la France ?

Section III. — ***Le crédit.*** — Qu'est-ce que le crédit ? Quelles sont les deux principales opérations de crédit ? L'objet du crédit est-il toujours le même ? Quels inconvénients présente le crédit fait à la consommation ? Comment le crédit fait à la production est une source de richesse ? Comment supplée-t-il à la monnaie ? Quels sont les titres de crédit ? Qu'est-ce que la lettre de change ? Quelle est son utilité ? Qu'est-ce que le billet à ordre ? Qu'est-ce que la circulation fiduciaire ? Qu'est-ce qu'un banquier ? Quelles sont les principales opérations de la banque ? Qu'est-ce qu'un chèque ? Quelle est son utilité dans la pratique ? Qu'est-ce que le clearing-house ? n'y en a-t-il pas un en France ? Combien y a-t-il d'espèces de banques ? Qu'est-ce qu'une banque d'émission ? Qu'est-ce que le billet de banque ? Quels en sont les caractères essentiels ? Quels avantages présente son emploi ? En quoi il diffère du papier monnaie ? Quand il s'en rapproche ? Quels dangers peut présenter l'émission des billets de banque ? En quoi consiste l'intervention de l'État en cette matière ? Quels sont les divers systèmes de réglementation actuellement en vigueur ? *Quid* aux Etats-Unis ? en France ? en Angleterre ? Qu'est-ce que le crédit immobilier ? Quelles sont les conditions du crédit immobilier ? Qu'est ce que l'*Act Torrens* ? Qu'est ce que le crédit mobilier ? Dans quelles circonstances l'Etat fait appel au crédit ? Quelles sont les différentes formes des emprunts de l'Etat ? Quelles sont les bases sur lesquelles repose le crédit de l'Etat ? L'Etat peut-il tirer des éléments de crédit de son caractère de puissance publique et de la personnification de la nation ? Comment l'Etat peut-il s'y prendre pour réduire ses dettes ? A quelle condition l'amortissement est-il réel ? La faculté dont l'Etat use en ce qui concerne la conversion des rentes est-elle une faculté exorbitante ou l'exercice d'un droit appartenant à tout débiteur d'une rente perpétuelle ?

Section IV. — *Le commerce intérieur et extérieur.* — Quelles sont les causes de localisation du commerce ? Ces causes sont-elles aujourd'hui les mêmes qu'autrefois ? Au moyen âge y avait-il un autre genre de commerce que le commerce local ? Qu'étaient les grandes foires ? les marchandises mises en vente dans les grandes foires étaient-elles les mêmes que celles qui faisaient l'objet du commerce local ? Pourquoi les grandes foires ne faisaient-elles pas concurrence au commerce local ? Aujourd'hui y a-t-il des distinctions à faire dans le commerce intérieur ? Quel intérêt peut avoir la distinction entre le commerce de gros et le commerce de détail ? Parlez de la distinction entre le commerce de gros et le commerce de détail au point de vue des prix ? Comment fonctionne le commerce de détail ? Quelle est l'utilité du commerce de gros ? Qu'est-ce que la spéculation ? Qu'est-ce que le marché à terme ? Est-ce une vente à crédit ? Qu'est-ce qui distingue le marché à terme de la vente à crédit ? Comment s'appellent les endroits où se font ces opérations ? Quel est le rôle sérieux des marchés à terme ? Quel intérêt l'acheteur à terme peut-il avoir à fixer dès aujourd'hui sa situation jusqu'à la fin de l'année ? Comment les marchés à terme vont-ils se transformer en spéculation ? Quel sera le résultat de la spéculation ? Ces sortes de spéculation sont-elles permises par la loi ? Qu'est-ce que l'exception de jeu ? N'y a-t-il pas un parti très important qui est hostile à la spéculation en matière de produits agricoles ? Où le parti agrarien est-il particulièrement fort ? Qu'est-ce que ce parti reproche à la spéculation ? L'accapa-rement est-il permis ? Qu'est-ce qui interdit l'accaparement en France ? L'accaparement n'a-t-il pas été le cauchemar d'une génération ? Pourquoi craint-on moins l'accaparement aujourd'hui ? N'y a-t-il pas eu, en ces dernières années, un essai d'accaparement sur les blés ? Dans quel pays ? Cela a-t-il réussi ? Les prix du gros obéissent-ils aux mêmes lois que les prix du détail ? L'offre et la demande se présentent-elles de la même façon dans le gros et le détail ? Tout vous paraît-il pour le mieux dans le com-merce de détail ? Quelles sont les tentatives qui ont été faites pour remé-dier aux inconvénients du commerce de détail tel qu'il est organisé ?

********Le change*. — Ce que c'est que le change. Sous quelle influence le taux du change tend à varier ? Qu'est-que le change haut ? bas ? favorable ? Qu'est-ce qu'on entend par arbitrage ? Quelles indications utiles le change donne-t-il aux commerçants notamment aux banquiers ? ****** Ce qu'on entend par la balance du commerce ? A quelle époque, et sous l'influence de quelles circonstances cette théorie a été émise ? Quelles objections a-t-on formulées contre cette théorie ?

Du commerce extérieur. — Le commerce extérieur est-il libre comme le commerce intérieur ? Quels sont les différents systèmes qui ont été pro-posés à cet égard ? *******Quels arguments a-t-on fait valoir en faveur du système du libre échange ? Qu'est-ce que le système de la prohibition ? ******* En quoi consiste le système protecteur ? Quels arguments a-t-on invo-qués en faveur de ce système ? Quels ont été les divers systèmes en vigueur en France, d'abord au XVIe siècle, sous l'empire du système mercantile ? puis, au XVIIIe siècle, sous l'influence de la doctrine des physiocrates ? Quelle a été la politique économique de la Révolution à cet égard ? A quelle époque le libre échange a-t-il été mis en vigueur dans les relations de la France et de l'Angleterre ? Quels sont les économistes qui ont con-couru à ce résultat en France et en Angleterre ? La politique douanière n'a-t-elle pas encore changé depuis cette époque ? Qu'est-ce que les droits de douane ? Quels en sont les caractères ? Qu'est-ce que le tarif général ? le tarif conventionnel ? Qu'est-ce que le tarif maximum et le tarif minimum ? Qu'est-ce que le transit ? l'admission temporaire ? le drawback ? la fa-culté d'entrepôt.

IVe Partie. — Consommation de la richesse. — Quels sont les divers emplois que l'on peut faire d'une richesse ? Qu'est-ce qu'une consom-mation improductive ? Quelle en doit être la mesure normale ? doit-on la condamner d'une façon systématique ? Qu'est-ce que la prodigalité ? doit-on la combattre ou l'approuver ? Qu'est-ce que le luxe ? Quelle influence exer-ce-t-il sur la production ? Qu'est-ce qu'une consommation improductive ? Qu'est-ce que l'épargne ? Qu'est-ce que l'on entend par Caisse d'épargne ? *******A quelle époque remonte la création des Caisses d'épargne ? depuis quand ont-elles des attaches officielles ? Combien y a-t-il d'espèces de Caisse d'épar-gne actuellement ? Quelles critiques a-t-on dirigées contre l'organisation actuelle des Caisses d'épargne ? Une loi récente n'a-t-elle pas tenu compte de ces projets de réforme ? Qu'est-ce que la clause de sauvegarde ? Qu'est-ce que l'assurance ? Qu'est-ce que les sociétés de secours mutuels ? à quels besoins répond la création de ces sociétés ?

V° Partie.— Du rôle de l'Etat en matière économique.— *Section I. Intervention de l'Etat.* — Dans quelle mesure l'Etat doit-il intervenir dans le domaine économique ? Quels sont les différents systèmes proposés à cet égard ? Qu'est-ce que l'individualisme ? Qu'est-ce que le socialisme ? Quelles objections ont soulevées ces deux systèmes ? Quel système intermédiaire convient-il d'adopter ? **Quels sont les procédés divers de l'intervention de l'Etat dans la production ? Quels sont les principaux cas d'exploitation directe ? en matière de chemin de fer, quel procédé est préférable ? Développez les arguments en faveur du système actuel ? Pourquoi l'Etat intervient pour limiter la durée des heures de travail ? Comment est-il intervenu pour protéger les ouvriers contre les accidents dont ils sont victimes dans leur travail ? La loi du 9 avril 1898 ne présente-t-elle pas des dangers pour ceux qu'elle a voulu protéger ? Quels sont les principaux cas d'intervention de l'Etat en matière de répartition de la richesse ? Dans quelle mesure intervient-elle en matière de circulation de la richesse ? Quel doit-être son rôle au point de vue de la consommation ? Parlez des retraites ouvrières. A-t-on fait quelque chose en France dans ce but ? Quelle est sur ce point la législation allemande ?

Section II. — *Le Budget de l'Etat.* — Qu'est-ce que le budget ? Comment est-il actuellement divisé ? Quelles sont les opérations relatives au budget de l'État ? Par qui est préparé le budget ? Suit-on la même règle pour les recettes et pour les dépenses ? En ce qui concerne le vote du budget et des lois de finances, les deux Chambres sont-elles mises sur un pied absolu d'égalité ? Qu'est-ce que l'annalité et la spécialité du budget ? Qu'est-ce que l'exercice du budget ?

Section III. — *Théorie générale des impôts.* — Qu'est-ce que l'impôt ? **Qu'est-ce que l'impôt général sur le revenu ? Quelles objections soulève sa mise en pratique ? Quel est le système de taxes actuellement en vigueur ? Qu'est-ce que l'impôt proportionnel ? l'impôt progressif ? *Qu'entend-on par incidence de l'impôt ? Qu'est-ce qu'un impôt direct ? un impôt indirect ? Quels avantages économiques présentent les impôts directs ? les impôts indirects ? Quels sont les impôts directs ? Quels sont les impôts indirects ? Qu'est-ce qu'un impôt de répartition ? Qu'est-ce qu'un impôt de quotité ?

Section IV.— *Colonisation.* — Qu'est-ce qu'une colonie ? Combien y a-t-il d'espèces de colonies ? Quelle utilité présente la colonisation ? Quelles sont les premières préoccupations en fondant une colonie ? Quelles règles doit-on suivre dans l'organisation du régime financier politique ?

TABLE ANALYTIQUE DES MATIÈRES

DEUXIÈME PARTIE

RÉPARTITION DE LA RICHESSE

TROISIÈME PARTIE

CIRCULATION DE LA RICHESSE

QUATRIÈME PARTIE

CONSOMMATION DE LA RICHESSE

CINQUIÈME PARTIE

RÔLE DE L'ÉTAT EN MATIÈRE ÉCONOMIQUE FINANCIÈRE ET COLONIALE

Imp. J. Thevenot, Saint-Dizier (Haute-Marne).

ÉCONOMIE POLITIQUE

RÉSUMÉ

EN

TABLEAUX SYNOPTIQUES

RÉSUMÉ EN TABLEAUX SYNOPTIQUES

INTRODUCTION

Définition de l'Economie politique.		L'Economie politique est la science des phénomènes sociaux relatifs aux richesses.	
Son objet.		1° Elle étudie les éléments qui concourent à la production des choses indispensables à la satisfaction des besoins de l'homme (nature, travail, capital) ; 2° Elle détermine la rémunération qui revient à chaque élément de la production (fermage, intérêt, profit) ; 3° Elle fait la théorie de la valeur et des échanges, elle traite de la monnaie, du crédit, du commerce intérieur et extérieur ; 4° Elle s'occupe de la consommation, des richesses, du luxe, de la prodigalité et de l'épargne.	
Son but.		1° De l'ensemble des phénomènes économiques dégager des lois générales et permanentes ; 2° Fournir des indications précieuses en vue d'assurer l'ordre et la prospérité au sein des familles et des États.	
Ses rapports avec les autres sciences.		Etudiant l'homme, être intelligent et libre, l'Economie politique est classée au nombre des sciences morales et politiques.	
Ses rapports avec le droit.	1° *Différence.*	Le droit est la science du *juste*, l'Economie politique la science de l'*utile*.	
	2° *Ressemblance.*	a) Les deux sciences dictent à l'homme les règles de conduite qu'il doit suivre dans ses rapports avec ses semblables ; b) Elles étudient à peu près les mêmes matières (propriété, fermage, intérêt, etc.) ; c) Les deux notions du juste et de l'utile se complètent l'une par l'autre.	
Histoire de la science économique.	1re *période : les origines.*	Antiquité :	Quelques ouvrages d'agriculture ou d'économie domestique.
		Le mercantilisme.	Au XVe et au XVIe siècle. La monnaie est la source de toute richesse. Conclusion : il faut augmenter les exportations et restreindre les importations.
		Ecole des physiocrates.	Au XVIIIe siècle. La terre est la principale richesse, parce qu'elle seule donne un produit net. Cette école aboutit à la célèbre formule : « Laissez faire, laissez passer. »
	2° *période : les fondateurs de la science.*	L'Ecole anglaise :	Créée par Adam Smith (1725 à 1790). D'après elle c'est l'activité humaine, le travail, qui est la principale source de la richesse. Elle admet des idées libérales comme l'école des physiocrates. Successeurs d'Adam Smith : Malthus, Ricardo et Stuart Mill.
		L'Ecole française.	Se rattachant à la précédente par ses doctrines : J.-B. Say, Dunoyer, Bastiat.
	3° *période : les doctrines contemporaines.*	1° Ecole classique.	1° Existence d'un ordre social naturel que l'homme ne peut changer ; 2° La propriété individuelle, la liberté du travail et la liberté des conventions sont les assises fondamentales de cet ordre social ; 3° L'Etat doit s'abstenir de toute intervention dans le domaine industriel. Il doit « laisser faire ».
		2° Ecole socialiste.	1° Négation du droit de propriété individuelle ; 2° Suppression progressive de l'autonomie patronale et socialisation de tous les moyens de production par la nationalisation des mines, voies ferrées, etc.
		3° Ecoles interventionnistes.	1° Ecole historique. 1° Rien n'est absolu, ni invariable dans le monde économique. 2° L'Etat est un agent naturel de progrès et son intervention est salutaire.
			2° Ecole catholique. Admet l'existence de lois générales providentielles. Elle attend le remède au mal social de l'avènement des classes dirigeantes.
			3° Ecole coopérative. Voit dans le développement des sociétés coopératives la solution de la question sociale.
			4° Ecole solidariste. Les hommes naissent solidaires les uns des autres ; l'Etat doit développer le sentiment de solidarité.

La méthode en économie politique.	1° *École classique.*	Méthode déductive et aprioriste.
	2° *École historique ou réaliste.*	Née en Allemagne, Guillaume Roscher, Schmoller, Wagner et Brentano. Méthode d'observation, système de monographies.
	3° *École autrichienne, ou psychologique.*	Carl Menger et de Boehm Bawerk. Etudie les pensées de l'homme au lieu de s'attacher aux faits matériels. Méthode analytique.
	4° *École mathématique.*	Cournot en France, Stanley Jevons en Angleterre, Walras en Suisse, Gossen en Allemagne. Traduit les lois économiques en équations algébriques.
	5° *École naturaliste ou biologique.*	Herbert Spencer, Schœffle, Greef, Izoulet. Assimile les sociétés humaines à des organismes vivants.
Divisions.	1° Production. 2° Répartition. 3° Circulation. 4° Consommation. 5° Rôle de l'Etat en matière économique.	

Iᵉ PARTIE. — **Production de la richesse.**

Notions préliminaires	1° *Les besoins.*		*Définition* : Sensations d'ordre physique ou intellectuel qui poussent l'homme à se procurer les choses qu'il considère comme étant indispensables à son existence, à sa santé ou à son bien-être.
		Importance économique.	Moteur essentiel de l'activité humaine. Le désir de satisfaire ses besoins pousse l'homme au travail.
		Classification.	1° Se nourrir ; 2° Se loger ; 3° Se vêtir ; 4° Se parer.
		Leur extensibilité indéfinie.	Plus l'homme avance en civilisation, plus ses besoins augmentent.
		Circonstances qui les développent.	1° Désir de se distinguer, pour les personnes des classes supérieures ; 2° Esprit d'imitation chez les personnes des classes inférieures ; 3° L'habitude fixe les besoins ; l'hérédité les perpétue.
	2° *Utilité.*		*Définition* : C'est l'aptitude de certaines choses à satisfaire un besoin de l'homme.
		Notions usuelle et économique.	Au point de vue usuel, une chose est utile lorsqu'elle est profitable à l'individu ou à la société. Au point de vue économique, une chose est utile lorsqu'elle répond à la satisfaction d'un besoin légitime ou non.
	3° *Richesse.*	Au sens vulgaire : synonyme d'abondance, d'opulence.	
		Au sens économique : objet réunissant trois caractères.	1° Matériel ; 2° Utile ; 3° Approprié.
	4° *Valeur.*	2 sortes.	Valeur d'usage. Valeur d'échange.
		1° Valeur d'usage.	*Définition* : C'est l'importance que nous attachons à la possession ou à la jouissance d'un bien déterminé.
		Eléments.	1° Utilité ; 2° Difficulté de se procurer la chose ou rareté.
			Différence avec richesse : la richesse suppose l'utilité seulement ; la valeur implique, en outre, la rareté.

Notions préliminaires *(suite).*

4° *Valeur* (suite).

2° Valeur d'échange.
- *Définition* : C'est la propriété qu'a un objet de pouvoir être échangé contre un autre objet, valeur marchande.
- Différences avec la valeur d'usage.
  - 1° La valeur d'usage est subjective, la valeur d'échange est objective ;
  - 2° La valeur d'usage se conçoit dans toutes les civilisations ; la valeur d'échange suppose une civilisation où la production se fait en vue de l'échange.

La production.

Consiste
- 1° A s'approprier une chose utile (minerais) ;
- 2° A transformer une matière première en une chose utile à l'homme (coton, soie, etc.) ;
- 3° A augmenter l'utilité d'une chose (transport ou commerce).

Les trois facteurs.
- 1° La terre ou les agents naturels ;
- 2° Le travail ;
- 3° Le capital.

SECTION Iʳᵉ. — LES FACTEURS DE LA PRODUCTION

I. Les agents naturels ou La nature.

1° *Emplacement*. | Espace nécessaire pour établir la demeure de l'homme, faire vivre ses animaux, installer ses usines, etc.

2° *Le milieu physique*.
- 1° Climats.
  - Trop chauds.
  - Trop froids.
  - Tempérés, les plus favorables à la production.
- 2° Situation géographique (mers, fleuves, etc.).
- 3° Constitution du sol et du sous-sol.

3° *Matières premières*. | Sur lesquelles l'homme exerce son activité : houille, minerais, laine, etc.

4° *Agents naturels*. | Réactions chimiques. Forces physiques, vapeur, électricité.

Action réciproque.
- 1° De la nature sur l'homme.
  - a) Sur son être physique ;
  - b) Sur son développement social et économique.
- 2° De l'homme sur la nature.
  - a) Amélioration du sol (engrais) ;
  - b) Création des ports, canaux, chemins de fer ;
  - c) Salubrité plus grande des climats ;
  - d) Transformation des matières premières, etc.

II. Du travail.

a) *Notion économique du travail*.
- *Définition*. Le travail est tout effort volontaire de l'homme en vue de se procurer les moyens de satisfaire ses besoins.
- Eléments constitutifs.
  - 1° Effort volontaire, raisonné et conscient ;
  - 2° Ayant pour but la satisfaction d'un besoin.
- Tous les travaux concourent à la production.
  - 1° Soit *directement*, comme les travaux industriels ;
  - 2° Soit *indirectement*, comme les travaux des savants, des professeurs, des médecins, etc.
- Importance respective des deux catégories de travaux
  - 1° Les premiers ont un champ limité ; on ne peut assigner de bornes aux seconds ;
  - 2° Les premiers produisent des objets utiles à un petit nombre d'individus ; les seconds profitent à l'humanité dans le présent et l'avenir.

b) *Conditions de productivité*.
- Le travail doit
  - être énergique et habile ;
  - durer un certain temps, mais pas trop longtemps.
- Causes qui influent sur le travail.
  - 1° Développement des forces physiques ;
  - 2° Des facultés intellectuelles ;
  - 3° Causes morales.
    - a) Esprit de prévoyance ;
    - b) Sentiment de sécurité ;
    - c) Liberté du travailleur.

II. Du travail (*suite*).	*b) Conditions de productivité* (suite).	Le travail libre et le travail esclave.	1° Esclavage ancien (Grèce et Rome).	Source : captivité. L'esclave est une chose, sans famille, ni patrimoine.
			2° Colonat sous le bas empire.	Colon attaché à la terre, à un patrimoine et une famille.
			3° Servage au moyen âge.	Le serf ressemble au colon ; les redevances et les corvées annihilent son énergie.
			4° Esclavage aux colonies.	Condition misérable des noirs, traitements rigoureux. Loi d'émancipation du 27 avril 1848.
	c) Organisation du travail au sein de la société.		*Énoncé.* Au sein de la société l'homme ne travaille pas d'une façon isolée à produire ce qui est nécessaire à la satisfaction de ses besoins. Il y a coopération entre les travailleurs.	
		Formes de la coopération sociale.	1° Simple ou travail combiné	Plusieurs individus unissant leur forces pour produire un même résultat.
			2° Complexe ou division du travail.	*a) Spécialisation des professions* (corps médical) ; *b) Division des tâches* ou décomposition du travail à exécuter en un certain nombre de tâches.
		Avantages de la spécialisation des professions.		1° Permet à chacun de se livrer au travail qui convient le mieux à ses aptitudes ; 2° Développe l'habileté professionnelle.
		Avantages de la division des tâches.		1° Augmentation de la productivité du travail ; 2° Emploi simultané des diverses parties de l'outillage ; 3° Développement des qualités de précision et de sûreté de main ; 4° Utilisation de toutes les aptitudes : femmes, enfants.
		Inconvénient de la division du travail.		L'ouvrier ne sait faire qu'une partie déterminée du travail. Il trouve difficilement à s'employer.
		Causes qui influent sur la division du travail.		1° Nature de l'industrie ; 2° Densité de la population ; 3° Importance des débouchés ; 4° Concentration des entreprises ; 5° Concentration des capitaux.
III. Du capital.	1° *Au point de vue social.*		*Définition :* Le capital est une richesse servant de matière ou d'instrument à la production.	
		Éléments constitutifs	1° Richesse ; 2° Servant directement à la production.	
		Rôle passif, mais puissant levier pour la production.		
	2° *Au point de vue individuel.*		*Définition :* Le capital est la portion du patrimoine qui produit des revenus. Richesses qui sont des capitaux à ces deux points de vue : machines, terres cultivées, etc. Richesses qui sont des capitaux pour le particulier, non pour l'économiste : maison d'habitation.	
	Classification des capitaux.		Capitaux fixes. Capitaux circulants.	
	1° *Notion de cette distinction au point de vue social.*		*Définitions :* Le capital circulant est celui qui ne sert qu'une fois à la production : matières premières, combustibles, salaires des ouvriers, etc. Le capital fixe est celui qui sert plusieurs fois et même pendant un temps indéfini à des actes successifs de production, sans perdre son identité et sans disparaître : outils, machines.	
		Intérêts pratiques.		1° Il faut renouveler sans cesse le capital circulant. Le capital fixe ne fait que s'user ; il suffit de *l'amortir.* 2° Le capital circulant doit être compté tout entier dans le prix du produit ; le capital fixe, seulement pour *l'amortissement.*

III. Du capital (*suite*).	1° *Notion de cette distinction au point de vue social* (*suite*).	Avantages des capitaux fixes.	A un certain moment, leur usage peut être tout à fait gratuit, si l'amortissement est opéré avant que le capital soit détruit.
		Avantages des capitaux circulants.	1° Ils sont plus souples que les capitaux fixes ; en cas de crise industrielle, on peut les diminuer. Il n'en est pas ainsi des capitaux fixes ; 2° Ils sont plus facilement convertibles que les capitaux fixes.
		Equilibre à maintenir.	Entre les capitaux fixes et les capitaux circulants, afin que les uns ne reçoivent pas un développement exagéré au détriment des autres.
	2° *Notion de cette distinction au point de vue individuel.*	*Définition :* Pour l'individu, le capital fixe est celui dont on peut tirer un bénéfice, sans avoir besoin de l'aliéner. Le capital circulant est celui dont on ne peut tirer profit qu'en l'aliénant et par voie d'échange. La monnaie est considérée comme un capital fixe au point de vue social, comme un capital circulant au point de vue individuel.	
	3° *Formation du capital.*	Le capital est un facteur dérivé ; il est formé par le travail et les agents naturels, aidés des capitaux préexistants.	
		Rôle de l'épargne. — Au point de vue individuel.	L'épargne est la source de la prospérité et de la richesse pour les familles.
		Au point de vue général.	1° A l'homme primitif elle a créé des loisirs et a permis de se construire des outils et des machines ; 2° Grâce à l'épargne, l'inventeur peut se livrer à ses recherches savantes ; 3° Sous forme d'actions et d'obligations dans les grandes compagnies financières, elle permet d'accomplir des travaux gigantesques.
	4° *Règle du rendement non proportionnel.*	*Enoncé :* A partir d'une certaine limite, les quantités supplémentaires de capital et de travail que l'on consacre à la production donnent un produit supplémentaire constamment décroissant.	
		Sphère d'application.	Industrie agricole ; Industrie extractive.
		Correctifs.	1° Jusqu'à la limite dont il s'agit, le rendement est plus que proportionnel ; 2° Cette limite peut être reculée indéfiniment par le progrès.

SECTION II. — DE L'INDUSTRIE EN GÉNÉRAL ET DE SES DIFFÉRENTES BRANCHES

I. Classification des industries.	*Définition :* Au sens étroit, l'industrie est opposée à l'agriculture et sert à désigner l'industrie manufacturière qui transforme les matières premières. Au sens large, l'industrie comprend tous les travaux qui ont pour objet direct la production des richesses.		
	Cinq classes d'industrie.	1° *Industrie extractive :* chase, pêche, mines, carrières, etc.	
		2° *Industrie agricole :* produitss du sol, animaux, etc.	
		3° *Industrie manufacturière.*	Des aliments ; Du vêtement ; Du bâtiment, etc.
		4° *Industrie des transports :* voie ferrée, routes, fleuves, canaux.	
		5° *Industrie du commerce :* a pour objet l'échange des produits.	
		Toutes ces industries sont entre elles dans un lien étroit de dépendance.	
II. Productivité des transports et du commerce.	1° *De l'industrie des transports.*	1° Crée ou augmente l'utilité de certains produits ; 2° Augmente les débouchés ; 3° Comble l'insuffisance des produits d'un pays ; 4° Permet à chaque industrie de choisir l'emplacement le plus favorable. *Règle :* Les transports ne doivent s'étendre que progressivement, dans la mesure où les besoins de la production ou de la consommation l'exigent.	
	2° *De l'industrie commerciale.*	1° Le consommateur peut acheter par petites quantités, au fur et à mesure de ses besoins ; 2° Le producteur peut facilement écouler ses produits grâce au commerce ; 3° Le commerce est lié intimement aux transports ; 4° Le commerce donne d'utiles renseignements aux producteurs sur les besoins et les goûts des consommateurs. *Règle :* Les commerçants ne doivent pas être trop nombreux, pour ne pas augmenter le prix des produits.	

Définition : Une machine est un instrument mû par des forces naturelles et opérant mécaniquement. Un outil est un instrument manié par l'homme.

III. Des machines.

Avantages de leur emploi.
- 1° Puissance productive merveilleuse. | Régularité ; Précision ; Rapidité.
- 2° Production d'objets nombreux, variés et à bon marché ;
- 3° Division des tâches à l'infini.

Critiques dirigées contre leur emploi.
- 1° Elles exproprient l'ouvrier de son travail ;
- 2° Elles atrophient | sa santé ; son intelligence ; sa moralité.
- 3° Elles entraînent la *superproduction* et provoquent des crises commerciales et industrielles.

Réfutation des critiques.
- 1° Aujourd'hui l'emploi trop brusque de nouvelles machines n'est plus à craindre ;
- 2° Les machines procurent souvent à l'ouvrier plus de travail qu'elles ne lui en enlèvent ;
- 3° L'ouvrier, comme consommateur, profite du bon marché résultant de leur emploi ;
- 4° L'ouvrier n'a plus à exécuter les travaux pénibles ; son intelligence doit être plus grande pour diriger les machines ;
- 5° Les entrepreneurs doivent mesurer exactement la production aux nécessités de la consommation.

SECTION III. — DE 'ORGANISATION SOCIALE DE LA PRODUCTION

I. Réglementation économique de la production.

Deux régimes possibles.

Régime autoritaire ou du patrrcat.
: Les individus groupés par famille. Dans chaque famille la production a lieu, sous l'autorité du chef, pour la satisfaction des besoins du groupe.

Régime acel de libre concuence.
- 1° Chaque homme choisit librement son métier.
- 2° La production se fait en vue de l'échange.
- 3° Le régulateur de la production se trouve dans le prix comparé au coût de production.

II. Différentes formes de la production industrielle.

Trois phases successives.

1re phase : dustrie patriarcale (voir *suprà*).

2° phase : petit métier de l'artn indépendant.
: *Définition* : Le travailleur est un producteur autonome, propriétaire de ses instruments de travail et de la matière première qu'il emploie ; il vend son produit et non son travail.

Histoire.

Régime corporatif.
: Associations d'artisans ou de négociants exerçant le même métier. Le travailleur devait être successivement apprenti, compagnon, maître. Réglementation rigoureuse des procédés de fabrication. Réformes de Turgot : édit de 1776 abolissant les jurandes et les maîtrises. Turgot renversé, l'édit fut rapporté. La Constituante supprime les corporations et proclame la liberté du travail (décret des 2 et 17 mars 1791).

Temps modernes.
: Place très restreinte, se rencontre surtout à la campagne.

II. Différentes formes de la production industrielle (*suite*).	*Trois phases successives* (*suite*).	**3e phase : l'industrie capitaliste.**		*Définition* : C'est le régime sous lequel le producteur est un entrepreneur qui fait valoir des capitaux en employant des ouvriers. Le travailleur manuel est un salarié.
			Rôle de l'entrepreneur.	1° Détermine la branche d'industrie qu'il veut exploiter ; 2° Recherche l'emplacement le plus favorable pour son magasin ou son usine ; 3° Installe son magasin ou son usine, achète des matières premières, embauche des ouvriers ; 4° Dirige la production ; 5° S'assure les débouchés nécessaires à l'écoulement de ses produits ; 6° Supporte les risques de l'affaire, s'enrichit ou fait faillite.
		La grande industrie capitaliste.	**Caractères.**	1° Le capital engagé est considérable ; 2° On emploie des machines puissantes ; 3° La division du travail est organisée à l'infini.
			Avantages.	1° Au point de vue du capital : placements avantageux sous forme d'actions ou d'obligations des sociétés financières ; 2° Au point de vue du travail : hiérarchie des fonctions industrielles (direction, contrôle, exécution) ; 3° Au point de vue du bon marché. Frais généraux et frais spéciaux moindres.
			Inconvénients.	1° Vie de famille compromise pour l'ouvrier, en raison de l'emploi des femmes dans les manufactures ; 2° Surveillance difficile, coulage à redouter ; 3° Excès dans la production et avilissement du prix de la main-d'œuvre, pour soutenir la concurrence et produire au meilleur marché possible.
			Deux modes d'exécution.	1° Travail dans l'usine ou la fabrique ; 2° Travail à domicile dans des ateliers de famille.
			Industrie à domicile salariée.	*Avantages pour l'entrepreneur.* — 1° Economie de loyer, d'éclairage, de chauffage ; 2° Il échappe à la réglementation de la police du travail ; 3° Il échappe à la responsabilité du risque professionnel. *Inconvénients pour le travailleur.* — C'est le régime du « sweating system » ou système de la suée. Beaucoup travailler pour peu de chose.
		La petite industrie capitaliste.	**Ses avantages.**	1° L'antagonisme entre le patron et l'ouvrier est moins à craindre, parce que tous deux travaillent ensemble, et aussi parce que le patron a commencé par être ouvrier lui-même ; 2° L'ouvrier peut espérer devenir un jour patron et ce but à atteindre décuple ses forces ; 3° Le gaspillage et le détournement des matières premières sont moins à craindre que dans la grande industrie, à cause de « *l'œil du maître* ».
III. Conséquences économiques de la libre concurrence.	*Avantages.*	**Moraux.**		Chaque homme porte la responsabilité ses actes.
		Economiques.		1° Chacun ayant la faculté de choisir un métier, on peut espérer qu'il occupera la place qui convient le mieux à ses aptitudes ; 2° Emulation constante des producteurvers le mieux et le bon marché.
	Inconvénients.			1° Avilissement du prix de la main-d'œuvre ; 2° Crises de surproduction.

III. Conséquences économiques de la libre concurrence (*suite*).

Des crises économiques.

Définition : C'est l'état de gêne et de malaise qui se produit quand il y a rupture d'équilibre entre les forces économiques.

Diverses espèces.
Crises commerciales ou industrielles.
Crises financières.
Crises monétaires.

Causes générales.
1° Evénements exceptionnels : guerre, révolution, mauvaise récolte ;
2° Développement exagéré du capital fixe ;
3° Excès dans la production.

Effets généraux.
Ralentissement des transactions.
Elévation du taux de l'escompte.
Avilissement des prix.

Théorie des débouchés.
Enoncé : Plus les produits sont abondants et variés, plus facilement ils trouvent des débouchés. Pour éviter un engorgement général des marchandises, « general glut », il suffit que toutes les branches de l'industrie marchent d'un pas égal dans la voie de la production.
C'est J.-B. Say qui a énoncé cette règle.
Critique : Cette théorie est rigoureusement vraie en théorie ; mais en pratique elle ne peut s'appliquer, parce qu'il est rare qu'un accroissement de production se manifeste d'une façon proportionnelle dans chaque branche d'industrie.

Remède aux crises. Les trusts.

Définition : Un trust est une combinaison de sociétés, ayant pour but de créer et de conserver un monopole dans une industrie quelconque.

Avantages.
1° Régularisent la production et évitent les crises ;
2° Produisant à meilleur marché, peuvent diminuer les prix pour augmenter la consommation.

Inconvénients.
1° Associations puissantes qui peuvent faire courir un grand danger à l'Etat ;
2° Associations ayant un monopole de fait et pouvant tenir les consommateurs à leur merci.

IIe PARTIE. — Répartition de la Richesse.

SECTION Ire. — LA PROPRIÉTÉ

Evolution historique.

1° Communauté agraire avec indivision ;
2° Communauté agraire avec lotissement périodique ;
3° Copropriété familiale ;
4° Propriété régalienne ou féodale (domaine éminent et domaine utile) ;
5° Propriété individuelle.

De la propriété individuelle.

Définition : C'est le droit pour une personne de tirer *directement* d'une chose déterminée toute l'utilité juridique que cette chose peut procurer.

Caractères essentiels.
1° Droit absolu ;
2° Droit exclusif ;
3° Droit perpétuel.

Supériorité économique de la propriété individuelle.
à raison du sentiment d'intérêt personnel qu'elle provoque.

Principaux systèmes qui nient le droit de propriété.

1° Communisme.
Voudrait le rétablissement de la copropriété en raison des inégalités sociales choquantes que produit le régime actuel de la propriété individuelle.

2° Collectivisme.
Admet la propriété sur les produits, mais n'admet pas la propriété sur les instruments de travail et les capitaux. Le travail étant collectif, la propriété doit avoir ce caractère.

Réfutation
1° Ces systèmes tendent à la négation de la patrie ;
2° L'usurpation qui a pu entacher les premières acquisitions est effacée par la prescription ;
3° L'égalité des conditions est une utopie ;
4° Sans le stimulant de l'intérêt personnel qui réside dans le droit de propriété individuelle, la production des richesses se trouverait compromise.

x

De la propriété individuelle (suite).

De la légitimité du droit de propriété. — Trois systèmes :
1° La propriété est de droit naturel. Condition de l'homme dans l'état de nature ;
2° Le droit de propriété a pour fondement légitime le *travail* ;
3° Le droit de propriété est légitime parce qu'il est la condition indispensable du développement des sociétés avancées.

Fondement du droit de tester et de la succession ab intestat. — Ce sont des conséquences nécessaires du droit de propriété. L'homme travaillerait moins s'il ne pouvait transmettre le résultat de son travail à ses enfants.

SECTION II. — LES CONVENTIONS

Principe : Il y a coopération de tous ceux qui détiennent les éléments de la production des richesses : propriétaire foncier, capitalistes, ouvriers, entrepreneurs. Ce sont eux-mêmes qui déterminent, par des accords formels et libres, la rémunération qui revient à chacun d'eux : fermage, intérêt, profit, salaire.

1. Part du propriétaire foncier. — Le fermage.

Définition : Le fermage est ce que le fermier paie au propriétaire pour avoir le droit de cultiver sa terre.

Éléments qui servent à l'établir.
1° L'*utilité*, consistant dans le degré de fertilité du sol ;
2° La *rareté*, résultant de l'offre et de la demande.

Raisons de sa légitimité.
1° Indemnité due au propriétaire, pour la privation qu'il subit ;
2° Rémunération de travaux antérieurs et de dépenses faites pour conserver ou augmenter la fertilité du sol.

De la rente du sol.

Définition : C'est la partie du revenu foncier qui n'est pas la représentation d'un travail du propriétaire ou des capitaux qu'il a employés à la culture, mais qui tient à des qualités naturelles de la terre ou à des circonstances fortuites.
Exemple : plus-value résultant de l'ouverture d'une ligne de chemin de fer ou de la construction d'une gare.

Théorie de Ricardo. — Au début les hommes ont mis en culture les terres les plus fertiles. Mais la population s'étant accrue, on a dû mettre en exploitation des terres moins bonnes. Comme le prix des produits se mesure d'après le coût de production le plus élevé les terres de la 1re classe laissent un excédent de produit, qui constitue la rente foncière. A chaque accroissement de population correspond une augmentation de la rente des terres de première catégorie.

Réfutation de la théorie de Ricardo.
1° La classification des terres imaginée par Ricardo est fantaisiste ;
2° La fertilité du sol est des plus variables ;
3° Carey, économiste américain, a démontré par l'histoire que les propriétaires cultivent d'abord les terres légères, puis les terres lourdes, plus fertiles ;
4° Le producteur n'est pas libre de fixer le prix des choses comme il lui convient ;
5° La mise en valeur de nouvelles terres ne peut diminuer le revenu du propriétaire foncier, par le jeu de la loi de l'offre et de la demande ;
6° L'occupation de toutes les terres du globe n'est pas à craindre de longtemps.

Modes d'exploitation du sol.

1° **Amodiation** — *Définition :* Concession faite par un propriétaire à une autre personne qui exploite à sa place moyennant une redevance déterminée.

Trois formes.

1° **Bail à ferme** — *Définition :* Concession faite moyennant paiement d'une somme d'argent.
Caractères.
1° Le fermier est un entrepreneur agricole ;
2° Il est incité à produire beaucoup, les produits lui appartenant exclusivement ;
3° Le propriétaire n'a pas à se préoccuper de la vente des produits.
Est la forme préférable en règle générale.

I. Part du proprié-taire foncier. Le fermage (*suite*).	*Modes d'exploitation du sol* (*suite*).	1° Amodiation (*suite*).	Trois formes (*suite*).	2° Colonage partiaire ou métayage. — Définition. Concession faite moyennant le partage des fruits entre le propriétaire et le métayer. — Caractères. 1° Sorte de société entre le propriétaire et le métayer ; 2° Intérêts identiques, pas d'antagonisme comme dans le bail à ferme ; 3° Plus stable que le bail à ferme. — Est usitée. 1° Lorsque le cultivateur a peu de numé-raire ; 2° Lorsque les récoltes sont exposées à des risques considérables comme les vignes. 3° Emphy-téose. — Définition. Bail à ferme de longue durée (99 ans). — Est utile. Pour la mise en valeur des pays neufs.
		2° Faire valoir	Définition. Exploitation du sol par le propriétaire lui-même. — Avantages. 1° Il va de pair avec la petite culture et la petite propriété ; 2° Le propriétaire qui travaille lui-même sa terre fait tout pour éviter d'épui-ser son sol.	
	Divers systèmes de cultures.	*Principe fondamental de l'industrie agricole* : Restituer au sol les éléments chimiques que la culture lui a enlevés.		
		Procédés de restitution.	1° Culture extensive ; 2° Culture intensive (engrais chimiques) ; 3° Culture alterne, ou assolements ; 4° Jachère.	
		Grande, moyen-ne et petite culture.	*Grande culture* : 40 hectares et au-dessus, animaux et machines agricoles. *Moyenne culture* : de 10 à 40 hectares, pas d'animaux, charrue traînée par l'homme. *Petite culture* : au-dessous de 10 hectares, petit matériel agricole.	
		Supériorité de la petite cul-ture.	1° Elle est presque toujours liée au faire valoir et présente les mêmes avantages que lui ; 2° Elle est seule possible pour la culture maraîchère ; 3° Dans le faire-valoir la main-d'œuvre ne coûte rien et produit davantage, le paysan travaillant avec sa femme et ses enfants.	
	De la petite et de la grande propriété.	Petite pro-priété (France).	Causes du morcellement. *a)* Régime successoral, égalité entre les enfants ; *b)* Vente par parcelles des grands domaines. — Avantages. *a)* Moralise l'homme et lui inspire le respect du droit d'autrui ; *b)* Est une cause d'apaisement au point de vue social ; *c)* Permet l'application du faire-valoir et de la petite culture. — Dangers. Sont peu à redouter en France, à cause de l'amour du paysan pour sa terre.	
		Grande pro-priété (Angleterre).	Causes. *a)* Prise de possession par les grands seigneurs et expropriation des paysans ; *b)* Maintien du régime féodal ; *c)* Droit d'aînesse et de masculinité. — Inconvénients. *a)* Danger social ; *b)* Haines de classes ; *c)* Misère profonde des populations rurales.	
II. Part du capital L'intérêt.	*Définition.*	L'intérêt est ce qu'une personne paie au capitaliste pour avoir le droit de se servir d'un capital déterminé, et même d'en disposer à charge de restitution à une époque fixée à l'avance.		
	Sa légitimité.	contestée	Par Aristote, par les pères de l'Église et par les socialistes actuels, pour ce motif que le capital joue dans la production un rôle passif et, en conséquence, n'a droit à aucune rémunération.	
		doit être admise.	1° Parce que l'intérêt constitue la juste rémunération du service que le capitaliste rend à l'em-prunteur ; 2° Parce qu'il est une juste compensation de la privation de jouissance que le capitaliste s'impose au profit de l'emprunteur ; 3° Parce que le prêteur court le risque de ne pas être remboursé	

II. Part du capital. L'intérêt (suite).	*Taux de l'intérêt.*	Définition.	C'est ce que l'emprunteur doit payer au capitaliste pour chaque somme de 100 fr., et pour une année.
		Circonstances qui le déterminent.	a) Profit espéré par l'emprunteur ; b) Rémunération que le capitaliste juge indispensable ; c) Risque plus ou moins grand de non-restitution ; d) Abondance ou pénurie des capitaux offerts.
		Limitation.	5 0/0 en matière civile (loi du 3 septembre 1807) ; Illimité, en matière commerciale (loi du 14 janvier 1886).
		Tendance vers la baisse.	a) Les capitaux augmentant, concurrence envers les prêteurs d'argent ; b) Les profits des emprunteurs diminuant, ils offrent un intérêt plus faible au capitaliste.
III. Part de l'entrepreneur. Le profit.	*Définition.*		Le profit est la part de l'entrepreneur dans la répartition des richesses. Il consiste dans la différence entre le prix de revient et le prix de vente du produit.
	Différences entre l'intérêt, le salaire et le profit.		L'intérêt et le salaire sont toujours dus, d'une façon immuable, tandis que le profit est essentiellement aléatoire et variable.
	Sa légitimité.	C'est la rémunération.	Tantôt du capital ; Tantôt du travail ; Tantôt du capital et du travail à la fois.
	Causes qui influent sur le taux du profit.		1° Le nombre d'entrepreneurs pour la même production ; 2° Les risques à courir ; 3° Les qualités personnelles de l'entrepreneur ; Ces causes amènent une tendance à la baisse.
IV. Part de l'ouvrier. Le salaire.	*Définition.*		C'est ce que l'entrepreneur ou le patron s'oblige à payer à un ouvrier, comme rémunération de ses services pendant un certain temps, ou pour prix de la confection d'un ouvrage déterminé.
	Caractères.		1° Certain, c'est-à-dire dû à tout événement ; 2° Payable à des époques fixes, déterminées à l'avance.
	Divers modes de détermination du salaire	1° Salaire au temps.	Fixé à tant par jour. *Inconvénient* : L'ouvrier n'est pas incité au travail. *Correctif* : Salaire au temps et à prime.
		2° Salaire à la tâche.	Évalué à tant par ouvrage achevé. Inconvénient. | Malfaçons de l'ouvrier ; Gain incertain.
		3° Participation aux bénéfices.	Système qui donne à l'ouvrier une part sur les bénéfices de l'entreprise. Avantages. | Ouvrier intéressé ; Communauté d'intérêts avec le patron. Conditions. | 1° Stabilité du personnel ; 2° Nombre restreint d'ouvriers.
	Détermination du taux des salaires.		1° Loi de l'offre et de la demande ; 2° Productivité du travail et de l'industrie ; 3° Dangers de certaines professions ; 4° Dégoût et répulsion de certaines autres. Tendance générale vers la hausse des salaires.
	Théorie du salaire naturel (Loi d'airain).		D'après Ricardo, le salaire naturel ou normal serait égal à la somme qui est nécessaire à l'ouvrier pour vivre et faire vivre une famille restreinte. Il serait ainsi maintenu sous un joug de fer, dans une situation précaire. Critiques. | 1° Ricardo ne tient compte que de l'offre du travail ; 2° Il ne tient pas compte de la productivité du travail.
	Théorie du fonds des salaires.		D'après Stuart Mill, pour déterminer le salaire moyen de chaque ouvrier, il suffit de diviser la somme totale que tous les entrepreneurs à un moment donné destinent au paiement des salaires par le nombre des ouvriers. *Critique* : Cette théorie, comme la précédente, a le tort de ne pas tenir compte de la productivité du travail.

SECTION III. — LES ASSOCIATIONS COOPÉRATIVES ET LES SYNDICATS PROFESSIONNELS

I. Associations coopératives.	*Origine historique :* Succès obtenu par l'association des équitables pionniers de Rochdale, près Manchester. 1º *Sociétés de consommation personnelle :* ont pour but l'établissement de magasins d'approvisionnements qui vendent aux associés et même au public les objets de consommation quotidienne : vivres, vêtements, etc. Les bénéfices sont partagés entre les associés. 2º *Sociétés de consommation industrielle :* tendant, soit à l'achat et à la vente de matières premières et de l'outillage industriel, soit à la vente de produits agricoles, soit à l'organisation de magasins de vente. 3º *Sociétés de crédit,* ayant pour but de prêter de l'argent aux petits artisans ou aux ouvriers pour les aider dans leurs entreprises ou leur procurer des fonds pour s'établir. 4º *Sociétés de production,* ayant pour objet de supprimer les patrons, en confondant dans la personne des ouvriers le travail de direction et le travail d'exécution.

II. Coalitions et grèves.		*Définition :* La *coalition* est une entente établie entre ouvriers pour refuser le travail au patron, afin d'obtenir une augmentation de salaire ou une diminution d'heures de travail ou d'autres concessions. — La grève est la cessation simultanée du travail de la part des ouvriers.
	Historique.	*Code pénal de* 1810. La coalition est punie comme un délit. *Loi du 27 novembre* 1849, aggrave la peine. *Loi du 25 mai* 1864 : supprime le délit de coalition. *Loi du 21 mars* 1884 : La majorité des ouvriers peut imposer la grève à la minorité par des amendes ou des mises à l'index. Seules les violences sont interdites.
	Causes des grèves.	Demande d'augmentation de salaire ; Demande de diminution d'heures de travail ; Questions de personne.
	Résultats des grèves.	En général favorables aux ouvriers, en raison de l'obligation où se trouve le patron de céder. La menace d'une grève agit quelquefois sur l'esprit des patrons avec autant de succès que la grève elle-même.
	Lois préventives des grèves.	Loi du 27 décembre 1892 qui a organisé la conciliation et l'arbitrage facultatif.

III. Syndicats professionnels.		*Définition :* Ce sont les associations formées entre personnes exerçant le même métier, pour l'étude et la défense de leurs intérêts professionnels ; — autorisées par la loi du 21 mars 1884.
	3 sortes.	1º Entre ouvriers ; 2º Entre patrons ; 3º Entre patrons et ouvriers.
	Conditions de formation.	1º Membres exerçant la même profession ou des professions similaires ; 2º Dépôt à la mairie des statuts et du nom des directeurs.
	Personnalité civile.	1º Capacité d'acquérir des meubles sans restriction ; 2º Capacité d'acquérir des immeubles seulement pour le fonctionnement du syndicat ; 3º Capacité d'ester en justice.
	Union des syndicats.	Possible, mais sans personnalité civile.
	Fin des syndicats.	Dissolution volontaire ; Dissolution forcée sur les réquisitions du Procureur de la République.

SECTION IV. — LE SOCIALISME

Définition.	C'est un ensemble de doctrines qui tendent à condamner le régime social actuel, en raison des résultats injustes qu'il produit, et proposent d'y substituer une organisation nouvelle où la propriété privée, le salariat et les revenus capitalistes seraient supprimés, et où la liberté individuelle serait remplacée par l'intervention constante de l'Etat, jouant le rôle de Providence, et se chargeant d'assurer le bonheur commun.
Traits caractéristiques des doctrines socialistes.	1º Critique de l'état économique actuel ; 2º Tendance à la suppression de la propriété individuelle ; 3º Suppression de la liberté individuelle ; intervention constante de l'Etat ; 4º Intérêt personnel remplacé par l'amour du prochain ou altruisme.

I. Histoire des doctrines socialistes.	*1° Sous la Révolution.*	Communisme de Gracchus Babeuf. Communisme de Robert Owen.
	2° Sous la Restauration et Louis-Philippe.	1° Le *Saint-Simonisme.* — L'Etat doit s'occuper de produire les choses indispensables à l'homme. Le parlement devrait se composer de trois chambres : chambres d'invention, d'examen et d'exécution. Ses disciples, Enfantin, Bazard et Rodrigue fondent le néo-christianisme. 2° Le *fouriérisme.* — L'organisation industrielle doit reposer sur l'association et l'attraction passionnelles et avoir pour centre le phalanstère.
	3° En 1848.	*Louis Blanc.* — Organisation du travail par l'Etat qui doit procurer du travail à l'ouvrier. Echec des ateliers nationaux. *Proudhon.* — Polémiste et pamphlétaire : « La propriété c'est le sol. » — Mutuellisme ou gratuité du crédit.
II. Socialisme moderne : le collectivisme.	*Son origine.*	Né en Allemagne. Son précurseur : Rodbertus Jazetzow. Son véritable fondateur Karl Marx dans « le capital », avec Lassalle et Engels comme disciples.
	Son caractère propre.	Nullement utopiste, comme l'ancien socialisme, mais scientifique et évolutionniste. Méthode historique. Fatalement, nécessairement, la propriété tend à devenir collective et sociale.
	Point de départ du système.	1° Théorie de la valeur. | La valeur a pour seule cause le travail. Dès lors la mesure de la valeur est le temps *socialement nécessaire* pour produire chaque objet. 2° Théorie de la plus-value. | Dans la valeur de toute marchandise entrent deux éléments : 1° la valeur des moyens de production usés ou consommés ; 2° la valeur nouvelle qui résulte entièrement du travail. Cette valeur comprend : pour partie le salaire de l'ouvrier, et pour partie la plus-value résultant du *surtravail* qui n'est pas payé à l'ouvrier. Ce dernier est donc exploité par le patron. Objections. | 1° Il est inexact de prendre le temps nécessaire à la production des objets comme mesure des valeurs ; 2° Le capital, quoique inerte, joue un rôle essentiel dans la production ; il doit donc être rémunéré par le produit.
	Plan d'une société collectiviste.	1° L'Etat est seul propriétaire des moyens de production : terre, mines, chemins de fer, etc. ; 2° La production se fait par voie d'autorité, sous la direction des fonctionnaires de l'Etat ; 3° Les travailleurs sont payés en bons, à l'aide desquels ils se procurent ce dont ils ont besoin dans les magasins de l'Etat.
	Objections contre le collectivisme.	1° L'Etat serait impuissant à jouer le rôle de régulateur de la production ; 2° Le recrutement des emplois les moins recherchés ne pourrait être assuré que par la contrainte administrative ; — tyrannie insupportable. 3° La suppression de la monnaie rendrait impossibles les échanges avec l'étranger.

III° PARTIE. — Circulation de la Richesse.

Définition : Il y a circulation de la richesse toutes les fois que la richesse passe des mains d'une personne entre les mains d'une autre personne, par voie d'échange.

SECTION Ire. — THÉORIE DE L'ÉCHANGE ET DE LA VALEUR

De l'échange.	*Notion juridique.*	C'est un contrat par lequel une personne s'oblige à donner une chose déterminée, un corps certain, moyennant l'engagement que prend une autre personne de lui donner, comme équivalent, une autre chose déterminée. L'échange est opposé à la vente.
	Notion économique.	C'est toute convention par laquelle chaque partie reçoit un équivalent de ce qu'elle donne, sans considérer la nature de l'objet qu'elle reçoit ou qu'elle donne. L'échange comprend : la vente, le louage de services, ainsi que l'échange juridique proprement dit.

La valeur et le prix.

Définitions.
La valeur est la propriété que possède un objet de pouvoir être échangé contre un autre objet.
Le prix est la valeur exprimée en argent.

Éléments constitutifs de la valeur.
1° L'utilité, c'est-à-dire l'aptitude à satisfaire un besoin de l'homme ;
2° La rareté, c'est-à-dire n'être pas en quantité illimitée dans la nature.

Caractères de la valeur.
1° Variable, suivant la rareté et l'utilité ;
2° Relative, c'est-à-dire que la notion de valeur est le résultat d'une comparaison d'un objet avec un ou plusieurs autres objets.

Valeur courante et valeur normale.
La valeur courante d'une chose est la valeur qu'elle a sur le marché à un moment donné ; elle dépend de la loi de l'offre et de la demande.
La valeur normale est celle au-dessous de laquelle un objet ne peut descendre. Elle est égale au coût de production augmenté d'un profit pour l'entrepreneur.

Concurrence et monopole
Définition : La concurrence est le régime sous lequel existent la liberté du travail et la liberté des échanges.
Le monopole est le système qui tend à accorder à une personne déterminée le droit exclusif de fabriquer et de vendre certaines marchandises.
Régime actuel : Régime de la libre concurrence, sauf certains monopoles au profit de l'Etat (tabacs, allumettes, poudres, etc.).
Inconvénients du monopole : Le fabricant n'est pas incité à mieux faire n'ayant pas à craindre de se voir enlever la clientèle par des rivaux.

SECTION II. — LA MONNAIE

Notions générales.

Du troc en nature.
Au début, l'échange a lieu sous forme de troc direct, marchandises contre marchandises.
Inconvénients : Il faut chercher une personne qui ait en trop ce dont vous avez besoin et qui ait besoin de ce que vous avez en trop.

Double fonction de la monnaie.
1° Intermédiaire des échanges.
Désormais on échange les produits contre de la monnaie, et avec de la monnaie on achète les objets dont on a besoin. Le troc se trouve dédoublé en vente puis achat. Il en résulte une simplification et non une complication.
2° Commune mesure des valeurs.
En ce que pour connaître la valeur respective des deux marchandises, on les compare l'une et l'autre à la monnaie. A cet égard la monnaie n'est pas un étalon parfait, parce qu'elle change elle-même de valeur.

Conditions que doit réunir une bonne monnaie.
1° Etre acceptée par tous, sans difficulté ;
2° Représenter une grande valeur sous un petit volume ;
3° Etre une dans sa nature ;
4° Etre parfaitement divisible ;
5° Avoir une valeur invariable.

Objets servant de monnaie.
Chez les peuples primitifs, les colliers, bijoux, le blé, les troupeaux (pecunia de pecus) :
Chez les peuples civilisés, les métaux précieux, or, argent, cuivre.

Caractère de la monnaie.
C'est une marchandise.
En conséquence, sa valeur est variable, dans le temps et l'espace.
Elle a une certaine supériorité sur les autres marchandises, en ce qu'elle est acceptée par tout le monde.

Du papier monnaie.
C'est un billet mis en circulation par un Etat, sous sa garantie, pour servir d'intermédiaire des échanges.
Dangers :
1° Lourde responsabilité pour l'Etat qui l'émet ;
2° Trop grande facilité de se créer des ressources en vue d'entreprises hasardeuses (guerre).

Système monétaire.

Définition : C'est un ensemble de mesures ayant pour objet la détermination des types de monnaies, leur mode de fabrication et les conditions de leur circulation.
Titre . C'est le rapport du poids du métal précieux contenu dans cette monnaie au poids total de l'alliage.
Tolérance : C'est la facilité pour l'Etat d'émettre des pièces de monnaie dont le titre est inférieur dans une certaine mesure au titre légal. La tolérance est de 2/1000.

Système monétaire *(suite)*.

Étalon monétaire : on entend par là la monnaie qui a cours légal illimité, c'est-à-dire qu'un créancier est obligé de recevoir en paiement quel que soit le chiffre de la créance.

Monnaies conventionnelles ou d'appoint : n'ont cours légal que dans une mesure restreinte pour les petits paiements.

Valeur nominale et valeur d'échange : La valeur nominale d'une pièce de monnaie est le nom de cette pièce, 1 franc, 2 francs, etc. La valeur d'échange est sa valeur réelle comparée aux autres marchandises.

Monnaie droite, forte, faible. Une pièce de monnaie est dite *droite*, quand la valeur est égale à sa valeur nominale ; forte, quand elle est supérieure ; faible, quand elle est inférieure.

Rôle de l'État en cette matière.
1º Détermine les types de monnaie, leur poids, leur volume et leur titre ;
2º Garantit la monnaie en mettant son sceau sur chaque pièce ;
3º Donne aux pièces cours légal.

2 Systèmes possibles.
Monométallisme, dans lequel un seul métal, l'or ou l'argent, a cours légal illimité (France, Italie, Belgique, etc.).
Bimétallisme dans lequel les deux métaux, l'or et l'argent, ont cours légal illimité (Angleterre, Portugal, Danemark, pour l'or ; l'Inde pour l'argent).
Arguments pour le monométallisme : 1º plus rationnel. L'autre repose sur un rapport fictif entre deux métaux ; 2º moins dangereux, l'autre donne lieu à des fluctuations plus fréquentes, puisque on subit les variations de l'un et l'autre métal.
Arguments en faveur du bimétallisme : 1º Un seul métal, l'or ou l'argent, ne suffirait pas aux besoins de l'échange sur toute la surface du monde ; 2º Les variations que subissent les deux métaux sont évitées par la *loi de Gresham*, la mauvaise monnaie chasse la bonne.

Système français.
Loi du 7 germinal an XI. — L'unité monétaire est le franc ou 5 grammes d'argent au titre de 900/1000. L'or et l'argent ont cours légal illimité. L'or vaut 15 fois 1/2 plus que l'argent.
Union latine : formée en 1865, entre France, Belgique, Italie, Suisse, pour parer au drainage des petites coupures d'argent (1 fr., 2 fr., 0 fr. 50, 0 fr. 20), à la suite de la baisse de l'or. Le titre de ces pièces n'est plus que de 835/1000 ; ce ne sont désormais que des monnaies d'appoint, n'ayant cours légal que jusqu'à 50 francs.
Depuis 1870, baisse considérable de l'argent, qui actuellement vaut 42 fois moins que l'or. Pour empêcher les spéculations possibles, les États de l'Union latine ont d'abord restreint, puis limité la frappe des pièces de 5 francs en argent.

SECTION III. — LE CRÉDIT

Notions générales.

Définition : Confiance qu'une personne accorde à une autre personne et fait que dans un échange elle consent à lui remettre un objet contre un simple engagement que prend cette personne de lui fournir un équivalent plus tard.

Exemple : dans le prêt d'argent et la vente à crédit.

Distinction fondamentale.
1º Le crédit fait à la production (somme prêtée à un fabricant) ;
2º Le crédit fait à la consommation (somme prêtée à un ouvrier pour son loyer).

Des titres de crédit.

1º Lettre de change ou traite.
Définition : Écrit par lequel une personne, tireur, charge une autre personne, tirée, de payer une somme d'argent à l'ordre d'une troisième personne, bénéficiaire.
Utilité pratique.
1º Mode d'exécution du contrat de change tiré ;
2º Moyen de paiement ;
3º Instrument de crédit.

2º Billet à ordre.
Écrit par lequel une personne s'engage à payer une somme déterminée à l'ordre d'une autre personne.

Circulation fiduciaire.
Ces titres se transmettent comme la monnaie, en raison de la confiance qu'inspire la solvabilité des signataires. C'est ce que veut dire l'expression circulation *fiduciaire* de *fiducia*.

Du commerce des Banques.

Principales opérations de banque.
1º *Dépôts de sommes d'argent* ;
2º *Virements de comptes* ;
3º *Chèques.* Écrits par lesquels on charge un banquier de payer une somme déterminée à une autre personne. Très usité en Angleterre, d'où compensations nombreuses dans le *clearing-house*.
4º *Ouverture de crédit* ;
5º *Prêts sur titres* ;
6º *Escompte des effets de commerce*, etc.

Du commerce des Banques (*suite*).	*Diverses sortes de banques.*	1re classifica-tion.	1º Banques privées ; 2º Banques publiques (Banque de France, Banques coloniales, etc.).
		2e classifica-tion.	1º Banques de dépôt ; 2º Banques de spéculation ou Haute-Banque.
		3e classifica-tion.	1º Banques de dépôt ; 2º Banques d'émission.
	Banques d'émission.	*Définition* : Ce sont celles qui ont pour opération principale d'émettre des billets de banque.	
		Du billet de banque.	C'est un écrit par lequel une banque s'oblige à payer au porteur une somme déterminée, sur présentation, à n'importe quelle époque.
		Caractères.	1º Il est au porteur ; 2º A vue ; 3º Non prescriptible.
		Différences avec le papier monnaie.	1º Il n'est pas émis par l'Etat ; 2º Il n'a pas cours forcé.
		Services qu'il rend	Il augmente les ressources de la Banque qui les émet, et lui permet d'abaisser le taux de l'escompte.
	Intervention de l'Etat.	Trois systèmes possibles.	1º *Liberté de constitution* sous certaines conditions comme aux Etats-Unis ; 2º *Monopole* au profit de l'Etat qui organise une banque d'Etat, comme en Russie, en Suède et en Norvège ; 3º *Privilège concédé* à une banque déterminée, comme en France et en Angleterre.
Du crédit public.	*Dans quelles circonstances l'Etat fait appel au crédit.*	1º En cas de guerre ou de grands travaux ; 2º En cas de rentrée lente des impôts ; 3º En cas de déficit dans le Trésor.	
	Modes d'emprunt de l'Etat.	1º Emprunts en rentes perpétuelles. Dette fondée ou consolidée ; 2º Emprunt à longue échéance ; 3º Emprunt à court terme. Bons du Trésor.	
	Bases du crédit de l'Etat.	Ce sont les mêmes que pour un particulier ; sa solvabilité et sa conscience envers ses débiteurs. Les emprunts forcés et les emprunts patriotiques sont des utopies.	
	Comment l'Etat réduit ses dettes.	1º Par l'amortissement de ses rentes perpétuelles ; 2º Par la conversion.	
Du crédit immobilier ou hypothécaire.	*Définition* : C'est celui qui repose sur l'affectation d'un immeuble à la garantie d'un prêt d'argent.		
	Conditions d'un bon régime hypothécaire.	1º Intérêt du capitaliste.	Avant le prêt, il doit avoir des moyens de savoir si l'emprunteur est véritable propriétaire de l'immeuble ; et après le prêt, il doit avoir toutes facilités pour réaliser son gage hypothécaire.
		2º Intérêt du débiteur.	La constitution d'hypothèque ne doit être ni compliquée, ni coûteuse. Il doit avoir toutes facilités pour se libérer.
	Vices du système français.	1º Les registres du conservateur des hypothèques tenus au nom des personnes au lieu d'être tenus au nom des immeubles ; 2º Les hypothèques légales du mineur et de la femme mariée sont dispensées d'inscription ; 3º Les frais de constitution et de réalisation des hypothèques sont élevés, etc., etc.	
	L'Act Torrens.	*Définition* : Système de réglementation établi en Australie en 1858 « Real property act ».	
		Caractères essentiels.	1º Les registres du conservateur sont des livres fonciers, tenus au nom des immeubles ; 2º Le conservateur est juge de la régularité des actes ; 3º Le principe de légalité s'applique ; 4º Facilité très grande pour l'aliénation. Mobilisation du sol.
Crédit foncier de France.	*Définition* : C'est un établissement modèle qui a pour objet de consentir des prêts hypothécaires.		
	Ses opérations.	Sert d'intermédiaire entre les capitalistes et les propriétaires, pour les prêts à long terme.	
	Ses privilèges.	1º Peut purger les immeubles des hypothèques pour avoir le premier rang ; 2º Dispensé du renouvellement décennal pour ses inscriptions hypothécaires ; 3º Pas de délai de grâce pour les débiteurs du Crédit foncier.	

Crédit agricole.

Son but. — Procurer à l'agriculteur les fonds de roulement dont il a besoin pour ses frais d'exploitation, achats d'engrais, de semences, de bestiaux, etc.).

Difficultés d'établissement.
1º L'agriculteur a besoin d'un crédit de neuf mois ou un an ; les banquiers ordinaires ne peuvent escompter son papier ;
2º L'agriculteur n'offre pas les garanties du commerçant (juridiction rapide, règles de la faillite, etc.).

Modes de réalisation.
1º Mobilier, l'hypothèque (cédules hypothécaires) ;
2º Faciliter la mise en gage des récoltes (warrants agricoles) ;
3º Instituer des banques de crédit agricole (Banques Raiffeisen ou Schulze-Delitzch).

SECTION IV. — LE COMMERCE INTÉRIEUR ET EXTÉRIEUR

I. Commerce intérieur.

Histoire. — Tout d'abord, commerce nomade et international. Grecs et Phéniciens.
Commerce local aux mains des artisans.
Grandes foires périodiques : Champagne, Beaucaire, etc.
Aujourd'hui, commerce sédentaire.

1º Commerce de gros.

Définition : S'opère sur de grandes quantités de marchandises, entre producteurs et marchands en détail et des agents intermédiaires (commissionnaires, courtiers, etc.) ; se fait principalement dans les bourses de commerce pour le blé, les farines, etc.

Bourses de commerce.

Définition — Réunions tenues par les commerçants pour l'achat et la vente des marchandises en gros.

Utilité.
1º Lieux de réunion où les commerçants sont sûrs de se rencontrer ;
2º Facilité pour être renseigné sur le cours des marchandises ;
3º Sont favorables à la bonne tenue des cours.

Opérations.
1º Marchés au comptant.
2º Marchés à terme { Sérieux, Fictifs (simples paris).

2º Commerce de détail.

Définition : Celui qui tend à faire parvenir les produits à la disposition du consommateur, au fur et à mesure de ses besoins.

Son utilité.
1º Dispense le producteur de chercher le consommateur ;
2º Met le produit à la disposition du consommateur en aussi petite quantité que possible.

Relations entre le prix du gros et le prix du détail.
1º Il existe plus d'uniformité dans le prix du gros ;
2º Le prix du détail jouit d'une certaine fixité ;
3º L'écart entre le prix du gros et le prix du détail dans le sens de l'élévation résulte souvent de la multiplicité des intermédiaires.

Remèdes contre la cherté du détail.
1º Grands magasins ;
2º Sociétés coopératives de consommation.

II. Le change.

Deux sens.
1º Opération d'achat ou de vente des lettres de change.
2º Prix auquel l'opération est consentie.

Cours du change. — Subit les mêmes variations que les autres marchandises par la loi de l'offre et de la demande.
Se détermine par le nombre de traites pouvant être tirées d'un lieu sur un autre, lesquelles varient avec le mouvement du commerce extérieur.

Limite extrême (gold point). — Le prix de transport de la monnaie ; parce qu'alors on aurait intérêt à faire transporter le numéraire lui-même, au lieu d'acheter des lettres de change.

Circonstances qui ramènent le change à un taux normal.
1º *Arbitrage,* qui consiste à acheter des traites là où elles sont bon marché pour les vendre là où elles sont chères ;
2º Développement des exportations de la place où le change est élevé.

III. Balance du commerce.	*Définition* : C'est le rapport qui existe entre le chiffre des importations et celui des exportations.		
	Théorie de l'École mercantile (XVIe siècle).	Un pays s'appauvrit lorsque le chiffre de ses importations excède celui de ses exportations.	
	Objections contre la théorie,	1º Les statistiques douanières ne peuvent constater tous les mouvements de valeurs qui s'opèrent d'un pays dans un autre pays (dépenses des étrangers, fret des marchandises transportées, intérêt des capitaux prêtés). 2º La valeur des marchandises exportées n'est pas augmentée comme celle des marchandises importées par les frais de transport d'assurance, de courtage, etc.	
	Principe fondamental du commerce extérieur.	*Les produits se paient avec des produits.* Dans le commerce international, l'échange affecte en définitive la forme du troc en nature, marchandises contre marchandises.	
IV. Réglementation du commerce extérieur.	*Trois systèmes proposés.*	1º Libre échange.	*Énoncé* : suppression de toute entrave au commerce extérieur, *Laissez faire, Laissez passer.*
			Arguments. 1º Système excellent pour lutter contre l'esprit de routine et avoir les produits au meilleur marché possible ; 2º Chaque pays se livrera à la production qui lui est le plus favorable ; 3º L'établissement de droits protecteurs est un impôt prélevé sur la masse des consommateurs au profit de quelques-uns.
		2º Prohibition.	Tend à fermer la frontière aux produits étrangers, pour laisser le marché aux produits nationaux. Tend à mettre l'industrie nationale en garde contre la concurrence étrangère par l'établissement de droits *compensateurs.*
		3º Protection.	*Arguments.* 1º Le libre échange sacrifie les États dont l'industrie est peu développée aux États plus avancés ; 2º Il y a des industries nécessaires qu'un pays ne peut laisser aux autres États le soin d'exercer sur son territoire ; 3º La supériorité acquise par certains pays en certaines matières peut être obtenue par d'autres ; 4º La cherté d'un produit peut être dans un pays la conséquence des impôts établis sur ce produit. Il est juste que les industriels des autres États supportent des charges analogues ; 5º L'État qui fait des sacrifices pour sa puissance militaire et maritime peut bien en faire pour s'assurer une certaine suprématie au point de vue industriel.
	Historique.	1º *Du XVIe au XVIIIe siècle.* Sous l'influence de l'école mercantile, système protecteur très rigoureux, *collisme,* pacte colonial ; 2º *Au XVIIIe siècle.* Sous l'influence des physiocrates, libre échange ; 3º *Sous la Révolution jusqu'à 1860.* Guerre de tarifs entre la France et l'Angleterre. Blocus continental ; 4º *De 1860 à 1892.* Traité de commerce entre la France et l'Angleterre en 1860, inaugure le système du libre échange (Cobden et Bastiat) ; 5º *Depuis 1892.* La France retourne aux idées protectionnistes. Loi du 11 janvier 1892 établissant le tarif général.	
V. Droits de douane.	*Définition* : Taxes perçues à l'entrée de certains produits sur le territoire d'un État.		
	Double caractère :	1º Moyen de protection pour l'industrie nationale ; 2º Impôts indirect, source de revenus pour l'État.	
	Tarifs de douane.	1º *Tarif général,* applicable à tous les produits étrangers, sans distinction de provenance ; 2º *Tarif conventionnel* résultant de traités de commerce.	
	Exemption de droits de douanes.	1º *Transit* au cas où la marchandise ne fait que traverser le territoire ; 2º *Admission temporaire* ou *drawback* pour matières premières destinées à être réexportées après avoir été travaillées. 3º *Entrepôt réel* ou *fictif.*	

IV⁰ PARTIE. — Consommation de la Richesse

Emplois possibles d'une richesse.		1° On peut la consommer pour satisfaire un besoin (consommation improductive) ; 2° On peut la consommer pour produire une autre richesse (consommation reproductive) ; 3° On peut l'épargner.
I. Consommations improductives.	*Rapport entre la consommation et la production.*	1° La production doit se régler sur la consommation ; 2° Il peut arriver que la production, soit bon marché, soit cherté, ait une influence directe sur la consommation.
	Mesure normale des consommations improductives.	1° On doit approuver les consommations tendant à faire vivre l'individu et à développer ses facultés physiques ou intellectuelles ; 2° On doit combattre les consommations nuisibles à sa santé et au développement de ses facultés ; 3° On doit blâmer la prodigalité, comme l'avarice, non le luxe.
II. Consommations reproductives.		Elles s'opèrent la plupart du temps par voie de *placement* d'une somme d'argent dans une entreprise. Cet emploi de la richesse rentre dans la production. Renvoi à cette partie.
III. Epargne.		*Définition* : Acte par lequel une personne ne consomme pas toute la richesse qu'elle a produite, mais en tient une certaine partie en réserve pour plus tard. *Source de l'épargne* : Esprit de prévoyance.
	Son utilité.	*Au point de vue individuel,* assure l'existence de la famille et l'établissement des enfants ; *Au point de vue social,* forme, conserve et accroît le capital.
	Caisses d'épargne.	*Définition* : Banques organisées de façon à rendre l'épargne la plus facile possible.
		Historique. Apparaissent en 1818 ; jusqu'en 1835, sont libres de toute attache officielle ; Depuis 1835, obtiennent l'autorisation de verser leurs fonds à la Caisse des dépôts et consignations : l'Etat nomme les directeurs. En 1881, création des caisses nationales d'épargne postale à côté des caisses privées.
		Législation actuelle. *Loi du 20 juillet* 1895 : 1° Minimum des dépôts 1 franc, maximum 1,500 francs ; — 2° Clause de sauvegarde, délai de 15 jours pour les remboursements et fractionnement possible par 50 francs ; — 3° Sommes versées à la caisse des dépôts et consignations ; — 4° Intérêt de 2 fr. 25 0/0 servi aux déposants, etc.
	Assurances.	*Définition* : Contrat par lequel une personne se fait promettre une indemnité pour le dommage qui peut résulter pour elle d'un événement déterminé.
		Diverses sortes 1° Assurance sur la vie ; 2° Assurance contre les accidents ; 3° Assurance contre l'incendie.
	Sociétés de secours mutuels.	Formées entre personnes exerçant la même profession ou une profession similaire dans le but d'assurer à ses membres des secours en cas de maladie et les frais funéraires en cas de mort.

VI⁰ PARTIE. — Intervention de l'Etat en matière économique, financière et coloniale.

SECTION 1ʳᵉ. — INTERVENTION DE L'ÉTAT EN MATIÈRE ÉCONOMIQUE

I. Point de vue théorique.	*Systèmes en présence.*	1° Individualisme. D'après lequel le rôle de l'Etat se bornerait à l'administration de la justice et au maintien du bon ordre et de la sécurité au dedans et au dehors. Il faut laisser faire l'initiative individuelle librement.
		2° Socialisme. D'après lequel l'Etat devrait se charger tout à la fois de présider à la production et d'assurer le bonheur de tous.

I. Point de vue théorique (*suite*).	*Systèmes en présence* (suite).	3° Système éclectique.	*Enoncé* : L'Etat doit avoir une place considérable, au point de vue économique, sans nuire cependant aux droits imprescriptibles de l'individu.
			2 attributions de l'Etat. — 1°Essentielles. | Assurer l'ordre et la sécurité dans le pays.
			2°Facultatives | Aider l'initiative individuelle en vue d'assurer le développement des forces industrielles du pays.
II. Principaux modes d'intervention.	1° *Dans la production.*	1° Exploitation directe.	1° *Monopoles de l'Etat* (Poudres, postes et télégraphes, fabrication des monnaies, allumettes, cartes à jouer).
			2° *Concessions à des compagnies privilégiées.* — Mines, chemins de fer.
		2° Réglementation et contrôle.	1° Réglementation de la durée du travail des femmes, des enfants (loi du 30 mars 1900) et des adultes (décret du 14 septembre 1848) ;
			2° Garantie des ouvriers contre les risques professionnels (loi du 9 avril 1898) ;
			3° Mesures générales dans l'intérêt de l'hygiène publique (décret du 15 octobre 1810, sur les établissements classés ; loi du 12 juin 1893 sur l'hygiène et la sécurité des travailleurs ; loi du 15 février 1902 sur la protection de la santé publique).
		3° Assistance de l'Etat.	Primes à la production. Etablissement de droits de douanes. Construction de voies ferrées, de canaux, de ports, etc.
	2° *Dans la répartition.*		L'Etat organise le régime de la propriété. Il réglemente le prêt à intérêt. Par l'établissement des associations ouvrières et des syndicats ouvriers, il permet aux ouvriers de défendre leurs intérêts et d'améliorer leur situation.
	3° *Dans la circulation.*		1° Organisation du système monétaire ; 2° Organisation et fonctionnement des banques d'émission.
	4° *Dans la consommation.*		1° L'Etat surveille les caisses d'épargne privées et dirige lui-même les caisses d'épargne postales ; 2° En matière d'assurance, l'Etat a l'administration de trois caisses d'assurance (pour les accidents, la vieillesse) ; 3° En matière d'assistance, l'Etat intervient par des subventions aux œuvres de bienfaisance.

SECTION II. — INTERVENTION DE L'ÉTAT EN MATIÈRE FINANCIÈRE

I. Budget de l'Etat.		C'est l'acte par lequel sont prévues et autorisées les recettes et les dépenses annuelles de l'Etat.
	1° *Division du budget en trois titres.*	Titre 1er. Budget général ; Titre II. Budgets annexes (monnaies et médailles, Légion d'honneur, etc.) ; Titre III. Moyens de service et dispositions diverses.
	2° *Opérations relatives au budget.*	1° *Préparation* par les ministres ; 2° Vote du budget. | Par les deux Chambres. Annulité et spécialité du budget ; 3° *Exécution du budget* par chaque ministre pour son département ministériel ; 4° *Contrôle du budget* par les Chambres aidées de la Cour des comptes.
II. Théorie générale des impôts.	*Notions préliminaires.*	*Définition* : L'impôt est la quote part que chaque particulier doit supporter dans les dépenses de l'Etat.
		Divers systèmes d'impôt. — 1° Système des *taxes multiples* frappant les revenus d'après les présomptions ; 2° *Impôt général et unique sur le revenu* ; 3° *Impôt sur le capital.*
		Divers procédés de taxation — 1° Impôt proportionnel, établi à raison de tant 0/0, sans tenir compte de la matière imposable ; 2° Impôt progressif, lorsque la taxation augmente avec le chiffre des revenus.
		Incidence de l'impôt : Phénomène de répercussion qui fait que le contribuable essaie de rejeter sur un autre le fardeau de la cote mise à sa charge.

II. Théorie générale des impôts (*suite*).

1re division : Impôts directs et impôts indirects

Impôts directs, ceux perçus en vertu d'un rôle nominatif, réclamés directement à la personne que la loi veut atteindre.

Impôts indirects, ceux perçus en vertu de la loi, à l'occasion de certains actes ou de certaines consommations.

Avantages respectifs des impôts directs et indirects : Les impôts directs assurent à l'État des revenus certains à des époques fixes ; mais ils produisent moins que les impôts indirects et se font plus lourdement sentir au contribuable.

Enumération des impôts directs.
Impôt personnel et mobilier,
Impôt foncier,
Impôt des portes et fenêtres,
Impôt des patentes.

Enumération des impôts indirects.
Boissons,
Douanes,
Enregistrement, etc.

2e division : Impôts de répartition et impôts de quotité.

Impôts de répartition, ceux dont le produit total est connu à l'avance, non la part de chaque contribuable.

Impôts de quotité, dont la part du contribuable est connue à l'avance, non le produit total.

Enumération des impôts de répartition. | Tous les impôts directs, sauf la patente et l'impôt foncier de la propriété bâtie.

Enumération des impôts de quotité. | Tous les impôts indirects, plus la patente et l'impôt foncier des propriétés bâties.

SECTION III. — INTERVENTION DE L'ÉTAT EN MATIÈRE COLONIALE

Colonisation.

Ce que c'est qu'une colonie : Espace sur lequel un État exerce sa souveraineté en dehors des limites de son territoire continental.

2 sortes de colonies.
1° *De peuplement*, comme le Canada pour les Anglais ;
2° *D'exploitation*, comme les Indes pour les Anglais ;

Utilité de la colonisation.
1° Procure des lieux d'émigration pour le trop plein de la population de la métropole ;
2° Ouvre des débouchés nouveaux au commerce de la métropole ;

Conditions de développement des colonies.
1° Assurer le recrutement de la main-d'œuvre ;
2° Organiser la concession des terres de façon à intéresser les colons à leur exploitation.

Gouvernement et administration.
Au début, tant que l'ordre n'est pas établi, régime militaire ; puis, autorité civile chargée d'assimiler la population indigène.